AF458081

LE PROCÈS
DES TREIZE
EN APPEL

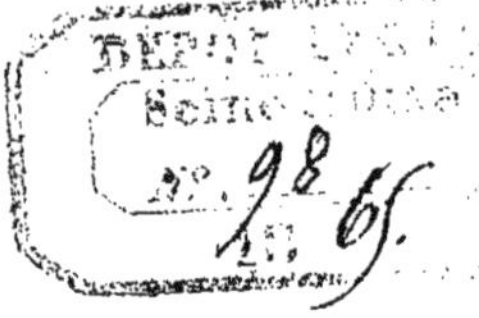

MM. Garnier-Pagès, Dréo, Carnot, Hérold,
Floquet, Clamageran, Ferry, Durier, Corbon, Jozon, Hérisson,
Melsheim et Bory, appelants.

MM. Pelletan, Crémieux, Tenaille-Saligny, Georges Coulon,
Deroisin, Senard, Lenobl, Fumouze,
Albert Liouville, Énocq et André Rousselle, intervenants.

MM. Jules Favre, Grévy, Marie, Ernest Picard, Henry Didier, Berryer,
Dufaure, Senard, Desmarest,
Emmanuel Arago et Hébert, défenseurs.

PARIS

LIBRAIRIE INTERNATIONALE
A. LACROIX, VERBŒCKHOVEN & Cie
ÉDITEURS
15, BOULEVARD MONTMARTRE
Au coin de la rue Vivienne.

E. DENTU
LIBRAIRE-ÉDITEUR DE LA SOCIÉTÉ
DES GENS DE LETTRES
17 ET 19, GALERIE D'ORLÉANS
Palais-Royal.

1865

LE PROCÈS

DES TREIZE

EN APPEL

COUR IMPÉRIALE DE PARIS

(CHAMBRE DES APPELS DE POLICE CORRECTIONNELLE)

Présidence de M. HATON DE LA GOUPILLIÈRE.

Audience du jeudi 24 novembre 1864.

A onze heures dix minutes la Cour entre en séance.

Elle est composée de MM. HATON DE LA GOUPILLIÈRE, Président; SAILLARD, ETIGNARD DE LAFAULOTTE, BONNEFOY-DESAULNAIS, ROHAULT DE FLEURY, BERTRAND, NACQUART, ARMET DE LISLE et FLEURY, Conseillers (1).

(1) Un seul magistrat de la Chambre est absent : c'est M. le conseiller DOBIGNIE, qui, comme vice-président du Tribunal de la Seine, avait présidé la 6e Chambre du tribunal lors des débats de première instance, les 5 et 6 août, et qui a été élevé au rang de conseiller à la Cour impériale de Paris, par décret impérial du 20 du même mois.

M. Chabanacy de Marnas, Procureur-général, occupe le siége du ministère public. Il est assisté de M. Sallé, Avocat-général.

Tous les appelants sont présents, assistés des mêmes défenseurs qu'en première instance.

NOMS DES PRÉVENUS	NOMS DES DÉFENSEURS
MM. Garnier-Pagès	Mes J. Favre.
Carnot, Bory	Marie.
Dréo	Grévy.
Hérold	E. Picard.
Clamageran.	
Floquet	H. Didier.
Ferry	Berryer.
Durier	Dufaure.
Corbon	Senard.
Jozon	Desmarest.
Hérisson	E. Arago.
Melsheim	Hébert.

L'auditoire est rempli : on y remarque plusieurs députés et un grand nombre d'avocats, parmi lesquels Me Crémieux.

M. le Président déclare l'audience ouverte et fait appeler l'affaire.

Tous les prévenus répondent. Sur l'interpellation de M. le Président, ils donnent leurs noms, prénoms, professions et demeures (*Voir le compte-rendu du procès en première instance*).

Mes Chauvelot et Dunoyer, avoués à la Cour, déposent sur le bureau du greffier, le premier des conclusions à l'appui d'une intervention formée par MM. Senard et autres dénommés au jugement dont est appel, le second des conclusions au nom de douze des appelants.

M. le Président aux appelants. Je vous invite à écouter le Rapport qui va être présenté à la Cour.

Me Senard. Monsieur le Président, je crois convenable que dès ce moment, note soit prise par la Cour de la demande en intervention que nous avons à lui soumettre. La Cour décidera si elle doit nous entendre avant ou après le Rapport.

M. le Procureur-Général. Je crois qu'il faut d'abord entendre le Rapport.

M. le Président. La Cour ne connaît pas le procès ; il faut d'abord qu'elle entende le Rapport.

M. le Conseiller Étignard de Lafaulotte présente le Rapport.

Il rappelle d'abord les circonstances dans lesquelles la poursuite a été commencée. Le comité formé par M. Garnier-Pagès et autres, et considéré par la prévention comme constituant une association illicite, a fonctionné à propos des élections générales de 1863 et des élections partielles qui ont suivi. Le 13 mars 1864, à l'occasion d'une réunion tenue rue Saint-Roch, 45, au siége du comité, une perquisition eut lieu chez M. Dréo et un procès-verbal fut dressé par un commissaire de police. Ces premiers actes ont été suivis d'une ordonnance de non-lieu à l'égard de M. Dréo, quant à l'inculpation d'avoir prêté son domicile à une réunion publique non autorisée. Mais la perquisition avait amené la saisie d'une volumineuse correspondance dans laquelle le parquet a cru trouver les traces de l'association aujourd'hui poursuivie.

M. le Conseiller-Rapporteur lit quelques fragments de diverses lettres (1) : lettres de M. Dréo à M. Garnier-Pagès (28 janvier 1863); de M. Garnier-Pagès à M. Hérold (26 février), à M. Corbon (1er février, 7 mars), à M. Dréo (15 mars, 4 avril); de M. Ferry à M. Dréo, sans date, exprimant l'intention « de ne pas faire bande à part. »

Me Marie. Cette lettre est bien postérieure, elle est de 1864.

Me Senard. Le fait n'a aucune importance au procès.

M. le Conseiller-Rapporteur continue à lire des extraits de lettres : lettres de M. Dréo à M. Guérin-Delise (25 avril); de M. Garnier-Pagès à M. Dréo (9 mai).

Il lit en entier la circulaire du 28 avril (2) et un fragment de celle du 20 mai (3): puis des extraits de lettres de M. Hérold à M. Ferry (24 avril), de M. Garnier-Pagès à M. Hérold (30 avril), ces deux lettres relatives à des réunions d'ouvriers; de M. Delestre à M. Hérold (sans date) indiquant des noms pour un comité; de M. Tricoche à M. Clamageran (28 avril) faisant connaître les dispositions de M. Beslay relativement au comité. Ces lettres se rattacheraient à la formation du comité incriminé, dont elles serviraient aussi à faire connaître le but (4).

M. le Rapporteur arrive à la question de savoir si le comité a fonctionné seulement pendant les périodes électorales ou d'une manière permanente. Il lit la note du comité publiée en juin 1863 (5), puis des

(1) Plusieurs de ces fragments, ainsi que de ceux indiqués plus loin, se trouvent dans le compte-rendu du procès en première instance, pages 65 et suivantes.

(2) Voir le compte-rendu, p. 74.

(3) *Ib.*, p. 80.

(4) La plupart sont, au contraire, relatives au projet du comité des Vingt-cinq.

(5) Voir le compte-rendu, p. 90.

fragments de lettres de M. Dréo (13 juin), de M. Carnot à M. Bory (15 juin), de M. Charamaule à M. Garnier-Pagès (17 septembre).

Il aborde ensuite les faits relatifs à l'action du comité pour la réélection de M. Pelletan. Il lit une circulaire de convocation du 23 nobre 1863, puis des extraits de lettres de M. Dréo à M. Guérin (30 septembre, 20 octobre); de M. Garnier-Pagès (10 décembre); du même à M. Hérold (22 novembre). Le comité se chargeait d'envoyer des distributeurs de bulletins, ainsi que le prouvent des lettres de M. Jules Simon, de M. Pelletan (2 décembre), de M. Dréo et de M. Ferry à M. Hérold ; de M. Pons au même (10 décembre).

M. le Rapporteur rend compte d'un incident qui s'est produit dans la soirée du 13 décembre, premier jour du scrutin, à Fresnes-lès-Rungis, petite commune rurale de l'arrondissement de Sceaux ; il s'agit de l'arrestation de distributeurs de M. Pelletan et de surveillants envoyés par le comité. Cette arrestation, d'après les autorités locales, aurait été justifiée par une tentative de pénétrer avec violence dans l'une des salles de la Mairie où la boîte du scrutin était enfermée ; au contraire, d'après les personnes arrêtées, elle aurait été opérée sans aucuns motifs par des gardes nationaux en état d'ivresse. Une instruction, commencée sur cette affaire, n'a pas eu de suite (1).

M. le Rapporteur, arrivant à la période électorale de mars 1864, donne lecture de divers fragments de lettres de M. Dréo, de M. Garnier-Pagès et de quelques autres. Il parle de bureaux de renseignements électoraux établis dans les 1re et 5e circonscriptions de Paris par MM. Hérold et Dréo, et de réunions électorales tenues dans ces mêmes circonscriptions. Il fait connaître une note de laquelle il résulte qu'une semblable réunion devait avoir lieu le 14 mars, chez M. Murat, et qu'on devait n'y être admis que sur la représentation d'une lettre d'invitation spéciale.

Le fait même du comité limité à quinze membres, dit M. le Rapporteur, n'est nié par personne. Mais la prévention soutient qu'il était en réalité composé de plus de vingt membres et qu'il a exercé une influence active, non-seulement sur toutes les élections de Paris, mais aussi sur certaines élections de départements. Un autre comité, dont la liste a été publiée par le *Siècle* du 4 juin 1864 et qui annonçait devoir donner des consultations relativement aux élections des Conseils généraux, ne paraît pas être incriminé ; en tous cas, il n'existe au dossier aucune pièce se rattachant au fonctionnement de ce comité (2).

(1) Voir plus loin l'interrogatoire de M. Garnier-Pagès, p. 45.

(2) Voir plus loin l'interrogatoire de M. Hérold, p. 69.

M. le Rapporteur indique des listes qui prouvent que le comité incriminé s'est occupé de la surveillance des opérations électorales dans diverses circonscriptions de la Seine qu'il avait, dans ce but, divisées en sections.

Puis, il analyse les pièces invoquées par la prévention pour établir l'intervention du comité dans l'élection de M. Buffet en janvier 1864, et donne lecture de la lettre du comité démocratique d'Epinal à M. Garnier-Pagès et de la réponse de M. Garnier-Pagès (1).

M. le Rapporteur s'occupe ensuite de la caisse du comité, dont l'existence résulte de diverses notes. Le fait, au surplus, n'est pas contesté. Il cite la lettre de M. Fontaine à M. Dréo (2) et reconnaît que le Comité n'a pas payé les frais de la candidature de M. Blanc.

Il donne lecture de deux fragments de lettres de M. Varambon à M. Hérold (13 février, 30 mars 1863), relatifs à la formation d'un comité à Lyon; de M. Lefrançois au même (21 avril) pour lui demander la liste des électeurs du comité Carnot.

Au banc de la prévention. Cette lettre n'a aucun rapport avec le procès.

M. le Conseiller-Rapporteur continue en lisant des extraits de trois lettres de M. Garnier-Pagès à M. Hérold, de deux nouvelles lettres de M. Varambon au même (17 mars, 11 mai); d'une lettre de M. Garnier-Pagès au rédacteur d'un journal italien pour lui recommander, comme correspondant, M. Dréo.

Il revient sur le fait, non contesté d'ailleurs, de la caisse du comité; il donne lecture de diverses pièces qui s'y rapportent, notamment d'une note de M. Hérold où il est dit qu'un député de l'opposition n'a pas payé sa cotisation (3); il indique divers emplois des fonds, il signale « un secours donné à une domestique renvoyée parce qu'elle aurait manifesté des sentiments de sympathie pour Pelletan. » (*Rires*).

M. le Rapporteur passe aux déclarations faites dans l'instruction et à l'audience du tribunal correctionnel par les prévenus. Avant de lire l'interrogatoire de M. Garnier-Pagès, il fait remarquer que cet interrogatoire est du 28 juin, alors que le procès-verbal qui a donné lieu au commencement de la procédure, est du mois de mars 1864; ce long intervalle s'explique, dit-il, d'abord par la raison que les correspondances étaient nombreuses et longues à examiner, mais surtout par cette autre raison que deux des principaux prévenus faisant

(1) Voir le compte-rendu, p. 98 à 100.
(2) *Ib.* p. 83.
(3) *Ib.*, p. 110.

partie du Corps législatif, toutes poursuites contre eux étaient interdites pendant le cours de la session.

M. le Rapporteur donne lecture presque entière des interrogatoires de MM. Garnier-Pagès et Carnot, précédés de leurs protestations; puis de l'interrogatoire de M. Jozon, dont la participation aux travaux du comité n'aurait pas eu le même caractère que celle des autres prévenus (1); enfin, des interrogatoires de MM. Bory et Melsheim, qui se trouvent chacun dans une situation particulière (2).

Il donne également lecture de la partie nes notes d'audience tenues par le greffier du tribunal correctionnel, contenant les dépositions des témoins cités à la requête de M. Melsheim et les réponses de tous les prévenus aux questions du Président du tribunal (3).

Il termine son rapport par la lecture du jugement dont est appel.

M. le Président. Je remarque que les conclusions déposées pour les appelants ne sont prises qu'au nom de douze d'entre eux. Pourquoi le treizième n'y figure-t-il pas? Est-ce par erreur ou non que le nom de M. Melsheim manque?

Me Hébert. M. Melsheim est ici présent et il sera pris pour lui des conclusions.

M. le Président. Me Senard, vous avez à lire des conclusions en intervention?

Me Senard. Oui, monsieur le Président.

Ces conclusions sont prises pour MM. Senard, Tenaille-Saligny, Deroisin, Lenoël, Georges Coulon, Enocq, Fumouze, André Rousselle, Albert Liouville, et aussi pour MM. Crémieux et Pelletan, qui, ici présents, se joignent à notre intervention. Voici ces conclusions.

» Plaise à la Cour,

» Attendu qu'il est de principe que nul ne peut être atteint par une déclaration de culpabilité ou même par une mise en prévention, sans avoir été préalablement entendu, ou au moins appelé à se faire entendre sur les faits qui lui seraient imputés;

» Que cette règle fondamentale du droit criminel français, a été formellement méconnue, en ce qui concerne les requérants, par le jugement de la sixième chambre du tribunal de la Seine, en date du

(1) Elle se trouve expliquée de nouveau plus loin, dans l'interrogatoire de M. Jozon devant la Cour, p. 82.

(2) Voir également les interrogatoires de MM. Melsheim et Bory, ci-après p. 83 et 87.

(3) Ces notes ne sont pas seulement très-laconiques, elles présentent un grand nombre d'inexactitudes.

6 août dernier, dans lequel, sans qu'ils aient été même interpellés, on les fait figurer comme coupables ou complices du délit d'association illicite, imputé aux treize personnes contre lesquelles des condamnations ont été prononcées;

» Attendu qu'en matière d'association illicite, une condamnation ne peut intervenir qu'à la condition d'établir, dans les formes légales, que des personnes certaines et dénommées se sont réunies au nombre de plus de vingt, pour former l'association et concourir à la perpétration du délit;

Que c'est à cette condition que le Tribunal a voulu satisfaire en ajoutant plusieurs noms, parmi lesquels se trouvent ceux des requérants, aux noms des treize prévenus dont on demandait la condamnation; mais qu'il l'a fait sans instruction préalable, et sans qu'aucun des requérants ait été appelé à s'expliquer sur les faits;

» Attendu qu'il importe peu que les noms des requérants se trouvent dans les motifs ou dans le dispositif du jugement;

» Que lorsqu'il s'agit d'un délit collectif qui ne se constitue que par la réunion d'un certain nombre de personnes, il est évident qu'on ne peut faire entrer dans la composition de ce nombre que des personnes reconnues toutes coupables au même titre;

» Que si ceux que le dispositif atteint sont seuls frappés d'une peine, tous ceux qui sont nommés dans le jugement sont enveloppés dans une déclaration commune de culpabilité;

» Attendu que cette déclaration doit être, en ce qui touche les requérants, mise au néant par la cour, comme faite en dehors et au mépris des prescriptions de la loi;

» Attendu qu'il appartient sans doute aux prévenus de relever, dans l'intérêt de leur défense, l'illégalité d'une constatation sans laquelle le délit qu'on leur reproche ne pouvait pas avoir d'existence et dont l'annulation doit faire tomber *ipso facto* la poursuite dirigée contre eux;

» Mais que les citoyens dont les noms ont été ainsi pris arbitrairement par le tribunal, pour former l'appoint de la poursuite, ont aussi le droit incontestable de se présenter devant la juridiction supérieure, pour protester formellement contre la qualification que le premier juge leur a donnée, sans droit, de membres soit affiliés, soit adjoints, d'une association illicite, et pour demander que leurs noms soient effacés d'une sentence intervenue sur une instruction dans laquelle ils n'ont été ni entendus ni appelés;

» Attendu, en ce qui concerne M. Enocq, que l'emploi de son nom est encore plus étrange, puisqu'il avait été appelé dans l'instruction écrite ; qu'il y a eu à son égard une ordonnance de non-lieu, et que depuis il n'a été ni rappelé, ni entendu aux débats;

» Par ces motifs et autres à suppléer,

» Recevoir MM. Crémieux, Pelletan, Senard, Tenaille-Saligny, Deroisin, Lenoël, Coulon, Fumouze, Rousselle et Liouville, intervenants dans l'instance d'appel du jugement rendu par la sixième chambre du tribunal de la Seine, le 5 août 1864 ;

» Donner acte auxdits intervenants de ce qu'ils protestent contre la qualification qui leur est donnée, dans ce jugement, de membres, soit affiliés, soit adjoints d'une prétendue association illicite ;

» Dire et juger que les intervenants n'ayant été ni entendus ni appelés dans l'instruction sur laquelle la sentence a été rendue, il ne pouvait être rien statué à leur égard, soit par condamnation à une peine, soit par constatation d'un délit ;

« En conséquence, mettre au néant la déclaration de culpabilité contre eux prononcée, et ordonner que leurs noms seront effacés du jugement. »

M. le Président, à Me Senard. Vous développerez ces conclusions à la reprise de l'audience.

L'audience est suspendue à deux heures cinq minutes et reprise à deux heures un quart.

M. le Président. Me Senard a la parole.

Me Senard. Messieurs, l'intervention que je suis chargé de soutenir, vous apporte, avant des débats presque politiques, une question de pur droit criminel.

Elle est grave par elle-même, mais elle se recommandera surtout à votre attention par son étroite connexité avec les principales questions du procès.

Je viens, Messieurs, pour moi et pour ceux qui figurent avec moi dans les conclusions déposées, protester contre la déclaration de culpabilité qui nous a atteints sans que nous ayons été entendus, sans que nous ayons été mis en demeure de nous faire entendre. Je demande à la Cour d'effacer nos noms d'un jugement où ils n'ont été introduits que par une violation flagrante des prescriptions de la loi, et uniquement pour compléter le nombre légal nécessaire à la prononciation d'une condamnation.

Un mot d'abord sur notre situation personnelle et sur les motifs qui ont dirigé notre intervention.

Nous sommes et nous serons toujours très-honorés de voir nos noms, quelque part que ce soit, associés aux noms des prévenus : car ces noms, l'estime publique les entoure et plusieurs de nous sont heureux d'y trouver l'expression de leurs meilleures amitiés.

Quant aux faits qu'on leur impute, comme ils ne sont, à nos yeux, que l'exercice légal du droit constitutionnel qui appartient à des électeurs, nous nous garderions bien d'en répudier l'honorable solidarité.

Mais nous devons avouer, et nous le faisons avec un sincère regret, que, pour des causes diverses, au nombre desquelles, pour presque tous parmi nous, se place une vie constamment absorbée par le travail et les affaires, il nous a été impossible de nous occuper d'élections autrement qu'en donnant quelques consultations à des électeurs qui sont venus nous trouver, ou qu'en apportant notre contribution volontaire aux dépenses faites pour soutenir des candidatures qui nous étaient sympathiques. Sur ce dernier point, Messieurs, permettez-moi une courte explication.

Depuis qu'il existe en France des candidatures officielles, ces candidatures entraînent des dépenses qui se prennent tout naturellement sur le budget de l'État. En ma qualité de contribuable, je paie ma part de ces dépenses, et me trouve, *volens aut nolens*, concourir aux frais d'élections pour lesquelles on ne m'a jamais demandé mon assentiment.

Or, quand je suis ainsi forcé de contribuer à des dépenses faites pour des candidatures qui ne me sont pas du tout sympathiques, il me semble qu'il doit bien m'être permis de contribuer volontairement aux dépenses faites pour soutenir des candidatures qui ont toutes mes sympathies.

Mais je vous le dis ici très franchement, en mon nom et au nom de tous ceux qui, comme moi, seront toujours prêts à souscrire dans l'intérêt de la cause libérale, aucun de nous ne s'était imaginé que sa souscription pût jamais le faire considérer comme ayant l'honneur de faire partie du comité électoral. Qui dit comité, dit une réunion organisée, prenant des délibérations et des résolutions, or, nous n'avons jamais rien délibéré, rien résolu, rien exécuté, et nous ne nous sommes associés aux efforts de nos amis que par nos vœux.

J'ajoute qu'un de ceux qui viennent de s'adjoindre à notre intervention, M. Pelletan, est dans une position encore plus singulière. Il a, dans une lettre publiée par plusieurs journaux, et que j'ai là, dans le journal *le Temps*, déclaré positivement qu'il ne ferait partie d'aucun comité électoral, obéissant en cela à un sentiment de délicatesse que la Cour comprend à merveille, à raison de la candidature qu'on lui avait offerte et du désir qu'il avait de laisser se faire, en dehors de lui, une élection qu'il regardait comme un honneur d'autant plus grand qu'il n'y aurait aucunement concouru.

Ainsi, tous les intervenants ont le droit de vous affirmer, l'un, qu'il n'a pas voulu, les autres, qu'à leur grand regret ils n'ont pas pu faire partie des comités électoraux, dont le zèle et le dévouement ont rendu possibles ces mémorables élections de Paris, qui ont donné à la France tant de consolations pour le passé et tant d'espérances pour l'avenir !

Voilà, Messieurs, notre situation personnelle. Mais au-dessus de cette appréciation du délit auquel on nous a associés, au-dessus de notre sympathie pour les personnes aux noms desquelles nos noms ont été réunis, nous avons dû placer notre respect de la vérité et notre désir de voir maintenir intacts les principes tutélaires de notre droit criminel ; nous n'avons pas voulu que la crainte de paraître protester contre des doctrines qui sont nos doctrines, contre des actes qui, si nous l'avions pu, auraient été nos actes, nous conduisît à couvrir, par une sorte d'entraînement chevaleresque, le dangereux entraînement judiciaire qui avait amené la méconnaissance des principes sans lesquels l'instruction criminelle ne donnerait aux citoyens aucune des garanties sur lesquelles ils ont droit de compter.

Nous sommes d'ailleurs gens préoccupés, avant tout, de la bonne administration de la justice, et ne regardant jamais les faits d'aujourd'hui sans penser aux faits de demain. Il s'agit aujourd'hui d'un délit politique auquel nous pourrions regarder comme un honneur d'être associés ; il s'agira demain d'un délit d'un autre ordre, d'un délit honteux, peut-être. Si nous ne protestons pas contre un jugement qui, sans que des citoyens aient été entendus, sans même qu'ils aient été interpellés, les déclare coupables ou complices d'un délit, on s'en prévaudra demain pour déclarer complices de quelque délit d'escroquerie, de quelque délit infâme, des personnes dont les noms même n'auraient pas été prononcés dans l'instruction.

Voilà pourquoi notre intervention a été résolue.

Maintenant, cette intervention est-elle recevable ? est-elle fondée ? C'est ce que je viens examiner devant vous.

Est-elle recevable ?

Il faut deux conditions pour la recevabilité d'une intervention : il faut qu'il y ait un intérêt légitime à intervenir ; il faut que la juridiction devant laquelle on intervient puisse admettre et juger cette intervention.

Avons-nous ici un intérêt légitime ? Poser la question, c'est la résoudre. Par le jugement, nous sommes déclarés coupables ou complices d'un délit. Nous nous présentons et nous demandons qu'on efface la déclaration de culpabilité qui nous atteint.

Mais une objection va nous être faite : nous ne sommes pas atteints par le dispositif du jugement, c'est dans les motifs seulement que nos noms se trouvent. Et pour fortifier cette objection, on invoquera la distinction que des arrêts célèbres ont introduite entre le dispositif et les motifs d'un jugement. On se rappelle l'arrêt de Paris qui, en annulant comme jeux de Bourse les opérations faites par M. de Forbin-Janson, l'avait, par ses motifs, atteint de la manière la plus cruelle, et l'arrêt de la Cour de Cassation qui déclara son pourvoi non recevable, le dispositif pouvant seul constituer le jugement. Et depuis, dans un grand nombre d'occurrences, nous avons vu s'élever de nouvelles controverses sur la même distinction entre les motifs et le dispositif.

Je laisse de côté tout ceci, et ne veux pas même mettre en regard de l'arrêt Forbin-Janson, des arrêts de Rouen, d'Amiens et de Nîmes, où se trouvent des solutions contraires, parce que l'espèce qui nous occupe est en dehors de toutes ces controverses.

Il s'agit en effet, ici, d'un délit collectif qui ne peut exister qu'autant que le nombre d'individus exigé par la loi est constaté, et qu'il est reconnu également que tous ces individus ont constitué l'association illicite. Or, quelque part que la constatation du nombre soit faite, ou dans les motifs, ou dans le dispositif, tous les individus qui sont comptés pour former le nombre légal se trouvent nécessairement et invinciblement enveloppés dans une commune déclaration de culpabilité. En pareil cas, la distinction entre les motifs et le dispositif n'a et ne peut avoir trait qu'à l'application de la peine.

Ne l'oubliez jamais, Messieurs, l'article 291 ne punit qu'un délit collectif. Si plus de vingt personnes se réunissent pour constituer une association, il y a délit. Si ces personnes ne sont qu'au nombre de vingt, le fait est innocent. Il faut donc qu'il y ait vingt et une personnes associées pour constituer le délit ; il faut de plus, que les vingt et un membres associés aient eu la pleine conscience de l'association et l'intention d'en faire partie.

Supposez, par exemple, quelques personnes se trouvant en contact accidentel ou dans un rapport momentané avec la réunion, mais sans aucune volonté d'y entrer et d'en devenir membres, non-seulement vous n'avez pas le droit de les compter dans le nombre légal, mais si, après les y avoir comptées, vous reconnaissiez la nécessité de les en retrancher, l'association ne se constituerait que de ceux-là seuls que vous auriez retenus.

Donc, si vous aviez en tout vingt-quatre personnes comprises dans l'instruction, et que l'examen vous en fît renvoyer six, il est trèsévident que la non-culpabilité reconnue de ces six personnes n'entraînerait pas seulement leur acquittement, mais qu'elle ferait en même temps et nécessairement acquitter les dix-huit autres, puisque le délit d'association illicite ne peut exister que lorsque plus de vingt personnes se sont réunies pour le commettre.

Il n'y aurait qu'un seul cas où moins de vingt et un pourraient être poursuivis ou condamnés. C'est celui où, en reconnaissant plus de vingt coupables, on arriverait à en excuser quelques-uns par des circonstances considérées comme atténuantes. Mais, ne le perdons pas de vue, ce serait la culpabilité à un moindre degré, mais toujours la culpabilité du même délit et au même titre : sans quoi il y aurait innocence et acquittement nécessaire de tous.

Ceci entendu, rédigez votre jugement comme vous l'entendrez ; constatez le nombre légal dans les motifs ou dans le dispositif ; prononcez une peine contre ceux-ci, ne la prononcez pas contre ceux-là, peu m'importe. Quelque part, en effet, que soit la constitution du nombre légal dans le jugement, si le dispositif a déclaré le délit constant, s'il a déclaré quelques individus coupables, et s'il leur a appliqué une peine, il vaut, par cela seul, comme constatation du délit et comme déclaration de culpabilité contre chacun de ceux qui y sont dénommés.

Maintenant, comment le Tribunal a-t-il été amené à introduire dans son jugement des noms de personnes contre lesquelles aucune instruction n'avait été faite ? — Le voici :

La défense avait très-nettement dit à l'accusation : « Vous ne poursuivez que treize personnes. Additionnez, comme vous voudrez, les noms des prévenus, vous n'arriverez jamais à faire qu'ils soient vingt et un. » On ajoutait : « Il n'y a jamais eu constatation légale d'une association de plus de vingt membres, conséquemment, vous ne pouvez pas condamner les treize qui sont devant vous. » Le Tribunal a cru sortir d'embarras en ajoutant, dans les motifs de son jugement, un certain nombre de noms pris à peu près au hasard et pour servir d'appoint au nombre légal qui faisait défaut.

Il l'a fait, il est vrai, avec quelque hésitation, en évitant les mots de membres d'association illicite. Il a parlé d'affiliés, ou simplement d'adjoints.

Mais, si ces mots d'adjoints et d'affiliés devaient être considérés comme étant sans signification, si nous devions être regardés comme n'étant pas atteints par cette étrange phraséologie, il n'y aurait qu'à déclarer les prévenus non coupables et à mettre le jugement au néant. Cela est clair comme le jour : la Cour ne peut maintenir le jugement qu'en déclarant qu'il y a eu constatation légale d'un délit d'association illicite commis par plus de vingt personnes et donnant lieu à l'application de l'article 291 du Code pénal.

Ainsi, soit que cette constatation ait été faite dans les motifs ou dans le dispositif, elle existe, elle implique la culpabilité de ceux dont les noms ont été comptés pour arriver à former le nombre légal. Je suis donc atteint directement par une déclaration de culpabilité. Il ne peut s'élever à cet égard aucune difficulté.

Je viens maintenant soutenir devant la Cour que cette déclaration de culpabilité, le Tribunal n'avait pas le droit de la faire à l'égard des intervenants, qui n'ont été appelés ni à l'instruction, ni devant le Tribunal.

Comment, Messieurs, l'information doit-elle être faite, et surtout comment doit-elle être étudiée dans l'application de l'article 291 du Code pénal? Je prie la Cour de retenir la formule dans laquelle je résume toute ma pensée.

Pour que le délit prévu par l'article 291 soit constaté légalement, il faut d'abord qu'il y ait au moins vingt et une personnes certaines, et dénommées par la poursuite et par le jugement : il ne faut pas seulement qu'elles aient été l'objet d'une information, il faut encore qu'elles aient été interrogées ou entendues ou mises en demeure de se faire entendre.

Voilà ma prétention. C'est à moi maintenant de la justifier.

Dans l'instruction criminelle, selon le droit français, il y a trois moments à considérer. D'abord la *recherche* : c'est l'instruction proprement dite ; puis, la *mise en prévention* ; enfin, la *déclaration de culpabilité*, avec ou sans une peine.

Pour la *recherche*, le droit français admet l'instruction secrète, l'instruction non contradictoire. — Je ne développe pas tout ceci : je parle devant des hommes éminents, auxquels la loi est tellement familière, que chacun des mots que j'emploie a toute sa valeur et n'a pas besoin d'être développé. — Donc, dans cette première partie, l'information se compose d'investigations sans limites, en même temps qu'elles sont sans contradicteurs. L'instruction n'a rien à dire à ceux sur lequels planent des soupçons, elle procède tout à fait en arrière d'eux. Si elle juge convenable, dès le début, de les appeler, elle le peut, mais elle n'y est pas tenue. Elle poursuit ses recherches comme elle l'entend, et elle est si peu obligée d'appeler ceux sur lesquels planent des soupçons, que si elle a, par exemple, une perquisition à faire chez eux, rien ne l'oblige à les prévenir. Bien plus, si ceux qu'elle soupçonne sont absents, la pratique, sinon la loi, autorise l'instruction à faire enfoncer leur porte, à forcer leurs serrures, à briser leurs meubles. Il n'y a rien, en pareil cas, qui soit inviolable, qui puisse être regardé comme sacré. Le salut de la société est la loi suprême, et les magistrats et les agents chargés de la recherche, sont investis des pouvoirs les plus étendus, de pouvoirs sans limites et d'investigations sans contradicteurs.

Nous comprenons tous, Messieurs, que ces droits exorbitants dont l'instruction criminelle est armée en France et dont s'étonnent souvent les nations voisines, ne peuvent s'expliquer que par de grandes nécessités sociales, que par le besoin de défendre la société dans la recherche de grands crimes ou de faits intéressants la sûreté publique.

Pourtant, s'il arrivait un jour qu'on voulût se livrer à ces terribles actes.... rien que pour faire de l'effet.... rien que pour effrayer d'honnêtes gens..... et pour arriver à ce résultat, que, dans une occasion ultérieure, des électeurs trop soigneux peut-être, et il y en a, de leur tranquillité, aimassent mieux sacrifier l'exercice de leurs droits que de courir le risque de pareilles avanies.... s'il arrivait, dis-je, qu'on abusât de ce droit jusqu'à enfoncer les portes, à briser les meubles, à saisir les correspondances les plus intimes à propos d'un simple délit, et du délit le plus léger du monde, si cela arrivait, eh bien! il faudrait incliner la tête! car la loi est ainsi faite; l'instruction criminelle se poursuit de la sorte, sans restrictions, sans limites, et je le répète encore, sans contradicteurs!

Voilà le premier moment de l'instruction criminelle.

Mais, que du milieu des soupçons et des investigations on fasse sortir une incrimination directe contre tel ou tel individu, alors, tout change. Au lieu de cette investigation secrète et non contradictoire, la société ou les magistrats qui la représentent vont immédiatement se placer en face de l'individu qu'ils entendent incriminer.

En d'autres termes, nous passons du chapitre 6, livre Ier du Code d'instruction criminelle, *la recherche*, au chapitre 7 du même code, *la mise en prévention*.

Alors, l'instruction devient contradictoire; il faut chercher le prévenu; c'est l'heure des mandats de comparution, des mandats de dépôt, des mandats d'arrêt. Il faut, en effet, la présence du prévenu, non-seulement pour le juger et le punir, s'il y a lieu, mais, et avant tout, pour rendre contradictoire avec lui tout ce qui n'était jusque-là qu'à l'état de suspicion générale et d'investigation. La loi exige que le prévenu se présente ou qu'il soit amené, et elle ne reconnaît de valeur à la procédure qui le touche, qu'après qu'il a été interrogé, ou mis en demeure avec une telle énergie que, s'il ne vient pas, il ne puisse pas dire plus tard qu'on ne l'a pas interpellé.

C'est ainsi qu'on arrive à ce qui forme la deuxième partie de l'instruction, c'est-à-dire à *la mise en prévention*.

Messieurs, une ordonnance de mise en prévention, ce n'est pas encore une déclaration de culpabilité, c'est le simple résumé des présomptions qui peuvent donner lieu de penser qu'un homme est coupable. Eh bien! magistrats qui m'entendez, vous qui pour la plupart avez dirigé des instructions, ou qui les avez vues arriver devant vous pour être jugées, dites-moi si, dans le cas où une ordonnance de mise en prévention serait rendue contre un homme qui n'aurait été ni interrogé, ni entendu, ni appelé, ni mis en demeure de comparaître, cette ordonnance ne serait pas atteinte d'une nullité tellement radicale, qu'elle ne pourrait pas même être mise en question.

S'il en est ainsi, Messieurs, d'une simple mise en prévention, que dire d'une déclaration de culpabilité?

Les formes et la nécessité que tout soit contradictoire deviennent ici de plus en plus rigoureuses; nous arrivons, en effet, à la troisième partie du Code d'instruction criminelle, dont le premier mot est que : « Quand un homme a été mis en prévention par une ordonnance qui ne peut être rendue qu'après qu'on l'a entendu ou mis en demeure, il faut que de nouveau cet homme soit amené devant le Tribunal, pour que la prévention soit jugée contradictoirement, et pour qu'il puisse donner des explications sans lesquelles la justice ne peut savoir si, de l'état de prévenu, il doit définitivement passer à l'état de coupable. »

Essaierait-on de prétendre que les conditions nécessaires pour la condamnation pourraient être négligées, quand il ne s'agit que de la constatation du délit? Ce serait la reproduction, sous une autre forme, du système que nous avons mis au néant pour justifier notre intérêt à intervenir. Dès lors, en effet, que pour constituer le délit, il faut que vous prouviez qu'il existe plus de vingt coupables, il est évident que vous ne pouvez déclarer tels, que des individus contre lesquels vous aurez régulièrement procédé. En vain donc viendrez-vous dire : « Il existe une information dans laquelle on a entendu six cents témoins, dans laquelle on a saisi deux mille pièces; et de cette information je retiens ce fait, que vingt-cinq personnes ont constitué une association illicite. » Je vous répondrai : « c'est bien, si ces vingt-cinq personnes ont été interrogées; c'est impossible, si elles ne l'ont pas été. » Si, en effet, vous êtes obligés de reconnaître que ni la culpabilité, ni même la prévention, en France, ne peuvent apparaître sans qu'il y ait eu contradiction, sans que la personne inculpée ait été mise en demeure de s'expliquer, vous ne pouvez pas ne pas reconnaître que, pour constituer le délit prévu par l'article 291, indépendamment de ce qu'il vous faudra prendre vingt-et-un individus au moins, et constater que ces vingt-et-un individus formaient une association illicite, vous n'avez le droit de faire entrer dans ce nombre que des personnes qui auront été interrogées. De là cette conséquence, que si vous faites entrer dans la composition du nombre légal une seule personne qui n'ait été ni appelée ni interrogée, votre nombre est frappé à l'instant même par les dispositions de la loi : ce n'est plus un nombre légal.

Voilà où nous arrivons. Nous sommes bien près du but, car il y a nullité incontestable en ce qui concerne les intervenants. Jamais, ni moi, ni la plupart de ceux qui viennent avec moi demander que leurs noms soient effacés du jugement, n'avons été soumis à la condition indispensable d'un interrogatoire ; jamais aucun de nous n'a été appelé à s'expliquer sur la part qu'il aurait prise à l'association.

Cette nullité, à qui appartient-il de la relever? aux prévenus, sans aucun doute, puisqu'en faisant retrancher du jugement les noms qu'on a illégalement réunis aux leurs pour constituer le nombre légal, ils font, par cela même, tomber la constatation du délit, et mettent la prévention au néant.

Mais ont-ils seuls ce droit? Et nous, que l'illégalité commise par le Tribunal a personnellement frappés, serions-nous placés dans cette situation, que nous n'aurions pas le droit de venir nous-mêmes réclamer devant la Cour l'effacement de nos noms?

Le doute maintenant n'est plus possible : notre intervention est recevable, puisque nous y avons intérêt ; elle est fondée, puisque la déclaration de culpabilité qui nous blesse a été rendue sans les formes prescrites par la loi.

Mais est-elle portée devant la juridiction qui doit en connaître? C'est la dernière question qui me reste à examiner.

Je réponds sans aucune hésitation, avec mon bon sens, et tout à l'heure avec le droit, que la juridiction qui doit recevoir ma plainte, ne peut être que la juridiction saisie de l'appel du jugement qui a commis l'illégalité. J'ajoute que je devais porter ma plainte devant elle au moment même où elle va procéder à l'examen du jugement ; car c'est à cette heure que, s'il y a eu violation de la loi, cette violation peut être dénoncée et réprimée.

Sous quelle forme cette intervention doit-elle se produire? Si nous étions au civil, ce serait par les procédures spéciales indiquées par la loi. En matière criminelle, comme le Procureur général est le représentant de la Société, comme c'est lui, dans l'espèce, qui a dirigé la poursuite, qui a obtenu le jugement et qui apporte l'appel à examiner à la Cour, c'est au Procureur général que je dois faire connaître, par une notification antérieure à l'audience, la plainte que j'entends porter, et c'est contradictoirement avec lui que je dois examiner et justifier cette plainte.

On me dirait en vain que je n'étais pas partie dans la procédure! je suis devenu partie dans l'instance par le jugement qui y a introduit mon nom, et j'ai le droit d'intervenir sur l'appel au moment où il va être discuté et où le Procureur général va demander la confirmation de ce jugement.

Permettez-moi, Messieurs, de vous soumettre un exemple qui me dispensera d'une plus ample discussion. Supposons qu'un Tribunal, appelé à juger un individu traduit devant lui comme prévenu d'escroquerie, trouvât dans l'instruction écrite ou orale la preuve qu'un autre individu contre lequel on n'aurait pas instruit était complice de cette escroquerie, et que ce Tribunal, par une aberration plus grande encore, mais du même genre que celle que nous vous dénonçons, s'avisât de condamner à six mois de prison le complice qu'il aurait cru découvrir, et qui n'aurait pas même entendu parler de l'affaire. Qu'arriverait-il si l'homme ainsi frappé apprenait l'existence du jugement à l'heure à laquelle la Cour va statuer sur l'appel du principal condamné, et s'il venait à cette barre vous demander d'annuler la condamnation que les agents de la force publique pourraient, le lendemain, exécuter contre lui? S'élèverait-il une voix pour dire que la Cour, appelée à statuer sur le jugement, sur la déclaration de culpabilité, sur la peine prononcée contre le principal coupable, ne pourrait pas recevoir l'intervention de celui qui aurait été, en même temps, déclaré complice et frappé d'une condamnation? Cela n'est pas possible, surtout avec une législation où il est accepté par tout le monde que la tierce opposition n'est pas recevable contre les jugements correctionnels, parce que, comme tout à l'heure, les criminalistes les plus élevés vont vous le dire, quand les débats sont clos, quand le jugement est prononcé, le Tribunal correctionnel a épuisé sa juridiction. En cet état, je vous le demande, à qui serait-il possible de s'adresser, si ce n'est à la juridiction chargée de statuer sur l'appel, et qui appréciera d'autant mieux le jugement qu'il sera, dans toutes ses parties, discuté devant elle?

C'est en vain que, pour contester ce droit, on m'opposerait le défaut de texte. Il y a des textes sur la procédure civile; il n'y en a pas, il ne doit pas y en avoir dans la procédure criminelle, quant aux interventions. Devant le juge criminel, l'intérêt de la société, l'intérêt de la vérité l'exige; il y a une arène ouverte, et je ne crains pas de dire ce qui tout à l'heure sera répété par des autorités plus hautes que la mienne, qu'il n'appartient qu'au juge criminel, qu'à lui seul, de diriger les débats et de déterminer les limites dans lesquelles ils doivent se renfermer. Il n'a pas seulement le droit d'admettre, il a même le droit d'appeler devant lui des tiers qui n'ont pas été partie au jugement.

Et, Messieurs, la pratique vient ici à l'appui de ce que la théorie, de ce que la raison même nous indiquent. Est-ce que devant la Cour d'assises et devant la Chambre qui me fait l'honneur de m'entendre, il n'arrive pas tous les jours que, si le nom d'un tiers est jeté dans le débat, celui-ci, dès qu'il en est informé, vient de sa personne demander à s'expliquer, est-ce que vous refusez jamais de l'entendre, d'admettre ses excuses ou ses explications? Mais il n'y a pas même besoin de conclusions pour cela. Le tiers intéressé vient à votre barre où un intérêt légitime l'appelle, et vous l'écoutez, parce que, comme va le dire tout à l'heure M. Faustin Hélie, dans l'instruction des affaires criminelles, vous ne cherchez qu'une seule chose, la vérité, l'intérêt de la société, et que si le tiers qui se trouve impliqué dans l'affaire ne venait pas de lui-même, vous pourriez interrompre les débats pour le faire entendre à quelque titre que ce soit.

Cette pratique de tous les jours a son point d'appui dans la doctrine et dans les monuments les plus anciens de la jurisprudence.

Le premier que nous rencontrons n'est autre que l'arrêt Lally-Tollendal. Voici dans quels termes Merlin, dans son Répertoire, au mot *intervention*, retrace le souvenir de l'incident dont ce procès fut l'occasion.

« Celui qui n'est ni plaignant, ni accusé dans un procès criminel, peut-il y intervenir sur le fondement qu'il a un intérêt plus ou moins direct à ce que ce procès soit jugé de telle ou telle manière? Un particulier est accusé d'un crime quelconque dont il cherche à se justifier par des allégations qui compromettent l'honneur d'un tiers : le tiers ainsi inculpé peut-il intervenir pour repousser les prétendues injures dont il est l'objet? » Voici comment Merlin répond à la question qu'il s'est posée : « Le Code des délits et des peines du 3 brumaire an IV et le Code d'instruction criminelle de 1808 sont muets sur cette question, et je ne sache pas qu'elle se soit présentée depuis la promulgation de ces lois. Mais elle a été agitée assez fréquemment sous l'empire de l'ordonnance de 1670, qui ne la décidait pas davantage. »

Il rappelle alors l'arrêt du Parlement de Paris, qui avait condamné à mort Lally-Tollendal, comme coupable du crime de haute trahison, l'arrêt du Conseil, de 1778, qui, sur la demande de Lally-Tollendal, curateur à la mémoire de son père, avait cassé l'arrêt du Parlement, et l'intervention de Duval d'Éprémesnil, conseiller au Parlement de Paris, fondée sur ce que Lally, dans le mémoire publié pour sa défense en 1766, s'était livré à des imputations graves contre M. Duval de Leyrit, gouverneur de Pondichéry et président du conseil de la même ville, dont il était le neveu et l'héritier. Lally soutenait que cette intervention était non-recevable. Renvoi de l'incident à l'audience. Lally plaide lui-même sa cause. Dans sa plaidoirie, il reconnaissait (page 506), que des arrêts avaient reçu des interventions en matière criminelle, mais il la repoussait dans l'espèce. Malgré ses efforts, un arrêt du 12 juin 1780 reçoit Duval d'Éprémesnil partie intervenante au procès, et condamne Lally-Tollendal. Il est vrai, qu'à son tour, cet arrêt fut évoqué et annulé au Conseil du roi. L'arrêt du Conseil peut-il effacer l'autorité de l'arrêt du Parlement de Paris? Cette question ne peut pas être sérieusement posée, et il reste de cette procédure une impression d'autant plus vive que l'intervention avait été admise par le Parlement, malgré le secret de la procédure, qui créait alors une difficulté que nous ne pouvons plus rencontrer aujourd'hui.

Mais je laisse de côté ce grand souvenir et une foule d'autres monuments de jurisprudence qui ont admis l'intervention, même en matière civile, devant une Cour d'appel, par le motif que, dans les motifs du jugement, un tiers avait été inculpé dans son honneur. Je me borne à indiquer un arrêt de Nîmes, du 11 juillet 1827, dont tout les arrêtistes ont accepté la doctrine et qui a posé le principe suivant : « On peut intervenir dans une instance où l'on n'a d'autre intérêt qu'un intérêt d'honneur, et spécialement (notez l'espèce) un notaire a droit d'intervenir dans une instance en désaveu de paternité formée par un père contre un ou plusieurs de ses enfants, sur le fondement que, dans cette instance, il est inculpé d'avoir fait signer aux témoins instrumentaires un acte pour un autre. » La Cour de Nîmes ouvre son arrêt par cette déclaration : « Attendu que l'intérêt est la mesure des actions; qu'il y a intérêt pécuniaire et qu'il y a aussi intérêt d'honneur, que celui-ci est même d'un ordre supérieur, surtout pour un officier public... »

Terminons, Messieurs, sur cette question, en demandant la solution qu'elle doit recevoir à un auteur dont personne ici ne répudiera la compétence, à M. Faustin Hélie, qui est à la fois conseiller à la Cour de Cassation et membre de l'Institut. Voici en quels termes cet éminent jurisconsulte s'exprime dans son traité *de l'Instruction criminelle* (t. VII, p. 358) : « Les tiers intéressés peuvent-ils intervenir dans une poursuite dans laquelle ils n'ont été ni appelés, ni mis en cause? — Quelques auteurs qui refusent au prévenu le droit de demander la mise en cause de ces tiers, dénient par suite, à ceux-ci, la faculté d'intervenir. D'autres distinguent entre les poursuites intentées par la partie publique et celles de la partie civile; il leur paraît que, dans le premier cas, il n'est pas possible d'admettre l'intervention, parce que l'action publique est libre entre les mains du ministère public, et que, dans le second cas, au contraire, cette intervention est régulière, parce qu'il s'agit d'intérêts privés, et que le principe qui régit l'intervention en matière civile doit être appliqué. Remarquons d'abord que la jurisprudence n'a adopté ni l'opinion qui rejette l'intervention, ni celle qui la limite au cas où la poursuite est exercée par la partie lésée. » Et M. Faustin Hélie cite une série d'arrêts qui ont admis, en s'appuyant, par exemple, sur l'artilce 182 du Code forestier, de nombreuses interventions, notamment celle du propriétaire qui prend fait et cause pour son fermier, en soutenant la question préjudicielle de propriété. Puis il ajoute : « Il ne nous paraît pas que cette doctrine s'écarte des règles de la procédure criminelle. La partie qui vient prendre les fait et cause du prévenu, se déclare par là même ou son coprévenu, ou responsable du fait de la contravention. »

Ai-je besoin de dire à la Cour que si l'on admet la partie qui veut demander une condamnation, à plus forte raison doit-on admettre celle qui veut en répudier une?

Je continue : « Elle (la partie intervenante) ne fait, en se présentant, que réunir les différents éléments d'un procès qui n'aurait point dû être divisé. Pourquoi le juge rejetterait-il son intervention? Est-ce parce qu'elle n'est pas comprise dans la poursuite? Mais il est généralement reconnu « voilà le principe » que, lorsqu'une juridiction est légalement saisie d'un fait, elle est compétente pour juger tous les auteurs ou personnes responsables de ce fait. Est-ce parce qu'elle n'a été personnellement l'objet d'aucune citation? Mais elle renonce aux délais de cette citation et accepte le débat déjà commencé. Est-ce enfin parce qu'elle est étrangère au procès? Mais elle vient déclarer elle-même qu'elle y a intérêt, que la prévention la touche directement ou indirectement, qu'elle doit nécessairement réfléchir sur elle, qu'elle apporte des documents ou des preuves qui doivent l'éclairer. Or, quel est en définitive le principal intérêt de la justice? n'est-ce pas de rassembler tous les éléments d'une poursuite dans un même faisceau? n'est-ce pas de ne point diviser les procès pour les mieux juger? n'est-ce pas d'accueillir toutes les preuves qui peuvent l'aider dans la recherche de la vérité, et, par conséquent, de réunir toutes les personnes qui ont des intérêts divers dans une même affaire? C'est par cette raison que l'intervention en matière criminelle était considérée dans notre ancien droit comme devant être en général favorisée : « On peut intervenir dans une instance criminelle, dit Jousse, » lorsque cette intervention est fondée sur une cause légitime et con-

» nexe à l'accusation.» C'est par cette raison que l'article 359 du Code d'instruction criminelle admet l'intervention du propriétaire des effets volés dans une poursuite pour vol, et l'article 23 de la loi du 17 mai 1819 celle des tiers diffamés par les écrits distribués à l'occasion d'un procès dans l'instance où ces écrits ont été produits. Quant à la distinction proposée entre la poursuite intentée à la requête du ministère public et celle exercée à la requête de la partie lésée, il ne nous paraît pas qu'elle soit fondée. L'action ne change pas de nature parce qu'elle est mise en mouvement, tantôt par le ministère public, tantôt par les parties civiles ; dans l'un et l'autre cas, c'est la même action : elle saisit les tribunaux des mêmes droits, elle est soumise aux mêmes règles. Notre législation ne connaît pas de délits privés, de contraventions particulières. Toutes les infractions sont poursuivies dans l'intérêt général, et la qualité de la personne à la requête de laquelle la citation a été donnée, n'a aucune influence sur la procédure. Il résulte de ce principe que nous avons établi précédemment, que, si la mise en cause des tiers intéressés au procès peut être ordonnée dans un cas, elle doit nécessairement l'être dans l'autre. Mais il ne faudrait pas induire de là, comme un corollaire, que les tiers intéressés, qui auraient pu intervenir et qui ne l'ont pas fait, sont recevables à venir ensuite former tierce opposition contre le jugement. Les tiers puisent leur droit dans l'existence d'une poursuite à laquelle ils ont intérêt et à laquelle ils apportent de nouveaux éléments judiciaires. Mais ce droit cesse au moment où le jugement intervient. »

Que pourrais-je ajouter, Messieurs, à cette doctrine à la fois si complète et si lumineuse ? Toutes les objections ont disparu, toutes nos propositions sont justifiées. Vous êtes les juges criminels, vous n'avez qu'un but, qu'un devoir, et votre conscience veut le remplir toujours dans toute son étendue, c'est de chercher la vérité, c'est d'en connaître tous les éléments, et quand un tiers intervient, quand ce tiers a un intérêt direct dans le procès, non-seulement vous devez lui ouvrir les portes, mais si vous apercevez qu'il y a un intérêt et qu'il ne vienne pas, votre devoir est de l'appeler.

Il n'y avait pas lieu ici à une tierce opposition devant les premiers juges, parce que, devant le tribunal qui a rendu le jugement, les débats sont clos, la juridiction est épuisée ; mais il y a lieu à intervention devant la Cour, parce que l'examen du jugement tout entier lui est déféré ; parce que, comme vient de nous le dire M. Faustin Hélie, le débat est ouvert devant elle, et qu'il faut que toute la vérité lui soit connue, pour qu'elle puisse faire son œuvre de confirmation ou d'infirmation du jugement.

Notre intervention est donc pleinement justifiée, elle est recevable, elle est régulièrement portée devant vous.

Mais je veux, en terminant ma plaidoirie, ajouter à ces arguments décisifs pris dans le droit et dans la doctrine, une considération que je recommande à tout votre intérêt.

Ce que je viens faire à cette barre, vous l'auriez fait sans moi. Il n'est pas un de vous qui, en trouvant nos noms écrits dans le jugement, comme appoint au nombre légal sans lequel il n'y a pas de poursuite valable, il n'est pas un de vous qui n'eût demandé, soit au rapporteur de l'affaire qui tient toutes les pièces, soit au ministère public auquel l'instruction a été remise, si les personnes ainsi nommées et comptées dans le jugement avaient été interpellées, si elles avaient reconnu la participation qu'on leur attribuait dans l'association, enfin, si la constatation que le Tribunal a faite du nombre sans lequel il n'y a pas de délit, a été entourée de toutes les formes que la loi a tracées comme garantie du droit et de la bonne administration de la justice.

Eh bien, cette question que vous auriez faite, pour moi, avec moi, et pour tous ceux qui sont nommés dans le jugement, cette question, nous venons y répondre. Notre intervention n'a pas d'autre but. Nous avons déposé des conclusions pour préciser l'objet de notre demande et la situation que nous entendons prendre au procès. Mais, en réalité, cette intervention, c'est purement et simplement l'explication que des tiers intéressés vous apportent; c'est la lumière qu'ils veulent faire, autant qu'il est en eux, sur des faits qui les concernent, pour vous mettre à même de juger ensuite, en toute connaissance de cause, le fond du débat qui vous est soumis.

Voilà, Messieurs, pourquoi nous sommes venus à cette barre. Nous nous y présentons pour formuler un rappel énergique aux règles fondamentales du droit criminel, et pour concourir, par les moyens de fait et de droit qui nous appartiennent personnellement, à la mise au néant d'une poursuite injuste.

C'est cette pensée qui a dicté les conclusions que je viens de développer devant vous. Permettez-moi d'espérer qu'elles seront accueillies et que la cour n'hésitera pas à effacer du jugement soumis à son examen une disposition qui ne nous blessait assurément ni dans notre honneur, ni dans nos sympathies, mais qui nous avait froissés, comme nous froissent toujours les actes judiciaires où nous voyons l'oubli des principes et la violation du droit.

M. le Président. M. l'avocat général a la parole.

M. l'avocat général SALLÉ. Messieurs, il nous paraît que l'intervention qui vient de se produire, n'est pas recevable. Nous essaierons d'expliquer les motifs de notre opinion, avec toute la clarté qui, sur ce point, est dans notre esprit. Nous pensons aussi que l'intervention n'est pas fondée ; et bien que l'arrêt que nous sollicitons de la Cour doive, si notre sentiment était partagé par elle, déclarer les intervenants non recevables, la Cour nous permettra de dire en très-peu de mots, par quels motifs aussi l'intervention ne serait pas fondée. Cela nous semble nécessaire pour éclaircir la question même de recevabilité. Nous le jugeons plus nécessaire encore, après avoir entendu le défenseur proclamer lui-même que le débat sur la recevabilité de son intervention se lie étroitement au fond du procès, et au sort de la prévention.

La demande des intervenants repose, en définitive, sur deux propositions qui ont défrayé la plaidoirie tout entière, que nous tenons pour absolument fausses et inexactes, et sur lesquelles nous sentons, nous aussi, le besoin d'édifier la Cour, dans la mesure de nos forces personnelles.

Sur quoi se fonde cette intervention? Vous l'avez entendu, Messieurs, et la lecture des conclusions vous a révélé a cet égard la pensée même des intervenants. Il y a deux choses dans leurs conclusions, il y a deux choses dans la plaidoirie qui les a développées : la première, c'est que le jugement du Tribunal de première instance contiendrait à leur égard, soit dans ses motifs, soit dans son dispositif, une véritable déclaration de culpabilité; la seconde, c'est que cette déclaration de culpabilité à l'égard de tous ceux dont les noms ont pris place dans la sentence des premiers juges, aurait été nécessaire pour constituer le délit à l'égard des prévenus cités à votre audience, et qui, seuls, ont été l'objet de la condamnation prononcée par le Tribunal.

Ces deux propositions nous paraissent inexactes, radicalement et complètement inexactes. Non, il n'est pas vrai que le jugement de première instance contienne une déclaration de culpabilité contre les intervenants. Non, il n'est pas vrai que, pour constituer le délit à l'égard des prévenus, il y ait eu nécessité pour les premiers juges de consigner dans leur sentence une déclaration de culpabilité contre les personnes dont ils ont seulement prononcé les noms.

Que l'honorable défenseur se rassure, ce n'est pas dans une distinction entre les motifs et le dispositif du jugement, que notre démonstration entend se réfugier. Il y a une autre concession que nous pouvons lui faire encore et qui va désintéresser, pour ainsi dire, la plus grande partie de sa plaidoirie. La dissertation qu'il a faite sur les différentes périodes d'une procédure criminelle, sur la recherche qui se fait dans l'ombre et dans un secret jugé nécessaire pour l'intérêt social, sur la mise en prévention qui doit être contradictoire, enfin sur la déclaration de culpabilité qui doit être plus contradictoire encore; cette dissertation ne soulèvera de notre part aucune objection. Nous admettons tout cela, nous l'admettons sans peine, et aussi sans risques pour la thèse qu'il nous importe de faire triompher devant la Cour.

Ce qui est notre thèse, c'est d'abord qu'il n'y a pas de déclaration de culpabilité dans le jugement à l'égard des intervenants. On voudra bien sans doute reconnaître que la déclaration de culpabilité n'existe pas dans les termes du jugement. Mais elle n'existe pas davantage dans la pensée du juge, dans l'esprit qui a dicté la sentence, ni dans les conditions générales où se présentait l'affaire au premier degré de juridiction.

Avons-nous donc besoin de rappeler ou d'apprendre à qui que ce soit ici qu'un délit se compose toujours de deux éléments essentiels et distincts : le fait et l'intention? Et nous faudra-t-il faire de grands efforts, pour établir qu'en matière d'association illicite, comme en toute autre matière, il y a, pour le juge, nécessité de constater le fait, de rechercher l'intention, et que l'action publique ne saurait aboutir à une condamnation qu'autant qu'à côté du fait reconnu vient se placer la constatation évidente d'une intention criminelle ?

Nous disons que c'est la règle applicable aux préventions d'association illicite comme à toutes les préventions possibles. Et si nous avions besoin d'une autorité, sur ce point capital, essentiel, où se montre, on le sent bien, le vice de toute l'argumentation adverse, nous la trouverions dans les paroles d'un homme qui siégeait à la chambre des députés lorsque la loi de 1834 a été votée, d'un homme qui figurait alors au nombre des orateurs de la minorité, et qui fut assurément l'un des plus éminents d'entre eux, comme jurisconsulte. On discutait pour savoir, si le juge appelé à statuer sur une prévention d'association illicite, devait ou non examiner l'intention du prévenu, et si la condamnation pourrait intervenir sans une intention reconnue criminelle. Voici en quels termes l'honorable M. Nicod s'expliquait sur ce point : « Il y aura nécessairement une question intentionnelle... La » question de savoir si le prévenu a entendu s'associer, s'il a fait » sciemment partie de l'association, ou bien s'il n'a eu que des rela- » tions fortuites avec d'autres individus réellement associés, ou bien » encore s'il a été de bonne foi, c'est à dire, s'il a eu de justes rai- » sons de considérer l'association comme suffisamment autorisée. » Dans l'un ou l'autre de ces cas, une condamnation serait le com- » ble de la déraison et de l'iniquité! »

Eh bien, oui, l'intention doit être recherchée, l'intention doit être jugée, et pour le délit d'association illicite comme pour tous les délits, l'intention est un élément essentiel. Voilà la vérité de la loi, voilà les principes généraux appliqués à cette matière spéciale par un homme dont le nom sans doute, éveillera toutes les sympathies des honorables défenseurs.

Messieurs, la discussion tout entière de la loi, a reposé sur cette idée, acceptée par tous en des termes différents. Ainsi, quand on se demandait si le fait d'association illicite serait un délit ou une simple contravention, ceux là même qui ne voulaient pas y reconnaître les caractères d'un délit, y voyaient cependant une infraction assimilée au délit et dont le jugement impliquerait toujours l'appréciation de l'intention de la part de l'agent.

Dès lors, si nous trouvons les noms des intervenants dans les motifs du jugement de première instance, mais si le jugement ne s'explique pas sur l'intention criminelle, n'est-il pas évident qu'il contient, en ce qui les concerne, une simple constatation des faits, et nullement une déclaration de culpabilité ? N'aurait-on pas du comprendre qu'il n'avait pu entrer dans l'esprit des premiers juges de déclarer coupables des hommes qui n'étaient pas prévenus, qui n'avaient pas été appelés, qui n'avaient pas été entendus ? Et de qui donc pense-t-on qu'émane ce jugement pour que des principes si certains, si sacrés, si tutélaires, aient pu être un instant méconnus !

Non, les premiers juges n'ont déclaré ni de fait ni d'intention la culpabilité des intervenants. Ils ont constaté un fait, et ce fait suffisait pour que les intervenants pussent prendre place dans les considérants du jugement. Voilà donc, si nous osons parler ainsi, le premier point rétabli ; il n'y a pas eu de déclaration de culpabilité.

Est-il vrai cependant, que cette déclaration de culpabilité ait été nécessaire pour établir la prévention à l'égard des treize prévenus ? Cela n'est pas vrai davantage.

Ici encore ne faisons-nous pas appel aux principes les plus incontestables et aux enseignements de la pratique universelle, quand nous disons que le délit de chacun dépend de lui-même et doit être jugé vis-à-vis de lui seul ? Nulle part on ne trouvera dans la loi, et jamais on ne pourra dire sans blesser la raison et la morale, que Paul ne répondra de son propre délit qu'autant que ce même délit aura été établi contre Pierre !

On a dit qu'en matière d'association illicite, le nombre était un élément constitutif du délit, et on s'est cru autorisé à en conclure qu'il s'agissait ici d'un délit collectif. C'est une erreur, le délit n'est pas collectif ; il ne cesse pas et ne saurait cesser d'être individuel. Seulement il faut que le prévenu, pour être déclaré coupable, ait, en commettant le délit, participé à un fait partagé par d'autres que lui-même au nombre de plus de vingt. C'est une question de nombre, ce n'est point une question de collectivité. Sur le nombre de vingt et un, un seul peut être coupable, les autres ne l'étant pas ; il est seul coupable, si lui seul a été de mauvaise foi, l'erreur ou la bonne foi des autres ne sauraient dépouiller son action du caractère qui lui est propre.

Ceci expliqué, il nous semble que la plaidoirie que vous venez d'entendre, Messieurs, ne peut avoir laissé dans vos esprits une impression quelconque.

Mais, nous l'avons dit en commençant, ce n'est pas sur le fond de la demande d'intervention que nous voulons appeler surtout l'attention de la Cour. Revenons donc à la question de recevabilité, sur laquelle porte principalement notre insistance.

Ici, Messieurs, nous avons à vous rappeler, comme point de départ, un principe qu'on ne contestera pas sans doute, qu'on contesterait inutilement. Ce principe, c'est que l'action répressive appartient au ministère public. Elle lui a été donnée par la loi; elle n'a été donnée qu'à lui. Sans doute, à côté de l'action publique confiée au ministère public, que lui seul peut mettre en mouvement, il peut y avoir place pour un autre intérêt et pour une autre action : l'intérêt privé, l'action civile, en vertu de laquelle on vient demander à la justice la réparation du préjudice causé par un crime ou par un délit. Il y a donc deux sortes de justiciables pouvant figurer dans un débat criminel : celui qui y est amené par le ministère public; et celui qui est autorisé à s'y introduire pour demander une réparation civile. Mais, en dehors de ces deux qualités, nul ne peut prendre place à votre barre.

On a cité des autorités et des arrêts. Nous éliminerons d'abord tout ce qui tient à l'ancienne jurisprudence. La loi qui régnait à cette époque, n'est pas celle qui nous régit aujourd'hui. D'ailleurs, dans l'arrêt Lally-Tollendal, par exemple, la Cour l'a déjà compris, il s'agissait bien plus d'une révision que d'une intervention comme celle qui se produit ici.

Merlin, qu'on a fait parler, les exemples qu'il cite, les arrêts qu'il rapporte s'appliquent toujours à l'intervention dans un débat criminel d'un intérêt privé, qui vient faire entendre sa voix à fins civiles, qui demande la réparation civile du préjudice qu'il a souffert. Relisez ces arrêts, relisez les paroles de Merlin, vous n'y trouverez pas autre chose.

Quand une partie privée n'a pas été présente au débat de première instance, s'il se produit devant le juge d'appel un fait nouveau qui lèse ses intérêts, si une attaque est dirigée contre elle, si un dommage lui est causé, l'intervention lui ouvre la porte du prétoire criminel; et il lui est permis de se joindre à l'action publique, alors que l'action publique est déjà engagée.

Dans la cause actuelle, que disent les intervenants? que demandent-ils? Ils ne sont pas introduits dans le procès par l'action du ministère public. Ils ne concluent à fins civiles ni contre les prévenus, ni contre personne : ils cherchent seulement à prendre un rôle, à occuper une place dans le débat. Voilà la vérité sur leur intervention!

Eh bien! nous nous bornons à leur dire que les deux seuls titres qui pourraient leur permettre de se faire entendre leur manquent également, et que le principe général, absolu, qui confie au ministère public le droit d'exercer l'action publique les exclut de cette enceinte.

Il y a une dernière citation, faite par l'honorable défenseur, et sur laquelle nous voulons nous expliquer en un mot seulement. M. Faustin Hélie, dont l'estimable ouvrage a le privilége d'être souvent invoqué au banc de la défense, se serait déclaré favorable à l'intervention. Mais il l'a fait à l'aide d'une distinction où il serait facile peut-être de trouver la réfutation de son opinion. Il faut distinguer, dit-il, entre la tierce opposition et l'intervention. Et, alors qu'il reconnaît que la tierce opposition n'est pas recevable dans un débat criminel, il admet que l'intervention pourrait y être reçue.

Messieurs, l'autorité qui s'attache si justement aux opinions de M. Faustin Hélie, ne saurait nous faire oublier une règle qui n'est pas seulement écrite dans le Code de procédure civile, mais qui est une règle générale dans notre législation. C'est que l'intervention et la tierce opposition se lient nécessairement l'une à l'autre. La loi l'a dit : Celui-là seul peut intervenir qui peut former une tierce opposition. Or, que devient la théorie de M. Faustin Hélie, rapprochée de cette espèce de criterium?

Deux arrêts de la Cour de Cassation, le premier du 3 juin 1808, le second du 25 août de la même année, ont décidé que les jugements rendus en matière criminelle, ne sont pas susceptibles de tierce opposition [1].

Il est vrai qu'à l'époque où ces arrêts ont été rendus, M. Merlin élevait, nous ne dirons pas une critique, mais un scrupule contre la doctrine qu'ils ont consacrée. Il lui semblait que la tierce opposition devait être admise en vertu de ce grand principe que nul ne peut être condamné sans avoir été entendu. Nous acceptons cette idée comme empreinte d'une souveraine justice; mais, si nous la rapprochons de la cause actuelle, il nous sera permis de demander s'il est possible de dire, au nom des intervenants, soit qu'ils aient été condamnés, soit qu'il y ait eu contre eux une déclaration quelconque de culpabilité. Les scrupules de Merlin ne sauraient donc avoir ici leur place; et dès-lors s'efface le doute qu'il a pu opposer à la jurisprudence de la Cour de Cassation.

Quant à la question d'intervention, qu'auraient dû faire les intervenants? et que font-ils en réalité? Nous l'avons dit : ils ne concluent pas à fins civiles; ils ne demandent pas et ne sauraient demander la rétractation d'un jugement qui n'est pas intervenu contre eux. Ils se plaignent..... de qui? D'abord du ministère public, parce qu'il ne les a pas impliqués dans la poursuite, et puis du juge qui a placé leurs noms dans sa sentence.

Eh bien! le ministère public répond : L'action publique est dans mes mains, j'en suis le maître, je la dirige, je l'applique suivant ma conscience, suivant les nécessités qu'il m'appartient d'apprécier. Cela peut être une question disciplinaire entre le chef de la justice et l'organe du ministère public, mais ce ne peut être une question qui appelle l'intervention d'un tiers; et personne n'a le droit ni de se plaindre, ni de rectifier l'action publique exercée par le magistrat qui en est seul dépositaire.

(1) Sirey-Devilleneuve, *Collection nouvelle*, t. II, p. 537 et 573.

Quant au juge, nous n'avons pas qualité pour parler en son nom, mais nous pouvons parler au nom de la loi. Or, la loi a ouvert une action au justiciable contre le juge. Vous n'avez été ni condamnés, ni déclarés coupables, ni même seulement stigmatisés — car nous admettons volontiers, avec l'honorable défenseur, qu'il n'y a pas le moindre déshonneur à s'asseoir à côté des prévenus qui sont ici devant vous — mais si, pour avoir été nommés seulement, vous vous croyez le droit de vous plaindre, votre plainte ne saurait se produire dans la forme que vous avez choisie : la seule forme qui puisse lui convenir est celle de la prise à partie..... (*Réclamations et dénégations au banc de la défense*). Mon Dieu, si nous nous trompons, nous pourrons être rectifié, mais nous croyons que ces idées sont simples et la contradiction ne fait que nous y confirmer davantage.

Les intervenants concluent-ils à fin civile? Non. Peuvent-ils se joindre à l'action publique? Ils n'en ont pas le droit; et ce n'est pas d'ailleurs ce qu'ils prétendent eux-mêmes. Que font-ils donc? Ils se plaignent.

Nous leur répondons : L'action publique n'appartient qu'à nous. Et contre le juge, dont la sentence est l'objet de votre plainte, vous avez la prise à partie. C'est la seule voie à laquelle il leur est possible de recourir. Qu'ils en essaient s'ils le jugent convenable. Devant vous, Messieurs, non-seulement ils seraient mal fondés, mais encore ils sont non-recevables dans leur intervention. Nous vous demandons de la repousser.

Me Crémieux s'avance vers la barre.

M. LE PRÉSIDENT. Vous voulez répliquer?

Me CRÉMIEUX. Oui.

Me CRÉMIEUX. Messieurs, avant de répondre au ministère public, j'ai besoin de vous dire le profond, le douloureux étonnement que j'éprouve. Jamais rien de pareil à ce que nous voyons ne s'était produit. Ni sous la justice de l'ancien régime, ni sous la justice moderne, il n'y a eu d'exemple d'un jugement qui, sans entendre quinze individus, les frappe et les déclare atteints d'un fait qui est un délit! Jamais cela ne s'était vu, et il faut tout justement que parmi ceux qui sont ainsi frappés, se trouvent des hommes dévoués, par leur vie tout entière, au culte de la loi; des hommes qui ont l'honneur de vous appartenir, en ce sens qu'ils vous aident tous les jours à rendre la justice! Oui, Messieurs, cela est vrai, cela est constant. Et l'on s'étonne qu'ils viennent devant la Cour réclamer un arrêt qui les lave de l'imputation qui les a atteints sans qu'ils aient été appelés ni écoutés!

Ne croyez pas, Messieurs, que parce que Senard, et Marie, et moi, et d'autres, nous ne nous trouvons nullement compromis par les déclarations contenues dans le jugement, par cette raison toute simple que le fait en lui-même ne porte pas d'atteinte à notre honneur ni à notre considération ; ne croyez pas que, parce que les prévenus on toutes nos sympathies, il n'y ait rien dans le jugement qui nous touche. Remarquez de quoi il s'agit. Nous sommes déclarés par le Tribunal avoir fait partie d'une association d'au moins vingt et un individus. — Pourquoi ? parce qu'il fallait trouver au moins vingt et un individus pour pouvoir prononcer une condamnation, — et nous n'avons été ni entendus, ni même appelés !...

Cela est bien extraordinaire ; mais vous ne savez pas tout encore! voici un autre fait qui va bien vous étonner :

Moi, par exemple, j'ai été signalé par le jugement comme ayant fait partie de ce comité que l'on poursuit, parce qu'un article du *Siècle*, en annonçant que quatorze ou quinze citoyens allaient former un comité, a indiqué là mon nom. Est-ce que le journal publiait une proclamation signée de chacun de ceux dont le nom figure dans la liste qu'il donne ? Non, c'est une simple annonce, où mon nom se trouve mis parmi ceux qui composent le comité. Et cependant il y a, il doit y avoir, dans la procédure, une lettre que j'ai écrite le lendemain même à Garnier-Pagès, lettre qui a dû être saisie chez lui : dans cette lettre je déclarais que je ne voulais pas faire partie de ce comité.

Et savez-vous pourquoi je ne voulais pas en faire partie? Ah ! laissez-moi vous le dire, Messieurs : C'est que le vieil homme politique n'existe plus chez moi. Depuis le 2 décembre, je laisse aller la politique comme elle veut aller, je m'abstiens complétement. Que voulez-vous que je fasse dans ce milieu? Je ne sais pas, je ne veux plus savoir ce qui se fait dans ce pays, sous le gouvernement actuel. Je n'y suis pour rien, je laisse passer tout cela, je ne m'en mêle pas.

Je n'étais donc pas membre de ce comité. L'abstention est de ma part le fait d'une résolution bien arrêtée. On ne brûle pas, à mon âge, ce qu'on a toujours adoré ! J'ai donc écrit que je m'abstenais.

Mais j'ai dit aussi que j'étais loin de blâmer ceux qui n'imitaient pas mon exemple : la politique est pour moi une religion et je n'impose mon opinion à personne. J'ajoutai que, si l'on demandait des consultations d'avocat, on ne craignît pas de me faire comparaître, et que, pour l'argent, ma bourse était ouverte, quand il était nécessaire, à mes amis politiques. Mais, pour des réunions, une associations, un comité, disais-je, je m'abstiendrais ; non pas parce que ce serait là un délit, non, certes, non pas que je ne veux pas me joindre à vous, — vous, c'est moi par les sentiments et l'amitié qui nous lient, — mais parce que je veux absolument m'abstenir... Et me voilà faisant partie de l'association. Vous conviendrez que c'est à désespérer ! (*Rires.*)

Pourtant, l'instruction m'avait laissé dans l'isolement que j'avais choisi. Quel est l'acte, quel est le mot qui m'aurait signalé ? qui pouvait servir de prétexte à me mettre dans la poursuite ? Rien, rien.

Mais aussi est-ce qu'il est arrivé au ministère public de me mêler à quoi que ce soit ? Nullement. Je ne suis pas même nommé dans le réquisitoire sur lequel l'ordonnance de renvoi a été rendue. Et cela ne m'est pas particulier. Tous ceux qui viennent aujourd'hui vous demander de faire disparaître leurs noms de ce jugement ont-ils été nommés dans le réquisitoire ? Jamais.

Voilà ce qui se passe aujourd'hui. Oh ! cela est trop curieux, n'est-il pas vrai, Messieurs ! Mon ami Senard, dans sa belle plaidoirie en droit, ne vous avait pas tout fait connaître.

Voilà ce qui se passe aujourd'hui ! Autrefois.... savez-vous ce que nous plaidions ? Une association politique était poursuivie aux termes de l'article 291 du code pénal. Je plaidais dans cette affaire, et je soutenais que l'article 291 ne devait plus jamais être appliqué par les magistrats. Il y a quarante-cinq ans de cela ; cela se passait sous la Restauration, en 1819 !... Nous sommes bien loin de ce temps-là ; nous sommes, pour ainsi dire, dans un autre siècle.

Eh bien, aujourd'hui écoutez ceci : il s'agit d'une association qui se compose d'un certain nombre d'individus. Le ministère public doit savoir quels sont ces individus, il doit les nommer. Il ne nous a pas nommés. Des mandats de perquisition ont été lancés, des visites domiciliaires ont été faites. Est-ce chez quelqu'un des intervenants ? Non. L'instruction arrive jusqu'au réquisitoire. Le procureur impérial réclame une ordonnance. Voici dans quels termes : « Le procureur impérial près le tribunal de première instance du département de la Seine séant à Paris ; — vu les pièces de la procédure instruite contre MM. Garnier-Pagès, Carnot, Dréo, Hérold, Floquet, Clamageran, Ferry, Bory, Melsheim, Durier, Corbon, André dit André-Pasquet, Lacatte, Enocq, Jozon, Hérisson, Girault, Magniadas, Emmanuel Durand, Millot dit Millot-Dubroca, Gambetta, Braleret, Murat, Savatier-Laroche, Magnin dit Magnin-Philippon, Charamaule, Guérin-Delise, Fouqueron, Breton, Verrier, Postel, Chanoine, de Wolfers, Léonard, inculpés d'avoir fait partie d'une association non autorisée..... »

Le réquisitoire nomme trente-quatre personnes. Sommes-nous nommés ? Non.

Aucun de ceux qui forment aujourd'hui la demande en intervention n'est compris dans cette poursuite, aucun de nos noms n'y est écrit. Mon nom n'y est pas, ni celui de Senard, ni celui de Marie. Je cite nos trois noms parce que nous sommes les plus vieux avocats dans cette affaire, et nous ne pouvons pas laisser croire que nous nous sommes laissé placer dans une situation qui ne soit pas légale.

Je viens de vous dire que nous n'étions pas même nommés. Attendez, ce n'est pas tout. Poursuivons : « En ce qui concerne l'inculpation dirigée contre les sus-nommés d'avoir fait partie d'une association non autorisée et composée de plus de vingt personnes ; — attendu que l'inculpation ne paraît pas suffisamment établie à l'égard de MM. André-Pasquet, Gambetta, Durand, Enocq, Braleret, Charamaule, Magnin, Guérin-Delise, Fouqueron, Savatier-Laroche, etc..... »

Voilà une série de personnes à l'égard desquelles il y a une déclaration de non-lieu. Nous n'y sommes pas encore.

Le réquisitoire ne trouve la preuve du délit que contre treize individus. Sommes-nous dans les treize? Pas davantage.

Le juge d'instruction rend son ordonnance, nos noms s'y trouvent-ils écrits? Pas davantage. Voici l'ordonnance : « Nous, Charles de Gonet, juge d'instruction au tribunal de première instance du département de la Seine ; — vu la procédure instruite contre les nommés Garnier-Pagès, Carnot..... » viennent tous les autres noms que vous savez. Mais les nôtres, nos noms à nous intervenants, ils ne s'y trouvent toujours pas.

Ah ! je me trompe. Mais c'est que ceci est encore plus miraculeux que le reste.

Quand je vous ai dit qu'aucun de nous n'avait figuré dans les poursuites, je ne disais pas juste : il y en a un, c'est M. Enocq. Mais voilà que M. Enocq est éliminé par l'instruction et que le juge rend à son égard une ordonnance de non-lieu. Il est compris parmi ceux qui ont été mis hors de la poursuite par l'ordonnance qui renvoyait les Treize devant la police correctionnelle; de sorte que, en vertu de la chose jugée, il n'y avait plus rien à lui dire. Cela n'empêche pas le tribunal de le reprendre et d'en faire encore un complice des Treize (*Rires*). En même temps, nous, nous qui ne figurons ni dans l'ordonnance de renvoi, ni dans l'ordonnance de non-lieu, ni dans aucun acte de la procédure, nous voilà pris aussi et déclarés coupables par le jugement !

Eh bien, quand je disais que cela ne s'était jamais vu, n'avais-je pas raison?... J'ai dit que ce jugement était un miracle, c'est-à-dire que c'est ce que les Romains appelaient un *portentum*, en fait de miracles ! (*Rire général*).

M. LE PRÉSIDENT. Je recommande le plus profond silence : tout signe d'approbation ou d'improbation donnera lieu à une expulsion immédiate.

Me Crémieux. Voilà l'ordonnance rendue. On assigne devant e Tribunal... qui? Les treize honorables prévenus désignés par l'ordonnance, mais pas nous.

Voici l'audience qui s'ouvre, l'affaire se plaide; je n'avais pas l'honneur d'être parmi les défenseurs des prévenus, probablement par ce motif, que l'on ne voulait pas forcer mon abstention : car, je ne manquais pas d'amis parmi ceux qui étaient mêlés dans l'affaire.

Le ministère public requiert contre les Treize; mais de nous, pas un mot. Aucun des juges ne songe même à s'adresser à ceux d'entre nous qui se trouvaient à l'audience.

N'est-ce pas, Messieurs, que nous devions nous croire absolument étrangers à toute cette affaire?

Le 6 août, à midi, le débat était clos. A cinq heures, arrive le jugement... et nous sommes dans le jugement! Ce jugement, que je vais examiner tout à l'heure, ce jugement nous déclare membres de l'association illicite, nous qui n'avons pas été regardés, dans l'origine, comme ayant fait partie de cette association, nous, qui n'avions été compris ni dans la procédure écrite, ni dans l'ordonnance de renvoi, ni dans l'ordonnance de non-lieu, ni dans le débat, ni dans le réquisitoire, nous sommes dans le jugement!

Le motif, vous le comprenez.... Il fallait arriver au nombre de vingt et un... et ils n'étaient que treize!

Mais où a-t-on pris ce droit? ce droit qu'on ne veut pas même que je conteste!

Pour vous, Messieurs, vous n'êtes pas surpris que nous portions ici notre recours; mais le ministère public ne veut pas que le prétoire s'ouvre devant nous.

La police correctionnelle, dit-on, n'est saisie que de deux manières : par le ministère public, seul maître de l'action; par la partie civile, dans son intérêt privé. Ici, il n'y a pas de partie civile, et le ministère public ne réclame rien contre vous; comment pouvez-vous intervenir de vous-même?

La loi ne parle que de deux cas, vous avez raison; mais il y a un troisième cas auquel vous n'avez pas pensé, parce que personne ne pouvait y songer avant qu'il se présentât. Le ministère public ne me demande rien, la partie civile ne me demande rien; mais le Tribunal, dans son jugement, me signale, me frappe sans que j'aie été appelé dans le procès sur lequel il statue : me voilà donc en police correctionnelle.. non pas par votre fait, non pas par le fait d'une partie civile, mais par le fait du jugement. Mais que dis-je? le jugement, en droit rigoureux, c'est votre fait, à vous, ministère public : *factum judicis, factum partis*. Et la preuve, c'est que vous en demandez la confirmation. Quand le jugement m'interpelle, c'est comme si la partie m'interpellait. Ce n'est pas moi qui me suis mis en cause, c'est le juge qui m'a appelé. Et vous ne voulez pas que j'intervienne devant la juridiction supérieure pour faire abolir ce jugement? Mais pourquoi donc suis-je ici? n'est-ce pas parce qu'il s'est trouvé des juges qui ont déclaré que j'avais fait partie d'une association au sujet de laquelle je n'ai même pas été interrogé?

Messieurs, voici quarante-huit ans que je plaide, et je n'avais jamais rien vu de pareil en justice française!

Quoi! nous sommes frappés par les motifs d'un jugement, nous, dans la situation où nous sommes! Qu'est-ce à dire? N'y a-t-il donc entre les magistrats et nous rien de commun? n'existe-t-il pas entre eux et nous des liens qui font que des hommes comme nous devaient être appelés avant qu'un pareil jugement fût rendu? Non, rien, pas une explication.

Ah! savez-vous pourquoi, Messieurs? je vais vous le dire, c'est parce que ces jugements, qui ne sont que des jugements politiques, ne retentissent pas à la conscience des magistrats comme les autres jugements. On sait qu'en fait de politique, il y a une religion qui domine dans chaque parti, et on se laisse aller plus facilement.

Messieurs, c'est une chose que vous ne devez pas tolérer! Jamais, entendez-le bien. Il faut que la justice ait toujours ce grand caractère qui commande le respect. Vous avez le savoir, vous avez l'intégrité, il faut encore à votre justice l'indépendance. On lui a fait jadis de vifs reproches, on peut le dire, en soutenant que la politique entraînait parfois des arrêts. Il ne faut pas que cela soit.

La loi, — alors que j'avais pu le faire, — avait enlevé la politique à la justice : je ne voulais pas que la politique et la justice marchassent ensemble. La politique et la justice, voyez-vous, elles ne peuvent pas se comprendre ; il faut les séparer. Aujourd'hui qu'elles marchent ensemble, aujourd'hui que la politique vous est rendue, montrez une fois que vous restez en politique ce que vous êtes en dehors de la politique, et que vous ne laisserez jamais dominer vos consciences par cette religion de la politique qui change tous les jours, suivant le gouvernement qui monte à son tour au sommet.

Mais que dis-je? et qu'ai-je besoin de rappeler ces choses? Vous êtes des juges, Messieurs, et, comme tels, incapables de transiger jamais avec la conscience et le devoir.

Je reviens à l'examen de notre droit.

Le ministère public dit : Votre intervention n'est pas recevable et vous la fondez sur deux motifs erronés. D'abord, dit-il, il n'y a pas, dans le jugement, de déclaration de culpabilité contre vous ; en second lieu (c'est le point sur lequel le ministère public a le moins insisté), le Tribunal n'avait pas besoin de cette déclaration de culpabilité contre vous pour condamner les Treize qu'il a frappés.

Ces deux points de vue sous lesquels le ministère public a envisagé l'affaire, ne sont pas bons et ne peuvent être accueillis. Senard vous a déjà admirablement expliqué, dans sa plaidoirie, comment l'on devait entendre ces mots : *déclaration de culpabilité.*

Ni vous, ni moi ne voulons jouer sur les mots. Vous avez dit que vous ne faites aucune différence entre les motifs et le dispositif. Eh bien, que disent les motifs ? Que nous avons fait partie, nous les intervenants, « d'une association illicite de plus de vingt personnes ; nous étions quinze associés dans l'origine; nous nous en sommes adjoints un certain nombre d'autres ; nous avons formé un véritable comité directeur ; nous nous sommes mis en rapport avec les comités des départements, » nous tous, tant que nous sommes. Et vous n'appelez pas cela une déclaration de culpabilité ! Allons, je le veux bien, c'est une déclaration de faits illicites, c'est-à-dire une constatation de délit. Et cela ne suffit pas à mon intervention ?

Je n'ai pas besoin d'aller chercher quelle est la portée de ces mots : *association illicite ;* ce que je sais, c'est qu'en présence de cette déclaration, vous pouvez demain me poursuivre, m'appeler devant les tribunaux correctionnels et que, voyant un jugement qui me signale comme ayant commis un délit, je me demande moi-même pourquoi je n'ai pas été assigné.

Vous êtes le maître, je le sais, de le faire ou de ne le pas faire ; mais croyez-vous que Marie, Senard et moi, nous voulions être laissés de côté ? Voyons, pourquoi ne nous poursuivez-vous pas ? Est-ce que par hasard nous sommes tellement dans les eaux de votre gouvernement que vous ne voudriez pas toucher à des serviteurs si fidèles (*sourires*). Ce n'est pas cela, à la bonne heure !

Ou bien ne voulez-vous pas nous frapper, de peur qu'on ne s'aperçoive que ce n'est qu'un procès politique ? Mais les autres sont là, les prévenus. Dans l'un comme dans l'autre cas, vous avez tort.

Ou nous sommes coupables, ou nous ne le sommes pas !

Mais attendez, voici qu'on cherche à se mettre à l'abri, et l'on s'écrie : Pour un délit, deux conditions sont nécessaires, le *fait* et l'*intention.*

Et c'est à nous que vous venez dire ces choses, quand il s'agit... de quoi ? d'une association politique ! Vous dites que nous sommes entrés dans un comité, et que notre intention n'était pas d'en être ? que nous nous sommes associés sans nous en douter? Voyons, est-ce sérieux? Comment, Marie, Senard et moi, nous serions acquittés pour avoir agi sans discernement! (*Mouvement général d'hilarité.*)

Mais, admettons un instant que nous sommes entrés dans ce comité sans avoir les mêmes intentions que les autres : vous verrez tout à l'heure que, si vous nous mettez dehors, la poursuite tombe, car vous n'avez plus ce nombre de vingt et un qui vous est nécessaire. Sur ce point, vous avez glissé rapidement, vous n'avez pas insisté comme sur le premier. Je le comprends parfaitement.

Pour le moment, il s'agit de savoir si nous sommes recevables en procédure : c'est ce qu'il nous faut démontrer.

On oppose à notre intervention que nous ne pourrions former tierce-opposition.

En matière civile, cela serait très-vrai, — pardon, si j'insiste sur ces éléments de droit, — puisque l'intervention n'appartient qu'à celui qui peut former tierce-opposition.

Mais en matière criminelle, il n'y a pas un mot, rien dans la loi, qui déclare que l'intervention n'est permise qu'à celui qui a le droit de former une tierce-opposition. Vous avez, il est vrai, une décision de la jurisprudence qui, ici, tient la place de la loi, et de laquelle il résulte bien positivement qu'on ne peut former tierce-opposition à un jugement de police correctionnelle.

La tierce-opposition est donc formellement interdite. — Pourquoi? Mon ami Faustin Hélie en donne la raison par un mot qui ne laisse prise à aucun doute. C'est, dit-il, « parce que le débat est clos. »

Mais mon intervention a précisément pour but d'empêcher le débat de se clore, d'empêcher les magistrats de commettre une de ces injustices souveraines qui font frissonner, rien que d'y penser. Je pourrais m'entendre reprocher par un jugement correctionnel que j'ai commis un acte illicite, un délit... sais-je lequel?... Aujourd'hui il s'agit d'association, il s'agira peut-être demain d'escroquerie, et on se servirait de votre arrêt comme règle. Ah! je suis vieux; mais j'ai le cœur haut placé, et je ne puis, sans un frisson, supposer que, dans cette enceinte sacrée, nous ayons à craindre un pareil blasphème contre le droit et l'honneur des citoyens... Non, je ne le tolérerai pas, et vous me rendrez justice, parce que j'ai le droit pour moi!

Y a-t-il donc même raison de repousser ou d'admettre la tierce-opposition et l'intervention?... En matière civile, je comprends la loi qu'on m'oppose. Mais en matière criminelle, les principes sont différents. Lorsqu'un jugement est rendu en matière criminelle, il faut garder un respect profond devant cette décision. Je suis de ceux qui soutiennent de la manière la plus absolue l'autorité complète de la chose jugée au criminel et qui veulent qu'elle soit reconnue même par les juges civils ; et cela par cette raison immense que, dans un débat criminel, tous les intérêts sont discutés, puisque tous sont sauvegardés par le ministère public, représentant de la société. Il faut dire que, quand un jugement est définitif, il doit rester pour tous la vérité et qu'on ne peut plus revenir plus tard contre une telle décision.

C'est une raison d'ordre public qui l'exige. Restons dans l'hypothèse d'un délit d'association et supposons un moment que, sur une tierce-opposition, le juge déclare qu'un seul des individus formant les vingt-et-un ne faisait pas partie de l'association, alors il ne resterait plus que vingt condamnés, et la décision obtenue par le vingt-et-unième au moyen de la tierce-opposition, venant détruire le jugement, les vingt premiers auront été mal condamnés; vous auriez vingt innocents condamnés !... Comment admettre une tierce-opposition qui détruirait immédiatement un jugement frappant tant d'autres individus ? Il faut se résigner, il faut maintenir l'autorité de la chose jugée définitivement ; et, soit que la justice criminelle émane de vous, soit qu'elle émane du jury, nous devons nous incliner, car, au temps où nous sommes, Messieurs, ce qu'il faut surtout craindre, c'est de montrer la justice injuste et d'ébranler le respect qu'elle doit commander ; ce respect, c'est le fondement de notre sécurité.

Mais autant la tierce-opposition serait périlleuse, autant l'intervention est favorable. Le jugement n'est pas rendu, j'ai le droit d'intervenir. Voici un jugement qui contient une injustice flagrante; il est porté devant la Cour, la Cour peut l'infirmer ; je viens devant elle réclamer contre les déclarations qu'il contient, et vous me répondriez, que je n'ai pas le droit de me présenter devant vous, parce que je n'ai pas paru devant le tribunal ? Mais quand j'ai connu les termes de ce jugement, je ne pouvais plus rien faire ; le tribunal était dénanti, car les tribunaux correctionnels, quoiqu'ils siégent tous les jours, vous le savez, sont des tribunaux d'exception ; une fois l'affaire jugée, ils ne peuvent plus rien faire, c'est fini pour eux.

Je suis, en ce moment, devant la Cour appelée à réviser le jugement; j'ai été l'objet d'une déplorable déclaration, je viens demander à la Cour de l'anéantir, je viens prouver qu'elle est injuste, et vous voudriez me le défendre? C'est trop curieux, vraiment ! Quand je pense que c'est là une thèse qu'on soutient en justice, que soutient le ministère public ! Si la Cour rend une décision par laquelle elle repousse mon intervention, je suis bel et bien jugé sans aucun recours possible. Se peut-il donc que cela existe dans nos lois !

Le ministère public ajoute : Vous vous plaignez de moi, vous n'en avez pas le droit; je dirige la procédure criminelle comme je veux; j'attaque qui je veux.

Ah! ne le dites pas tant! Nous finirions par le croire...

Sans doute, vous attaquez qui vous voulez, mais vous le faites avec justice. Non, vous ne prenez pas au hasard; vous prenez ceux qui méritent vraiment d'être pris..... ou du moins laissez-nous le croire. Nous avons besoin de garder cette croyance; notre religion à nous, c'est la justice; nous n'en avons plus d'autre. Tout ce que nous adorons s'est écroulé, tout ce que nous estimions est aujourd'hui livré à la risée publique. Et nous, qui avons été si haut, je pourrais dire que nous sommes bien bas aujourd'hui, si ce n'était la robe que nous portons et qui nous relève de toute sa hauteur, au niveau de tout. (*Vive sensation dans l'auditoire.*)

Laissez-nous donc notre illusion; laissez-nous croire que la justice humaine est l'égale de Dieu. Dieu ne veut pas qu'on se trompe; là où on peut éviter le mal, il faut l'éviter. Eh bien! l'intervention peut empêcher la justice de commettre une erreur. Admettez l'intervention.

On nous dit encore : Vous n'êtes pas en cause et ce n'est pas le jugement que vous attaquez, c'est le juge. Eh bien! vous avez contre lui une voie de recours : prenez les juges à partie.

Oh! la douloureuse manière d'en finir! Nous avons examiné tous les moyens qui nous restaient. La prise à partie! Mais il faut pour cela de bien graves motifs. Or, qu'est-ce que ce jugement? Ce n'est, en ce moment, qu'une feuille de papier! La Cour est là pour réparer les erreurs qu'il a commises, et si la Cour efface nos noms de ce jugement, comme je l'espère, nous n'aurons personne à prendre à partie. Il faut donc attendre la décision de la Cour.

La prise à partie! C'est-à-dire la procédure la plus extraordinaire qu'il y ait parmi nous! On ne prend pas les juges à partie, car presque toujours, j'allais dire toujours, ce qui les a guidés, c'est un sentiment qu'ils puisent dans leur conscience. Pour les prendre à partie, il ne suffit pas d'une injustice, il faudrait trouver chez eux la résolution de commettre cette injustice. Est-ce que je pourrais jamais me décider à croire, même devant ce jugement que je ne qualifie pas, que le Tribunal a cherché le moyen de commettre une injustice contre quelqu'un d'entre nous? Non, la prise à partie manquerait son but; d'ailleurs, elle n'est pas ouverte et il faut avant tout attendre la décision de la Cour.

Vous prêchez une mauvaise thèse, vous soutenez de mauvais arguments, quand vous dites que je n'ai pas le droit d'intervenir! Où est la loi, où sont les arrêts que vous citez?

La loi, elle est muette, vous en convenez : et quand la loi ne parle pas, vous parlez ! Pourquoi donc être plus sévère que la loi ? puisqu'elle ne dit rien, elle ne me repousse pas.

Mais, vous vous trompez encore : la loi n'est pas muette, elle parle ; car elle défend de frapper sans entendre ; on m'a frappé sans m'entendre. La loi, d'ailleurs, est sur le siége du magistrat quand elle n'est pas littéralement écrite. Le magistrat ne peut refuser justice, sous le prétexte de l'insuffisance ou du silence de la loi. Ce grand principe du droit veut dire, en matière criminelle, qu'il faut toujours écouter la défense, à moins d'une proscription écrite dans la loi.

Quand on m'a frappé sans m'avoir entendu, j'ai le droit de réclamer. Où voulez-vous que je le fasse? Devant le Tribunal correctionnel ? *Functus est officio.* Mais, au-dessus de ce Tribunal, il y a une Cour correctionnelle ; celle-la n'a pas encore rempli son devoir ; elle est saisie ; elle attend ce que nous aurons à lui dire, avant de rendre son arrêt. Eh bien ! nous venons lui dire : Examinez le jugement voyez la déclaration qu'il contient. Nous tous, nous vous déclarons que nous n'avons pas fait partie d'une association illicite, et l'on doit nous croire d'autant plus, permettez-moi de le dire, Messieurs, que nous aurions regardé, en toute circonstance, le fait imputé comme un fait qui nous aurait fait honneur ; que ce sont nos amis qui sont là en ce moment devant vous, et que nous les eussions pris à deux mains pour marcher avec eux.

Nous venons nous plaindre, parce que nous ne voulons pas de parti pris dans la justice. Quand on a un arrêt et qu'on plaide, ministère public contre des individus qui viennent réclamer un droit, on prend cet arrêt de toutes les façons, on en tire tout le suc possible. Eh bien ! il ne faut pas laisser rendre un arrêt qui consacre une décision aussi manifestement déplorable. Il faut que votre justice déclare que le Tribunal ne pouvait pas faire ce qu'il a fait, qu'il ne pouvait pas nous frapper d'une condamnation ! Je vous le demande, je vous en conjure pour ces deux motifs : rien n'est fini devant vous, le débat n'est pas clos, je viens au contraire vous empêcher de rendre un arrêt contre lequel je ne pourrais former tierce-opposition. Si, en matière civile, l'intervention et la tierce-opposition appartiennent au même individu, il n'en est pas de même en matière criminelle. Si votre arrêt est à rendre, c'est pour que vous fassiez justice, et ne pouvant plus venir devant le Tribunal qui a rendu le jugement, puisqu'il a cessé ses fonctions, je viens devant vous et je vous demande d'infirmer cette déclaration.

Je reviens à cette erreur du ministère public, qui soutient que le jugement ne nous a pas déclarés coupables, et qu'il n'y a rien contre nous dans ce jugement.

Comment ! quand on nous regarde comme les complices, les associés d'un fait illicite, il n'y a rien contre nous? Remarquez-le bien, Messieurs, nous sommes avocats; c'est à nous que l'on s'adresse lorsqu'on veut avoir un bon conseil. Eh bien ! que dira-t-on de nous? Voilà des avocats qui entrent, sans le savoir, dans des associations illicites ! Ils ne savent donc pas les lois? Les voilà condamnés par un Tribunal qui ne pouvait avoir aucun mauvais sentiment contre eux... Et l'on désertera nos cabinets. Non, nous ne pouvons laisser passer cette déclaration ! Que serions-nous donc aux yeux de ceux qui viennent nous consulter ?

Mais laissez..... Aux prochaines élections nous voulons encore diriger les citoyens dans l'exercice de leurs droits réels et sérieux. Nous voulons les raffermir dans leurs incertitudes et les protéger contre les abus. Pour cela, encore, nous ne voulons pas être frappés par un arrêt qui déclarerait que nous ne savons pas ce que nous avons à faire. Quand même, il n'y aurait pas, rigoureusement parlant, de déclaration de culpabilité, nous ne pourrions laisser subsister une telle décision.

Mais ne nous payons pas de mots, il y a bien une déclaration de culpabilité, quoi qu'en dise le ministère public ; n'en a-t-il pas été réduit à soutenir que l'intention seule nous manquait et que le fait matériel était reconnu contre nous?

Eh bien ! ce point-là m'amène à la dernière partie de ma discussion.

Le ministère public n'aperçoit pas cet intérêt majeur que nous avons dans l'affaire à ne plus être dans le nombre des vingt et un, afin que ce nombre n'existant plus, le délit disparaisse et le jugement tombe. Nous sommes très-heureux d'avoir à discuter cela et à dire : Oui, le jugement tombe, voici pourquoi :

L'argument du ministère public sur lequel j'appelle l'attention de la Cour, — j'allais dire : et la sienne, — consiste à vouloir non-seulement le fait, mais encore l'intention.

Or voici les conséquences qui en résultent : vingt-et-un individus se sont associés illicitement; trois d'entre eux sont reconnus n'avoir pas agi avec intention, en conséquence, il faut qu'ils soient acquittés. Mais les autres, ceux qui restent, n'en sont pas moins coupables, dites-vous. Et de quoi, s'il vous plaît? D'avoir formé une association illicite de vingt et une personnes? Non, puisque sur ce nombre de vingt et un, trois sont déclarés non coupables, il n'en reste plus que dix-huit : l'association ne comprenait donc pas vingt-et-une personnes, il n'y a donc pas de délit.

Ce raisonnement est si simple, que c'est à peine si j'ose insister. Voyons, c'est à vous que je le dis, et je m'adresse non pas seulement à vous, ministère public, mais à vous, homme intelligent : nous sommes vingt-et-un dans une réunion ; cela est prohibé ; vous nous assignez et vous êtes obligé de reconnaître que, sur ces vingt-et-un, trois ne sont pas coupables, vous les déclarez non coupables par l'intention. Du moment que vous faites cette déclaration, vous reconnaissez qu'ils ne faisaient pas partie de l'association, car on ne fait pas partie d'une association à son insu. S'ils ne faisaient pas partie de l'association, les dix-huit autres qui restent ne sont pas coupables de s'être réunis au nombre de plus de vingt membres. Votre délit est une question de nombre. Eh bien! l'arithmétique vous gêne, je comprends votre embarras, il est cruel, mais qu'y faire? C'est la clarté du jour et de l'évidence qui brille contre vous : vous êtes obligés d'acquitter trois personnes, comment voulez-vous que les dix-huit qui restent soient coupables si les trois autres ne le sont pas? comment voulez-vous que vingt-et-une personnes soient associées illicitement lorsque parmi ces vingt-et-une vous reconnaissez vous-même qu'il y en a trois associées licitement? Voyez où vous êtes conduits par ce détestable jugement! Vraiment, c'est à s'y perdre.

Attendez un peu, ce n'est pas tout; le ministère public nous dit : Vous n'avez pas remarqué qu'ayant le droit de poursuivre qui je veux, j'ai fait tous mes efforts pour ne comprendre dans la poursuite et pour ne faire condamner que le plus petit nombre possible. Il y a des coupables que je n'ai pas nommés.

Ce n'est pas notre procès. Si le jugement avait dit : « A côté des treize prévenus, il y en a huit autres, d'après l'instruction, qui se sont rendus coupables de cette association, nous ne nommons pas ces huit autres, » mes amis viendraient dire à la Cour : « Qu'est-ce que c'est que ce jugement? Il déclare que nous sommes treize coupables, et il ajoute à ce nombre huit autres personnes qu'il ne désigne pas. Le nom de ces huit personnes se trouve au dossier et dans la procédure, le ministère public ne les nomme pas, mais on s'en sert pour arriver à déclarer qu'il y a là une association de vingt-et-un membres! Non, non, c'est impossible. » Messieurs, cette hypothèse ne se présente pas, je ne veux pas l'examiner; elle serait une injustice souveraine : car enfin il se pourrait que ces huit prétendus coupables ne le fussent pas, mais comment les défendre s'ils n'étaient pas nommés? Ce jugement, s'il existait, que deviendrait-il livré à ces orateurs que vous entendrez dans la suite de ce procès? La première chose qu'ils demanderaient ce serait qu'on leur fît connaître ces complices qu'on se dispense de nommer. « Dites-nous leurs noms, vous diraient-ils, et nous serons alors à portée de vous prouver que jamais ils n'ont été nos associés. Jusqu'à ce que nous les connaissions, nous rejetons loin de nous toute pensée d'association avec eux. Nous sommes treize, innocemment réunis, dans les prescriptions de la loi ; nous ne sommes pas vingt-et-un, et vous ne pouvez pas nous condamner ! » — Croyez-vous que la Cour ne dirait pas droit à l'appel des treize?

Je sais bien qu'on cite des circonstances où cela s'est passé ainsi où l'on n'a voulu poursuivre que quatre ou cinq personnes; je ne dis pas qu'on ne l'ait pas fait, on fait tant de choses! mais enfin, il faut savoir reculer quand on a mal fait. On parle d'un arrêt de 1846 qui déclare qu'on peut assigner quatre individus sur vingt-et-un, je ne dis pas qu'on ne l'ait pas fait à une époque à laquelle je ne veux pas me reporter, mais je soutiens que cela est détestable.

Vous avez le droit de poursuivre qui vous voulez et de ne pas poursuivre qui vous ne voulez pas ; mais vous ne pouvez pas poursuivre treize personnes pour avoir été vingt-et-une ; vous ne pouvez pas davantage citer treize personnes devant un tribunal et en déclarer vingt-et-une coupables. Un arrêt que vous citerez ne sera, après tout, qu'un arrêt ; j'en demande un contraire au nom de la justice qui ne permet pas ces condamnations cachées, qu'on ne sait sur qui faire porter.

Vous me répondrez que, dans ce cas, il serait souvent bien difficile de poursuivre ; c'est donc une chose bien désagréable de ne pouvoir condamner?... Je vous le répète : Si vous ne pouvez poursuivre, le délit n'est pas établi, donc il n'existe pas.

En politique, on s'imagine qu'on est plus fort quand on obtient des condamnations, comme si les condamnations ne se tournaient pas le plus souvent contre le pouvoir qui les demande! Nous connaissons le passé ; nous savons que ce n'est pas cela qui fortifie. Mais il n'y a jamais d'expérience pour ceux qui gouvernent et rien ne peut les arrêter dans cette voie fatale, toujours la même, où les passions politiques les entraînent.

Quoi qu'il en soit, m'avez-vous condamné ou frappé sans me nommer? Mon nom se trouve, en toutes lettres, dans le jugement, comme ceux de Marie, de Senard, de Pelletan..... Ce n'est pas l'affaire actuelle toute seule, c'est la justice qui comparaît devant vous, c'est la justice qui réclame. Que l'on m'accuse aujourd'hui de cette misère, peu m'importe : mais qu'on me poursuive sans m'avoir appelé, en France, en 1864, après tout ce qui s'est passé depuis 1815, cela me révolte! je ne puis imaginer que la Cour consacre cette procédure véritablement sauvage!.... Ah! Messieurs, n'enlevez rien au respect qui entoure la justice : que la Cour déclare qu'il faut entendre tout le monde, jusque là point de justice.

L'habile avocat qui m'a précédé vous a rappelé toutes les formalités de la justice criminelle, avant que le prévenu soit amené à l'audience : seulement il a fait une grande concession, qu'il faut se garder d'admettre tout entière, — je lui en demande pardon, à lui qui a si bien exercé (je le sais, moi) les fonctions de procureur général. — Dans la recherche d'un délit, lorsque des pièces sont saisies, le juge d'instruction, le procureur impérial, n'ont pas le droit de procéder seuls, de briser les portes, d'enlever les papiers, quand le prévenu peut être appelé. Les articles 35 et 89 du Code d'instruction criminelle ne le permettent pas. Non, la loi ne laisse pas le prévenu sans protection : toujours, il faut l'interpeller. Même dans la recherche, il faut que l'individu contre lequel s'élève le soupçon soit mis à même de se défendre. Et nous, nous intervenants, nous sommes condamnés sans même avoir été cités devant le Tribunal! C'est impossible.

Je ne veux pas fatiguer la Cour en prolongeant une discussion que nous avons soutenue dans l'intérêt général plutôt que dans un intérêt individuel. La Cour doit être heureuse que notre intervention ait été formée : c'est un sentiment de respect qui nous a amenés devant elle : nous ne voulons pas qu'elle rende un mauvais arrêt, nous ne voulons pas qu'il y ait dans les registres de la Cour d'appel de Paris une décision qui déclare que des individus, quels qu'ils soient, peuvent être condamnés sans avoir pu se défendre. La défense, Messieurs, encouragez-la, protégez-la, sans elle, pas de justice, et au milieu de nos ruines, nous voulons croire, nous croyons à la justice. Oui, nous mettons en elle toute notre confiance. Ah! Messieurs, si c'est encore une illusion, ne nous l'ôtez pas, c'est la dernière!

(Me Crémieux, en se rasseyant, est entouré par ses confrères et par les prévenus, qui le félicitent vivement.)

M. le Président. A demain pour prononcer l'arrêt.

L'audience est levée à 5 heures moins un quart.

Audience du vendredi 25 novembre.

A 11 heures 5 minutes la Cour entre en séance.

M. le Président. L'audience est ouverte.

« La Cour, statuant sur l'intervention formée par MM. Senard, Tenaille-Saligny, Deroisin, Lenoël, Coulon, Enocq, Fumouze, Ronsselle, Liouville, Crémieux et Pelletan, joint l'incident au fond, dit qu'il sera prononcé sur le tout par un seul et même arrêt. »

Nous allons procéder aux interrogatoires. — Monsieur Garnier-Pagès, veuillez approcher.

M. Garnier-Pagès se lève et s'approche de la barre.

M. le Président. Vous êtes accusé d'avoir, en 1863 et 1864, fait partie d'une association ayant pour but de s'occuper de politique, association de plus de vingt personnes non autorisée par le Gouvernement. Vous n'avez jamais décliné la part de coopération que vous avez prise au fonctionnement de cette association. Nous allons vous faire connaître les divers points de vue sous lesquels la prévention envisage ce comité pour y voir, selon elle, une association. La prévention prétend que cette association était composée de plus de vingt personnes. Elle dit qu'elle était composée de plus de vingt personnes en ce qu'il faudrait y adjoindre des adhérents et divers comités de plusieurs villes de la province. Avez-vous quelques observations à présenter à ce sujet ?

M. Garnier-Pagès. Voici l'observation que je dois faire, tout en me référant à l'interrogatoire qui a été lu hier par M. le Conseiller-Rapporteur et que je confirme sans y rien changer, c'est que je me trouve dans une situation extrêmement difficile. J'ai agi légalement, et avant d'agir j'ai voulu m'entourer de toutes les lumières possibles. En conséquence, je me suis adressé à des amis, anciens avocats ou avocats plus jeunes, tous hommes éminents, distingués ; je les ai consultés, et ils m'ont affirmé que la situation légale était celle-ci :

Au moment des élections, et pendant la période électorale, nul doute, liberté pleine et entière d'instituer des comités électoraux, sans en fixer le nombre, c'est-à-dire des comités électoraux en nombre illimité.

Il y a plus : toutes les fois qu'il s'agissait d'élections, qu'il ne s'agissait pas d'autres questions politiques, mais d'élections seulement, les comités pouvaient être permanents, les comités pouvaient fonctionner en tout temps et en nombre illimité.

Malgré cette certitude, mes amis et moi, nous avons eu le soin, bien loin de sortir des limites de la loi, de nous tenir en deçà ; nous avons eu le soin de faire un comité en nombre très-limité et, je le déclare hautement : si ce nombre n'avait pas été limité au chiffre et aux noms que nous avons indiqués, nous aurions publié dans les journaux les autres noms. Dans une action aussi légale, aussi importante, aussi nécessaire que l'action électorale, personne n'aurait voulu se cacher et se tenir à l'écart, et si nous avions été plus de quatorze, nul doute, et je pense que le ministère public en conviendra avec nous, que tous les noms eussent été publiés dans les journaux et y auraient figuré d'une manière complète.

J'ai été obligé, et voilà ma situation difficile, de donner des affirmations au Tribunal, des affirmations d'homme d'honneur, que je n'avais jamais eu l'intention de faire une association illicite et j'ai vu par le jugement rendu ma parole d'homme d'honneur mise en doute ; j'ai vu que, ne tenant pas même compte de l'intention, on incrimine... ce qui devrait être sollicité sous un gouvernement qui a pour base le suffrage universel !

Dans cette situation, je suis donc obligé de paraître faire ce que je ne voudrais pas, c'est-à-dire de paraître m'excuser, me défendre d'une chose honorable, légale, que j'ai dû faire. Ce qui me touche, ce qui intéresse le pays tout entier, c'est, lorsqu'on a suivi la loi, lorsqu'on a obéi à ses prescriptions, de trouver au lieu d'une protection, une persécution !...

Dans une situation comme celle-là, je suis obligé de me défendre ! C'est ce qui me répugne : moi, qui ai eu l'honneur de gouverner la France, il me répugne d'être ici, sur ces bancs, pour la première fois de ma vie et d'avoir à soutenir que je suis resté en deçà de ce que je pouvais faire, de ce que j'avais le droit de faire.

Oui ! nous pouvions organiser un comité nombreux, ce comité pouvait être composé de vingt-cinq, de trente personnes. Je le répète : Nul doute, pour moi, sur ce point.

Et cependant nous avons pris soin, — un soin scrupuleux, — avec une attention toute particulière, de nous limiter, de nous circonscrire, et de ne nous réunir que quatorze ou quinze, peut-être seize personnes, je ne sais plus, mais toujours en tout cas au-dessous du chiffre de vingt. Quand la période électorale est terminée, nous écrivons une lettre où nous annonçons que le comité se sépare, parce que cette période finit, quoique convaincus que nous pouvions rester en permanence, toujours, sans cesse, lorsqu'il s'agit d'élections.

Il est pénible de voir qu'en pareille circonstance nous sommes incriminés.

J'ai eu le soin, nous avons eu tous le soin d'écrire une lettre-circulaire qui a paru dans les journaux, qui a été envoyée à tout le monde, et avons déclaré dans cette lettre que, les élections étant terminées, nous cessions de fonctionner....

M. LE PRÉSIDENT. Je ne voudrais pas gêner le système de votre défense, cependant je vous fais observer que vous annoncez que vous avez une observation à faire et qu'après l'avoir faite, vous anticipez en répondant à des questions qui ne vous sont pas encore faites.

J'ai parlé en premier lieu de l'association, du comité que vous avez formé, en vous disant que la prévention voyait dans ce comité une réunion de plus de vingt membres. Vous avez répondu sur ce point. Je vais vous faire connaître les autres points de vue, auxquels la prévention se place pour l'envisager comme association illicite. Le second point que je vais aborder, c'est celui sur lequel vous répondez par anticipation.

La prévention s'est demandé quel était le but de ce comité. Elle croit y voir non pas un simple but de consultations électorales, mais un but d'action et de propagande électorales très-énergiques. Voici sur quoi elle se fonde.

Mon intention n'est pas de revenir sur toute la correspondance. Je signalerai seulement les points principaux qui vous aideront à saisir mes questions pour que vous puissiez y répondre.

La prévention se demande quel est le but du Comité. Elle dit que ce but résulte des circulaires et des documents saisis. Voici notamment une lettre qui aurait été écrite par Dréo, où se trouve le passage qui suit : « Il ne faut pas que nous soyons seulement un comité pour Paris... »

M. GARNIER-PAGÈS. C'est évident.

M. LE PRÉSIDENT. Je vais rappeler très-succinctement les observations principales : vous y répondrez d'un mot.

Après vous avoir indiqué la formation du comité, nous voyons que, dès le lendemain de cette circulaire constitutive, vous écriviez le 9 mai à Dréo, à Fougères : « Demain, il y aura réunion de tous les partisans » de l'action chez vous, dans mon salon ; cent trente convoqués. »

La prévention se dit au surplus que c'était depuis longtemps un plan arrêté, et elle se fonde sur le renseignement que voici. Dès

le 10 du mois de mars vous écriviez à Dréo : « Prenez l'initia-
» tive et convoquez autour de vous. Seuls, vous n'êtes pas assez puis-
» sants, mais au milieu de tous vous êtes seuls puissants. Quant au
» moyen le plus sincèrement démocratique, c'est de préparer de
» grands comités et de grandes réunions. » Le même jour, à la même date, vous écriviez à Corbon : « La lettre de Carnot me fait espérer
» que vous pourrez former une première liste de candidatures, sauf
» à laisser à un comité le soin de désigner plus tard les colléges de
» chacun, suivant les chances et les convenances individuelles. Vous
» aviez eu la pensée de réunir des comités de quartier et un comité
» central de trois à cinq cents électeurs : c'était déjà se rapprocher
» de la vérité..... Pourquoi ne le ferait-on pas ? » Quelques jours plus tard, le 17 mars, vous écriviez à Dréo cette lettre qui a été lue en entier dans le rapport : « Agitez-vous donc, convulsionnez-vous donc.
» En avant ! en avant ! les champions ! la lice est ouverte ! Précipitez-
» vous !.... » Ailleurs, vous insistez sur la nécessité d'avoir de l'argent et de former promptement une caisse. La prévention rappelle que cette caisse a été établie, elle donne les preuves de son fonctionnement. Enfin, elle signale ce comité, non comme un comité de consultations, mais comme un comité d'action politique.

M. Garnier-Pagès. Je réponds que tous ces faits sont parfaitement exacts et vrais. Seulement la prévention fait une distinction qui me semble subtile en se servant du mot *politique*, en disant : vous avez formé une association politique.

Il est évident que s'occuper d'élections c'est s'occuper de politique, mais il ne s'agit pas de politique en général, il s'agit de politique spéciale et électorale. Avons-nous fait des réunions électorales? Oui. Avons-nous fait de l'agitation électorale? Oui. De la propagande électorale? Assurément. Avons-nous voyagé partout? Littéralement oui. C'était notre droit et notre devoir. Mais avons-nous fait autre chose? Non. Dans les pièces saisies, dans les 2,000 pièces saisies, dans les 15 à 20,000 pièces parcourues, a-t-on trouvé quelque chose en dehors de l'action électorale? Non, l'on n'a rien trouvé en dehors de cette action.

Cela dit, tous les mots de mes lettres s'expliquent parfaitement. Personne n'ignore que, dans le parti radical, dans le parti démocratique, il y avait une division d'opinions ; les uns voulaient l'abstention, les autres, l'action. Nous avons pensé, nous, que l'action était préférable, nous avons pensé qu'il fallait agir. Nous avons cherché à faire triompher notre opinion. Toutes nos lettres, toutes nos démarches sont dans ce sentiment.

Voudrait-on nier qu'un Français a intérêt à ce que les élections générales de la France soient de la couleur de ses convictions?

Comment! je n'aurai pas le droit, moi, citoyen, sous le régime du suffrage universel dont j'ai l'honneur d'être l'un des fondateurs, je n'aurai pas la faculté de m'occuper, moi, citoyen de Paris, de l'élection d'un député à Bordeaux ou à Marseille, quand ce député doit venir, par son vote, par ses paroles, par ses actions, coopérer à l'action générale de la politique de mon pays lorsqu'il siégera au Corps législatif! En vérité, mais il n'y aurait plus de principes constitutionnels, il n'y aurait plus rien! Quelle serait donc alors la forme d'un tel gouvernement? Comment pourrait-on le nommer?

Suivant moi, ce n'était pas seulement un droit, mais un devoir pour tous les citoyens de s'occuper des élections générales du pays sur tous les points, à toutes les époques, en tout temps. Voilà mon sentiment. D'après mon sentiment, c'est le principe le plus vulgaire de tout gouvernement et je m'étonne que la loi et la magistrature ne le protégent pas d'une manière absolue, je m'étonne que le ministère public ne protége pas cette action électorale partout où on pourrait chercher à l'entraver.

Je déclare que j'ai agi avec toute l'activité qu'il m'a été possible de déployer. Les lettres qu'on a lues sont bien des lettres électorales : c'est bien là une action électorale.

C'est dans ce sentiment que je déclare que tout ce que j'ai dit et écrit n'a été que l'accomplissement d'un devoir.

M. le Président. Nous allons vous faire connaître une autre objection. Vous parliez tout à l'heure de propagande et, en effet, la prévention établirait que votre action se serait étendue, non-seulement sur Paris, mais encore sur plusieurs villes de la province. Pour Paris notamment on constate, qu'à l'occasion des élections de Jules Simon et de Pelletan, on a vu quatre membres du Comité des Quinze, fonctionnant et dirigant certains bureaux qui tous étaient adhérents au comité principal et fonctionnaient sous ses ordres.

Voilà l'action du comité et vous venez d'expliquer comment vous considériez comme un devoir d'agir ainsi.

M. Garnier-Pagès. Dans le rapport qui a été fait à la Cour, il y a eu des confusions étranges. Je rends justice à l'impartialité de M. le Rapporteur, mais enfin il y a eu des confusions étranges, et si je reconnais qu'au milieu de 2 à 3,000 pièces il est difficile de suivre la filière des faits tels qu'ils se sont passés, la question que vous me posez me prouve qu'en effet il y a beaucoup de points qui n'ont pas été suffisamment élucidés.

Voici ma réponse :

Il y a un comité. Ce comité, pour qu'il agisse, il faut qu'il parle à quelqu'un, qu'il réponde à quelqu'un. Pour agir, il faut bien qu'il ait des correspondants, il faut enfin qu'il ait une action. Eh bien! on a tout confondu; on a compris dans le comité les porteurs de circulaires, par exemple, et les distributeurs de bulletins. On a compté comme membres du comité tous ces gens nécessaires à l'exercice du suffrage universel. Tout le monde sait que lorsqu'une élection a lieu, il y a des distributeurs de bulletins à la porte des endroits désignés pour déposer les votes. Ces agents sont nécessaires, personne ne l'ignore et le candidat ne peut distribuer lui-même ses bulletins.

M. le Président. Vous répondez à une objection qui ne vous est pas faite.

M. Garnier-Pagès. Vous m'avez posé une question. Je connais parfaitement les faits, et vous allez voir comment ce que je dis se rattache à cette question.

Ces distributeurs avaient besoin d'être surveillés. En conséquence nous avons chargé des amis, des membres de notre comité, quelques autres aussi, des hommes de bonne volonté enfin, nous les avons chargés d'aller vérifier si nos distributeurs faisaient bien leur service; ils devaient s'assurer également qu'on n'entravait pas cette distribution.

Ce n'est pas ici l'enceinte où je dois attaquer. Ici, je me défends. Je porterai ailleurs d'autres réflexions, et je ne dirai ici que ce qui est nécessaire à la défense. Mais enfin tout le monde sait, — la vérification des pouvoirs l'a prouvé, — que souvent l'on avait arrêté arbitrairement, par le caprice d'un maire, contrairement, sans doute, à la volonté du gouvernement, des porteurs et des distributeurs de bulletins.

Tout ce qu'on a lu hier à ce propos est exact. Dans un petit pays qu'on a cité, on a arrêté nos distributeurs; il est vrai que plus tard on les a relâchés, mais s'il y avait eu une plainte à porter, c'eût été à Pelletan de se plaindre, parce qu'il y avait eu abus de pouvoir, et ces hommes avaient été arrêtés dans un lieu où ils avaient droit de rester et où ils étaient loin de faire le moindre bruit, en face de vingt ou vingt-cinq gardes nationaux chargés de la police de la salle. Si quelqu' un avait dû se plaindre, c'eût été nous qui aurions pu le faire, je le répète.

Puisque ce fait a été consigné dans le rapport, je dois montrer comme quoi nous avions besoin d'envoyer des hommes de loi, des avocats, connaissant bien le texte de la loi, afin de pouvoir protéger ces distributeurs et d'empêcher les abus de pouvoirs locaux. Les maires, vous ne l'ignorez pas, messieurs, sont coutumiers du fait....

M. le Président. Vous déplacez la question en ce moment.

M. Garnier-Pagès. Pardon, Monsieur le Président, vous m'avez cité quatre de nos amis qui se trouvaient dans cette circonscription et vous m'avez demandé pourquoi ils étaient en même temps membres de notre comité. J'ai donc dû vous dire qu'ils avaient été désignés pour surveiller les opérations électorales. Je suis parfaitement dans la question.

M. le Président. Soit. Voilà pour l'action du comité signalée à Paris par la prévention. Vous venez de vous expliquer à cet égard. La prévention ajoute que l'action de ce comité, illicite selon elle, s'étendait également en province. Les principaux documents cités dans le rapport l'établissent. De Lyon, par exemple, on écrivait à l'un des vôtres, à Hérold, à la date du 11 mai, quelques jours après la constitution du comité : « Je suis à la disposition du comité de » Paris pour toutes les communications qu'il voudra bien nous faire. » Je passe le nom.

M. Hérold. C'est un membre du conseil général du Rhône, M. Varambon.

M. le Président. Voilà un premier renseignement qui tend à établir que votre action s'étendait sur Lyon. En voici un autre qui est conçu en ces termes : « Il faut que les électeurs se sentent soutenus à Paris. » Voilà pourquoi je mets : Que ferait le barreau de Paris ? C'est moins » une consultation que je vous prie de nous donner, qu'un concours » d'influence, un appui pour des gens qu'on cherche à effrayer....., » il faut une réponse prompte, etc. »

Je puis vous faire connaître tout de suite les autres moyens d'action pour lesquels vous êtes incriminés. A Marseille, par exemple, où vous êtes allé vous-même : vous y êtes allé le 11 avril, et le 12 vous écriviez à Carnot : « J'ai assisté hier à une séance du Comité » démocratique qui vous a offert la candidature, etc. » Le 19 mars, Dréo vous écrivait : « J'ai reçu la visite de M. Amat, de Marseille, » tous les candidats et tous les meneurs sont ici pour prendre le mot » d'ordre. » Voilà encore une preuve de l'influence exercée par vous sur Marseille.

Puis, vous écriviez à Dijon, au comité de la Côte-d'Or : « Multipliez-vous dans les campagnes. Je ne doute pas que vous fassiez » comme nous. Chaque jour nous assistons à des réunions petites et » grandes dans les environs de Paris. Inondez le département de pro- » fessions de foi. Nous allons, suivant votre désir, voir les journaux. »

Enfin dans les Vosges, le comité d'Epinal écrivait au comité de Paris, le 10 janvier 1864, pour se plaindre de l'action tyrannique que vous prétendiez exercer sur lui. Voici, suivant la prévention, la preuve que votre action s'était exercée sur cette dernière ville.

M. Garnier-Pagès. La prévention a raison d'affirmer ces faits. J'ai dit tout à l'heure d'une manière très-générale et très-précise qu'un comité qui se forme pour établir des correspondances avec les départements, pour leur envoyer des renseignements et qui ne fonctionnerait pas, ne serait pas un comité. Cela tombe sous le sens.

Permettez-moi de dire que nous nous sommes tenus en deça de notre droit, et je suis fâché de l'avouer. Ce qui prouve que nous nous sommes tenus en deçà, c'est que nous avons déclaré à nos amis que nous formions un comité de consultation. Pourquoi? Ah! Messieurs, si, comme moi, vous aviez parcouru les départements, si vous aviez vu comme moi l'effet de la pression administrative, les craintes qui existaient encore partout.....

M. le Président. Expliquez-vous sur vos actes : n'y mêlez pas vos appréciations politiques.

M. Garnier-Pagès. C'est ma justification. Ce sont mes actes dont je parle en ce moment. Je suis obligé de dire que, lorsque j'ai parcouru les départements, j'ai trouvé un certain parti, le parti radical, qui se trouvait courbé sous une pression de crainte. C'est évident! c'est patent! Ce sont des faits publics!

Comment voulez-vous que cela ne soit pas, puisque nous, nous-mêmes, qui sommes députés au Corps législatif, nous sommes poursuivis.... Pourquoi?.... pour notre propre élection!

Je le demande à la justice, je le demande à tous les honnêtes gens, je le demande à Messieurs du ministère public eux-mêmes, est-ce que devant cette situation on n'a pas raison d'être sous une pression de crainte, quand nous, nous candidats, nous élus, on nous poursuit! On a saisi nos papiers, on a saisi nos lettres, on a saisi nos listes d'électeurs, chez nous, chez nous que nos noms... et peut-être aussi quelques services rendus au pays, pouvaient protéger. Comment, devant de pareils faits, cette crainte n'existerait-elle pas au dehors?

Eh bien, nous avons constaté que cette crainte existait, et c'est pour cela que nous sommes venus leur rendre courage en leur disant ces mots qu'on a relevés dans ma correspondance : « Courage, allons, marchez sans crainte. » C'est pour cela que nous avions besoin de nous former en comité consultatif pour leur dire : « Quand vous ne pourrez pas exercer librement vos droits, adressez-vous à nous; quand les journaux vous calomnieront » — il n'y a pas de presse, du moins de presse de l'opposition, dans les départements, on le sait bien — « nous interviendrons auprès des journaux de Paris, nous protégerons vos personnes et votre honneur. »

Dans une situation comme celle-là, comment voulez-vous que nous n'ayons pas écrit à nos amis, sur tous les points de la France, dans tous les départements, dans les circonscriptions électorales les plus écartées, que nous nous formions en comité consultatif?...

Oui! c'est ce que nous avons fait! Et remarquez, Messieurs, qu'en agissant ainsi, nous nous tenions encore en-deçà de notre droit. En effet, nous avons eu grand soin de ne désigner aucun candidat. Nous en avions pourtant le droit, car c'est le droit de l'électeur de désigner des candidats partout, dans toute la France. Je suis bien libre de dire : je désire que tel ou tel soit élu à Bordeaux ou à Marseille. Quoique ce droit existât pour nous, dans notre situation spéciale, voulant nous maintenir exprès dans cette situation, nous avons eu le soin, respectant l'initiative des électeurs, de ne désigner aucun candidat. Nous avons dit seulement : nous sommes à votre disposition lorsque vous nous demanderez, un candidat. Quant à prendre l'initiative, non, nous ne l'avons pas voulu faire et nous ne l'avons pas fait.

Pour ce qui est de Marseille, la question est très-simple. Je suis allé deux ou trois fois à Marseille ; c'est mon pays, c'est la ville où je suis né. A Marseille, on m'avait offert la candidature, et précisément parce que j'étais allé dans cette ville, je l'ai refusée. Les électeurs, après avoir insisté, m'ont dit : « Si vous n'acceptez pas, nous prendrons un de vos amis politiques, Carnot, Marie ou Taxile Delord. » Carnot refusa également d'accepter la candidature ; Delord fut porté. puis se retira, et Marie a été choisi.

Eh bien, qu'y a-t-il dans toute cette affaire? Serait-il étonnant que nous eussions donné des noms de candidats? On nous avait donné mission de désigner ces candidats. Eh bien! Nous avons commencé par refuser le mandat dont on voulait honorer les quelques services que nous avons pu rendre au pays. Et puis, une correspondance particulière... et voilà tout. Tout ne s'explique-t-il donc pas facilement dans cette correspondance de Marseille? Ce sont des candidats qui ont écrit, ce sont des candidats qui ont répondu aux lettres qu'on leur adressait. Ce seraient de simples électeurs, n'avaient-ils pas le même droit?

M. le Président. Pour fixer vos souvenirs, je vous rappelle que la prévention parle de vos correspondances avec le comité de Dijon et celui de Schelestadt.

M. Garnier-Pagès. Tout cela est encore très-simple.

Un électeur que je ne connaissais pas, qui ne savait même pas mon adresse, m'écrit pour me demander quelle est la forme légale qu'il doit employer pour pouvoir former un comité qui s'occupât de l'élection. Il demandait ce renseignement, parce qu'il voulait rester strictement dans la légalité. La période électorale n'était pas encore ouverte. Nous attendons. Nous aurions pu agir de suite, mais enfin nous attendons. Plus tard nous répondons, et voilà que parce qu'on nous a consultés sur la manière dont il fallait observer la loi, et parce que nous avons répondu de quelle manière on devait l'observer, voilà qu'on incrimine non-seulement ceux qui nous ont consultés, mais nous-mêmes, qui avons donné la consultation. On voulait suivre les prescriptions de la loi, et c'était tout naturel : quelques honorables amis, hommes pleins d'espérance, l'avenir du pays, avaient fait le *Manuel électoral ;* ils ne voulaient pas se mettre en contradiction avec eux-mêmes, ils étudiaient les questions de droit pour ne pas le dépasser. Ce sont eux qui avaient le dévouement de s'occuper de ces questions électorales si arides, si difficiles, pour pouvoir donner les avis et les conseils nécessaires ; ce sont eux, en cette circonstance, qui ont répondu. Lorsque cette lettre me fut apportée, j'ai fait la chose la plus simple du monde, j'ai délibéré avec eux sur la réponse qu'on devait faire.

Fallait-il donc ne pas répondre? nous étions un comité consultatif. Il est consulté sur un point de droit, il répond, et on l'incrimine pour ce fait ! Vraiment, c'est à n'y pas croire !... Ou je suis bien ingénu, ou je suis encore bien innocent des choses de ce monde, ou même des questions de droit, moi qui pourtant ai contribué à faire quelques lois.

Comment, parce que M. Melsheim, par exemple, m'aura consulté sur une question de droit, et parce que je lui aurai répondu, moi et M. Melsheim, nous serons attaqués par la prévention? Est-ce possible? On nous l'expliquera sans doute ! Quant à moi, je ne puis le comprendre !

M. LE PRÉSIDENT. Et les Vosges?

M. GARNIER-PAGÈS. Le fait est encore plus singulier. On nous accuse d'être en correspondance, c'est-à-dire d'être associés...

M. LE PROCUREUR GÉNÉRAL. D'être affiliés.

M. GARNIER-PAGÈS. ... Avec un comité qui nous attaque. N'est-ce pas la chose la plus extraordinaire du monde? J'écris dans les Vosges, à trois ou quatre amis seulement, en leur recommandant, il est vrai, de répandre ma lettre. Je croyais parfaitement, et je crois toujours que je puis écrire des lettres, qu'on peut les répandre et même les publier. Comme individu, je puis le faire ; comme collection d'individus, je puis encore le faire pendant la période électorale ; car c'est pendant cette période, lorsqu'on s'occupe d'élections, qu'on doit agir.

Eh bien ! voilà un comité qui justement se trouvait en opposition avec notre propre pensée, avec notre propre opinion. Il s'agissait de l'honorable M. Buffet, qui depuis — si je relève ce fait, ce n'est assurément pas pour le simple plaisir de le relever — a été nommé vice-président du Conseil général des Vosges par le Gouvernement! C'est lui qu'on nous accuse d'avoir soutenu... Nous faisions alors de la conciliation générale. Il y avait là une situation particulière; s'il y avait eu un candidat radical nous l'aurions soutenu; mais il n'y en avait pas. Entre les candidats qui se présentaient, l'un candidat officiel, l'autre candidat indépendant, pour le principe, nous croyions qu'il était de notre droit et notre devoir, dans notre situation, de combattre le candidat officiel et de préférer celui qui ne l'était pas. Voilà quelle était la situation, voilà ce qui s'est fait.

Qu'on parte de là pour nous dire que nous avons été associés avec des gens qui nous ont écrit les lettres que vous connaissez... j'avoue franchement que je m'en étonne; en vérité, je n'y comprends rien!

Quant à ce qui est du droit, j'aurais écrit cinquante lettres, je les aurais envoyées dans tous les départements, j'aurais adressé des circulaires dans toutes les villes de France pour qu'elles soient lues de tout le monde, c'était mon droit, et l'on ne peut non plus m'incriminer pour ce fait.

Est-ce bien un procès qui nous est personnel? non, il s'agit d'une grave question; je ne suis, moi, qu'un petit individu auprès de cette grande question. Il s'agit de savoir si, oui ou non, on pourra faire des comités. S'ils sont autorisés par la loi, il faut qu'ils correspondent, ou ce ne seront pas des comités, il faut qu'ils répondent, qu'ils aient des agents; c'est le droit le plus vulgaire. Que seraient des comités qui ne répondraient pas, des comités qui ne feraient pas des souscriptions pour couvrir leurs frais?

Pour ce qui est de la caisse, et c'est la dernière question, voici ce qui est arrivé. L'élection de Pelletan a lieu. Elle est cassée. Pourquoi?... pour vice de forme. Est-ce un vice de forme qui provenait du candidat lui-même? Tout le monde sait (les ministres l'ont reconnu, le Gouvernement l'a reconnu) que ce vice de forme provenait, en définitive, de la préfecture de la Seine. L'élection étant annulée, il faut la recommencer. Qui devait payer les frais de cette réélection?... Tout le monde sait qu'une élection entraîne forcément des frais. Il s'établit alors une espèce de lutte de délicatesse entre Pelletan, qui voulait faire les frais de sa réélection, et nous qui ne le voulions pas. Nous disions: « Qui réparera la faute — ce mot est bien léger — qu'a commise la préfecture de la Seine? » C'est un impôt indirect en quelque sorte qu'on lève sur nous. (*Sourires.*) Eh bien! soit, c'est nous qui l'acquitterons.

Et véritablement on vient incriminer ici l'acte le plus honorable, l'acte le plus nécessaire qui soit possible! Nous réparons une faute de l'administration, nous nous cotisons pour réparer cette faute : et on vient nous incriminer pour ce fait! C'est à n'y rien comprendre.

M. LE PRÉSIDENT. Vous mettez beaucoup d'animation sur ce point. Assurément, votre intention n'est pas de donner le change sur cette question : aussi je dois vous faire connaître l'objection tout entière pour que vous puissiez y répondre d'une manière plus précise. Vous signalez en particulier un emploi qui aurait été fait des fonds de la caisse; mais l'objection tout entière est celle-ci : Avant même la constitution de votre comité, vous prescriviez l'établissement d'une caisse. La réponse que vous venez de faire est en dehors du fait incriminé.

M. GARNIER-PAGÈS. Voici ma réponse :

Nous sommes un Comité. Nous sommes des hommes pratiques, n'est-ce pas? Eh bien, il faut que ce comité corresponde, il faut qu'il fasse imprimer des circulaires, enfin, il a des frais. Ces frais sont une nécessité de tout comité. Qui les supportera? Je sais bien qu'il y a certains comités qui ont des priviléges, des immunités; mais ce ne sont pas les nôtres. Il faut que nous payons, nous, tous nos frais, ceux de poste, qui sont gros, de distribution, etc., etc.

Comment voulez-vous donc que nous fassions? Ah! si vous niez que l'on puisse former des comités, c'est différent; dites-le franchement. Dites : Il y aura des élections, mais il ne pourra se former des comités. Ce sera net alors. Mais si vous autorisez les comités, admettez les conséquences.

Le Préfet de police auquel je demandais, après la saisie du 13 mars, pourquoi cette saisie avait eu lieu, et qui m'avait dit qu'il avait donné ordre de ne pas venir chez moi (il m'a même offert un moment de me rendre mes lettres. Je n'ai pas voulu; j'ai préféré attendre jusqu'à ce que l'affaire fût purgée). Le Préfet de police disait : « Il faut que la question des réunions soit fixée. Quant aux comités, vous êtes dans votre droit : je trouve que nos amis n'en font pas assez..... »

UN DES PRÉVENUS. Ils ont d'autres moyens.

M. GARNIER-PAGÈS. Si, dis-je, pour revenir à la question, je fais un comité, il faut bien que vous admettiez qu'il y aura quelques frais et qu'il nous faudra nous cotiser pour les faire. Il est impossible qu'il en soit autrement. Que signifierait, après avoir lié les pieds et les mains à un homme, de lui dire : marchez?

Qui dit association dit action. Sans cela, où serait l'utilité?

Véritablement, je le dis dans un intérêt gouvernemental, sous tous les régimes quels qu'ils soient, avec le suffrage universel, s'il n'était pas permis de se cotiser, y aurait-il un seul ouvrier qui pût arriver au Corps législatif, y aurait-il un seul homme pauvre, par la situation que lui fait le suffrage universel, qui pût faire tous ces frais? Il est impossible qu'une élection ne coûte pas quelques parcelles de frais. Eh bien! je le demande franchement à mes interlocuteurs, je leur demande si ce système de déclarer affiliées en définitive toutes les personnes qui souscrivent à un comité, était admis, si la souscription était considérée comme un fait d'association illicite, y aurait-il un ouvrier qui pût être élu? Voilà un homme de bien, un homme capable, intelligent, généreux, aux idées avancées, parmi les ouvriers: il ne pourra jamais arriver à la chambre. Il n'y a plus un homme pauvre, ou seulement n'ayant pas une grande fortune, qui soit en réalité éligible, puisqu'il ne pourra faire les sacrifices d'argent nécessaires pour une et même quelquefois pour deux élections, ainsi que nous avons vu que cela était arrivé.

La chose est très-grave : elle nous domine tous, vous, magistrats, comme nous-mêmes. Quant au principe, il ne faut pas qu'un candidat fasse les frais de son élection ; il faut que ce soient les électeurs, afin que tout le monde puisse être élu, afin que le plus pauvre puisse être nommé député. Sans cela le suffrage universel n'est plus qu'une raillerie, c'est une exploitation au profit du plus riche : or, ce n'est l'intention d'aucun gouvernement qu'il en soit ainsi, ce ne peut être l'intention du ministère public. Ce principe est bien simple, bien net. C'est la logique, c'est la nécessité, c'est la force des choses qui veut que toutes les fois qu'il y aura un candidat à élire, il y ait une souscription.

M. le Président. Vous avez été invité à donner vos explications sur un fait précis et vous vous mettez tout à fait à côté du sujet : ce n'est pas une discussion que la Cour vous demande, ce sont des explications.

Le dernier fait sur lequel se fonde la prévention, c'est que votre comité aurait fonctionné en dehors des périodes électorales, et les éléments qui l'établissent sont, notamment, ceux que je vais indiquer. A la date du 17 juin 1863, l'un de vous, Carnot, écrivait à Bory : « Il » importe que les hommes qui ont dirigé ce mouvement demeu- » rent en communication les uns avec les autres, s'ils veulent que » la leçon donnée au pouvoir ne reste pas sans fruits pour l'avenir. » Le 22 novembre 1863 une lettre signée de vous et de Hérisson, convoque le comité au lieu de sa réunion ordinaire en vue des réélections de Paris et de Dijon. Puis, le même jour, 22 novembre, vous écriviez à Hérold que l'élection de Pelletan serait difficile, que le bureau est convoqué et qu'il est établi en permanence. Nous voyons d'autres lettres de convocation pendant le mois de décembre. Enfin, l'élection étant terminée, le comité écrit aux électeurs pour les féliciter sur le résultat de cette élection. Ainsi vous avez fonctionné avant, pendant et après la période électorale.

M. GARNIER-PAGÈS. Je vais répondre très-nettement à cette dernière question.

Lorsque des élections ont lieu, il y a deux époques bien distinctes : la première est l'époque de la préparation ; l'autre, celle de la direction, de l'action.

Il est évident que pendant un certain moment il peut y avoir des pourparlers pour former un comité sans que pour cela ce comité soit formé. Car la loi fixe vingt jours pour les élections, et vingt jours pour pénétrer dans tous les coins de la France, dans tous les arrondissements, dans tous les cantons, il n'est pas besoin d'avoir une grande pratique du suffrage universel pour savoir que ce n'est pas un délai suffisant. Toutefois c'est le délai fixé par la loi. Nous avons dit que des pourparlers étaient nécessaires. Voyez un peu notre situation, comme elle est nette, comme elle est simple. Les élections vont avoir lieu : elles sont fixées à la fin de mai 1863. Nous nous réunissons quelques jours à l'avance, et d'abord comme comité consultatif, pour nous tenir à l'observation de la loi. Nous attendons le 8 mai, époque à laquelle les électeurs sont convoqués, pour annoncer que nous sommes formés en comité. Vous le voyez, nous attendons l'ouverture de la période électorale. Viennent ensuite les élections de quinzaine, celles qui n'avaient pas abouti au premier tour et qu'il fallait recommencer. A ce moment, on sait quel a été notre empressement pour nous mettre en mesure.

J'ai entendu M. l'Avocat général parler de l'intention et dire qu'un grand nombre de nos amis n'étaient pas coupables parce qu'ils n'avaient pas eu d'intention coupable. Eh bien, non-seulement notre intention n'était pas de faire une chose illicite, mais nous voulions au contraire nous tenir strictement dans la loi.

Nous n'attendons pas le quinzième jour ; dès le quatorzième nous annonçons, par une circulaire qui a été publiée dans les journaux, que nos fonctions avaient cessé le 12 juin. Nous l'avons annoncé d'une manière très-nette, très-positive. Et l'on sait, d'après une lettre qui a été lue à l'audience, que cela avait suscité la protestation de l'un des candidats qui s'est plaint que nous avions fermé trop tôt notre comité. Nous avons agi exprès ainsi, pour nous mettre, comme je le disais, en deçà de la loi : c'était notre système.

Qu'est-il arrivé encore ? Lors de la réélection de Pelletan, qui a eu lieu le 14 décembre, notre comité, qui fonctionnait le 29 novembre, était alors en pleine période électorale.

Ainsi, dans toutes les circonstances le comité s'est formé régulièrement et en pleine période électorale. Et si vous voulez encore une preuve du soin avec lequel nous cherchions à observer la légalité, de la bonne intention dont parlait M. l'Avocat général, dans une lettre que je ne m'attendais pas à voir saisir pour être lue (je ne croyais pas que j'aurais l'honneur d'une saisie) je disais : « Ne commencez pas vos travaux avant la période électorale. »

Nous voilà, faisant tous nos efforts, étudiant à fond la matière. Et cependant nous sommes incriminés. J'avoue que je n'ai jamais rien vu de pareil, je n'y comprends rien encore, je ne sais pas encore quelle est la base de l'incrimination. Je ne comprends pas comment on peut nous reprocher d'avoir écrit à telle ou telle époque. Qu'on relise nos lettres, on verra que lorsqu'il s'agit d'une élection, du moment que nous sommes en dehors, nous y restons.

Maintenant permettez-moi de soutenir un système qui est vrai, qui se justifie pleinement. Voilà que les élections générales ont lieu en France : elles ne sont terminées en définitive que lorsque les réélections sont faites. Eh bien ! pendant les élections générales nous avons le droit d'agir. Ce droit, on nous le reconnaît, n'est-ce pas ? A la suite des élections générales, lors de la vérification des pouvoirs, il s'élève à la Chambre une discussion qui se termine par l'annulation de l'élection. Une réélection va avoir lieu. Et nous n'aurions pas le droit de continuer notre action ? Si nous avons eu ce droit lors de la première élection, nous l'avons encore maintenant : l'un est la conséquence directe de l'autre.

Prenons l'exemple de Pelletan. N'était-il pas naturel que nous nous occupassions de sa réélection ? Avions-nous le droit de nous en occuper la première fois ? Oui. Eh bien, nous avions encore le droit de nous en occuper la seconde fois.

Enfin, ce qui est plus fort, et c'est sur ce point particulièrement que je vous prie de porter toute votre attention : il s'agit de notre propre élection.

Comment ! on nous incrimine de quoi, Carnot et moi ? de nous être portés candidats ! car en définitive c'est cela. C'est à notre élection qu'on en veut. Mais, c'est à n'y rien comprendre ! En France, dans notre patrie, des députés sont poursuivis !..... Pourquoi ? parce qu'ils ont été élus ! Car, ne vous y trompez pas, dans cette affaire, c'est à l'élection du 21 mars qu'on en veut.

Ah ! j'en gémis pour ma patrie, pour tous sans exception, pour ceux qui sont en haut à présent et qui seront un jour... je ne sais où, Dieu seul le sait ! pour ceux qui sont en bas, c'est-à-dire pour nous, qui avons protégé, défendu à une certaine époque, au péril de notre vie et de notre popularité, notre pays avec la liberté !

Telle est notre situation, bien étrange. Le jour du réveil, lorsque nous avons voulu rentrer dans la vie politique, voilà l'entrée qu'on nous a faite ! On salue notre élection d'une poursuite devant la police correctionnelle ! et l'on vient nous dire : « Ah ! Vous êtes entrés au Corps législatif !.... » C'est pourtant en plein jour que cela s'est passé, devant tout le monde ; nous n'avons pas agi comme des voleurs. « Vous êtes coupables. » Coupables de quoi ?....

Nous sommes coupables ! Oui, vous le dites, vous ! vous incriminez ainsi notre propre élection, et, lorsque nous avons été élus par la grande ville de Paris, vous venez nous dire : « Vous êtes coupables, vous aviez tort de vous porter candidats, vous êtes coupables d'avoir été élus ! »

Messieurs, j'ai fini, j'ai répondu.

M. le Président. Quelquefois on crée des objections pour avoir l'occasion d'y répondre. Vous avez cru devoir entrer dans tous ces détails...

M. Garnier-Pagès. C'est le jugement qui m'y force ; si je suis ici en ce moment, ce n'est pas moi qui en suis cause !

M. le Président. Vous avez dit que le fonctionnement de votre comité n'avait eu lieu que pendant la période électorale.

L'objection est celle-ci : Le fait fût-il vrai, la question est de savoir si même pendant la période électorale, vous auriez pu, en vous renfermant dans les limites légales, créer, au lieu d'un comité électoral fonctionnant pendant la période électorale, une organisation comme celle que la prévention vous reproche.

M. Garnier-Pagès. Il y a 2,000 pièces au dossier. Après les avoir parcourues, il est impossible de soutenir que nous nous sommes occupés d'autre chose que d'élections. Toute la question est là.

On a cru à ce qui n'était pas : voilà tout le mal. On s'est dit : « Il n'est pas possible qu'il n'y ait que cela. » En présence de ces heureuses élections de Paris, on s'est dit : « il doit y avoir quelque chose là dessous. »

On a cherché partout, on a saisi une masse innombrable de pièces. Eh bien, on a pu voir la vérité, quand on les a eu parcourues. Nous nous sommes occupés d'élections, nous nous sommes occupés seulement d'élections. Jusqu'à ce moment le parti radical s'était abstenu. Il s'est décidé à agir, il a agi. Nous avons agi : voilà notre crime.

M. le Président. Je vous ai fait connaître les divers éléments sur lesquels repose la prévention. Quant à votre participation du comité, vous ne la niez pas, vous dites, au contraire, que vous la regardez comme l'accomplissement d'un devoir.

M. Garnier-Pagès. Oui, Monsieur le Président.

M. le Président. C'est bien, vous pouvez vous asseoir.—Le second prévenu, Dréo.

M. Dréo se lève.

M. le Président. Vous venez d'entendre les objections faites par la prévention. Elle vous reproche d'avoir participé à une association illicite. Nous ne reviendrons sur les éléments de la prévention qu'autant que vous conserveriez encore quelque incertitude sur les documents que j'ai taché de rendre les plus clairs possible. Autrement, je me bornerai à vous faire connaître sur quels faits on se fonde pour établir votre participation à cette association.

M. Dréo. J'aurai quelques réponses à faire à propos des lettres que vous avez citées.

M. le Président. Nous reviendrons tout à l'heure à ces lettres. Je dois d'abord vous faire connaître comment la prévention établit votre participation. Ainsi vous avez signé la circulaire du mois de mai.

M. Dréo. Parfaitement.

M. le Président. Vous avez écrit la lettre du 26 mars dont on a déjà parlé.

M. Dréo. C'est possible, je ne me rappelle pas la date que vous citez.

M, le Président. Il s'agit de la lettre dans laquelle vous disiez : « Il ne faut pas que nous soyons seulement un comité pour Paris, mais pour toute la France. »

M. Dréo. Il se produit une étrange confusion précisément par les extraits de tout ce volumineux dossier qui ont été lus à l'audience.

Toutes les lettres citées, notamment celle-ci, n'ont pas trait à l'organisation du comité incriminé.

Nous étions au moment des élections générales qui étaient attendues avec impatience. Nous n'avons pas beaucoup d'occasion d'exprimer notre opinion. Les élections sont le seul moyen qui nous reste de lever un peu le poids qui pèse sur nos têtes ; chacun attend donc ce moment avec impatience. De tous les coins de la France on accourait à Paris, on se revoyait en disant : « Voilà une occasion de manifester nos aspirations, de les faire triompher, allons-nous la laisser échapper ? » Mais il n'y avait pas là d'association illicite, à moins d'incriminer les sympathies et les relations les plus simples.

On voulait organiser quelque chose, mais il n'y avait encore rien de précis, rien d'arrêté. On songea d'abord à un projet de comité composé de vingt-cinq membres.

Ici, je reviens aux termes de cette lettre que vous citiez tout à l'heure. Si vous lisiez toute la lettre, vous verriez que lorsque je parlais d'un comité qui rayonnerait sur toute la France, il ne s'agissait pas du comité que nous avons formé postérieurement, mais bien du projet de comité des Vingt-cinq. C'est ainsi qu'il faut entendre ces quelques mots que vous venez de citer. C'était une appréciation personnelle que je faisais, et le reste de la lettre confirmerait au besoin ce que j'avance.

Vous savez, au reste, que le comité des Vingt-cinq n'a pas pu se former.

M. le Président. Je vous fais remarquer que tous ces faits sont connus, qu'il ne s'agit plus que d'examiner les éléments sur lesquels la prévention établit votre coopération.

M. Dréo. Si je parle de la correspondance, c'est que cela me ramène à un point très-important. On a fait deux perquisitions chez moi. Je me suis déjà expliqué à cet égard, mais je dois dire que cette correspondance qui a été saisie chez moi, est étrangère au procès : c'est une correspondance de famille, une correspondance intime. Je disais en première instance qu'on avait voulu donner une couleur au procès, j'étais en deçà de la vérité. On a employé je ne sais quels moyens condamnables pour chercher à nous mettre en opposition les uns avec les autres, à semer la division entre gens qui s'estiment et qui s'aiment. On ne réussira pas.

Ma correspondance est étrangère au comité incriminé, et elle doit l'être, puisqu'elle a précédé de beaucoup la formation de ce comité.

M. le Président. Vous revenez en ce moment sur ce que vous avez déjà dit.

M. Dréo. Je le répète, parce que cela ne me paraît pas avoir été suffisamment compris. On a toujours confondu les projets mis en avant pour fonder le comité des Vingt-cinq avec le comité consultatif même. Il est impossible de se servir des arguments qui regardent le premier pour condamner l'autre.

M. le Président. Vous avez répondu sur cette lettre qui du reste a été lue *in extenso* dans le rapport. En voici une autre du 19 mars 1863.....

M. Dréo. Je me réfère pour cela à ce que je viens de dire précédemment.

M. le Président. Soit. Vous venez de vous expliquer sur un point. Mais en 1864 vous envoyiez, à Schelestadt, une lettre signée par MM. Garnier-Pagès et Carnot, avec ces mots qui précédaient leurs signatures : « Pour le comité de Paris. »

M. Dréo. M. Garnier-Pagès a expliqué ce qui s'était passé à Schelestadt.

M. le Président. C'est vous qui avez été plus spécialement chargé d'organiser les bureaux dans les sections.

M. Dréo. Ici, il y a encore une confusion.

Voilà déjà quatre ans que mes amis et moi nous nous sommes occupés de la législation électorale et que nous avons tâché d'en résumer les principales prescriptions. Il y a quatre ans, nous formions une sorte de comité qu'on n'a pas songé à incriminer; il y a quatre ans que, poursuivant le travail que nous avions entrepris, nous sommes allés dans les mairies pendant les dix jours que dure la vérification, afin de surveiller ces opérations dans chaque arrondissement, comme la loi nous en donne le droit. Nous avons pu voir comment cela se passait et nous avons pensé que pendant ces dix jours, à Paris, par exemple, où 30,000 électeurs sont appelés dans chaque arrondissement à vérifier leur inscription, il était indispensable de venir à l'aide des électeurs, en leur donnant à l'avance, les renseignements dont ils peuvent avoir besoin.

D'après les calculs qui ont été faits, c'est à peine si chaque électeur aurait quelques secondes pour effectuer cette vérification, ainsi que la loi l'y autorise et même l'y invite.

M. le Président. Passons sur ces détails; ils sont inutiles au procès.

M. Dréo. Pardon, Monsieur le Président, ils sont très-importants.

M. le Président. Eh bien! continuez.

M. Dréo. Nous avons publié dans des journaux des notes annonçant que nous formions des agences d'inscription. Ces agences ont fonctionné très-imparfaitement, parce qu'avec les mesures de l'administration il était très-difficile qu'il en fût autrement.

Mais enfin, l'année dernière, au moment où les élections générales étaient prévues, pour répondre à la nécessité de faciliter à chaque électeur l'exercice de ses droits, nous avons dû redoubler de zèle, et voilà pourquoi nous avions organisé des bureaux. L'on ne songeait pas encore au comité. Et ce que je dis là n'est pas une simple assertion, cela résulte d'écrits, d'imprimés. D'autres que nous ont fait la même chose, et ont créé des agences de renseignements pour l'inscription sur les listes électorales. Je répète que tout ce mouvement, relativement aux inscriptions, était tout à fait en dehors du comité.

Ici je prends certaines lettres qui paraissent indiquer que le comité, ou au moins certains membres du comité, ont pris part à ces opérations de révision. On a trouvé une lettre qu'Hérold écrivait à M. Garnier-Pagès et dans laquelle il lui parlait du bureau de Belleville.

Hérold écrivait, dira-t-on, au comité, pour lui parler de l'organisation des bureaux; donc les bureaux se rattachent au comité. Voici l'explication : Hérold et moi, nous nous étions divisé la besogne pour différents arrondissements. Qu'est-il arrivé ? c'est que j'avais reçu une plainte sur un bureau de la circonscription qu'il s'était réservée et je lui avais écrit à ce propos. Hérold, sachant qu'à ce moment j'étais continuellement en course pour organiser ces bureaux, m'a répondu par l'intermédiaire de M. Garnier-Pagès, qui demeure dans la même maison que moi, et en le chargeant de me faire passer sa lettre.

Nous avons eu une caisse particulière pour ces opérations de révision. On trouvera une lettre dans laquelle, l'un de nos agents d'inscription électorale écrivait : « Dites ceci au comité.. » Il s'agit dans cette lettre de ce que l'on appelait, assez inexactement, le *Comité du Manuel électoral*. Depuis quatre ans, nous avions formé de petites réunions composées des rédacteurs du *Manuel;* c'est en cela que consistait ce prétendu comité qui, sitôt qu'une question électorale s'élevait, se réunissait pour l'étudier et voir ce qu'il y avait à faire. Nous nous réunissions pour élucider le droit électoral et nous faisions de notre mieux. Mais ces réunions n'ont pas eu lieu rue Saint-Roch. Il n'y avait là, d'ailleurs, qu'une action fort honorable, fort licite, une action indispensable au suffrage universel.

Voici un fait matériel qui prouve que le comité poursuivi, le comité consultatif, n'existait pas hors de la période électorale. Quand ce comité était constitué, il avait une petite organisation nécessaire. Il y avait à l'endroit où il se réunissait, des tables, des livres, des papiers. Eh bien ! tout cela disparaissait aussitôt après les vingt jours de la période électorale. Il ne restait plus que les réunions du *Manuel*, c'est-à-dire le petit groupe des rédacteurs du *Manuel* qui ne peut être incriminé parce que, plus tard, il se sera trouvé confondu avec un comité électoral.

M. LE PRÉSIDENT. Hérold faisait-il partie du comité du *Manuel*?

M. DRÉO. Certainement, c'était l'un des principaux membres de ce comité.

M. LE PRÉSIDENT. Enfin, la prévention dit que le comité non plus du *Manuel*, mais le comité des Quinze, se réunissait chez vous et que c'était vous, principalement, qui receviez les souscriptions.

M. DRÉO. Je n'étais pas chargé principalement de les recevoir. Chacun de nous les recevait. Ce comité n'avait pas d'organisation, en ce sens que les fonctions n'y étaient point distribuées.

M. LE PRÉSIDENT. Cela suffit. Allez vous asseoir. — Le prévenu Carnot?

M. CARNOT se lève.

M. le Président. Nous ne pouvons revenir sur tous les détails dans lesquels nous sommes entré dans les interrogatoires précédents. S'il vous restait quelque incertitude sur l'un des faits déjà cités, nous le reprendrions. A l'heure qu'il est, je me borne à vous faire connaître sur quels éléments se fonde la prévention pour établir votre participation.

N'est-il pas vrai que c'est chez vous qu'a eu lieu le dépouillement du scrutin pour la nomination du comité dit des Vingt-cinq?

M. Carnot. Ce n'est pas chez moi qu'a eu lieu ce dépouillement. Voulez-vous me permettre de m'expliquer sur le comité des Vingt-cinq ?

M. le Président. Cela est inutile. Ainsi vous dites que ce n'est pas chez vous que le scrutin a eu lieu ?

M. Carnot. Je suis loin de nier ma participation à un comité dont j'ai pris l'initiative. Seulement le fait que vous énoncez n'est pas exact.

M. le Président. C'est possible. Cela figure sur les notes que j'ai prises; il y a peut-être erreur. Mais je croyais que vous l'aviez déclaré dans votre interrogatoire.

M. Carnot. J'ai besoin de dire quelques mots sur ce comité.

L'accusation et le jugement commettent une double erreur, une erreur de chronologie et une erreur d'appréciation, en prétendant établir une connexité entre le comité des Vingt-cinq et le comité de la rue Saint-Roch. Je serai très-bref dans mes explications. Devant le tribunal correctionnel j'ai donné quelques détails sur les essais infructueux de formation du comité des Vingt-cinq. Je ne reviens pas là-dessus. MM. les membres de la Cour ont lu nos interrogatoires. Deux mots seulement :

Au commencement de 1863, lorsqu'il fut question de renouveler le Corps législatif, je proposai à quelques amis politiques la formation d'un comité électoral à Paris, ayant pour but d'éclairer les électeurs sur les candidatures présentées et au besoin d'en présenter lui-même. C'est l'exercice d'un droit essentiel pour tout électeur sous un régime représentatif. Reconnaître ce droit à l'administration et le refuser aux électeurs eux-mêmes, ce serait une souveraine injustice.

Ce comité ne s'est pas formé : il a été entravé par des dissidences survenues dans le sein du parti démocratique. Quant à la cause de ces dissidences, elle est connue de tout le monde. Je n'apprendrai rien à personne en disant qu'au commencement de 1863, la doctrine de l'abstention comptait encore de très-nombreux partisans. L'entrée dans ce projet de comité de quelques membres présumés abstentionnistes, devait rendre son fonctionnement très-difficile si ce n'est impossible.

Quant à moi, bien que les deux opinions opposées m'eussent fait l'honneur de me porter au comité, j'avais mis à mon acceptation une condition qui ne s'est point réalisée : la présence dans ce comité de quelques hommes dont je m'honore d'avoir été le collaborateur en 1848. Voilà ce qui a occasionné ma démission.

Mais précisément, plusieurs de ces amis politiques n'approuvaient pas le mode de formation du comité des Vingt-cinq et les attributions que nous voulions lui donner. Vous savez cela par une lettre de Marie, qui a été lue en première instance, et aussi par des lettres de Garnier-Pagès, qui ont été saisies.

Ce comité ne s'est donc pas formé. Entre ce comité dit des Vingt-cinq parce qu'en effet il se serait composé de vingt-cinq membres, s'il eût jamais existé, et le comité de la rue Saint-Roch, il n'y a eu aucune ressemblance ni dans le but, ni dans le mode de formation, ni dans les attributions, ni dans le personnel.

M. Garnier-Pagès, même avant l'avortement du comité des Vingt-cinq, en avait formé un, ayant un autre but, d'autres attributions. C'était un comité consultatif, institué en quelque sorte en opposition avec celui des Vingt-cinq.

C'est donc commettre l'erreur la plus profonde que de regarder l'un comme la suite de l'autre. Car c'est seulement après l'insuccès du premier comité que les démissionnaires, Hérold, Jules Simon et moi, furent invités à faire partie du comité consultatif, lequel n'a compris aucun autre membre du comité des Vingt-cinq.

A mon tour, je regardais les attributions du comité consultatif comme n'étant pas assez étendues. Mais, qui veut le plus veut le moins. Je prêtai donc sans hésitation mon concours à mes amis.

M. le Président. Tout à l'heure je vous demandais si c'était chez vous qu'avait eu lieu la nomination du comité des Vingt-cinq. Si je prends votre interrogatoire, voici la déclaration que j'y trouve : « Un vote eut lieu chez moi, en ce sens que les électeurs qui devaient prendre part au scrutin m'ont envoyé, sous pli cacheté, une liste contenant vingt-cinq noms. »

M. Hérold. Il y a là une confusion.

M. le Président. Le prévenu peut répondre lui-même.

Au banc de la prévention. Lorsqu'il y a des erreurs, on peut les relever.

M. Floquet. Il s'agit d'un fait matériel.

M. le Président à M. Carnot. Tout à l'heure vous disiez le contraire : c'est peut-être par erreur.

M. Carnot. Il y a là un malentendu. C'est pour l'acquit de la vérité, Monsieur le Président, que tout à l'heure je répondais négativement à votre question. Voici les faits dans leur exactitude : les bulletins de vote ont été déposés chez moi, mais le dépouillement du scrutin n'a pas eu lieu chez moi.

M. le Président. Du reste, mon intention était plutôt de rectifier la note que j'avais prise et que je croyais exacte. Je suis heureux de prouver que je ne m'étais pas trompé.

Je reprends les faits : la prévention ajoute que vous figuriez dans le comité des Quinze. Ainsi, vous avez signé une lettre écrite par M. Garnier-Pagès, au nom du comité de Par s, pour l'élection d'Épinal. C'est à l'occasion de cette lettre que ce même comité d'Épinal, en janvier 1864, se plaignait de la tyrannie de votre comité.

M. Carnot. Je crois en effet avoir signé cette lettre. Sur ce point, M. Garnier-Pagès est entré dans des détails auxquels je me réfère complétement.

M. le Président. Voilà ce qui établirait votre participation au fonctionnement du comité, que du reste vous ne niez pas?

M. Carnot. Oh! pas du tout, Monsieur le Président.

M. le Président. Vous écriviez encore à M. Garnier-Pagès : « Il faut » profiter de ce délai pour former un dossier accusateur. Nos jeunes » amis, qui se sont montrés si dévoués, ne voudront pas laisser l'œuvre » inachevée. » C'est en se fondant sur ces éléments que la prévention pense que vous agissiez en dehors de la période électorale.

Il me reste à vous faire une dernière objection à propos de la lettre que vous écriviez à Bory, a la date du 17 juin : « Il importe que les » hommes qui ont dirigé ce mouvement demeurent en communica- » tion les uns avec les autres, s'ils veulent que la leçon donnée au » pouvoir ne reste pas sans fruits pour l'avenir. »

M. Carnot. Quant à la première des deux lettres que vous venez de citer, voulez-vous, Monsieur le Président, avoir la complaisance d'en rappeler les termes tout au long. Je crois qu'elle contient précisément la réfutation de ce qu'on veut en tirer.

M. le Président. La lettre a été citée en entier dans le rapport ; voici ce que nous en relevons : « Il faut profiter du délai pour former » un dossier accusateur. Nos jeunes amis, qui se sont montrés si dé- » voués, ne voudront pas laisser l'œuvre inachevée. »

M. Carnot. Eh bien! ces expressions prouvent que le comité ne fonctionnait plus. S'il avait fonctionné, c'est à lui que je me serais adressé, et, à moi-même en qualité de membre de ce comité. J''aurais dit : « Ne laissons pas notre œuvre inachevée. » Au lieu de cela, j'écris à M. Garnier-Pagès, trois semaines après l'élection : « Notre œuvre n'est pas achevée, car les pouvoirs des élus ne sont pas vérifiés; mais comme la période légale est terminée, nous ne pouvons plus fonctionner en comité; il faut que les hommes qui ont montré déjà tant de dévouement, nos jurisconsultes, qui ne cessent pas de s'occuper des questions électorales, veuillent bien se charger d'achever les travaux du comité. »

Il n'y a pas, ce me semble, de preuve plus convaincante que le comité n'existait plus à cette époque.

M. le Président. Nous vous avons fait connaître que ces points étaient relevés pour établir votre participation au fonctionnement du comité. Vous avez jugé convenable d'y répondre en vous plaçant à un autre point de vue.

M. Carnot. Je m'adressais à des personnes ayant fait partie du comité, qui pouvaient former des dossiers pour la vérification des élections irrégulières ou même frauduleuses. C'étaient des jurisconsultes qui avaient été en relation par le comité avec les électeurs. Leur œuvre était probablement utile, car plusieurs élections ont été cassées... vous savez pourquoi, nous le savons aussi !

Ceux qui ont pu éclairer le Corps législatif sur ces élections, ont rempli leurs devoirs de citoyens.

M. le Président. Je pense que vous avez donné toutes les explications que vous avez jugé nécessaires.

M. Carnot. J'ai encore à m'expliquer sur la lettre écrite à M. Bory. De cette lettre on n'a jamais cité que la dernière phrase. Voulez-vous me permettre de la lire tout entière, afin d'en rétablir le véritable caractère?

M. le Président. Parfaitement.

M. Carnot. Cette lettre est du 17 juin. Je l'écrivais de ma campagne à M. Bory :

« Monsieur, Lorsque M Henri Amat partit pour Marseille, nous étions en proie à la crise intérieure qui a précédé ici les élections. Je le priai de vouloir bien, en remerciant votre comité démocratique de ses intentions bienveillantes à mon égard, lui exposer verbalement les motifs qui, cette fois encore, me déterminaient à décliner toute candidature. J'apprends ce matin, par une lettre de M. Amat, que, tombant lui-même au milieu de vos embarras, qui n'étaient pas moindres que les nôtres, il ne s'est pas acquitté de la commission. Quoique tout cela n'ait plus qu'un intérêt rétrospectif, je tiens beaucoup, monsieur, à ne pas laisser dans votre esprit et dans ceux de vos amis, l'impression que j'aurais manqué à un devoir de politesse et de reconnaissance, et je viens vous prier d'agréer ma justification. Les triomphes obtenus dans les plus grandes villes de la France sont de nature à nous consoler de bien des tiraillements que nous saurions éviter une autre fois. Ils sont un éclatant témoignage de la véritable opinion publique et des aspirations du pays à la liberté. Il importe que les hommes qui ont dirigé ce mouvement demeurent en communication les uns avec les autres, s'ils veulent que la leçon donnée au pouvoir ne reste pas sans fruits pour l'avenir. Recevez, je vous prie, monsieur, avec l'assurance du plaisir que j'ai eu à faire votre connaissance, celle du désir que je garde de la cultiver et l'expression de toute ma considération. »

Ainsi, vous le voyez, Messieurs, c'est une lettre de pure politesse et de remercîments adressés au comité de Marseille, qui avait bien voulu m'offrir la candidature. Il n'y a pas là la moindre affiliation.

La dernière phrase elle-même ne témoigne rien de semblable. Des hommes politiques se sont trouvés en relations passagères ; et, dans ces relations, ils ont conçu de l'estime les uns pour les autres. Puis, quand la tâche est finie, ils se disent : un jour peut-être des efforts nouveaux seront nécessaires, ne fût-ce que pour éclairer un gouvernement qui s'aveugle sur les véritables tendances de l'esprit public ; mettons-nous en correspondance épistolaire. Qu'y a-t-il de plus naturel ?

Ce vœu-là, du reste, n'a pas même été accompli, car c'est la seule lettre que j'aie écrite à M. Bory, et je n'en ai reçu aucune de lui.

En vérité, Messieurs, s'il n'était pas permis de correspondre avec ses amis, si l'on ne pouvait adresser des politesses aux personnes avec lesquelles on a eu des relations, s'il existait un pays où de pareilles choses ne fussent pas permises, où en serions-nous ? vous-même, Monsieur le Président, et moi, nous tous enfin, quelle que soit la différence de notre manière de voir en politique, nous nous trouverions d'accord sur un point : nous serions humiliés de vivre dans un tel pays !

A Dieu ne plaise, Messieurs, que ce pays, ce soit la France !

M. le Président. Vous pouvez vous asseoir. — Le quatrième prévenu ?

M. Hérold se lève.

M. le Président. Vous savez les faits sur lesquels se fonde la prévention pour vous accuser d'avoir fait partie d'une association illicite ? Nous ne vous imposons pas silence quant aux observations que vous pourriez avoir à présenter au sujet de l'existence de cette association : cependant, nous croyons inutile de rentrer dans les détails qui ont été déjà donnés par ceux qui vous ont précédé. Il ne reste, je crois, qu'à établir votre participation à cette association.

M. Hérold. Je ne dirai que très-peu de mots. Ma participation aux actes électoraux.....

M. le Président. Attendez donc que je vous fasse connaître les actes auxquels on vous reproche d'avoir participé, avant de dire que vous y avez participé. Vous avez déjà reconnu, dans votre interrogatoire devant le juge d'instruction, que vous aviez participé au fonctionnement du comité des Quinze. Voici les points relevés contre vous par la prévention :

A la suite de l'organisation du comité des Quinze, pour faciliter son fonctionnement, vous avez organisé, vous, de votre personne, des bureaux, notamment celui de Belleville, de concert avec le prévenu Dréo. On disait tout à l'heure que ces bureaux avaient été organisés par le comité dit *du Manuel :* mais ces bureaux semblent bien plutôt des comités fonctionnant sous la direction des Quinze.

M. Hérold. Monsieur le Président, j'ai fait plusieurs sortes de choses à propos d'élections. J'ai agi tantôt, et souvent, comme jurisconsulte, m'occupant de droit électoral, tantôt comme homme politique, exerçant mes droits politiques, membre d'un comité; j'ai agi aussi dans d'autres conditions, que je préciserai tout à l'heure. Mais ce dont vous me parlez en ce moment, l'organisation des bureaux de consultations électorales, se réfère à mes actes comme jurisconsulte.

Oui, j'ai contribué, avec beaucoup d'autres, à organiser des bureaux de consultations électorales dans certains arrondissements de Paris. Je crois qu'en cela j'étais dans mon droit et que je remplissais même un devoir, le devoir de ceux qui s'occupent des choses publiques.

Mais cela n'a aucun rapport avec le comité poursuivi. Il est très-facile de l'établir. En effet, ces bureaux ont fonctionné bien avant le comité et en dehors de toute période électorale. Dès 1862, au mois de janvier, nous avons, à plusieurs avocats, essayé déjà quelque chose de semblable. Mais c'est en 1863 que ces bureaux ont fonctionné le plus activement. 1863, cela veut dire au mois de janvier 1863, car c'est au mois de janvier qu'a lieu la révision des listes électorales. Remarquez que c'était donc trois mois avant la constitution du comité poursuivi, puisque ce comité a commencé le 28 avril seulement.

Du 15 au 25 janvier 1863, nous avons organisé plusieurs bureaux de cette nature et ces bureaux étaient tellement en dehors du comité (du comité qui ne s'est formé que le 28 avril), que dans la liste d'avocats consultants formant ces bureaux — La Cour a cette liste, elle peut la consulter ; je crois avoir vu dans les pièces un numéro du journal *le Temps* qui rapporte les noms — on verra, que beaucoup de nos confrères qui ne partagent nullement nos opinions politiques en faisaient partie. Ils agissaient comme jurisconsultes, j'ai agi comme eux et nous avons tous cru, en cela, non-seulement ne pas nous écarter de nos devoirs, mais encore remplir ceux que nous impose, sous le régime du suffrage universel, l'intérêt que nous portons aux affaires publiques.

En janvier 1864, nous avons organisé de nouveau ces bureaux...

M. le Président. La question est de savoir quelle était la véritable nature de ces bureaux. Vous prétendez qu'il s'agit de bureaux dits : *bureaux du Manuel*. Eh bien, si ce sont, comme vous ledites, des bureaux de simples consultations électorales, expliquez comment à ces bureaux et sous leur direction, se rattachaient de très-nombreux adhérents, qui prenaient des notes et se chargeaient de distribuer les ordres émanant du comité dont il s'agit.

M. Hérold. Monsieur le Président, je ne sais pas ce dont vous voulez me parler en ce moment. Je n'ai connaissance d'aucun fait pareil... Voulez-vous que je vous dise comment fonctionnaient les bureaux ?

M. le Président. Au-dessous des directeurs des *bureaux du Manuel*, n'y avait-il pas de nombreux agents qui s'en allaient répandre et porter leurs ordres?

M. Hérold. Il y a là probablement une confusion. Je n'ai pas connaissance des faits que vous indiquez.

M. le Président. Ce sont des faits que la prévention vous reproche. Vous répondez comme vous le jugez convenable, mais je suis aise de provoquer à ce sujet vos explications. Ainsi, vous dites qu'il ne s'agissait que de consultations électorales ?

M. Hérold. Précisément, monsieur le Président. Nous nous chargions de donner aux électeurs les renseignements qu'ils désiraient. Ils s'adressaient à nous pour nous demander ce qu'il fallait faire pour se mettre en règle, quelles pièces leur étaient nécessaires, comment se procurer par exemple un certificat de domicile, comment faire légaliser une signature si le commissaire de police est absent, comme cela arrive, au dernier moment du délai accordé pour l'inscription, etc., etc. Toutes ces petites questions, hélas! beaucoup trop multipliées — parce que, tout le monde le sait, l'administration n'est pas facile ! — nous nous chargions de les résoudre. Mais ceci n'a aucun rapport avec le comité.

M. le Président. Ne parlons plus de ces bureaux. Mais voici des renseignements relevés contre vous par la prévention.

Dès le 11 mai, trois jours après la constitution du comité, vous recevez, vous personnellement, de Lyon, une lettre où se trouve ceci :

« Je suis dès à présent à la disposition du comité de Paris pour » toutes les communications qu'il voudra bien nous adresser. »

M. HÉROLD. C'est là lettre que m'a écrite M. Varambon.

M. LE PRÉSIDENT. Je ne nomme personne, je n'ai pas donné de nom.

M. HÉROLD. Oh! monsieur le Président, vous pouvez bien nommer : M. Varambon est un membre du conseil général du Rhône, qui est en relations avec plusieurs d'entre nous.

Varambon est un de mes amis ; il m'annonce, je crois, dans cette lettre, qu'il vient d'être nommé secrétaire d'un comité électoral formé à Lyon, et il me dit encore, du moins si j'ai bon souvenir, que s'il se rencontre une question qui embarrasse son comité, il correspondra avec moi, membre du comité de Paris, ou avec le comité de Paris. Il s'agit là de communications réciproques, toutes naturelles. Il s'adresse à moi : cela est tout simple encore, parce que je suis son ami, et parce qu'il sait que je m'occupe de droit et particulièrement de droit électoral.

Eh bien, Varambon et moi nous correspondons ensemble. Je ne vois pas quelle autre portée cela peut avoir que d'établir le fait même de la correspondance. La correspondance n'est pas l'affiliation.

Maintenant, en fait, je dois dire que nous n'avons pas eu d'autres relations ensemble, lors des élections générales, que ces lettres mêmes que vous avez entre les mains.

M. LE PRÉSIDENT. Voici un autre document. Une lettre qui vous était également adressée de Lyon, était ainsi conçue : « Il faut que » les électeurs se sentent soutenus à Paris... C'est moins une con- » sultation que je vous prie de nous donner, qu'un concours d'in- » fluence, un appui pour des gens qu'on cherche à effrayer. »

M. HÉROLD. Cette lettre est de M. Frédéric Morin, qui me consultait lors des élections générales et, si je ne me trompe, entre un premier tour et un second tour de scrutin, l'élection qui le concernait se trouvant renvoyée à quinzaine (au surplus, la lettre porte sa date, et la Cour pourra facilement vérifier le fait), M. Frédéric Morin, dis-je, me consultait... et cette lettre fait très-bien voir le caractère un peu mixte, le caractère double, pour ainsi dire, de la plupart des consultations du comité.

C'était une question de droit électoral qu'il me posait. Et à ce propos je ferai remarquer à la Cour qu'il y a dans la lettre ces mots : « Que fera le *barreau* de Paris ? » qui, en première instance, avaient été lus par le ministère public : « Que fera le *bureau* de Paris? » Je ne me rappelle plus quelle était la question, mais je répète que la lettre montre parfaitement le double caractère, juridique et politique, des consultations que nous donnions. Morin me consulte et me dit en même temps : « Soutenez-nous. » C'est qu'en effet, il ne suffit pas que les électeurs sachent quels sont leurs droits, il faut qu'ils sachent qu'on les appuiera dans leurs réclamations. Ils connaissent la puissance de l'administration et ils craignent d'être abandonnés. Sans doute, le droit est douteux quelquefois ; mais ce qui est bien plus souvent douteux, c'est qu'on obtienne gain de cause, même avec le droit pour soi. Les électeurs ont donc besoin de s'adresser à des gens qui leur offrent une double garantie, à des gens sérieux et laborieux, instruits dans la loi, et qui soient en même temps leurs amis politiques. Voilà pourquoi Morin s'adressait à nous.

M. LE PRÉSIDENT. Vous êtes un des signataires de la lettre adressée par le comité de Paris aux électeurs de la 9e circonscription, pour les féliciter de l'élection de M. Pelletan.

M. HÉROLD. Monsieur le Président, il s'agit ici d'un projet de lettre auquel il n'a pas été donné suite, et je ne sais plus si je l'ai signé ou non.

Mais je ne dis pas cela pour repousser une part quelconque de responsabilité. J'ai signé tous les actes du comité, sinon toujours en fait, au moins toujours en intention.

M. LE PRÉSIDENT. Ainsi, vous confessez votre participation ?

M. HÉROLD. Certainement, Monsieur le Président. Je déclare hautement que j'ai pris part à tous les actes du comité ; je ne l'avoue pas seulement, je m'en fais honneur.

M. LE PRÉSIDENT. Pouvez-vous donner un mot d'explication sur une pièce dont la lecture a produit ici une certaine émotion, et dans laquelle on vous demandait communication de la liste des 2 ou 300 membres qui composaient la réunion Carnot ?

M. HÉROLD. Parfaitement. C'est M. Lefrançois qui m'a écrit à ce sujet.

Il s'est produit ici une déplorable confusion entre ce que j'appellerai nos actes politiques et ceux qui sont entièrement privés, confusion qui se renouvelle sans cesse.

Il s'agissait de la souscription faite parmi les amis de M. Pelletan pour les œuvres de ce dernier, et M. Lefrançois, qui est un ami de Pelletan, me demandait la liste dont il s'agit, pour envoyer des circulaires, des prospectus, aux personnes portées sur cette liste, laquelle devait naturellement comprendre beaucoup d'amis de Pelletan. Et voyez, combien peu M. Lefrançois était au courant de nos affaires, puisque cette liste, qu'il croyait composée de **250 à 300** noms, **comprenait, en réalité, 595 noms !**

Cette liste, je ne l'avais plus entre les mains : c'est ce que j'ai dû répondre à M. Lefrançois.

M. le Président. Avez-vous donné toutes vos explications?

M. Hérold. Je vous demande la permission d'ajouter un mot sur un certain point qui est spécial à ma personnalité dans l'affaire.

Je disais que j'avais agi en différentes qualités à propos des élections. J'ai agi comme jurisconsulte, comme membre du comité. Mais j'ai agi aussi dans une troisième qualité : comme mandataire de certains candidats.

Ceci a de l'importance, parce que l'on confond ici mes actes personnels avec les actes du comité, et que la prévention considère ces actes comme illicites, faute de s'en rendre compte.

Eh bien ! je revendique comme mes actes personnels — accomplis avec le concours de plusieurs amis — l'organisation des distributeurs de bulletins, et la surveillance exercée sur eux dans différentes élections. D'abord dans la 8e circonscription de la Seine, pour M. Jules Simon, lors des élections générales : je me suis très-activement occupé de cette élection et, qu'il me soit permis de le dire, autant à titre d'ami qu'à titre de membre du comité. J'ai fait la même chose pour la réélection de M. Pelletan dans la 9e circonscription, au mois de décembre, et cela avec le concours de Ferry et de plusieurs autres de nos amis, membres ou non du comité, peu importe. Je l'ai fait encore pour M. Carnot, en mars dernier. Nous étions là les représentants du candidat, ses mandataires, exerçant ses droits : que voulez-vous? Les candidats du gouvernement ont les gardes-champêtres, les gendarmes et tous les agents de l'administration! Les candidats de l'opposition ont leurs amis. Il faut bien qu'on s'occupe pour eux des détails matériels de l'élection ; nous faisons à cet égard, pour les candidats de l'opposition, ce que les agents de l'administration font pour les candidats du gouvernement. C'est notre droit. J'étais d'ailleurs muni d'un pouvoir régulier des candidats; je les représentais, j'étais, pour ainsi dire, à ce moment, candidat en leur lieu et place.

Voilà les actes dont je voulais dire un mot à la Cour, actes que je pouvais accomplir en dehors du comité comme dans le comité, et qui ne sont que l'exercice d'un droit incontestable.

Si vous le permettez, Monsieur le Président, j'ajouterai encore quelque chose à propos de certains de mes actes se rapportant à la qualité de jurisconsulte. Si je reviens sur ce point, c'est pour rectifier un passage du rapport qui n'est pas exact. Cela n'a sans doute pas grande importance, mais autant vous le dire.

M. le Conseiller-Rapporteur disait, à l'audience d'hier, qu'on n'avait rien saisi qui fût relatif au comité consultatif formé pour les élections des conseils généraux, comité dont le siége était chez M. Marie.

Eh bien, c'est le contraire; on a saisi chez moi huit pièces qui étaient des demandes de consultations de droit à propos des élections aux conseils généraux. Je dis huit pièces, il n'y en a peut-être que six au dossier; ce que je sais, c'est que j'en avais reçu huit, et je crois qu'on a tout saisi. M. le Rapporteur n'a pas pu reconnaître ces pièces et il a dit qu'on n'avait rien saisi relativement à ce sujet; je conçois facilement son erreur. En effet, dans l'instruction, on a fait une telle confusion des dossiers et des pièces, on les a tellement mêlés ensemble, qu'on a rapporté ensuite à une chose ce qui se rapportait à une autre. Ces six ou huit pièces — émanant de personnes que je ne connais pas, parmi lesquelles il y en a probablement qui sont étrangères à nos opinions, et qui s'adressaient à moi comme avocat consultant — ont été classées d'une façon tout à fait arbitraire et comme se rattachant à l'autre comité.

Je tenais à dire cela à la Cour pour bien lui montrer quelle confusion était résultée de cette manière d'agir. Mes dossiers étaient en ordre. Avec cet ordre on a fait du désordre.

M. le Président. Ce que vous dites en ce moment ne détruit pas votre participation aux actes du comité.

M. Hérold. Loin de chercher à la nier, je la reconnais entièrement.

M. le Président. C'est bien : vous pouvez vous asseoir. — Le prévenu Floquet ?

M. Floquet se lève.

M. le Président. Vous reconnaissez avoir fait partie du comité des Quinze ?

M. Floquet. Oui, Monsieur le Président.

M. le Président. Vous avez déjà déclaré que vous aviez fait partie de divers comités. Vous avez pris part à leur fonctionnement, notamment en vous mettant à la tête de l'un des bureaux créés par Dréo et par Hérold.

M. Floquet. Tout cela est exact : j'ai donné des consultations électorales.... pendant trois années de suite.

M. le Président. Vous avez provoqué et recueilli des cotisations en assez grand nombre.

M. Floquet. Je ne sais plus. Je ne crois pas en avoir recueilli personnellement.

M. le Président. Les notes trouvées chez vous semblent l'établir [1].

M. Floquet. Oh !... les notes trouvées chez moi !...

M. le Président. Réprimez de pareilles exclamations. Donnez, si vous voulez, des explications sérieuses. Nous les cherchons.

M. Floquet. Il est impossible de parler sérieusement sur une prévention qui n'est pas sérieuse.

M. le Président. Il le faut cependant. Je relève vos paroles et je ne puis les laisser passer. Tâchez de conserver devant la Justice une attitude digne et convenable. C'est avec respect que vous devez apporter aux pieds de la Cour les explications qu'elle cherche dans l'intérêt de la vérité.

M. Floquet. S'il en est ainsi, je déclare que je n'ai aucun effort à faire pour éclairer la Cour. Je me borne à persister dans les protestations que j'ai faites successivement devant le juge d'instruction et devant le Tribunal de première instance. Je les réitère ici. Je proteste contre la manière inconvenante, brutale, violente, illégale, dont on a procédé dans les perquisitions opérées à mon domicile, et je n'ai rien à ajouter. La Cour fera vis-à-vis de moi ce qu'elle jugera convenable.

M. le Président. Allez vous asseoir. — Le prévenu Clamageran ?

M. Clamageran se lève.

M. le Président. Vous reconnaissez avoir fait partie du comité des Quinze ?

M. Clamageran. Oui, Monsieur le Président.

M. le Président. Vous reconnaissez avoir signé diverses circulaires émanées de ce comité ?

M. Clamageran. Oui, Monsieur le Président.

M. le Président. Vous avez déclaré que ce comité des Quinze se chargeait d'envoyer les circulaires qui lui étaient remises par les candidats des départements.

M. Clamageran. Je ne crois pas avoir déclaré cela. Le fait peut être exact, mais il n'est pas à ma connaissance...

M. le Président. Je prends votre interrogatoire. Ce sont vos propres paroles. D'après vous le comité se chargeait d'envoyer des circulaires de candidats.

(1) Ces notes sont une liste de la souscription Doize, ouverte par le *Temps*, dont M. Floquet était alors rédacteur.

M. Clamageran. Sans doute, cela s'est fait pour les candidats de Paris. Nous recevions des paquets de circulaires que nous nous chargions de distribuer.

M. le Président. Vous avez, suivant votre déclaration, coopéré activement au fonctionnement de ce comité, en vous mettant à la tête de l'un des bureaux de consultation organisés par ce comité.

M. Clamageran. Je suis obligé de réitérer les réserves qui ont été faites tout à l'heure, mais avec beaucoup d'insistance. Je ne puis laisser passer cette confusion qui est faite entre les bureaux de consultation pour les inscriptions et le comité lui-même. Sur ce point, je me réfère aux explications qui ont été données par Hérold.

On commet, du reste, une étrange confusion. Il ne s'agit pas de bureaux, mais de jurisconsultes parfaitement isolés qui, chacun dans son propre quartier, au moment des inscriptions électorales, viennent au secours des électeurs embarrassés et ne sachant quelles pièces leur sont nécessaires. Ce sont des jurisconsultes isolés qui se chargent de donner ces consultations.

Quant à moi personnellement, j'insiste d'autant plus sur ce point que j'habite un quartier éloigné du centre de Paris, où se trouvent fort peu d'avocats, et si je ne m'étais chargé de donner ces consultations, il aurait été difficile à bien des électeurs de ce quartier de se procurer les renseignements nécessaires. C'est un grand avantage pour les électeurs qui habitent si loin de trouver dans leur quartier des personnes qu'elles puissent consulter.

Voilà ce que sont ces consultations relatives aux inscriptions électorales. Et ceci est complétement distinct du comité des Quinze. J'ai donné des consultations électorales ; je continuerai à en donner, comme jurisconsulte, comme avocat consultant. Mais, je le répète, cela n'a aucun rapport avec le comité.

M. le Président. N'avez-vous pas écrit plusieurs lettres pour provoquer des cotisations ?

M. Clamageran. Oui, j'ai écrit personnellement des lettres à des personnes que je supposais sympathiques à notre opinion, pour les inviter à envoyer ce qu'elles jugeraient convenable.

M. le Président. Nous avons déjà fait connaître les divers points de vue sous lesquels la prévention envisage le fonctionnement du comité. Vous n'avez rien à ajouter aux explications qui ont déjà été précédemment données ?

M. Clamageran. J'ajouterai un simple mot. C'est une observation qui est provoquée par la lecture des notes d'audience qui me concernent. Mon interrogatoire en première instance a été reproduit d'une façon un peu brève et même inexacte. On me fait dire que notre comité était seulement un comité de jurisconsultes. Ce n'est pas ce que j'ai dit. Ce qui est exact, c'est que j'ai insisté sur ce côté du comité, parce qu'on semblait trop disposé à le tenir dans l'ombre. Notre comité donnait des consultations juridiques, il donnait aussi des consultations politiques.

Ce que je maintiens, ce que je me réserve de développer dans ma défense, c'est que c'était purement un comité de consultation, tant au point de vue juridique qu'au point de vue politique : il n'a jamais exercé une autorité, il était purement consultatif. Je tirerai plus tard, de ce fait, des conséquences de droit.

M. le Président. C'est bien. — Le prévenu Ferry ?

M· Ferry se lève.

M. le Président. Vous savez également comment la prévention envisage le comité des Quinze pour en faire ressortir l'organisation d'une association illicite. Avez-vous des explications personnelles à donner sur ce point.

M. Ferry. D'une manière générale j'accepte et je revendique la solidarité de tous les actes du comité. Je les ai tous connus, conseillés, et je les crois bons et légaux.

M. le Président. Vous avez été notamment à la tête de l'un des bureaux de consultation ?

M. Ferry. Je me suis mis, moi avocat, dans mon cabinet à la disposition des électeurs pendant la période d'inscription, non seulement en 1863, mais déjà même en 1862. Mais je n'ai pas agi en cela comme membre du comité, et je répéterai ce que vient de dire Clamageran, qu'il faut absolument écarter de la prévention et même des faits dont le caractère, à prendre le système du ministère public, pourrait être incriminé, cette formation de bureaux d'inscription qui ne sont absolument que des consultations d'avocats ; et la composition même de ces bureaux en est une preuve : il y avait à côté de nous un grand nombre de nos confrères du Palais de toutes opinions, que nous avons été chercher, j'en conviens et je m'en vante, pour les réunir à nous dans cette œuvre légale. Mais encore une fois, je le répète, cela n'a aucun rapport avec une affiliation ou une association. C'est une pratique légitime et que j'entends bien renouveller quand l'occasion s'en présentera.

M. le Président. Je dois vous demander un renseignement : n'est-ce pas à vous qu'on écrivait une lettre où l'on vous disait de réunir une trentaine d'hommes que vous aviez déjà, des hommes de choix, disait-on ?

M. Ferry. C'est moi-même qui ai écrit la lettre dont vous voulez parler. Sur ce point je me réfère aux observations d'Hérold. Nous nous sommes chargés tous les deux de faire faire la distribution des bulletins au moment de la réélection de M. Pelletan. A cet effet, nous avions réuni nos forces, c'est-à-dire des hommes que nous connaissions, la plupart de longue date, des ouvriers qui ont été employés plusieurs fois à ce service depuis cinq ou six ans; nous avons combiné nos escouades pour établir l'émulation. C'est à cela que se rapporte ma lettre.

Ce que nous avons fait là est un acte de fonctionnement essentiel du suffrage universel. La décision de la Cour ne pourra en faire un chef d'incrimination.

M. LE PRÉSIDENT. Allez vous asseoir. — Le prévenu Durier?

M. DURIER se lève.

M. LE PRÉSIDENT. Vous connaissez les éléments sur lesquels se fonde la prévention pour soutenir l'existence d'une association illicite. Si vous n'avez pas quelques explications nouvelles à donner, je vous dirai seulement sur quels éléments elle établit votre coopération personnelle.

M. DURIER. J'attendrai vos questions, Monsieur le Président.

M. LE PRÉSIDENT. N'avez-vous pas fait partie de ce comité?

M. DURIER. Pardon, je ne puis répondre d'une manière aussi brève; je n'ai pas fait partie d'un comité unique, mais de trois comités.

J'ai d'abord concouru à la rédaction d'un livre qui s'appelle le *Manuel électoral*; mais il n'y a jamais eu d'association, portant le titre de réunion ou comité du *Manuel*. Nous nous sommes réunis cinq ou six pour examiner, pour étudier la loi électorale, et nous avons rédigé un petit livre, un commentaire de la loi, qui en est à sa cinquième édition. Il nous a bien fallu nous réunir lors de chaque édition nouvelle pour travailler à revoir notre petit livre. Il n'y a donc là qu'une simple collaboration.

J'ai fait partie d'un premier comité composé de quinze personnes, lequel s'est réuni à l'ouverture de la période électorale, lors des élections générales de 1863, a déclaré se dissoudre et s'est dissous en effet à l'expiration de cette période.

Lors de la réélection de M. Pelletan, un nouveau comité s'est réuni....

M. LE PRÉSIDENT. Ce comité n'était-il pas composé des mêmes personnes?

M. DURIER. Beaucoup s'y trouvaient, cela est naturel, mais la composition de ce second comité n'est pas identique.

Il s'est réuni à l'ouverture de cette nouvelle période et s'est dissous lorsqu'elle s'est terminée.

Enfin, un troisième comité s'est constitué lors de l'élection de MM. Carnot et Garnier-Pagès. Ce dernier comité s'est constitué postérieurement à l'ouverture de la période électorale et s'est dissous comme les autres à l'expiration de cette période.

M. le Président. Ainsi vous scindez ce comité en trois?

M. Durier. Oui, Monsieur le Président. Je dis qu'il n'y a pas eu un seul comité, mais trois bien distincts.

M. le Président. Eh bien, c'est ce que la prévention appelle le comité des Quinze. N'avez-vous pas écrit beaucoup de lettres au nom du comité et fourni des cotisations?

M. Durier. Oui, Monsieur le Président; j'ai contribué à des souscriptions, et j'ai apposé ma signature sur beaucoup de documents émanés de ces comités.

M. le Président. N'est-ce pas vous qui avez écrit à Ferry pour lui annoncer qu'il faisait partie du comité?

M. Durier. Il s'agit là, Monsieur le Président, d'un quatrième comité qui avait son siége chez M. Marie, et dont MM. Marie, Jules Favre et beaucoup de nos anciens faisaient partie également. Ce comité s'était formé au moment du renouvellement partiel des conseils généraux. Nous avons pensé qu'il était bon d'avoir à ce moment un comité de jurisconsultes qui pût répondre à toutes les questions.

Je n'ai plus qu'un mot à ajouter. J'ai déjà fait devant le juge d'instruction et devant le tribunal de première instance la déclaration que je viens de renouveler devant la Cour. Le tribunal ne l'a pas admise. Je persiste à déclarer que c'est l'exacte vérité, et j'attache une grande importance à ce qu'on ne puisse pas douter de mes paroles. Je mets la prévention au défi de rencontrer dans le dossier une seule pièce émanée de moi qui implique ma participation à un comité, en dehors des trois périodes que j'ai signalées.

A ce moment, Me Marie, incommodé par la chaleur, paraît sur le point de s'évanouir. Plusieurs de ses confrères s'approchent de lui, le soutiennent et le conduisent dans le cabinet de M. le Procureur général.

M. le Président a suspendu immédiatement l'audience. Il est 1 heure un quart.

Pendant la suspension de l'audience, M. le Procureur général et, bientôt après, M. le Président, se rendent près de Me Marie. On annonce, quelque temps après, que Me Marie a pu quitter le Palais.

L'audience est reprise à 1 heure 20 minutes.

M. le Président. Inculpé Corbon, approchez.

M. Corbon se lève.

M. le Président. Vous avez entendu de quelle manière la prévention envisage le comité des Quinze, constituant, selon elle, une association illicite. Tout a été dit à peu près là-dessus; mais, si vous avez quelques explications à fournir, la Cour est disposée à les entendre.

M. Corbon. Je n'admets pas cette désignation de *comité des Quinze.* J'ai fait partie de plusieurs comités qui se sont tenus chez M. Garnier-Pagès, et dans lesquels on n'a jamais été plus de treize ou quatorze personnes.

M. le Président. N'attachez pas trop d'importance à cette désignation : il fallait un mot pour expliquer la chose. Il y a d'abord eu le comité des Vingt-cinq, il y a eu ensuite celui des Quinze; c'est dans ce dernier que la prévention prétend rencontrer une association illicite.

M. Corbon. Je n'ai fait partie ni du comité des Vingt-cinq, ni de celui qui s'est tenu chez M. Marie. J'étais seulement de ceux qui se sont réunis chez M. Garnier-Pagès.

M. le Président. Vous avez déclaré, dans divers interrogatoires, que vous revendiquiez votre part de solidarité dans tous les actes accomplis par ces comités.

M. Corbon. Oui, dans tous les actes de ceux qui se sont réunis chez M. Garnier-Pagès.

M. le Président. N'est-ce pas vous qui avez soumis vos idées à une réunion pour un plan d'organisation générale, lequel consistait a créer un comité formé de plusieurs petits groupes qui, à un moment donné, devaient se réunir et agir comme un seul homme?

M. Corbon. J'ai en effet soumis un projet de comité chez M. Floquet. C'était mon droit, et je l'ai fait.

M. le Président. Je ne vous reproche rien, je signale que cela a été établi par la prévention; c'est, du moins, une interprétation qu'elle donne de vos actes.

M. Corbon. Si la Cour y tient, je chercherai à me rappeler ce que j'ai dit chez M. Floquet; ce n'est pas ce qu'on me prête.

M. le Président. C'est d'après la déclaration même de Dréo que ce fait a été relevé contre vous.

M. Corbon. M. Dréo a pu mal comprendre.

M. le Président. Eh bien, donnez vos explications personnelles?

M. Corbon. J'ai dit chez M. Floquet, qu'en vue des élections prochaînes, il serait bon de former un comité qui ressemblât à celui qui existait en 1848 au bazar Bonne-Nouvelle. Ce comité avait été formé par élection. Voilà tout ce que j'ai proposé. C'est ce qui a donné lieu plus tard à la tentative avortée du comité des Vingt-cinq.

M. le Président. Tenez, voici une lettre que M. Garnier-Pagès vous a écrite à la date du 10 mars; vous allez voir si elle entrait dans votre pensée ou si elle était à côté. « Vous aviez eu la pensée, » vous écrivait M. Garnier-Pagès, « de réunir des comités de quartier à un comité central de 3 à 500 électeurs ».

M. Corbon. Ce n'est pas moi qui ai indiqué cela. Je n'ai pas donné d'autre idée que celle-ci : former un comité semblable à celui du bazar Bonne-Nouvelle.

Me Senard, à M. Corbon. Dites, si vous voulez, pour satisfaire à la question, comment ce comité fonctionnait?

M. le Président. Si vous jugez que cela ait quelque utilité dans votre intérêt, expliquez-vous.

M. Corbon. Je n'y vois pas d'intérêt.

M. le Président. C'est bien, vous pouvez vous asseoir.—M. Jozon?

M. Jozon se lève.

M. le Président. La prévention vous inculpe d'avoir pris part au fonctionnement du comité qualifié d'association illicite. Vous en connaissez les caractères. Si vous n'avez pas quelque chose à dire sur les faits généraux, je vous ferai seulement quelques questions.

Vous avez versé plusieurs fois votre cotisation?

M. Jozon. Cela est vrai.

M. le Président. Vous avez fonctionné comme secrétaire de ce même comité?

M. Jozon. C'est-à-dire que je me suis mis à la disposition du comité; je n'étais pas secrétaire en titre.

M. le Président. Ce sont vos propres expressions, cela résulte de votre interrogatoire devant le juge d'instruction.

M. Jozon. J'ai dit, au contraire, dans mon interrogatoire que je n'étais pas le secrétaire officiel du comité; que j'employais ce terme pour désigner d'un seul mot, et par à peu près, la nature des fonctions que j'exerçais.

M. le Président. Vous étiez à la tête de l'un des bureaux de consultations?

M. Jozon. Je me réfère complétement sur ce point aux explications de M. Herold, dont je suis le secrétaire et avec lequel je me suis occupé de ces consultations.

M. LE PRÉSIDENT. Allez vous asseoir. — Le prévenu Hérisson ?

M. HÉRISSON se lève.

M. LE PRÉSIDENT. Vous avez également pris part aux opérations du comité de Paris ?

M. HÉRISSON. Oui, j'ai fait partie des trois comités qui ont eu lieu.

M. LE PRÉSIDENT. Votre nom figure sur les circulaires. Seulement, dans votre interrogatoire, vous soutenez avoir fait partie de trois comités ne contenant que vingt personnes au plus et se dissolvant après chaque élection.

M. HÉRISSON. Pour la question générale, je m'en rapporte d'une façon absolue et entière aux explications qui ont été données par M. Garnier-Pagès. Je fais seulement une réserve en soutenant le droit qu'ont les comités de fonctionner en tout temps et en toute circonstance pour toutes les élections.

Pour ce qui est de ma participation aux actes du comité, je suis prêt à répondre aux questions de M. le Président.

M. LE PRÉSIDENT. Pour préciser de quelle manière vous preniez part à ces actes, n'avez-vous pas écrit, le 22 novembre 1863, une lettre pour convoquer le comité en vue des élections de Paris et de la Côte-d'Or ?

M. HÉRISSON. J'ai écrit beaucoup de lettres ; j'en ai signé beaucoup aussi : mais je n'ai eu aucune espèce de communication avec la Côte-d'Or.

M. LE PRÉSIDENT. Si je vous parle de cette lettre, c'est pour vous faire comprendre qu'on pourrait soutenir que ce comité fonctionnait d'une manière permanente. Son action s'étendait même dans les départements. Au reste, toutes les explications ont été données à cet égard. Avez-vous quelque chose à ajouter ?

M. HÉRISSON. Non, Monsieur le Président.

M. LE PRÉSIDENT. C'est bien. — Le prévenu Melsheim ?

M. MELSHEIM se lève.

M. LE PRÉSIDENT. La prévention vous reproche de vous être mis en rapport avec le comité de Paris, comme agissant au nom du comité de Schelestadt. Reconnaissez-vous le fait ?

M. MELSHEIM. Voulez-vous me permettre de donner quelques explications à la Cour ?

M. LE PRÉSIDENT. Ce sont justement ces explications que nous provoquons.

M. MELSHEIM. J'ai dans le procès actuel une situation toute personnelle. Je suis entré en rapport avec ces messieurs pour un fait tout spécial, et le simple récit des faits vous prouvera l'inanité de l'accusation d'affiliation portée contre moi.

En prenant dans le procès la situation particulière que les circonstances m'ont faite, je n'entends ni renier les grands principes politiques qui seront développés, ni séparer ma cause de celle de mes honorables co-prévenus; mais l'impossibilité d'une affiliation en ce qui me regarde prouvera à la fois le peu de fondement de l'accusation portée contre eux aussi bien que contre moi.

Au mois de mai 1863, deux concurrents se trouvèrent en présence à Schelestadt, M. Hallez-Claparède, qui jusque-là avait eu l'appui officiel et qui l'avait perdu, je ne sais pourquoi (l'administration n'a pas cru devoir l'expliquer), et M. de Bulach. Je crus devoir, comme électeur, donner mon concours à M. Hallez-Claparède qui m'offrait plus de garanties d'indépendance: et l'indépendance est la première qualité qu'il faille chercher chez le député qui doit contrôler le pouvoir exécutif.

Malgré les efforts de quelques-uns de mes amis et les miens, M. de Bulach l'emporta sur son concurrent. Mais, comme son élection était entachée de graves irrégularités, le Corps législatif crut devoir l'annuler.

Cela se passait au mois de novembre. Il fallait recommencer la lutte. La période électorale n'était pas ouverte et, avant l'ouverture de cette période, il parut dans le *Courrier du Bas-Rhin*, journal libéral, mais honoré des affiches judiciaires, il parut, dis-je, un article auquel il me sembla qu'il était nécessaire de répondre. Je fis cette réponse, et je priai deux ou trois de mes amis d'aller la porter à M. Bœrsch, rédacteur en chef de ce journal, qui en refusa l'insertion.

C'est alors que pour la première fois — car jusqu'au mois de novembre 1863 je n'avais eu encore aucune relation avec le comité de Paris ni avec aucun de ses membres, — j'écrivis à M. Carnot une lettre où j'exposais la situation de l'arrondissement de Schelestadt. Je lui parlai du refus fait par le *Courrier du Bas-Rhin* d'insérer mon article et je lui demandai une réponse qui prouvât que l'opinion du rédacteur du journal n'était pas partagée par un homme aussi honoré que lui dans le parti libéral.

Dans la première réponse qui me fut faite, on me dit que nous devions attendre, avant d'agir, l'ouverture de la période électorale. On me donnait en outre une réponse à une consultation de droit que je demandais au sujet des réunions électorales.

En effet, j'avais dit dans ma lettre : « Nous voulons nous restreindre dans les limites les plus strictes de la légalité » parce qu'il n'entre ni dans mes intentions ni dans ma volonté de sortir de ces limites.

Il n'y a pas eu, à vrai dire, de comité à Schélestadt. Nous nous réunissions, au moment de la période électorale, au nombre de dix, douze ou quinze au maximum; nous avions les mêmes principes, les mêmes opinions, et nous cherchions à les faire prévaloir. Ces réunions avaient lieu tantôt chez l'un, tantôt chez l'autre, surtout chez moi, plus que chez aucun autre, parce qu'en ma qualité d'homme de loi, j'inspirais plus de confiance. Mes amis supposaient que j'avais plus de connaissance de la légalité que le premier électeur venu; l'événement prouve qu'ils pourraient bien s'être trompés. (Sourires.)

On se réunissait chez moi, on se partageait la besogne électorale : il n'y avait ni secrétaire, ni président, rien de ce qui peut constituer un comité; voilà la réalité des faits. Si ce mot de comité se trouve dans les lettres, voici dans quel sens il faut l'expliquer : réunion de quelques électeurs. Ce n'était donc pas réellement un comité, mais je n'insiste pas beaucoup sur ce point, parce que je crois le mot indifférent à la chose.

M. le Président. Lors de la perquisition faite chez vous, vous avez déclaré ne connaître aucun des membres du comité, et cependant, dans la lettre que vous écriviez à Garnier-Pagès, le 28 novembre 1863, vous disiez : « Permettez-moi de vous soumettre un doute sur la » conduite à tenir dans la nouvelle élection. Veuillez nous faire sa- » voir si la ligne de conduite que nous nous proposons de suivre » vous paraît conforme aux intérêts libéraux, et nous autoriser, s'il » était besoin, à faire usage de la réponse que vous nous adres- » serez. » Il s'agissait, comme vous l'avez dit, de savoir si le parti démocratique de Schelestadt devait porter tel ou tel candidat, peu importe, et vous soumettiez votre choix à l'influence et à la direction du comité de Paris, puisque vous vous adressiez à lui, en déclarant que vous connaissiez quelques-uns de ses membres.

M. Melsheim. Je ne connaissais alors absolument que Ferry, qui avait été mon condisciple à l'École de droit.

Mais cette lettre dont vous me parlez, doit être postérieure au 24 novembre.

M. le Président. Elle est du 28 novembre.

M. Melsheim. Oui. C'était à la suite de cet article du *Courrier du Bas-Rhin*, dont j'ai parlé au tribunal. A ce moment je ne connaissais point M. Garnier-Pagès ni M. Carnot. Je me suis adressé à eux parce qu'ils étaient des notabilités dans le parti libéral, ce qui s'explique très-naturellement, car toute la France les connaissait sous ce point de vue. Ils avaient figuré publiquement, lors des premières élections, en 1863, comme faisant partie d'un comité électoral. C'est à ce titre que je leur ai envoyé cette lettre.

M. le Président. Vous avez écrit plusieurs autres lettres à l'occasion desquelles Hérold, notamment, vous a répondu.

M. Melsheim. Il s'agit de la dernière lettre que j'ai écrite pour demander une consultation de droit à ces messieurs. Je l'ai déjà dit : M. Hérold m'a répondu la lettre qu'on a saisie chez moi.

Comme on ne m'avait pas répondu de suite, j'écrivis à M. Laboulaye et à M. Jules Favre. Tous deux, dans leur réponse, abondaient dans mon sens.

Arriva la période électorale. Vers la fin de cette période, je reçus une lettre signée de MM. Carnot et Garnier-Pagès. Ces messieurs, reprenant la correspondance au point où elle en était restée, me disaient qu'ils croyaient que mon avis dans les circonstances actuelles était le bon et m'engageaient a conserver la même ligne de conduite.

A cette lettre M. Garnier-Pagès avait joint un petit mot d'envoi par lequel il me demandait de ne point faire imprimer cette lettre. J'obtempérai à cette demande : je fis faire seulement quelques copies et n'en distribuai qu'un très-petit nombre d'exemplaires. L'une de ces copies tomba entre les mains de quelqu'un, — j'ignore le nom de cette personne, — qui crut pouvoir s'en faire une arme soit contre moi, soit contre d'autres, et qui la communiqua au *Constitutionnel* qui s'empressa de la publier.

Pour expliquer comment cette publication avait eu lieu malgré la demande de M. Garnier-Pagès, je crus de mon devoir de lui écrire pour lui dire la manière dont je supposais que le fait s'était passé.

Lorsque l'élection fut terminée, je crus que c'était pour moi un devoir de politesse d'écrire à ces messieurs pour les informer du résultat de l'élection.

Voilà quels furent alors mes rapports avec eux.

Plus tard, et seulement à l'époque des élections du conseil d'arrondissement, lorsqu'il fut question de porter deux candidats libéraux dans l'arrondissement de Schelestadt, j'avais besoin d'un renseignement électoral que mes amis m'avaient chargé de prendre. J'écrivis à M. Garnier-Pagès pour lui demander où en était la jurisprudence au sujet des réunions électorales dont la légalité avait été mise en question par le procès fait à M. Barthélemy. C'est M. Hérold qui me répondit, en me disant que la jurisprudence n'était point encore définitivement assise, qu'il fallait attendre la décision de la Cour suprême. C'est cette dernière lettre qu'on a saisie chez moi.

En résumé je suis prévenu pour avoir écrit à M. Garnier-Pagès et à M. Carnot aussi bien qu'à MM. Jules Favre et Laboulaye, et je ne vois, quant à ce qui est des rapports que ces messieurs ont eu avec moi, aucune trace d'affiliation.

M. le Président. A l'occasion des faits que vous venez de rappeler, il est de mon devoir d'appeler votre attention sur certains détails.

La prévention vous reproche d'avoir agi au nom du comité de Schelestadt. En effet, le 11 janvier, vous écriviez à Garnier-Pagès (remarquez : c'est vous qui parlez) ; vous lui annoncez que vous avez reçu « au nom du comité, » la lettre qu'il a bien voulu vous adresser. Vous parlez au nom du comité, donc le comité de Schelestadt existait bien réellement.

M. Melsheim. Je me réfère à ce que j'ai déjà dit.

M. le Président. Le prévenu Bory?

M. Bory se lève.

M. le Président. Vous avez entendu, comme tous les autres prévenus, les points sur lesquels se fonde la prévention pour dire que vous avez fait partie, ou plutôt que vous avez été affilié à un comité qui serait une association illicite. Vous n'avez rien de nouveau à dire sur ce point?

M. Bory. Vous voulez parler du comité de Paris?

M. le Président. Vons vous êtes associé à ce comité, en vous mettant en rapport avec lui par correspondance, en qualité de président du comité de Marseille. En effet, dès le mois de mars, Dréo écrivait à Garnier-Pagès : « J'ai reçu la visite de M. Amat, de Marseille. Tous les candidats et tous les meneurs sont ici pour prendre le mot d'ordre. »

M. Bory. Je ne sais ce que cela veut dire.

M. le Président. Le 12 avril, Garnier-Pagès écrivait à Carnot : « J'ai assisté hier, à Marseille, à une séance du comité démocratique qui vous a offert la candidature, etc. » Vous n'avez pas non plus connaissance de cela?

M. Bory. Voici ce qui s'est passé, en dehors de M. Garnier-Pagès, et avant la période électorale. Une réunion avait indiqué quatre candidats à la députation. Ne sachant pas si les deux qu'on choisirait les premiers accepteraient, l'on avait cru devoir faire un double choix : pour l'une des circonscriptions M. Carnot, et, en cas de refus, M. Marie; pour l'autre M. Taxile Delord, et, en cas de refus, M. Emmanuel Arago.

Quant à la visite de M. Garnier-Pagès, je n'en ai pas eu connaissance; je n'étais pas à Marseille en ce moment.

Le comité de Marseille a agi avant même que le comité de Paris existât. Ce qui le prouve, Messieurs, c'est la lettre par laquelle M. Taxile Delord déclarait accepter la candidature. Il ne s'agit que de voir la date de cette lettre pour se convaincre que Marseille n'agissait pas sous l'inspiration de Paris, mais qu'au contraire elle agissait en dehors de toute influence. Il est donc bien certain qu'il n'y avait pas eu affiliation.

S'il y avait eu affiliation d'un comité à un autre, c'est Paris qui se serait affilié à Marseille, puisque le comité de Marseille est le premier en date.

M. le Président. Nous fixons seulement les points sur lesquels la prévention se fonde pour établir votre participation personnelle aux actes du comité de Paris. La question n'est pas de savoir si le comité de Marseille a existé ou non avant la constitution de celui de Paris, mais si les deux comités se sont mis en rapports intimes, en fonctionnant simultanément et en cherchant à atteindre le même but.

M. Bory. Je n'ai eu aucun rapport avec le comité de Paris.

M. le Président. C'est à vous, en votre qualité de président du comité de Marseille, qu'écrivait M. Carnot, dans les termes que voici : « Il importe que les hommes qui ont dirigé ce mouvement demeurent en communication les uns avec les autres, s'ils veulent que la leçon donnée au pouvoir ne reste pas sans fruits pour l'avenir. »

Il résulte de ces divers détails, suivant la prévention, que vous étiez en communication avec le comité de Paris.

M. Bory. Je trouve, moi, qu'il en résulte le contraire. Je donnerai, à l'appui de mon opinion, quelques explications très-brèves.

Ainsi que je l'ai déjà dit, deux candidats avaient été choisis. L'un d'eux, M. Delord, répondit.

M. Carnot, au contraire, hésitait ou ne voulait pas répondre. Comme on ne recevait pas de réponse de sa part, on était dans l'incertitude de savoir si l'on devait s'adresser à M. Marie. M. Carnot, qui n'avait pas répondu de suite, envoya sa réponse beaucoup plus tard. C'est à moi qu'il écrivit; alors je n'étais plus président de comité, puisqu'il n'y avait plus de comité. Il m'écrivit, non comme membre d'un comité de Paris, mais en la qualité de candidat qui avait été désigné et à propos de la candidature qui lui avait été offerte. Il me disait « qu'il avait oublié, au milieu de toutes ses préoccupations, de remercier ceux qui avaient bien voulu le choisir. »

Quant à la phrase qui se trouve à la fin de la lettre, ce n'est pas en vue de cette phrase que la lettre a été écrite. C'est, je le répète, la lettre d'un candidat, remerciant le président d'un comité qui lui avait offert la candidature. Je ne vois pas comment on peut, sur ce fait, établir une affiliation avec le comité de Paris, alors que ce comité n'existait plus, et que M. Carnot écrivait cette lettre de sa campagne, où il se trouvait en ce moment. Il me semble que cela doit prouver le contraire.

M. LE PRÉSIDENT. Le comité de Marseille, dont vous étiez le président, ne fonctionnait, suivant vous, qu'en vue des élections. Cependant, voici une lettre écrite par vous au comité de Paris, dans laquelle vous demandiez si Arles et Tarascon s'étaient adressées au comité de Paris pour avoir des candidats, ce qui semblerait établir que vous vous occupiez d'autres élections que de celles de Marseille. Remarquez-le bien, vous consultiez le comité de Paris pour savoir si ces deux villes avaient demandé des candidats.

M. BORY. Voici ma réponse : d'abord cette lettre a-t-elle été envoyée ou non? C'est une question, qu'à l'heure présente, je suis encore à me faire à moi-même. Du reste, ce n'est qu'au post-scriptum qu'il y est question d'Arles et de Tarascon. Il s'agissait dans cette lettre, d'une candidature à laquelle on avait songé au dernier moment, celle de M. Pelletan. Il ne faut pas prendre ce post-scriptum isolément.

Quant à Arles, voici ce qui s'est passé :

Je n'avais jamais écrit à M. Garnier-Pagès, je ne me le rappelle pas du moins. M. Garnier-Pagès m'a envoyé une dépêche télégraphique pour me demander s'il y avait à Arles un candidat de l'opposition. Je répondis, également par le télégraphe, qu'il n'y en avait pas ; mais nous n'entendions pas nous occuper d'Arles, nous avions assez de nous occuper des élections de Marseille.

Cette lettre, ou plutôt ce projet de lettre, ayant été écrit, j'ai ajouté en post-scriptum cette phrase à la fin, que vous me signalez en ce moment ; mais je le dis de nouveau, je ne sais pas, à l'heure qu'il est, si cette lettre a été envoyée ou non.

Je n'ai rien de caché chez moi. Dans la saisie qu'on a faite de mes papiers, on a enlevé tout ce qui était relatif à l'affaire, tout ce qui avait été écrit à ce propos. Oh ! le dossier est complet, on a saisi un grand nombre de pièces, il y en a de toutes sortes, il y a même la carte, le menu du banquet qui a été donné à M. Marie ! Eh bien, dans toutes ces pièces, on n'a rien trouvé d'où puisse résulter la preuve d'une affiliation avec Paris. Il n'y a que cette lettre de M. Carnot, et vous voyez combien elle a peu d'importance dans l'affaire. S'il avait existé une affiliation, n'aurait-on pas trouvé un grand nombre de lettres? J'avais des circulaires du comité électoral consultatif, mais ces circulaires n'ont-elles pas été publiées dans les journaux, envoyées dans toute la France? on pouvait donc bien me les envoyer, mais il n'existe pas de correspondance avec le comité de Paris. Le comité de Paris n'a pas été consulté.

Nous n'avons pas besoin de Paris, et même les députés nommés à Marseille, vous feront assez comprendre que c'est une idée toute marseillaise qui les a proclamés. Le comité de Paris n'a eu sur ces nominations aucune influence, il n'a existé aucun rapport entre nous, et je ne comprends pas pourquoi l'on m'a appelé dans ce procès.

M. LE PRÉSIDENT. Vous disiez tout à l'heure que vous n'aviez jamais écrit à M. Garnier-Pagès.

M. BORY. Sauf les dépêches télégraphiques dont j'ai parlé tout à l'heure.

M. LE PRÉSIDENT. Vous avez écrit à M. Garnier-Pagès, une des lettres le dit : « Nous avons reçu votre lettre et votre dépêche. »

M. BORY. Cela ne dit pas que je lui ai écrit personnellement. Dans le comité, plusieurs personnes écrivaient.

M. LE PRÉSIDENT. C'était à vous que M. Garnier-Pagès répondait La lettre était adressée au président du comité de Marseille. C'est ce qui, aux yeux de la prévention, établit une affiliation de comité à comité, puisque vous étiez le président du comité de Marseille, et que c'était à vous qu'écrivait le président du comité de Paris : « Nous avons reçu votre lettre. »

M. BORY. Je n'ai rien à cacher, et je ne me rappelle pas avoir écrit au comité de Paris; nous n'avions aucun rapport avec lui. Notre affaire, à Marseille, était très-compliquée. Elle prenait tout notre temps, tous nos instants, et il n'y avait pour nous aucune utilité à communiquer avec Paris.

M. LE PRÉSIDENT. C'est bien. — En présence du regrettable et très-douloureux accident qui vient de se produire, la Cour croit devoir accorder aux défenseurs quelque délai.

Me GRÉVY. Me Marie vient de me charger de prier la Cour de vouloir bien remettre l'affaire à la semaine prochaine.

M. LE PRÉSIDENT. Soit, à la semaine prochaine. Soyez en mesure, Messieurs les défenseurs.

Me DESMAREST (bâtonnier). Si nous n'étions touché nous-mêmes de l'incident douloureux qui vient de survenir, nous nous serions mis en mesure de répondre beaucoup plus tôt. Nous nous associons, en la remerciant, aux sentiments que la Cour vient d'exprimer vis-à-vis de notre confrère. Me Marie était chargé de la partie générale de la défense; nous espérons qu'il pourra reprendre la place qu'il a été obligé d'abandonner si subitement. Dans tous les cas, il est entendu qu'au banc de la défense il y aura une préparation complète qui permettra de continuer les débats.

M. LE PRÉSIDENT. L'affaire est remise à mercredi prochain.

M. BORY. J'ai été interrogé par M. le Président. Je suis venu de très-loin pour assister aux débats, et j'ai été obligé d'abandonner pendant ce temps mes affaires : je crois qu'il me sera bien difficile de rester à Paris la semaine prochaine.

M. LE PRÉSIDENT. La Cour vous a interrogé ; l'affaire est liée contradictoirement ; vous ferez ce que vous voudrez, votre avocat peut vous défendre absent comme présent.

Les appelants se retirent ; il est 3 heures et demie.

Les conclusions suivantes ont été déposées par Me Dunoyer au nom de douze des prévenus, à l'audience du 24 novembre :

Conclusions pour MM. :

Louis-Antoine GARNIER-PAGÈS, député au Corps législatif, ancien membre du Gouvernement provisoire, ancien ministre ;

Lazare-Hippolyte CARNOT, député au Corps législatif, ancien ministre ;

Amaury-Prosper-Marie DRÉO, avocat à la Cour impériale de Paris ;

Ferdinand HÉROLD, docteur en droit, avocat au Conseil d'État et à la Cour de cassation, membre du conseil de l'Ordre ;

Jean-Jules CLAMAGERAN, docteur en droit, avocat à la Cour impériale de Paris ;

Charles-Thomas FLOQUET, avocat à la Cour impériale de Paris ;

Jules-François-Camille FERRY, avocat à la Cour impériale de Paris ;

Louis-Emile DURIER, avocat à la Cour impériale de Paris ;

Claude-Anthime CORBON, sculpteur en bois, ancien vice-président de l'Assemblée constituante ;

Paul JOZON, docteur en droit, avocat à la Cour impériale de Paris ;

Anne-Charles HÉRISSON, docteur en droit, avocat au Conseil d'État et à la Cour de cassation ;

Jacques-Thomas BORY, avocat, membre du conseil municipal de Marseille ;

Appelants du jugement rendu par le Tribunal correctionnel de la Seine (6e chambre), le 6 août 1864, qui les a condamnés chacun solidairement à 500 francs d'amende et aux dépens, pour délit d'association de plus de vingt personnes non autorisée par le gouvernement.

Plaise à la Cour,

Statuant sur les frais généraux de la cause :

Attendu que, tout d'abord et avant de se préoccuper de quelque application que ce soit d'une loi quelconque, il importe de rectifier des erreurs de fait considérables qui se rencontrent dans le jugement.

attaqué ; que cette rectification est nécessaire tout à la fois à la dignité de la justice, qui ne saurait se mettre, sans de grands inconvénients, en contradiction avec la vérité notoire et certaine, et au caractère des prévenus, qui considèrent la connaissance de la vérité comme leur premier intérêt, et sa constatation comme le premier devoir de la justice envers eux;

Attendu que tout ce qui concerne, dans le jugement attaqué, l'historique de la formation du *comité consultatif électoral*, à raison duquel la poursuite est exercée, est entaché des plus graves inexactitudes ;

Que, en effet, il n'a jamais existé aucune connexité d'origine, de but ou de fonctionnement entre le comité dit des *Vingt-cinq* et le comité *consultatif;*

Attendu que le comité des Vingt-cinq, émanant d'un certain nombre d'électeurs de Paris, devait être un comité purement politique, s'occupant de la désignation des candidats au Corps législatif pour le département de la Seine, et recommandant ces candidats au choix de la masse des électeurs;

Que ce comité devait être nommé le 3 mai 1864, et qu'en effet, ce jour, il a été procédé au dépouillement du scrutin d'où le comité devait sortir, mais que, par diverses causes, la réunion de ce comité n'eut jamais lieu ;

Attendu que le comité consultatif, ne tenant (comme il n'a cessé de le dire) sa mission que de lui-même, ne pouvait avoir et n'a jamais eu la prétention de créer par lui-même des candidatures, mais qu'il s'est uniquement proposé de former, ce qu'il a formé en effet, pour Paris et les départements, un centre juridique et politique destiné à éclairer, sur leurs droits, les électeurs qui s'adresseraient à lui, à résister aux abus trop fréquemment commis par l'autorité, et à faciliter aux candidats de la démocratie libérale les moyens matériels de soutenir et de propager légalement leur candidature;

Attendu que le comité consultatif s'est constitué dès le 28 avril, cinq jours avant la constitution éventuelle du Comité des Vingt-cinq ;

Que si trois membres du comité consultatif ont été élus au comité des Vingt-cinq le 3 mai suivant, ce fait n'établit pas d'identité entre les deux comités;

Que si, plus tard, l'importance du comité consultatif s'est augmentée par suite de la non-constitution du comité des Vingt-cinq, dont une des conséquences a été de faire du comité consultatif le principal moyen d'action des candidatures de l'opposition libérale, la coexistence des deux comités eût été parfaitement possible, ainsi du reste que le prouve le fait de l'existence à Paris, à la même époque, d'un certain nombre d'autres comités, les uns purement consultatifs, les autres consacrés à la production et au soutien de certaines candidatures;

Attendu qu'il est de notoriété publique et de fait certain que, fidèle à son programme, le comité consultatif n'a pas eu l'initiative de candidatures quelconques au Corps législatif; qu'il s'est borné à appuyer, par les moyens légaux, les candidatures proposées par les journaux de l'opposition, et auxquelles il a cru devoir accorder ses sympathies;

Que, encore une fois, tout autre devait être le rôle du comité des Vingt-cinq, s'il se fût constitué;

Qu'ainsi donc, le comité des Vingt-cinq et le comité consultatif sont parfaitement distincts l'un de l'autre quant à leur origine, quant à leur but, quant à la manière dont ils devaient fonctionner;

Qu'il est, par conséquent, tout à fait inexact de dire, comme l'a fait le jugement dont est appel, par une erreur énorme, que le comité consultatif a *pris la place* du comité des Vingt-cinq, et qu'il est devenu comité *directeur*; que cette erreur doit être rectifiée;

Attendu que si les concluants tiennent à rétablir les faits, c'est uniquement, ainsi qu'il a déjà été indiqué, par respect pour la vérité; car les erreurs du jugement sur le point dont il s'agit ne changent en rien leur situation en droit;

Que, alors même que la poursuite porterait (ce qui n'est pas) sur la constitution du comité des Vingt-cinq, ils se garderaient bien de décliner la responsabité de leurs actes dans le cas où ils auraient coopéré — ce qui est arrivé à quelques-uns d'entre eux — à cette constitution ou plutôt à ce projet de constitution; qu'ils croient, en effet, que les citoyens qui ont voulu organiser le comité en question faisaient une chose parfaitement légale et honorable; mais qu'enfin ils ne peuvent accepter une confusion aussi complète entre les actes de ces citoyens et leurs propres actes personnels;

Attendu, en continuant à examiner le jugement dont est appel au point de vue des erreurs de pur fait, que c'est à tort que le jugement considère le comité consultatif comme ayant existé d'une manière permanente depuis le 8 mai 1863 jusqu'en 1864;

Que, dans la réalité, il y a eu trois comités : le premier, institué le 28 avril 1863, et qui a fonctionné jusqu'au 12 juin suivant; le second, qui s'est réuni et a fonctionné en décembre de la même année pour la réélection de M. Pelletan; le troisième, qui a fonctionné en mars 1864 pour les élections de MM. Carnot et Garnier-Pagès;

Que c'est vainement que le ministère public, pour établir la prétendue permanence du comité, permanence admise par le Tribunal, a invoqué les relations qui ont continué à exister de la part de certains membres du comité, entre eux et avec des tiers ; qu'en effet, il est impossible d'incriminer de telles relations, relations qui s'expliquent par la parenté ou l'alliance, l'amitié personnelle, et la conformité d'opinion politique qui rattachent les uns aux autres tous ceux dont il s'agit et n'impliquent nullement l'existence d'un comité ; que la doctrine du ministère public sur ce point conduirait à incriminer l'échange des opinions, et la persistance de simples influences personnelles ; que c'est là, en effet, ce que le ministère public a incriminé sous le nom de *permanence morale* du comité ;

Attendu que, alors même que les trois comités sus-indiqués n'en eussent formé qu'un seul, et que ce comité eût fonctionné en dehors des périodes électorales, les concluants n'en eussent pas moins fait chose licite et qu'en conséquence, ils ne réclament à cet égard que pour l'honneur de la vérité, mais que cet intérêt suffit évidemment pour qu'il soit fait droit à leurs conclusions ;

Qu'en outre, le jugement dont est appel semble avoir rattaché, dans une certaine mesure, le délit imputé aux prévenus, aux faits erronés qui viennent d'être rappelés, quelque peu de rapport qu'il y ait en réalité entre ces faits et la prévention ;

Par ces motifs : Réformer les déclarations inexactes du jugement, attaqué en ce qui touche la création et la qualification du comité qui est l'objet de la poursuite ;

Dire que ce comité n'a pas fonctionné d'une manière permanente, et qu'en réalité, il y a trois comités distincts, agissant pendant les diverses périodes électorales de 1863 et 1864 ;

Statuant tant sur les faits de la cause que sur les fins de la poursuite,

En ce qui concerne tous les prévenus,

En droit :

Attendu que les articles 291 et 292 du Code pénal, et 1 et 2 de la loi du 10 avril 1834, ne s'appliquent pas aux *comités électoraux* ; que ce point résulte des principes généraux et de la discussion à laquelle la loi de 1834 a donné lieu tant à la Chambre des députés qu'à la Chambre des pairs, où le rapporteur déclara qu'il n'était pas à craindre « qu'un seul tribunal en France n'entendît pas ainsi la loi ; »

Que la circulaire du ministre de l'intérieur, en date du 8 janvier 1852, reconnaissait formellement la légalité des comités ;

Qu'aucun changement n'a été depuis lors apporté à la législation ; qu'en effet, le décret du 25 mars 1852, à supposer qu'il s'applique même aux réunions électorales lorsqu'elles sont publiques, a laissé évidemment en dehors les comités, auxquels d'ailleurs nul ne songe à l'appliquer;

Attendu que les seules dispositions de lois postérieures à 1834, qui puissent être invoquées comme ayant eu quelque influence sur cette partie de la législation, sont celles qui ont accordé certaines franchises pour le soutien des candidatures dans une période qui précède immédiatement l'élection ; que de ces dispositions et de leur esprit, il résulte que les comités électoraux, licites en tout temps, doivent pouvoir fonctionner plus librement que jamais dans la période des vingt jours qui précèdent l'élection ;

Attendu, au surplus, qu'il est de l'essence du suffrage universel que les citoyens puissent librement communiquer entre eux à propos d'élections; qu'à aucune époque, et sous aucun gouvernement, le pouvoir n'a élevé la prétention d'interdire aux électeurs de s'éclairer en échangeant des correspondances et en se demandant mutuellement des conseils ; mais, que sous un régime dont la base est le suffrage universel, cette interdiction serait tout à la fois incompréhensible et en contradiction manifeste avec la Constitution : d'où il suit que, si la loi de 1834 s'était jamais appliquée aux comités électoraux, elle se trouverait abrogée en ce point ;

Attendu que, alors même qu'il n'en serait pas ainsi, et que les articles 291 et 292 du Code pénal, et la loi du 10 avril 1834, s'appliqueraient aux comités électoraux, et que ces comités devraient être compris dans les associations dont parlent ces textes, il faudrait encore, pour qu'ils puissent être appliqués à un comité électoral que ce comité eût été composé de plus de vingt personnes, non compris celles qui habitent la maison où le comité se serait réuni ;

Attendu que les éléments essentiels de toute association sont la permanence, d'abord, et une organisation collective qui rattache les uns aux autres, par un lien déterminé, les divers associés ;

Qu'à raison de cette dernière condition, on ne peut considérer comme ayant la qualité d'associés ceux qui restent en dehors de toute organisation et se bornent à avoir, avec l'association prise dans son ensemble, des rapports individuels tels que ceux qui existent de particuliers à particuliers ;

Qu'ainsi l'exigent la raison et le sens juridique du mot *association* dans toutes les parties du droit, notamment en droit civil et en droit commercial, sens dont le droit criminel ne peut, dans le silence du législateur, s'écarter absolument ;

Qu'il suit de là que l'on ne peut placer au nombre des prétendus associés :

1° Les auxiliaires, qui ne font que se mettre pour un temps et pour une besogne déterminée, à la disposition des membres de l'association, et qui leur servent ainsi de simples agents d'exécution ;

Que, sans doute, il en est autrement des auxiliaires qui prêtent leur local à l'association ; mais que cette exception même, expressément établie par l'article 3 de la loi du 10 avril 1834, indique que, dans la pensée des rédacteurs de cette loi, aussi bien qu'en vertu des principes généraux du droit, les auxiliaires d'une association ne doivent pas être comptés parmi ses membres ; que, d'ailleurs, aucune exception semblable à celle qui concerne les auxiliaires qui prêtent un local à l'association n'existe pour les auxiliaires qui ne lui prêtent que leur travail ;

2° Les correspondants de l'association qui ne se rattachent à elle par aucun lien d'affiliation, et se bornent à échanger avec elle des idées et des renseignements, échange en vue précisément duquel tout comité se forme nécessairement ;

Qu'il en est ainsi même au cas où les correspondants seraient d'autres associations, puisqu'il peut fort bien exister des rapports d'association à association sans affiliation de l'une à l'autre ;

3° Les personnes qui contribuent pécuniairement aux frais nécessités par les opérations de l'association ;

Que ce point ressort péremptoirement de la discussion qui a précédé la loi du 10 avril 1834 ; qu'il a, en effet, été reconnu dans cette discussion que les commanditaires, quoique les lois commerciales leur attribuent exceptionnellement le caractère d'associés, ne doivent pas être considérés comme tels au point de vue général, et particulièrement au point de vue pénal (s'ils ont, par exemple, fourni des fonds à une association pour lui permettre de fonder un journal) ;

Attendu que la doctrine qui prétend constituer l'association par la simple participation aux frais d'une élection, qui confond la correspondance et la consultation avec l'affiliation et qui incrimine l'emploi d'agents occupés aux détails matériels de l'élection, ne tend à rien moins qu'à rendre impossible toute action électorale, et à constituer le délit nouveau de *candidature ou complicité de candidature non autorisée ;*

Attendu, enfin, que la prévention du délit d'association de plus de vingt personnes oblige nécessairement le ministère public, demandeur, à prouver, et le juge, s'il condamne, à constater l'existence du fait, et par conséquent à faire connaître nominativement et personnellement les individus qui, au nombre de *plus de vingt,* composent la prétendue association ;

En fait :

En ce qui concerne MM. Carnot, Clamageran, Corbon, Dréo, Durier, Ferry, Floquet, Garnier-Pagès, Hérisson et Hérold :

Attendu qu'ils ont simplement fait partie d'un *comité électoral* qui ne saurait être dénommé *association* dans le sens des articles 291 et 292 du Code pénal et de la loi du 10 avril 1834 ;

Attendu que, par surcroît de précaution, et quoiqu'il eût le droit d'exister en tout temps, le comité électoral n'a fonctionné que dans les vingt jours précédant chacune des élections dont il s'est occupé ; qu'il y a eu ainsi, non pas un seul comité, mais bien trois comités distincts ;

Attendu que dans tous les cas, le comité ou prétendue association dont il s'agit, n'a jamais été composé que de quatorze personnes au plus, savoir :

En mai et juin 1863, les dix concluants sus-nommés, plus MM. Marie, Charton et Henri Martin, qui ont été membres du comité depuis l'origine jusqu'à la fin de la période électorale, et M. Jules Simon qui, membre du comité à l'origine, s'est retiré lorsqu'il est devenu candidat au Corps législatif, et n'a plus eu avec le comité et ses divers membres que des rapports d'ami et de candidat ;

En décembre 1863 : les dix concluants, plus MM. Charton et Henri Martin ;

En mars 1864, MM. Charton, Clamageran, Corbon, Dréo, Durier, Floquet, Hérisson, Hérold et Henri Martin ;

Attendu qu'aux yeux mêmes de la poursuite, le comité pouvait se réunir légalement au nombre de vingt personnes ; qu'en comprenant même parmi ses membres quelques auxiliaires qui ont été chargés de l'exécution des mesures résolues par le comité, on n'arriverait pas à atteindre le chiffre de vingt et une personnes.

Attendu que le Tribunal, pour constituer le nombre nécessaire, (nombre qu'il n'a même pu parvenir à atteindre ainsi), a faussement et à tort déclaré *membres de l'association :*

1° M. Jozon, lequel ne peut être considéré comme associé par les motifs qui seront exposés plus loin ;

2° M. Crémieux, qui avait, il est vrai, figuré sur une première liste du comité, mais qui, sans cesser de témoigner ses sympathies au comité, n'a pris aucune part à ses travaux ;

3° M. Pelletan, qui, à raison de sa qualité de candidat antérieurement prise, a formellement refusé de faire partie du comité, et n'a eu avec le comité et ses divers membres que des rapports d'ami et de candidat ;

4° M. Tenaille-Saligny, qui n'a eu avec les membres du comité que des relations personnelles, et qui, en mai 1863, s'était consacré spécialement, dans la sixième circonscription de Paris, aux travaux d'un comité particulier ;

5° M. Georges Coulon, adhérent et auxiliaire volontaire du comité, mais qui n'en a pas été membre ;

6° M. Deroisin, qui n'a eu aucunes relations avec le comité, et dont le nom n'a pu être compris dans la liste formée par le Tribunal que pour le seul fait d'avoir été indiqué par un membre du comité comme devant surveiller les distributeurs de bulletins d'un candidat, fonctions dont les circonstances l'ont même empêché de s'acquitter ;

Attendu qu'on ne peut rattacher au comité de Paris, comme associés, les membres d'aucun autre comité ; qu'en effet, il n'a jamais existé d'affiliation entre le comité de Paris et un autre comité quelconque ;

Que les relations indiquées par le jugement dont est appel, entre le comité et M. Bory, n'ont pas existé, que M. Bory n'a eu que des relations personnelles avec certains membres du comité; mais qu'en tous cas, les actes qu'on lui impute n'auraient été que des relations de simple consultant, de la même nature que celles que le comité a eues avec un grand nombre d'autres citoyens qui se sont adressés à lui pour obtenir des renseignements juridiques ou politiques concernant toujours les élections;

Que, quant à M. Melsheim, sa situation dans l'affaire fera l'objet d'une discussion spéciale, de laquelle il résultera qu'il doit être également écarté ;

Attendu qu'on ne peut pas rattacher davantage au comité consultatif les personnes qui ont pris part aux deux souscriptions ouvertes par lui, savoir MM. Senard et autres nommés ou non par le jugement attaqué, alors que ces personnes n'ont eu, d'ailleurs, avec le comité, aucune autre relation de nature à les faire considérer comme associés et qu'elles se sont bornées à envoyer au comité leur contribution personnelle, soit aux frais généraux de l'œuvre, soit à ceux de la réélection qui a eu lieu en décembre 1863 dans la neuvième circonscription de la Seine, réélection nécessitée par une faute de l'administration préfectorale et dont il avait été justement résolu que le candidat ne supporterait pas les frais;

Que ce qui prouve, au surplus, que le Tribunal n'a pas considéré MM. Senard et autres comme membres de l'association, c'est que parmi eux il cite une personne à l'égard de laquelle il y a chose jugée, par l'ordonnance de M. le juge d'instruction en date du 21 juillet 1864, que l'inculpation dirigée contre elle d'avoir fait partie de l'association n'est pas établie ;

Attendu que tous les faits ci-dessus énoncés, patents par les publications du comité, confirmés par toutes les pièces de l'instruction, et véritablement notoires, ne sont pas susceptibles de contestation sérieuse;

Attendu qu'il suit de là, qu'indépendamment desdits concluants, il existait quatre autres membres du comité, MM. Marie, Charton, Henri Martin et Jules Simon, laissés en dehors de la poursuite, lesquels complètent le nombre de quatorze, mais qu'aucun autre citoyen n'a pu, à juste titre, être signalé par l'instruction ou par le réquisitoire du ministère public en première instance, ni être déclaré par le jugement dont est appel, membre du comité poursuivi comme association;

En ce qui concerne spécialement MM. Carnot et Garnier-Pagès :

Attendu qu'en mars 1864 ils étaient candidats, et que cette circonstance imprimait à leur participation au mouvement électoral un caractère particulier; que la recherche de leurs actes (parfaitement légaux et honorables d'ailleurs), que celle surtout des actes de leurs électeurs et les renseignements de toute espèce recueillis sur les votes, constituent une intervention illégale dans les opérations du suffrage universel et une atteinte au principe du secret des votes;

En ce qui concerne M. Jozon :

Attendu qu'il n'a jamais été, ni en nom, ni en fait, membre du comité, mais simple auxiliaire, employé à l'exécution des mesures arrêtées par le comité;

En ce qui concerne M. Bory :

Attendu qu'il n'a jamais entretenu de correspondance avec le comité, mais simplement une correspondance particulière avec M. Marie, l'un des membres du comité, candidat à Marseille, et avec M. Garnier-Pagès;

Par ces motifs :

Dire que les prévenus n'ont jamais fait partie d'une association tombant sous l'application des articles 291 et 292 du Code pénal et de la loi du 10 avril 1834;

Dire qu'il en est particulièrement ainsi, le comité n'ayant fonctionné que pendant les périodes électorales; mais qu'alors même qu'il en serait autrement, le caractère électoral du comité le soustrait à l'application des dispositions sus-rappelées;

Dire que ces dispositions, si elles étaient applicables aux comités électoraux, seraient inconstitutionnelles;

Subsidiairement :

Dire que MM. Garnier-Pagès et Carnot, en leur qualité de candidats au Corps législatif, ne pouvaient être l'objet d'aucune poursuite;

Dire qu'il en est de même à l'égard :

1° De M. Jozon, lequel n'a pas été membre du Comité, mais seulement un auxiliaire chargé de certaines mesures d'exécution par le comité ou par les candidats ;

2° De M. Bory, lequel, en tous cas, n'aurait été qu'un correspondant et non un affilié, mais qui, en fait, n'a pas même correspondu avec le comité ;

Dire qu'il n'y a eu affiliation du Comité de Paris avec aucun autre comité, mais simplement correspondance du comité avec d'autres comités ou des individus ;

Dire que MM. Crémieux, Pelletan, Tenaille-Saligny, Coulon et Deroisin n'ont pas fait partie du comité ;

Dire qu'on ne peut en aucune façon considérer comme membres du comité les individus qui ont pris part aux deux souscriptions ouvertes par lui ; ce qui résulte d'ailleurs, en l'espèce, de l'application des principes de la chose jugée ;

Dire, en conséquence, que le comité, prétendue association, dont il s'agit, n'a jamais compris plus de vingt personnes ;

Dire qu'il a été composé des quatorze membres dont les noms suivent MM. Carnot, Charton, Clamageran, Corbon, Dréo, Durier, Ferry, Floquet, Garnier-Pagès, Hérisson, Hérold, Marie, Henri Martin et Jules Simon ;

Qu'en tous cas, et quand même on y ajouterait MM. Jozon et Coulon, simples auxiliaires, dont la participation aux travaux du comité a été déterminée plus haut, on n'arriverait jamais au chiffre de vingt et un ;

Dire, par suite, que le Code pénal et la loi de 1834 restent inapplicables ;

Infirmer le jugement dont est appel, et, faisant ce que les premiers juges auraient dû faire, renvoyer tous les prévenus de la poursuite, sans amende ni dépens.

Audience du mercredi 30 novembre.

L'audience est ouverte à 11 heures précises.

M. LE PRÉSIDENT. Nous avons reçu une lettre de Me Marie, qui exprime son regret de ne pouvoir se présenter à l'audience. Quel est l'avocat qui doit remplacer Me Marie ?

Me GRÉVY. Je ne remplace pas Me Marie, mais je viens après lui comme défenseur de M. Dréo.

M. LE PRÉSIDENT. Vous avez la parole.

Me GRÉVY. Messieurs, le droit d'élire emporte virtuellement le droit de se concerter. Si les électeurs, réduits à l'isolement, ne pouvaient ni se consulter ni s'entendre sur le choix des candidats et sur les moyens de faire triompher leur opinion, il pourrait y avoir encore des votants et des élus ; il n'y aurait plus d'élection politique.

Cet état de choses ne pourrait être empiré que si la faculté de se concerter, refusée aux uns, pouvait être accordée aux autres ; une telle inégalité entre les électeurs, en assurant la victoire aux privilégiés de l'autorisation, rendrait pour les autres la lutte électorale impossible.

Aussi, depuis que l'élection forme la base de nos institutions politiques, les électeurs ont-ils joui, à toutes les époques et sous tous les gouvernements, du droit incontesté de se mettre en communication entre eux pour éclairer et concerter leurs votes.

Ce droit sacré, qui est la condition vitale de l'élection, et sur lequel aucun pouvoir jusqu'ici n'a tenté de porter la main, les électeurs ne pourront-ils désormais l'exercer que si l'Administration le leur permet ? Le suffrage universel sera-t-il assujetti à son tour, dans les conditions et les nécessités de son exercice, au régime discrétionnaire auquel sont enchaînés tous nos autres droits politiques ?

Et, pour atteindre ce résultat, la loi sera-t-elle détournée du sens que le législateur lui a donné et que le temps a consacré ?

Telles sont les questions qui s'élèvent dans ce procès.

La liberté et l'égalité dans l'élection, la sincérité dans l'application de la loi ; tels sont les deux grands intérêts menacés par cette poursuite !

Le sentiment public ne s'y est pas trompé, et lorsqu'on a vu traduire en police correctionnelle des hommes qui n'ont fait autre chose que ce qui s'est fait jusqu'ici sans entrave, un comité électoral, lorsqu'on a vu invoquer contre les comités électoraux des lois qui n'ont point pour objet et qui n'ont jamais eu pour effet de les atteindre, tout le monde a compris que cette poursuite met en péril le peu qui nous reste de vie politique, et tend à faire violence à la loi pour la plier à une application à laquelle elle résiste.

Comment et à quelle occasion cette poursuite a-t-elle pris naissance ? Quels ont été le caractère, le but, les actes du comité poursuivi ? C'est ce qu'il faut avant tout éclaircir et préciser.

Le nombre et la diversité des pièces saisies, leur origine et leur objet souvent mal compris, la connaissance imparfaite ou la fausse interprétation des faits ont jeté dans le réquisitoire du ministère public en première instance une confusion qui est passée dans le jugement.

C'est ainsi que le *Manuel électoral* et ses auteurs, et ce qu'on a appelé improprement les bureaux de consultation, et le comité mort-né des Vingt-cinq ont été rattachés, par un enchaînement de confusions et d'erreurs, au comité électoral qui est l'objet de ce procès, pour lui attribuer un caractère, une durée, un rôle et des ramifications qu'il n'a point eus.

En 1860, quelques-uns de nos confrères ont eu l'heureuse idée de publier, sous le titre de *Manuel*, un commentaire de la loi électorale à l'usage des électeurs. Le succès de ce travail, qui est à sa cinquième édition, en atteste assez le mérite et l'utilité. En le publiant, les auteurs annoncèrent que pour toutes les difficultés que leur ouvrage n'aurait pas prévues, ils se tenaient à la disposition des électeurs qui voudraient les consulter.

Voilà, en quelques mots, toute l'histoire du *Manuel* et de ses auteurs : une collaboration qui a cessé après la publication du livre, et des consultations en matière électorale offertes et données individuellement par des avocats.

La prévention suppose que les rédacteurs du *Manuel* se sont originairement constitués en comité ; que ce comité s'est continué après la publication de l'ouvrage ; qu'il a formé le premier noyau du comité électoral de la rue Saint-Roch, et que, survivant aux dissolutions successives de ce dernier, il en est devenu une sorte de commission de permanence. Il y a autant d'erreurs que de mots dans ces suppositions ; il n'y a pas dans la cause un document, un fait qui les justifie ; elles sont contraires à la vérité. Il n'est pas vrai que les auteurs du *Manuel* se soient jamais constitués en comité. Quelques-uns d'entre eux] sont entrés plus tard individuellement dans celui de la rue Saint-Roch ; mais il n'y a jamais eu de comité du *Manuel*. C'est une création de la prévention.

Un peu plus tard, en 1862, d'autres avocats, en beaucoup plus grand nombre, ont eu la louable pensée de venir en aide aux électeurs qui pouvaient rencontrer des difficultés à se faire maintenir ou réintégrer sur les listes électorales; et pendant la période de dix jours employée chaque année, du 15 au 25 janvier, à la révision des listes, ils ont tenu leurs cabinets ouverts aux électeurs qui avaient besoin de leurs conseils.

J'ai entre les mains une liste des noms et des adresses de ces avocats, publiée par les journaux du mois de janvier 1862. Cette liste est longue ; j'y vois des noms appartenant à tous les partis; il y en a même quelques-uns qui ne sont connus parmi nous par la manifestation d'aucune opinion politique. Ce sont tout simplement des avocats donnant dans leur cabinet, au moment de la révision des listes, des consultations en matière électorale.

Ces cabinets d'avocats sont pour la prévention des bureaux de consultation, dont elle fait des institutions et des ramifications du comité de la rue Saint-Roch. Seulement elle oublie deux choses : premièrement, que ces bureaux de consultation, puisqu'ainsi elle le veut, existaient longtemps avant le comité électoral dont elle les fait procéder; car ils remontent à 1862, et le comité n'est que de 1863 ; deuxièmement, que le comité électoral et les bureaux de consultation n'ont jamais co-existé simultanément; car les consultations ne se sont données que du 15 au 25 janvier de chaque année; or, en janvier 1862 et 1863 le comité électoral n'existait pas encore, et en janvier 1864 il n'existait plus.

La vérité est qu'entre le comité électoral et ce qu'on appelle les bureaux de consultation, il n'y a jamais eu aucun point de contact, aucun rapport d'aucune sorte.

Il faut donc écarter du débat, comme absolument étrangers au comité consultatif, objet de ce procès, et le *Manuel électoral* et ses auteurs, et son comité imaginaire, et ces cabinets d'avocats si étrangement transformés en bureaux de consultation.

Il faut en écarter aussi, et par la même raison, le comité des Vingt-cinq, qui n'a rien eu de commun avec le comité traduit devant vous, et qui ne procédait ni de la même pensée ni de la même origine.

A l'approche des élections générales de 1863, les diverses opinions politiques songèrent à organiser, comme de coutume, des comités électoraux pour le choix, la présentation et le soutien de leurs candidats. Sans parler de ce qui s'est fait dans les départements, nous avons eu à Paris le comité qui a produit et soutenu la candidature de M. Thiers et qui s'est réuni tantôt chez M. de Broglie, tantôt chez M. Mortimer Ternaux. Nous avons eu le comité formé par les directeurs du *Siècle*, de l'*Opinion Nationale* et de la *Presse*, avec le concours de quatre députés de Paris et d'un député de Lyon. Nous avons eu, enfin, indépendamment de ce grand comité électoral, permanent celui-là, qui a son siége dans les bureaux du Ministère de l'Intérieur d'où il étend son réseau de fonctionnaires et d'agents sur toute la France, nous avons eu les comités privés et les réunions publiques des candidats officiels.

Au milieu de cet armement général des partis pour la lutte électorale, des hommes appartenant à l'opinion démocratique voulurent, eux aussi, avoir un comité chargé de désigner leurs candidats et de les soutenir. Ils procédèrent par voie d'élection à la nomination des vingt-cinq membres qui devaient le composer. Ce comité avorta; pour quelle cause? Je n'ai ni à le rechercher ni à l'expliquer. Qu'il me suffise de constater qu'il était encore en voie de formation, qu'il n'était pas encore né, lorsque le comité électoral de la rue Saint-Roch prit naissance. C'est, en effet, le 3 mai qu'eut lieu le dépouillement du scrutin pour l'élection des Vingt-cinq, et c'est le 28 avril précédent que le comité de la rue Saint-Roch se constitua, comme le prouve sa première publication, dont voici la date et les termes: « Paris, le 28 avril 1863.— Monsieur et cher concitoyen, le moment des élections approche. Nous devons redoubler de soins, de dévoûment, d'activité. Chacun, dans la limite de ses facultés, a mission de faire triompher la sainte cause de la Liberté et du Progrès, et d'aplanir les obstacles pour parvenir au but. Ces obstacles sont multiples. L'application du suffrage universel est difficile, la légalité incertaine. Déjà, pour éclairer la situation, des avocats du Barreau de Paris ont rédigé un *Manuel électoral*; mais des circonstances spéciales peuvent motiver de nouvelles instructions. — En conséquence, *tandis qu'un certain nombre de citoyens s'occupe de former un comité pour les élections à Paris, nous avons organisé un comité consultatif de correspondance électorale pour les départements.* Ce comité est composé de MM. Clamageran, Dréo, Durier, Ferry, Floquet, Hérold, Hérisson, Marie, etc..... Vos dévoués concitoyens, Garnier-Pagès, A. Dréo, rue Saint-Roch, 45. » Ainsi, la constitution du comité consultatif a précédé de cinq jours la tentative avortée de formation du comité des Vingt-cinq, ce qui n'empêche pas la prévention de faire naître le premier des débris du second pour le continuer.

Si je m'attache à rectifier ces erreurs, c'est uniquement pour restituer aux faits, dans cet exposé, leur physionomie et leur exactitude; car ces erreurs ne sauraient autrement tirer à conséquence. Quand le comité consultatif se rattacherait au *Manuel électoral*, aux bureaux de consultation, au comité des Vingt-cinq, il n'en serait, ni plus ni moins, un simple comité électoral; mais puisqu'il n'a eu ni cette origine ni ces ramifications, il ne faut pas les lui attribuer.

M. Garnier-Pagès vous a dit, avec cet accent de sincérité qui rend sa parole si sympathique, que la pensée qui a présidé à la formation du comité dont il a été un des principaux membres, était de venir en aide aux électeurs timorés, qui, dans leur isolement, pouvaient avoir besoin de conseils, et même d'appui pour faire entendre leurs réclamations.

C'était avant tout un comité de consultation et d'assistance; il ne se proposait point de produire des candidatures, et il n'en a produit aucune; mais comme il ne pouvait se désintéresser dans la lutte, il a travaillé successivement, dans les trois phases électorales, à l'élection de MM. Pelletan et Jules Simon, à la réélection de M. Pelletan et à la nomination de MM. Garnier-Pagès et Carnot.

Tel a été le comité de la rue Saint-Roch : comité de conseils et de secours, travaillant ardemment au succès des candidats de son parti, mais ne prenant point l'initiative de leur présentation.

En parlant d'un seul et même comité, j'emploie le langage de la prévention, mais je ne m'exprime pas avec exactitude. Il n'est pas vrai de dire qu'il n'y ait eu qu'un seul et même comité, s'éclipsant et reparaissant alternativement; il a existé trois comités distincts par leur composition, par leur date et par leur objet : le premier, composé de quatorze membres, s'est constitué en vue des élections générales, le 28 avril 1863; il s'est dissous le 12 juin suivant, et sa dissolution a été annoncée dans les journaux. Le deuxième, qui ne comptait que douze membres, s'est formé au mois de novembre 1863, à l'occasion de la réélection de M. Pelletan, après laquelle, n'ayant plus de raison d'être, il a cessé d'exister. Le troisième, qui n'était plus que de dix membres, et qui avait pour objet l'élection de MM. Garnier-Pagès et Carnot, n'a vécu que pendant le mois de mars 1864.

Au reste, qu'il n'y ait eu qu'un seul et même comité, à existence intermittente, ce que veut la prévention, ou trois comités distincts, ce qui est la vérité, je n'y attache pas grande importance, et ne vois pas la conséquence juridique qu'on en peut tirer; je n'y vois d'autre intérêt que l'exactitude, toujours bonne à maintenir dans l'exposition des faits.

En résultat, ce comité, formé pour un but exclusivement électoral, ne s'est occupé que de choses électorales, et, par surcroît de précaution, n'a existé que pendant la période électorale ; c'est le comité le plus foncièrement électoral qu'il soit possible d'imaginer.

Le Gouvernement n'a pas voulu croire à la sincérité des publications de ce comité ; il n'a pas voulu croire à son caractère purement électoral ; il n'a vu dans ses manifestes et dans ses actes que des apparences trompeuses sous lesquelles se voilait, à ses yeux, une association permanente, ayant dans les départements des affiliations permanentes, et tendant à s'ériger en une sorte de gouvernement occulte.

Je n'invente pas, Messieurs ; écoutez en quels termes s'est exprimé, à ce sujet, M. le Ministre président du Conseil d'Etat, au Corps législatif : « M. Garnier-Pagès n'a pas oublié qu'il est ou qu'il a été à la tête d'un vaste comité électoral, ayant la prétention de s'étendre sur toute la France, et de s'élever ainsi à la puissance d'un gouvernement occulte ; on y distribuait le succès et la défaite dans certains colléges électoraux... Eh bien ! le Gouvernement est convaincu que le comité formé par M. Garnier-Pagès est une véritable association non autorisée, ayant de nombreuses affiliations, en état de permanence, et cherchant, avec le temps, à couvrir le pays d'un réseau politique. »

C'est dans cette persuasion, et pour surprendre les trames de cette association menaçante et de ses affiliations, qu'à un jour donné la police a fait, à Paris et dans les départements, ces visites domiciliaires et ces saisies qui devaient prendre sur le fait ce comité directeur, ce gouvernement occulte, enfant de l'ombrageuse imagination de M. le Ministre président du Conseil d'État ; mais qui, par les 2 ou 3,000 pièces mises aux mains du ministère public, n'ont fait que montrer, jusqu'à l'évidence, pour tout esprit non prévenu, que le Gouvernement poursuit des chimères et n'a devant lui qu'un simple comité électoral.

C'est donc, à défaut d'association, contre un comité purement électoral qu'on requiert l'application de l'article 291 du Code pénal et de la loi du 10 avril 1834.

Depuis cinquante-quatre ans que le Code pénal est en vigueur, depuis trente ans qu'existe la loi de 1834, jamais ces lois n'ont été invoquées contre les comités électoraux, parce que ni les gouvernements qui les ont faites, ni ceux qui les ont successivement appliquées, n'ont eu la pensée d'interdire ces comités. Cette pensée est nouvelle, elle date d'hier ; elle n'appartient ni au législateur de 1834, ni même à celui de 1810. Sous tous les gouvernements précédents, les comités électoraux ont pu se former et fonctionner //.

brement. Pour ne parler que de ce que j'ai vu, n'avions-nous pas, en 1846, à Paris, aux dernières élections générales du Gouvernement de 1830, trois ou quatre grands comités portant les noms des hommes politiques qui était à leur tête : le comité Odilon Barrot, le comité Thiers et Ganneron, le comité auquel avaient aussi donné leurs noms MM. Garnier-Pagès et Carnot, qui sont aujourd'hui sur ces bancs pour avoir cru que les mêmes lois permettaient en 1863 ce qu'elles ne défendaient pas en 1846! A-t-on requis contre ces comités l'application du Code pénal et de la loi de 1834? L'a-t-on requise contre les autres comités qui couvraient la France aux époques des assises électorales?

On nous dit : le comité s'occupait des élections non-seulement de Paris, mais de toute la France. Qu'importe? N'en était-il pas de même des comités que j'ai cités? Bornaient-ils leur action à Paris? Ne l'étendaient-ils pas à tous les départements? Quelle est donc la loi qui parque ainsi les électeurs et les désintéresse de ce qui se passe dans les circonscriptions auxquelles ils n'appartiennent point? N'ont-ils pas intérêt à voir triompher partout les candidats de leur opinion? N'ont-ils pas conséquemment le droit d'aider à leur triomphe? Les élus ne sont-ils pas les députés de toute la France?

Je ne sais rien de plus grave, Messieurs, que de venir ainsi, après un demi-siècle, changer le sens et l'application des lois, pour frapper les citoyens et détruire les droits placés jusque-là sous leur protection. Ce n'est pas en pliant les lois aux exigences arbitraires de la politique qu'on en peut inspirer le respect et fonder la stabilité.

Que si de ce point de vue général nous descendons à l'examen du texte de ces lois, leur inapplicabilité aux comités électoraux atteindra le dernier degré de l'évidence.

Ces textes ne sont pas nombreux; il y a l'article 291 du Code pénal, la loi du 10 avril 1834 et le décret du 25 mars 1852.

Aux termes de l'article 291 du Code pénal, complété par la loi du 10 avril 1834, sont illicites les associations de plus de vingt personnes qui n'ont pas obtenu l'autorisation administrative. Sont par conséquent licites, sans avoir besoin de cette autorisation, les associations composées de moins de vingt et une personnes.

Le décret du 25 mars 1852, introduisant sous l'empire du suffrage universel une nouvelle prohibition que le régime du suffrage restreint n'a pas connue, interdit toutes les réunions publiques, sans en excepter même les réunions électorales, d'après l'interprétation que la jurisprudence a donnée à ce décret (1), de sorte qu'aujourd'hui

(1) Arrêt de la Cour impériale de Paris du 10 juin 1864, affaire Barthélemy.

les réunions publiques ne sont plus permises aux électeurs. Il ne leur reste que les réunions privées, contre lesquelles, à défaut de loi, on vous demande un arrêt d'interdiction.

Ainsi, sont illicites les associations de plus de vingt personnes et les réunions publiques; sont licites les associations de moins de vingt-et-une personnes et les réunions non publiques, quels que soient le nombre des personnes réunies et l'objet de la réunion.

Quel est le caractère du comité poursuivi? Constitue-t-il une réunion ou une association? Si c'est une réunion, est-elle publique? Si c'est une association, est-elle composée de plus de vingt membres?

Ces questions de fait nous mènent à la question de droit qui domine ce procès : qu'est-ce qu'une association? qu'est-ce qu'une simple réunion? Quels sont les caractères essentiels qui les distinguent? Question qui a justement préoccupé le ministère public et les premiers juges, et dont la solution forme la partie faible du réquisitoire et du jugement.

Le ministère public en première instance, se posant cette question, y répondait en ces termes : « Ce qui constitue l'association, ce n'est pas tel ou tel lien matériel, sensible, existant entre les associés, ce n'est pas tel ou tel signe caractéristique ou sacramentel; la loi n'exige, pour qu'il y ait association, ni organisation comportant des chefs et des directeurs, ni périodicité dans les séances, ni permanence dans les mêmes travaux, ni délibérations auxquelles participent tous les membres; ce qu'elle exige, comme unique signe distinctif, c'est une communauté de but entre les associés, une communauté d'efforts pour atteindre ce but. »

Telle a été sur ce point capital la doctrine du ministère public. Ce qui constitue essentiellement l'association, c'est, selon lui, la communauté du but et des efforts; c'est, nous assure-t-il, ce que la loi exige. Quelle est cette loi? D'où le ministère public a-t-il tiré cette définition? Il a négligé de nous l'apprendre. Je tiens, pour moi, que cette doctrine lui appartient en propre.

Comment! ce qui caractérise l'association, ce qui la distingue de la réunion, c'est la communauté du but et des efforts! Mais quelle est donc la simple réunion qui ne présente ce caractère? Est-il particulièrement une seule réunion électorale dont la raison d'être ne soit une communauté de but et d'efforts? Lorsque des électeurs se réunissaient chez M. Mortimer Ternaux, par exemple, n'avaient-ils pas le même but, c'est-à-dire l'élection de M. Thiers? et pour atteindre ce but, ne mettaient-ils pas leurs efforts en commun? La doctrine du réquisitoire prend donc pour caractère distinctif ce qui est un trait commun ; elle veut distinguer l'association de la réunion et ne parvient qu'à les confondre; elle ne soutient pas l'examen. Celle des premiers juges n'est pas plus juridique. Voici comment le jugement la formule : « Attendu qu'en raison de son origine, du programme par lui publié et de ses circulaires, il est manifeste que ce comité constituait une association d'individus réunis dans un but commun essentiellement politique, se proposant non pas seulement de soutenir une élection mais d'indiquer des candidatures dans toute la France. »

Ainsi, pour les premiers juges, ce qui constitue le caractère de l'association, ce n'est pas, comme pour le ministère public, la communauté du but, c'est sa nature ; et si le comité poursuivi est une association, c'est qu'il se proposait, non pas seulement de soutenir une élection, mais d'indiquer des candidatures dans toute la France.

Il y a, dans ce considérant, deux grosses erreurs : une erreur de fait et une erreur de droit.

Une erreur de fait : car, dans son manifeste du 8 mai 1863, le comité dit expressément : « *Nous n'avons nullement l'intention de peser sur les décisions ou sur le choix des électeurs, nous n'avons donc à désigner aucune candidature.* » Et, en fait, le comité n'en a indiqué aucune. Sur quoi se fonde donc le jugement pour dire que le comité avait pour but de proposer des candidatures dans toute la France ? Il ne se fonde sur rien ; son assertion est démentie par les déclarations du comité et par la réalité des faits. Il est impossible de se mettre plus ouvertement en contradiction avec la vérité.

Et quand il serait vrai que le comité eût eu pour but d'indiquer des candidatures dans toute la France, eût-il été pour cela une association ?

Si un comité se propose de produire une seule candidature, il n'est qu'une réunion ; s'il veut en présenter plusieurs, il devient une association !

Je demande où les premiers juges ont pris cette étrange doctrine, et si personne a dit avant eux que c'est la nature du but qui distingue la réunion de l'association ?

La doctrine du jugement n'est pas meilleure que celle du réquisitoire ; elles sont l'une et l'autre de pure fantaisie.

Quels sont donc les caractères essentiels de l'association ? Il y en a deux, la permanence et l'engagement. C'est ce qu'enseignent la nature des choses, les principes généraux du droit, la pensée révélée du législateur, la doctrine des auteurs et celle des arrêts.

« *Le caractère fondamental des associations est la permanence,* » dit textuellement M. Faustin Hélie.

C'est, en effet, la permanence de l'existence et du but qui constitue un des caractères par lesquels l'association se distingue de la réunion, et particulièrement de la réunion électorale qui n'a qu'un but passager et une existence éphémère, comme l'élection en vue de laquelle elle s'est formée.

Le second caractère de l'association, caractère fondamental qui, plus encore que le précédent, la distingue essentiellement de la réunion, c'est qu'à la différence de celle-ci, l'association repose sur une convention, sur un pacte, sur un contrat ; c'est qu'il existe entre les associés un lien qui les unit, un engagement qui les enchaîne.

En matière criminelle, comme en matière civile et commerciale, il n'y a point d'association sans convention ; il n'y a d'associés que ceux qui sont liés par l'obligation, par l'engagement de concourir à un but déterminé. C'est précisément là ce qui donne à l'association un caractère de gravité que n'a pas la réunion ; c'est ce qui l'a fait placer dans une situation légale si différente.

Ne savez-vous pas, Messieurs, par l'exemple des associations politiques que vous avez vues, comment se contractent ces engagements? Il y a le plus souvent des statuts ; il y a dans tous les cas un but déterminé auquel chaque associé s'enchaîne par un engagement sacramentel, placé quelquefois sous des sanctions redoutables.

La permanence et l'engagement, tels sont donc les éléments constitutifs, les deux caractères distinctifs de l'association. Supprimez-les, l'association dégénère en simple réunion ; ajoutez-les, au contraire, à la réunion, vous la transformez en association.

J'ai déjà cité, au sujet de la permanence, M. Faustin Hélie ; voici ce qu'ajoute l'éminent criminaliste sur le second caractère de l'association : « Il faut, en premier lieu, qu'il y ait association. Toute association suppose deux éléments : un but déterminé et *un lien qui unisse les associés*... Le mot association contient la véritable solution de toutes les difficultés qui peuvent s'élever à cet égard. C'est dans ce mot que les juges doivent puiser le principe de leur décision. »

Dans la discussion de la loi du 10 avril 1834 à la Chambre des Députés, les mêmes principes furent proclamés. Préoccupée de la crainte que le droit de réunion ne reçût quelque atteinte, la commission proposait de le sauvegarder expressément par un amendement qui fut jugé inutile, le droit de réunion étant, dans la pensée de tout le monde, suffisamment protégé par les principes généraux, qu'avec l'assentiment de la Chambre entière, le rapporteur résumait ainsi : « J'ai entendu souvent, dans le cours de cette discussion, confondre deux choses qui ne doivent point être confondues : les réunions et les associations...... Vous savez la différence qui existe entre une association et une réunion. Les réunions ont pour cause des événements imprévus, instantanés, temporaires ; le motif venant à cesser, la réunion cesse avec lui. Les associations, au contraire, ont un but déterminé et permanent ; un lien unit entre eux les associés. »

Un peu plus tard, les mêmes principes ont pris place dans un arrêt de la chambre même devant laquelle j'ai l'honneur de parler. Cet arrêt est du 14 février 1835. En voici les termes : « La Cour, considérant que le seul fait d'une association de plus de vingt personnes, sans autorisation, est une infraction punissable, par application de la loi du 10 avril 1834, quel que soit l'objet de cette ssociation ;— Que l'association consiste notamment dans le concours d'un certain nombre de personnes qui, *liées par des engagements réciproques*, se réunissent exclusivement entre elles, dans un intérêt commun et dans un but déterminé (1). »

Après la Cour de Paris, la Cour de cassation a reconnu et consacré ces principes, dans ses arrêts du 12 avril 1838 (2), du 22 avril 1843 (3), du 2 mai 1846. Elle dit dans ce dernier arrêt : « Attendu que ce qui constitue essentiellement l'association entre plusieurs individus, c'est la communauté du but qu'ils se proposent d'atteindre et auquel *ils s'engagent* à coopérer, par des moyens convenus, et qui peuvent être identiques ou différents ; — Attendu *que l'engagement de plusieurs individus de donner une coopération quelconque, mais fixée d'avance*, à l'accomplissement d'une œuvre déterminée, même quand la direction de cette œuvre serait confiée à d'autres individus, suffit pour constituer le fait d'association, prévu et puni par les lois précitées (4). »

Ainsi, la Cour de cassation comme la Cour de Paris, le rapporteur de la loi de 1834 comme M. Faustin Hélie, reconnaissent que ce qui constitue essentiellement l'association, c'est l'engagement des associés de concourir à un but déterminé.

Appliquons ces principes à la cause, et recherchons si le comité poursuivi présente les deux caractères de permanence et d'engagement, sans lesquels il n'y a point d'association.

La permanence ne se trouve ni dans le but ni dans l'existence du

(1) Dalloz, *Répertoire*, v° Association illicite, n° 22, en note.
(2) Sirey-Devilleneuve, *Recueil*, 1838, I, 314.
(3) *Ibidem*, 1843, I, 633.
(4) *Ibidem*, 1846, I, 589.

comité. Son but unique était les élections générales de 1863 ; il était donc, comme elles, accidentel et temporaire. Son existence a cessé avec son but ; le comité n'a pas survécu aux élections. Je sais qu'on a soutenu le contraire, mais on l'a soutenu sans preuve, et contre toutes les preuves. On le soutiendra sans doute encore, mais on ne le prouvera pas.

Quant à l'engagement, je voudrais bien qu'avant de le prouver, on commençât par le formuler. J'éprouverais, pour mon compte, quelque peine à le faire. Quelle nature d'engagement liait entre eux les membres du comité? Qu'on le dise nettement. Conçoit-on, je ne dis pas la nécessité, mais seulement la pensée, la raison d'être d'un pacte, d'un lien, d'un engagement quelconque entre les membres d'un comité électoral? Qu'on nous dise donc en quoi consistait cet engagement, et quand on en aura précisé la nature, qu'on en prouve l'existence, non par de vagues affirmations, mais par des documents catégoriques et concluants, comme on doit faire en matière criminelle.

La permanence et l'engagement peuvent bien être affirmés, mais ils ne seront pas prouvés, car ils n'existent pas.

S'il n'y a ni permanence ni engagement, il n'y a point d'association ; et s'il n'y a point d'association, il n'y a pas lieu à l'application de l'article 291 du code pénal et de la loi du 10 avril 1834.

Il n'y a pas lieu non plus à l'application du décret du 25 mars 1852, car on ne prétend pas que le comité de la rue Saint-Roch ait été une réunion publique.

Voilà, Messieurs, la première branche de ma démonstration.

Voici la seconde : Supposons, pour le besoin de la discussion seulement, que le comité, qui n'était qu'une simple réunion, comme on vient de le voir, ait constitué une véritable association permanente, avec engagements réciproques des associés. Il faudrait encore, pour qu'il y eût délit, qu'il fût prouvé que les associés étaient au nombre de plus de vingt. Cette preuve, où est-elle? On a poursuivi originairement, il est vrai, plus de vingt personnes, mais on en a relaxé le plus grand nombre, et on n'a finalement retenu que treize prévenus. Il y a, dans cette singulière situation, quelque chose qui a choqué tout le monde et, je crois, à juste titre ; car, s'il y a plus de vingt associés, pourquoi n'en poursuit-on que treize? Ou vous avez la preuve qu'il y a eu d'autre associés que les treize prévenus, et pourquoi ne les poursuivez-vous pas? Ou vous n'avez pas cette preuve, et pourquoi les comptez-vous pour compléter e nombre de vingt-et-un?

Pressé par cette question, M. l'avocat général disait l'autre jour : nous n'avons pas à vous répondre; nous sommes *maîtres de notre action*. Vous êtes maîtres de votre action? comment l'entendez-vous? Voulez-vous dire que vous êtes maîtres de décider, dans votre conscience, si un individu est ou n'est pas coupable, et doit en conséquence être ou n'être pas poursuivi? Vous avez raison; personne ne vous conteste l'indépendance et la souveraineté de cette appréciation. Mais voulez-vous dire que, lorsqu'un homme est coupable à vos yeux et que vous avez en main la preuve de sa culpabilité, vous êtes maîtres de le poursuivre ou de ne le poursuivre pas? Je le nie! je le nie au nom de la justice et de votre devoir! Je nie que la justice puisse avoir deux poids et deux mesures, et le ministère public des préférences et des caprices!

Si vous avez la preuve de la culpabilité, votre devoir est de poursuivre. Si vous ne poursuivez pas, il y a présomption, il y a certitude légale que vous n'avez pas cette preuve.

Faut-il répondre à cette autre objection tirée du défaut de culpabilité intentionnelle de ceux que l'on met au nombre des associés sans les poursuivre? MM. Marie, Crémieux, Senard, et tous les autres, sont entrés dans une association sans le savoir et sans le vouloir! Est-ce une explication sérieuse?... Et puis, en droit, quelle en est la valeur? Qu'importe pour quelle cause ceux que vous ne poursuivez pas échappent à l'application de l'article 291? Ne suffit-il pas qu'ils y échappent, de votre aveu, pour que vous ne puissiez point les compter au nombre de ceux qui ont enfreint cette prescription pénale? Les vingt-et-un associés qu'exige la loi pour constituer le délit d'association doivent être tous des associés punissables, dans le sens de cette disposition correctionnelle; s'il n'y en a pas vingt-et-un qui soient coupables, il n'y en a pas un seul.

Ce n'est pas seulement la justice qui faisait une loi de traduire ici tous ceux que l'on compte nommément pour compléter le nombre de vingt-et-un, c'est encore et surtout la nécessité; car la preuve qu'ils sont associés ne peut se faire que contre eux, et ne peut se faire sans eux. Elle ne peut se faire que contre eux, autrement elle ne serait pas contradictoire, eux seuls en étant les contradicteurs naturels et possibles. Elle ne peut se faire sans eux, puisqu'ils se verraient déclarés coupables sans avoir été ni appelés ni mis en demeure de se défendre; énormité judiciaire à laquelle les premiers juges, engagés dans une fausse voie, ont été entraînés.

Mais ce qui n'est pas moins énorme, ce qui choque les premières notions du droit, de la raison et de la bonne foi, c'est la nature des liens par lesquels la prévention s'efforce de rattacher au comité ceux qu'elle appelle ses affiliés.

Tous ceux qui ont eu avec le comité des rapports d'une nature quelconque deviennent ses associés par affiliation.

Les agents chargés par le comité de la distribution des bulletins électoraux ou de tout autre détail d'exécution..... affiliés !

Ceux qui, à la demande du comité, ont contribué par des cotisations au payement des frais d'élection..... affiliés !

M. Melsheim qui écrit pour demander conseil sur les précautions à prendre pour former légalement un comité à Schelestadt... affilié !

Le comité d'Épinal qui écrit pour repousser toute immixtion du comité de Paris dans les élections des Vosges..... affilié !

M. Bory, qui a la pensée d'écrire pour demander un renseignement et dont la lettre reste à l'état de projet..... affilié !

Où donc trouver, dans des rapports de cette nature, le lien social, l'engagement qui seul pourrait faire des associés de ceux que la prévention qualifie si inconsidérément d'affiliés ?

Quel tribunal oserait, en matière civile, rattacher quelqu'un à une association sur de telles données ? Et on ne craint pas de le faire en matière criminelle ! Il ne s'agit aujourd'hui que d'une simple amende; demain il peut s'agir d'une peine capitale, et on frémit quand on pense aux applications possibles d'une jurisprudence si arbitraire et si effrayante.

J'ai démontré que le comité poursuivi n'est point une association, puisqu'on y chercherait vainement la permanence et le lien social qui seuls pourraient lui attribuer ce caractère; — et que, fût-il une association, elle ne serait pas composée de plus de vingt membres, la poursuite n'ayant pu retenir que treize prévenus et se trouvant réduite à transformer en affiliations les relations les plus insignifiantes.

On dirait, en vérité, que, pour frapper plus sûrement d'un seul coup tous les comités électoraux, on a choisi à dessein celui de tous qui est le moins vulnérable !

Messieurs, vous allez rendre un arrêt sur la portée duquel personne ne peut se faire illusion. Sous le régime du suffrage restreint, les électeurs avaient, comme moyens de se concerter, les réunions publiques et les réunions privées ou les comités électoraux. Les réunions publiques n'existent plus pour eux; le décret du 25 mars 1852 les leur a ravies. Il ne leur reste que les comités électoraux. Si ces comités doivent succomber à leur tour sous votre arrêt, ou, ce qui est pire encore, s'ils doivent devenir le privilége des candidats officiels et de leurs partisans; si une administration omnipotente ne doit trouver désormais en face d'elle, dans la lutte électorale, que des citoyens réduits à l'impuissance de l'isolement, le suffrage universel n'est plus qu'une dérision, et l'élection pure et simple des députés par les préfets serait plus convenable que ce jeu factice des institutions libérales.

M. le Président. Quel est le défenseur qui doit prendre maintenant la parole?

Me Ernest Picard. C'est moi, Monsieur le Président.

Messieurs, dans la même cause je me présente pour M. Hérold. Mes conclusions tendent à ce qu'il plaise à la Cour infirmer la sentence dont est appel, en conséquence renvoyer M. Hérold des fins de la poursuite sans amende ni dépens.

La plaidoirie que vous venez d'entendre a eu sur celle que nous vous demandons de vouloir bien écouter, un grand avantage, qui n'est pas dû seulement au talent de mon éminent confrère, mais qui est dû plus encore à la situation particulière qui lui appartient en politique. Il n'a pas eu, avant de venir ici, le devoir et la nécessité de contenir les passions qu'une pareille poursuite soulève chez les hommes qui sont entrés de bonne foi dans les luttes politiques. Il a pu parler avec l'impartialité qui conviendrait à un juge voyant, dès l'origine, non d'un œil indifférent, mais avec un calme profond, tous les efforts que nous tentons pour faire rentrer dans la vie politique un peuple qu'on veut, sous ce régime, en écarter complètement.

Au moment de discuter cette cause, je ne puis me placer absolument au même point de vue que lui. Il est impossible de mieux discuter qu'il ne l'a fait et la loi de 1834 et l'article 291 du code pénal: sur ce point, il a complètement rempli ma tâche, mais je plaide pour des hommes qui sont dans la lutte politique active, qui veulent y rester, et qui, quelque respect qu'ils attachent à vos arrêts, continueront de lutter et auront le courage de le faire jusqu'à ce que la jurisprudence, mieux éclairée, reconnaisse ce droit primordial qui ne peut à aucun titre leur être enlevé.

La question est donc pour nous une question de premier ordre; mais en entrant dans l'examen de la cause, je puis dire que, si tout le monde ici comprend le but de ce procès, si tout le monde sait à merveille pourquoi il a été fait, personne, et le ministère public jusqu'à ce jour moins que personne, ne saurait au point de vue de la loi, le définir.

Vous savez comment il a débuté: un certain jour on est descendu chez un grand nombre de nos amis et on a fouillé leur correspondance. Pourquoi n'est-on pas venu chez nous? Je l'ignore, on a pris leurs lettres les plus secrètes, on les a lues; vous savez ce qu'on y a trouvé et quel honneur elles leur font! puis on a confié à un juge d'instruction le soin d'examiner cette procédure et de réunir les éléments qui pouvaient établir le délit. Les perquisitions avaient eu lieu chez trente-quatre personnes, treize seulement ont été retenues ; pour toutes les autres, le réquisitoire, sans s'en expliquer autrement, l'ordonnance de renvoi sans être précédée de l'exposé des faits que la loi prescrit, se prononcent et déclarent qu'il n'y a pas lieu de suivre.

La poursuite a donc eu lieu contre treize personnes parmi lesquelles se trouvaient deux de nos collègues récemment élus députés. Le procès s'est poursuivi en première instance, et nous sommes venu à l'audience du Tribunal de police correctionnelle, écoutant ce qui allait nous être dit, espérant que le président dans ses interrogatoires essaierait de déterminer le caractère du délit, et cherchant vainement cette détermination qui, devant un tribunal de répression, est le premier devoir du juge en même temps que la première garantie de celui qui comparaît.

Ce n'est qu'au moment où le jugement a été prononcé que nous avons su que les complices nécessaires pour compléter le nombre fatal, se trouvaient parmi les défenseurs eux-mêmes et que nous avons appris que des hommes dont les noms n'avaient pas été prononcés, sur lesquels l'attention de personne n'avait été attirée mais qui figurent dans le jugement, constituaient la prétendue association illicite déférée à votre justice.

Appel a été interjeté de ce jugement, et je viens ici, au nom personnel de l'un des prévenus, vous demander d'en faire justice en l'anéantissant.

Tout d'abord, et avant d'examiner dans ses caractères généraux la question que vous avez à juger, j'ai quelques mots à vous dire de celui que je défends. Cela est d'autant plus nécessaire que si chacun de nous, défenseurs, pour chacun des prévenus, établit la rectitude absolue de sa conduite au point de vue du droit, fait jouer la lumière sur ces lettres, dont des expressions mal comprises ont été relevées par la prévention, cette prévention tout entière s'évanouira et la démonstration que nous devons à la justice sera complètement faite.

M. Hérold, pour qui j'ai l'honneur de me présenter, est avocat au Conseil d'État et à la Cour de Cassation, membre du conseil de son Ordre, et il est accusé d'être associé illicitement avec les prévenus qui sont à côté de lui.

Cette association, en ce qui le touche personnellement, a un caractère bien singulier, car elle le trouve, elle le prend, pour ainsi dire, dans sa propre famille, entouré des siens, de ses parents et de ses amis, de ceux qui depuis vingt ans vivent à ses côtés et lui serrent la main : il est associé illicitement avec M. Clamageran, qui est son beau-frère, avec M. Durier, qui est son allié, avec M. Hérisson qui est son confrère et qui a été pendant plusieurs années son secrétaire, avec M. Jozon qui est son secrétaire actuel, avec tous ceux enfin qui sont ici et complètent ce nombre de treize et qui sont, et s'honorent d'être, depuis longtemps ses amis.

Singulière association dans son origine et qui ferait croire que s la prévention voulait exercer les mêmes rigueurs contre les familles nombreuses, elle trouverait facilement bien des coupables à amener sur ces bancs !

Ce n'est pas tout : si cette association a un point de départ, c'est à l'École de droit même qu'il faudra le trouver, car Hérold est là avec ses contemporains, ses amis de l'École de droit et, la situation exceptionnelle qui lui est faite aujourd'hui me permettant de ne pas être exagérément modeste, je dirai qu'il y a dans ce procès une association de lauréats de l'École de droit : car ils sont six qui se trouvent réunis ici et qui, pour le malheur sans doute de l'enseignement dont ils avaient paru si bien profiter à l'origine, auraient transgressé la loi et mérité les foudres du ministère public !

Voilà ce qu'est M. Hérold. Il a pour le droit un culte passionné et il n'a pas cru devoir refuser son ministère à ces nombreux électeurs qui sont venus lui demander de leur prêter son concours. Il a commis le délit de leur donner ses conseils; il a fait plus, il a plaidé pour eux devant la Cour de Cassation, et souvent avec succès : M. le Procureur général pourrait ne pas ignorer que, dans cette dernière année seulement, les six pourvois électoraux qu'il a eus à soutenir, ont eu l'honneur d'être suivis d'autant d'arrêts de cassa tion.

C'est dans cet esprit qu'il a pris part à la collaboration du *Manuel électoral* et je vais dire, non pas seulement par les raisons judiciaires mais par les raisons politiques — puisqu'on nous fait un procès politique, c'est par les raisons politiques que nous devons le plaider, — je vais dire à la Cour pourquoi M. Hérold et quelques-uns de ses amis, et nous-mêmes quoique nous ne soyons pas en nom, avons concouru à la rédaction du *Manuel* et quelle était sous ce livre, l'idée qui les a passionnés.

Le ministère public en première instance les a définis en disant que c'étaient de jeunes recrues qui avaient l'ardeur de prendre date et qui, sans avoir participé, ajoutait le magistrat, aux fautes de leurs anciens, voulaient entrer dans la politique sur le terrain de la Constitution de 1852. Si, par ces paroles, le ministère public a voulu dire uniquement que M. Hérold et ses amis voulaient engager une lutte légale et se tenir strictement et loyalement sur le terrain de la Constitution de 1852, il est parfaitement dans le vrai, mais j'ajoute qu'ils n'étaient ni ardents à prendre date ni dévorés d'ambition. Ils éprouvaient un sentiment qui a été le nôtre ; quand nous avons vu l'avénement du suffrage universel, les événements de 1852 et l'établissement de l'Empire, nous avons compris que notre patrie courait un danger. Ce danger le voici : c'est que le suffrage universel, qui est un progrès, une magnifique institution, qui peut mener le pays aux plus hautes destinées, présente cependant des écueils. Si l'électeur n'est pas éclairé, si le suffrage est exercé par une foule aveugle qui obéit à un chef, c'est peut être encore une démocratie qui gouverne le pays, mais cette démocratie a un nom dans l'histoire, c'est la démocratie césarienne, la démocratie du Bas-Empire !

Nous n'avons pas voulu pour notre pays de ces destinées. Alors, sans regarder derrière nous, sans voir que les plus éminents étaient proscrits ou se réfugiaient dans l'abstention, nous avons marché en avant, à côté de ceux qui voulaient venir avec nous. Il s'est trouvé que nous répondions à un sentiment du pays, et le pays, invoqué par quelques hommes dévoués, invoqué par tous ceux qui pensaient comme nous dans toutes les parties de la France, le pays, dis-je, a fait surgir une opposition constitutionnelle. C'est cette opposition constitutionnelle qui s'est manifestée aux élections et qui a donné lieu à la formation des comités électoraux.

J'arrive le plus rapidement possible au fait précis du procès, mais je ne crois pas que les détails que je vous donne soient inutiles ; ils font connaître les intentions de ceux qui paraissent devant vous, et en même temps ils vous font comprendre dans quel esprit, dans quel but, dans quelle action, dans quelle mesure certains hommes, choisis ici pour être les prévenus, ont agi, et comment ils ont agi conformément à la loi.

M. Hérold a pris part aux trois comités qui ont eu lieu, et si bien qu'ait été expliquée l'histoire de ces comités, vous me permettrez d'y revenir en très peu de mots, parce qu'ayant été le spectateur de ces choses, ayant été mêlé dans une certaine mesure à cette action, je puis dire à la Cour comment il est impossible, matériellement impossible, de confondre ces comités ; comment les premiers juges ont commis une erreur capitale en voulant relier les uns aux autres et le comité électoral des Vingt-cinq, et ce qu'on a appelé le comité du *Manuel*, et le comité des Quinze, et enfin un autre comité qui a tout fait à Paris à cette époque, et qui était le comité des Neuf, comité dont quelques-uns de mes collègues au Corps législatif et moi, avons eu l'honneur de faire partie.

Il est impossible de faire cette confusion, vous allez le voir.

Du comité du *Manuel*, je ne veux dire qu'un mot. Ce n'était pas un comité, c'étaient des collaborateurs qui faisaient un petit livre pour guider les électeurs, pour leur donner des consultations électorales, et au besoin pour surveiller les inscriptions électorales et les retranchements qui avaient eu lieu.

Si éloignée que la Cour vive des affaires politiques, elle n'est pas sans avoir entendu dire que, il y a deux ans environ, il s'est produit à Paris un événement inattendu. Tandis que la population parisienne s'augmentait de cinquante mille âmes, le nombre des électeurs diminuait dans une proportion effrayante; si bien que la ville de Paris, originairement représentée par dix députés, devait perdre quelques-uns de ses représentants, à la grande satisfaction de la politique qui amenait cette diminution de la masse électorale. A ce moment, et c'était notre devoir, nous nous sommes demandé, non sans quelque inquiétude, d'où provenait ce phénomène; nous nous en sommes inquiétés, et nous avons appris que l'administration, sur les listes dont elle avait la garde et le dépôt, inscrivait d'office un certain nombre d'électeurs, mais en retranchait un bien plus grand nombre; de telle sorte qu'une foule de citoyens, n'ayant pas été avertis de ces retranchements, ne savaient quelles formalités suivre pour se faire inscrire ou réinscrire, qu'ils avaient besoin de guides et de conseils pour l'exercice de leurs droits, d'après cette loi électorale encore si nouvelle pour notre pays. C'est alors que, soit avec le concours de quelques-uns des auteurs du *Manuel*, soit avec le concours de quelques autres avocats n'appartenant même à aucune opinion politique déterminée, des consultations électorales ont été données dans les divers quartiers de la capitale, et données conformément à la loi.

Mon honorable confrère Mᵉ Grevy vous l'a dit, c'est en confondant toutes ces choses, en rattachant ces consultations électorales aux comités, qu'on a pu faire ce tout, qui s'est manifesté comme une association dans le jugement de première instance.

Mais la Cour serait bien étonnée, s'il m'était permis d'invoquer devant elle les paroles officielles du Gouvernement, pour démontrer qu'à une date bien récente, ces actes, qui sont relevés aujourd'hui comme des chefs d'accusation contre un certain nombre de prévenus, étaient des actes que le gouvernement lui-même était obligé de reconnaître légaux, en louant le zèle de ceux qui les accomplissaient.

Vous savez en effet, Messieurs, comment plus de 200,000 électeurs étaient venus vérifier en dix jours s'ils avaient été inscrits ou retranchés, comment aussi la liste avait été dressée en telle sorte qu'il y avait eu 43,829 réclamations, à raison d'inscriptions mal faites ou de retranchements mal opérés... 43,829 réclamations, sur lesquelles 38,980 avaient été admises !

Lorsque M. le garde des sceaux, sous le coup de la parole de mon éminent confrère et collègue Jules Favre, avait été appelé à s'expliquer sur ce point, savez-vous ce qu'il nous disait? Il nous parlait en ces termes, que je ne saurais trop mettre sous les yeux de la Cour, qui renversent cette première colonne du jugement de première instance, et qui ne permettront plus, je l'espère, de revenir sur ce malentendu des consultations électorales.

M. Baroche s'exprimait ainsi : « Comment se fait-il, répètent nos » adversaires, que Paris, dont la population est augmentée à un » point de vue général, voie diminuer sa population électorale?... » Eh ! mon Dieu, Messieurs, je n'oserais rentrer dans de longs » détails à cet égard. D'ailleurs, ne vous en prenez qu'à vous-» mêmes, à vous qui, par *un zèle qu'on ne saurait trop louer*, avez, » soit par vous-mêmes, soit par vos amis, cherché à faire inscrire » sur les listes ceux qui devaient y être portés, et à faire rayer » ceux qui ne devaient pas y figurer. Pourquoi vous êtes-vous » arrêtés en chemin ?... »

Voilà les paroles de M. le garde des sceaux ! c'est-à-dire qu'il y avait lutte entre nous et l'administration. De la part de l'administration, des retranchements opérés ; de notre part, à nous, des inscriptions obtenues.

Mais ce n'est pas chose facile que d'avertir cinq mille, dix mille électeurs, dont le droit était ainsi compromis par cette sorte de razzia, de les amener aux mairies, de leur dire quels étaient les papiers nécessaires pour se faire inscrire. Pour arriver à ce résultat, il fallait que nos cabinets fussent ouverts aux électeurs, que des instructions fussent rédigées et remises. Elles l'ont été, et nous avons peut-être sauvé du naufrage cinquante mille électeurs... et un député pour la ville de Paris !

Je le déclare à la Cour, ce n'est pour le vain plaisir de mettre l'administration en désaccord avec elle-même que je cite ce passage, il est officiel, il émane du seul homme qui, à cette époque, avait le droit de parler au nom du Gouvernement, et qui, je crois, est encore aujourd'hui investi de la dignité de garde des sceaux, de M. Baroche ! (*Sourires.*)

Il n'y a pas à se méprendre sur la question posée devant la

Chambre, il s'agissait bien des inscriptions faites à la diligence de ceux qui donnaient des consultations électorales dans les divers quartiers de la Capitale, où ce qu'on a appelé des bureaux, ce qu'on aurait pu appeler plus exactement des cabinets d'avocats, étaient ouverts.

C'est le Ministre lui-même qui nous a dit : « Pourquoi vous êtes-vous arrêtés en chemin? »—Nous nous sommes arrêtés... parce que le chemin était trop long pour nous. Et si nous avions pu égaler nos forces à notre ardeur, Paris n'aurait pas neuf députés, Paris aurait les seize députés qui lui appartiennent. Nous étions obligés de lutter contre les mesures que je viens de dire que prenait l'administration.

Dans une seule des circonscriptions de Paris, celle que j'ai l'honneur de représenter, on avait rayé en un an huit mille électeurs; dans une circonscription voisine on en avait rayé six mille! Si bien que si l'action particulière des citoyens, à la tête desquels nous avons l'honneur de nous être un peu placés, n'avait pas fait justice, je ne sais pas où en serait aujourd'hui la liste électorale de la ville de Paris!

Voilà un premier point sur lequel il me semble que la lumière doit être faite singulièrement! Et quand vous verrez, dans le dossier ces lettres, relevées par M. le Rapporteur, qui parlent des bureaux de consultations électorales, vous saurez à quoi vous en tenir, vous saurez que le Gouvernement connaissait cette action, qu'il ne s'y opposait pas; que, bien au contraire, il nous louait de notre zèle!

M. Hérold a pris part à ce mouvement, mais non comme membre du comité. Le comité avait bien autre chose à faire.

Voici dans quelle circonstance les membres qui l'ont formé ont été rassemblés, voici ce qu'il faut que la Cour n'ignore pas. Plusieurs éminents citoyens, à l'approche des élections générales de mai 1863, avaient pensé que, même sous le régime actuel, il était possible d'établir un comité avec une base représentative, dans une certaine limite, en acceptant les hommes qui, par leur passé, leur action, leurs opinions, pouvaient représenter certaines fractions de l'opinion publique à Paris; ils avaient pensé qu'on pourrait consittuer un comité assez nombreux, assez puissant, dont l'autorité fût considérable et ne tînt pas seulement au nom des membres qui le composaient, mais encore à celui des électeurs qui auraient participé à sa composition et qui auraient été amenés à le voter.

C'est là l'histoire de la tentative avortée du comité qui devait se réunir sous la présidence de M. Carnot; c'est ainsi que, dans une réunion qui ne tombait pas sous le coup de la loi, car elle était purement privée, on avait recherché quels étaient ceux qui pouvaient constituer ce comité. Vous savez, Messieurs, comment une note, publiée dans les journaux à cette époque, vint déclarer que les publications de ce comité ne seraient pas admises dans les feuilles publiques, et comment, à la suite de cette déclaration du Gouvernement, le comité s'est dissous.

Le jugement paraît le regretter et il nous en fait un grief; il déclare que « les choix n'ayant pas plu aux instigateurs de cette mesure, » ceux-ci avaient voulu créer un autre comité, qui, sous le nom de comité consultatif, était en réalité un comité dictatorial qui avait pour but d'exercer une influence prépondérante sur les élections de Paris. Les premiers juges ont été mal informés. Le comité consultatif qui se réunit au même moment, reposait sur une autre base que celui qui venait de se dissoudre; ayant prévu précisément l'impossibilité pour un comité représentatif d'exister sous le régime actuel, il s'était borné à faire la seule chose possible en ce temps, c'est-à-dire à réunir un certain nombre d'hommes dont le nom, l'autorité, le caractère bien connu, pouvaient inspirer confiance aux citoyens; et à créer un comité simplement consultatif, parce qu'il ne ferait que procéder par conseils, sans être le produit d'une élection quelconque.

Voilà le sens et la véritable portée du comité consultatif.

Ici je m'arrête un instant pour faire disparaître le malentendu qui m'a paru s'élever dans l'esprit de M. le Rapporteur, quand il a dit que la question qui se poserait devant la Cour, serait celle de savoir si c'était un comité donnant des consultations de droit et s'étant tenu dans ce programme, ou s'il avait aussi fait de la politique.

La distinction n'est pas à faire.

Dans la pensée de ceux qui avaient fondé le comité consultatif, il ne s'agissait pas uniquement de consultations de droit électoral, il s'agissait de joindre à ces consultations une action politique, des consultations et des conseils politiques de nature à seconder le mouvement politique et à encourager, s'il le fallait, les citoyens à venir aux élections et à faire des choix conformes à la pensée du comité.

Voilà le but de ce comité; mais lorsque les premiers juges ont déclaré que ce comité avait voulu exercer sur les élections de Paris une influence prépondérante, qu'il les avait *dirigées*, je me demande où vivaient les premiers juges au moment où se faisaient les élections de Paris. Il paraît que les faits électoraux les intéressent bien peu, puisqu'ils n'ont pas lu ce qui était publié avec grand fracas par les journaux, ce qui a été connu de tout le monde, à savoir que pour parer à cette mesure du Gouvernement qui ne laissait pas un comité représentatif se réunir, pour empêcher que la confusion se mît dans les élections, quelques hommes de bonne volonté, dont j'ai fait partie, sans prendre le nom de comité, se sont réunis et ont fait un acte que le Gouvernement a, je crois, traité de dictature, c'est-à-dire qu'ils ont fait à leurs concitoyens une proposition, qu'on a appelée la *liste électorale*. Dictateurs bien innocents, car en même temps ils demandaient aux directeurs de journaux, qui délibéraient avec eux, de vouloir bien — ce à quoi la loyauté de ceux-ci a consenti de suite — publier en même temps les candidatures rivales !

Vous vous rappelez, Messieurs, quel fut le choix des électeurs : vous n'avez pas oublié le succès qu'a obtenu, à Paris, la liste des candidats de l'opposition.

Voilà bien plusieurs comités que le Tribunal de première instance dans son jugement, réunit en un seul et qui, non pas seulement par leurs dates qu'on a eu raison de relever, mais aussi par leurs caractères essentiels, sont tellement dissemblables dans leur origine, leur but et leur portée, qu'il me paraît impossible d'en faire un tout et de déclarer qu'ils constituent un comité unique, déguisé sous diverses formes et se reproduisant avec des différences qui n'en changeaient pas la substance originaire.

Ces divers comités ont eu des fonctions différentes, et le seul qui ait agi par voie de direction n'est pas incriminé dans le procès actuel.

Les élections ont lieu. Je ne veux raconter que les faits qui doivent dissoudre le procès et je crois qu'une simple explication vaut plus, en pareille matière, que la discussion la plus forte. M. Pelletan est nommé, il est nommé à une faible majorité. Cette élection est portée devant la Chambre, et la majorité la combat et demande son annulation, parce que M. le Préfet de la Seine n'avait pas tenu compte, pour le calcul de la majorité absolue, des votes égarés sur les candidats qui se présentaient dans les circonscriptions voisines. On soutenait, et on admit alors pour la première fois (car lors de mon élection, en 1858, on avait été d'avis contraire) que tous les candidats qui avaient prêté serment pour l'une des circonscriptions du département de la Seine, étaient éligibles dans toutes les circonscriptions. La majorité, voulant cette fois se montrer libérale dans l'interprétation de nos lois électorales, casse l'élection de M. Pelletan.

Qui devait supporter les frais de la réélection ? Tous les jours, quand une procédure est nulle, la Cour peut mettre les frais à la charge de l'officier ministériel qui les a faits. Je n'ai pas à dire quel était ici, en bonne conscience, le débiteur. Mais, en vérité, M. Pelletan ne m'en voudra pas si je raconte que ses collègues, émus de cette décision, qui mettait à sa charge une réélection très-onéreuse, se réunirent et firent une cotisation qui s'éleva à 4,500 ou 4,600 fr.; que cette somme ne fut pas remise directement à M. Pelletan, mais à ses mandataires, à ceux qui se chargeaient de répartir, dans les différentes sections de la circonscription, ces fameuses escouades de distributeurs dont il a été parlé et qui sont absolument nécessaires pour que, dans chaque commune, des bulletins soient mis à la disposition des électeurs. Voilà l'origine de cette caisse qui a si fort inquiété le ministère public.

La réélection de M. Pelletan a lieu. Pendant ce temps, un comité convoqué pour cette élection, ayant le droit de se former par la loi même qui régit les élections, se réunit et se charge de l'élection.

Plus tard, par suite de l'option faite par MM. Jules Favre et Havin, de nouvelles élections ont lieu à Paris. Un comité se réunit encore.

M. Hérold a pris part à ces trois comités, appelé, non pas par ses *associés*, mais par la loi elle-même, qui convoque les électeurs et les autorise à se réunir pour qu'ils puissent se concerter, choisir et discuter leurs candidats.

Telle est, Messieurs, l'action de M. Hérold dans les comités électoraux.

On vous a dit comment la loi de 1834, bien interprétée, ne permettait pas de douter de la légalité de cette action, et comment il était impossible d'atteindre les comités électoraux sans atteindre, par une pente fatale, le suffrage universel lui-même, dans une de ses parties fondamentales.

Ce qu'on ne vous a pas dit, ce que M. Baroche vous dira encore, lui qui vous a déjà si bien dit une première fois ce qu'il fallait vous apprendre — en vérité, ce procès est désolant pour la versatilité des organes du Gouvernement! — c'est qu'un comité électoral, composé même comme l'indique la prévention, ayant même le fonctionnement que la prévention veut lui donner, un comité ainsi formé était parfaitement légal, et reconnu tel par l'organe officiel du Gouvernement.

C'est ainsi que, dans la séance du 6 mars 1862, M. Baroche s'en expliquait en me faisant l'honneur de me répondre lorsque je lui dénonçais l'inégalité qui existe entre le candidat officiel soutenu par l'administration et le candidat indépendant qui cherche, à l'aide de ses amis, à contrebalancer les forces administratives. « Est-ce que, disait-il, les candidats démocratiques sont dans » cette situation déprimée qu'énonçait M. Picard? En 1857, la » liberté la plus absolue a été donnée à toutes les opinions, notam- » ment à l'opinion que représente l'honorable M. Picard, de choisir, » d'indiquer, de présenter, de patroner ses candidats. Un comité » central a été formé à Paris, il était composé d'hommes importants » parmi les représentants de cette opinion. Ce comité a noué des » relations avec toute la France, envoyé des candidats dans plu- » sieurs départements. »

M. Baroche, vous le voyez, admettait l'action de ce comité.

Le comité actuel n'a pas voulu aller si loin : il aurait agi de même s'il avait cru que la cause l'exigeait, c'était son droit; mais il ne l'a pas cru opportun.

Ainsi, le comité avait exercé une action dans plusieurs départements en 1857. Eh bien, que l'organe du ministère public me permette une question indiscrète ici, dans ce procès: Est-ce qu'en 1864, sous l'Empire, nous serions moins avancés qu'en 1857 ? Est-ce que depuis le décret du 24 novembre, nous aurions fait un pas rétrograde ? de telle sorte que ce qui était permis en 1857 soit aujourd'hui l'objet d'une poursuite en police correctionnelle !

Pas d'équivoque encore sur ce point : c'est bien d'un comité central, nouant des relations avec toute la France, envoyant des candidats dans tous les départements qu'il s'agissait. Et pour qu'on ne croie pas que ce soit là une erreur échappée, dans l'improvisation, à M. le garde des sceaux actuel, alors président du Conseil d'Etat, voici qu'il y revient encore en février 1863, au moment où il est pressé, non pas seulement par nous, mais par quelques membres de la majorité, qu'on veut exclure en exerçant sur eux ce que mon honorable collègue Jules Favre appelait si bien le *droit de suite*, à cause de leurs opinions et de leurs votes. Voici comment s'exprime le Ministre : « Est-ce que nous n'avons » pas vu quelquefois, est-ce que nous ne sommes pas destinés à re- » voir encore certaines coalitions s'établir entre des personnes » complétement séparées par des opinions qui ne peuvent se con- » cilier, mais qui se trouvent fortuitement d'accord pour patroner » des candidats? En présence de ces actes, on voudrait que le Gou- » vernement se croisât les bras et laissât agir tout le monde, excepté » lui? — N'y a-t-il pas encore un autre point de vue qu'il ne faut » pas négliger? Aux élections de 1857, on voulut former à Paris un » *comité central* qui se proposait de correspondre, non pas seule- » ment avec les électeurs du département de la Seine, mais avec les » électeurs, autant qu'il l'aurait pu, des autres départements. Est-ce

» que de ce comité central ne seraient pas sorties des circulaires re-
» commandant aux électeurs des candidats plus ou moins connus
» dans le pays où se faisait l'élection ? Nos contradicteurs trouve-
» raient cela fort bien, sans doute, et ils ne voudraient pas que le
» Gouvernement se défendît quand il serait ainsi attaqué ?... »

Le Gouvernement, à ce moment, se faisant faible et déclarant qu'il ne pouvait résister à l'union de tous les partis coalisés contre lui pour obtenir la liberté, le gouvernement, dis-je, se faisant faible, déclarait que ses adversaires politiques usaient d'un comité central qui valait bien, par les recommandations qu'il donnait, l'appui prêté aux candidats officiels, et qu'ainsi toutes choses étaient égales.

Est-ce que, par aventure, ces paroles prononcées devant la première assemblée du pays, ne devraient être considérées que comme un moyen d'audience qui s'évanouit quand l'audience est close? Est-ce que je me suis trompé sur la portée de ces paroles ? est-ce que M. Baroche, en s'exprimant ainsi, ne reconnaissait pas absolument l'existence et, en même temps, la légalité d'un comité ainsi constitué?

Est-ce que tous les actes du comité ne se passaient pas au grand jour? Est-ce que toutes les circulaires de ce comité n'étaient pas publiées dans les journaux ? Et voilà, qu'à moins d'une année de distance, après que ces paroles sont prononcées, au mois de mars suivant, on fait irruption dans le domicile des membres de ce comité ! Leurs meubles sont brisés en leur absence! Leurs cassettes sont forcées ! Toutes leurs lettres sont lues !

En quel temps vivons-nous, Messieurs, et quelle est la civilisation politique ou judiciaire qui permet de pareils abus? Est-ce qu'il n'y a pas à frémir, surtout quand on songe que nous sommes sous le régime actuel et qu'on cherche vainement sur qui l'on peut reporter la responsabilité de pareils actes ? Sur qui donc la faire tomber? Si le fonctionnaire est attaqué, il se retranche derrière l'article 75 de la Constitution de l'an VIII, qui le protége ! Si le ministre est attaqué, il déclare qu'il n'est pas responsable et qu'il faut porter ailleurs l'action qu'on veut diriger contre lui !

Et si nous venons devant la justice, est-ce que ce ne sera pas pour elle un de ses premiers devoirs d'accueillir cette réclamation, dans cet isolement absolu qui est fait autour du citoyen, alors que rien ne le protége, alors que, politiquement et constitutionnellement, où qu'il porte ses regards, il voit l'inviolabilité partout, sans que l'infaillibilité soit nulle part? Est-ce que nous ne venons pas ici, non pas seulement, Messieurs, pour nous défendre, mais pour demander compte des actes ainsi accomplis ? (*Mouvement dans l'auditoire.*)

On est venu chez M. Hérold, on est venu dans son cabinet d'avocat à la Cour de cassation, et comme ce qu'on lui reproche c'est d'avoir l'esprit d'organisation [1], on a trouvé, très-bien placés dans cent vingt-quatre dossiers, tous ses papiers personnels.

Je voudrais que la Cour pût examiner ces cent vingt-quatre dossiers, dont la plus grande partie a été, quelques jours après, restituée par le juge d'instruction : elle y aurait vu qu'il y avait des documents relatifs à une statistique générale du vote des villes, qu'il y avait aussi des listes, mais que toutes ces pièces n'avaient aucun trait à la question pour laquelle on cherchait des preuves, et qu'il ne restait de tout cela qu'un grand nombre de papiers privés, enlevés sans droit.

En première instance, l'embarras du ministère public et du Tribunal était évident. Devant la Cour, M. le Président a bien voulu préciser les questions, et il a dit à M. Hérold quels était les points sur lesquels il aurait spécialement à se défendre.

Ces points, je les examine rapidement, et j'y fais une réponse qui, du reste, a déjà été faite par M. Hérold lui-même, dans son interrogatoire.

En ce qui touche l'organisation des bureaux de renseignements électoraux, organisation poursuivie conjointement avec M. Dréo, je dis, moi, — je le dis avec M. Baroche — qu'on ne saurait *trop louer leur zèle*, et que tous deux n'auraient pas dû *s'arrêter en chemin*. C'est là ma réponse sur ce point.

En ce qui touche le comité des Quinze, les explications générales qui ont été données sur les comités, me permettent de ne pas insister.

Enfin, quand M. le Président a parlé de cette multitude d'agents qui étaient, disait-on, sous les ordres du comité du *Manuel*, M. Hérold lui a parfaitement répondu, et lui a parfaitement fait comprendre la confusion dans laquelle l'esprit le plus éclairé pouvait être entraîné. On confondait ici l'action de M. Hérold, comme jurisconsulte, pour laquelle il n'employait aucun agent, si ce n'est son secrétaire, qui est avec lui sur ces bancs, et l'action de M. Hérold, comme mandataire et ami du candidat. Si l'on veut qu'un candidat ami réussisse, il faut, dans cinquante communes, s'il s'agit d'une section du département de la Seine, dans deux cents communes, s'il s'agit d'une circonscription purement rurale, il faut, dis-je, mettre partout des distributeurs qui soient placés en face des agents chargés par l'autorité de distribuer les bulletins du candidat officiel.

(1) Voir le réquisitoire du ministère en première instance, compte-rendu, p. 119.

Le candidat officiel, lui, a son comité officiel : le maire, dans chaque commune, en est le président, le garde champêtre en est le serviteur. Ce dernier va porter, la veille de l'élection, a chacun une carte d'électeur, un bulletin et une épingle qui attache le bulletin. L'électeur docile rapporte les trois choses le jour de l'élection et le bulletin est mis dans l'urne.

Mais le candidat indépendant, il faut qu'il trouve des agents.il les paie ou il les recrute comme il peut : il prend ou des hommes de bonne volonté, quand il en trouve, ou des hommes qu'il est obligé d'indemniser. Et les escouades d'agents qui ont si fort effrayé le ministère public, n'effraieront pas la Cour, si elle veut y réfléchir. Quand il y a 30,000 électeurs, ne faut-il pas des agents en nombre proportionnel ? Ne faut-il pas, pour chaque section, un certain nombre de personnes ? Eh bien, des listes portant le nom de ces agents, avec l'indication de la somme payée pour les indemniser, voilà tout ce qu'on a trouvé chez M. Hérold, et, sur ce point, je n'ai plus aucune espèce d'explication à donner.

Mais, lui dit la prévention, « vous avez écrit ! » D'abord, il n'a pas écrit. « Vous avez reçu des lettres de Lyon, vous avez reçu des lettres de M. Varambon et de M. Frédéric Morin ! »

M. Frédéric Morin a écrit à M. Hérold : « Il faut que les électeurs » de Lyon se sentent soutenus à Paris. »

Il est très-heureux que les électeurs de Lyon se sentent soutenus à Paris comme il est très-heureux que les électeurs de Paris se sentent soutenus à Lyon, et quand M. Frédéric Morin demande un concours à M. Hérold, de même qu'à beaucoup d'entre nous, c'est un concours moral qu'il demande, rien de plus.

On a essayé, au Corps législatif, d'attaquer les élections de Lyon, et on y a bien mal réussi. Les applaudissements de la majorité, qui ne nous les prodigue pas cependant, aux quelques paroles prononcées à cette occasion par M. Hénon, en réponse à celles d'un conseiller d'État, ont été tels que les débats ont tout de suite été clos et que la pureté des élections de Lyon a été reconnue aussi grande que celle des élections de Paris — ce qui n'est pas peu dire !

Le second correspondant de M. Hérold à Lyon, c'est M. Varambon, M. Varambon qui a été notre confrère et qui est resté notre ami quand il est allé s'établir à Lyon, où il a l'honneur d'être le collègue de M. le Procureur-général au conseil général. M. Varambon a écrit à M. Hérold pour lui demander ce qui se passait à Paris. Il nous aurait écrit à nous, que nous aurions tous également répondu.

Où en serions-nous, Messieurs, si une lettre, si cinquante lettres écrites en matière politique, par des amis, peuvent constituer des faits d'affiliation et d'association? Mais je me trompe : N'y a-t-il pas là, dans l'esprit du ministère public, une confusion visible? Les communications publiques, entre citoyens, ne sont pas autorisées par la loi sous le suffrage universel. Combien cette loi est périlleuse, et pourquoi! La Cour le sent; mais enfin, c'est la loi. Des communications privées, résultant de réunions privées, sont-elles aussi prohibées par la loi? (*M. le Procureur-général fait un signe négatif.*) M. le Procureur-général nous indique qu'elles ne le sont pas : je l'en remercie. Mais si elles ne sont pas atteintes directement, il me permettra de soutenir devant la Cour qu'elles ne doivent pas être atteintes indirectement. Je connais ce procédé, qui consiste à proclamer le droit et à le retirer dans les faits; qui proclame l'égalité devant la loi, et qui déclare que le ministère public est maître de l'action et peut ne poursuivre que qui il veut; qui déclare que les communications entre les citoyens, pour les élections, sont permises et ne peuvent être atteintes, et qui ouvre le domicile du citoyen, qui prend ses lettres intimes, les livre en pâture au public, les étale à l'audience... non parce que les communications privées sont interdites, mais parce que ces communications privées peuvent dégénérer en association illicite! De sorte que le droit sera reconnu au profit de chacun, mais que l'usage du droit sera interdit, parce que l'usage du droit dépendra de la pensée, de l'appréciation du ministère public, qui pourra toujours poursuivre, s'il le veut, et prétendre que le droit dégénère en abus et que les communications privées dégénèrent en association illicite!

Il est clair comme le jour que tout le nœud de l'affaire est là.

Après avoir entendu les paroles prononcées à cette audience par M. Garnier-Pagès, nul doute, Messieurs, n'a pu rester dans vos consciences, que ce qui s'est passé n'ait été parfaitement loyal, sincère, régulier. Pourquoi donc cette poursuite? On ne veut pas interdire les comités électoraux, on ne veut pas interdire les réunions privées, on ne veut pas interdire les correspondances privées : et cependant on n'apporte à votre barre d'autres preuves que celles de l'existence de comités électoraux, de l'existence de réunions privées, de l'existence de correspondances privées!

Le ministère public s'expliquera, et nous saurons par lui ce que nous n'avons pu savoir officiellement jusqu'à ce jour, quelle est la pensée du procès qui nous est fait en ce moment. Nous saurons si ce procès n'est pas un procès politique, s'il n'a pas une portée purement politique, ayant pour objet d'intimider les électeurs et de les arrêter dans l'exercice de leurs droits... Mais il ne les arrêtera pas!

Si l'arrêt que nous attendons ne nous donne pas satisfaction, nous persévérerons, nous nous adresserons de nouveau à la Cour, et déjà nous voyons avec bonheur que, malgré le *procès des Treize* et malgré les menaces du ministère public, les candidats de l'opposition continuent à triompher dans quelques-uns des départements de la France.

M. le Président. Quel est celui des défenseurs qui doit parler maintenant?

Me Henry Didier. C'est moi. Je me présente pour M. Floquet, et voici les conclusions que je pose en son nom :

» Plaise à la Cour,

» Au fond, par les motifs déduits dans les conclusions prises précédemment au nom de tous les prévenus;

» Subsidiairement,

» Attendu que le 16 juin dernier, à sept heures du matin, s'est présenté un commissaire de police, accompagné de trois agents, au domicile de M. Floquet, rue Sainte-Anne, n° 50, pour y faire une perquisition;

» Qu'en l'absence de M. Floquet, qui alors était en voyage, et sans que personne le représentât ou eût été appelé régulièrement à le représenter, ledit commissaire de police s'est fait ouvrir l'appartement par le concierge, qui en avait la clef, et a fait venir un serrurier qui, sur son ordre, a forcé deux tiroirs du bureau, les seuls qui fussent fermés; qu'il a fait également briser un coffret dont la serrure à secret résistait à la main et aux outils du serrurier, encore que ce coffret ne contînt ni papiers ni autre chose, et qu'en le soulevant et le secouant il fût facile de constater qu'il ne contenait rien;

» Attendu que, cela fait, le commissaire de police et ses trois agents sont restés maîtres de l'appartement jusqu'à onze heures et demie, le concierge, sans cesse appelé au dehors pour son service, ne pouvant y revenir et s'y montrer que par intervalles; qu'ils ont fouillé tous les papiers et toutes les correspendances ; que, pendant que le commissaire de police fouillait et lisait d'un côté, ses agents fouillaient et lisaient de l'autre ;

» Qu'ils n'ont respecté ni les épanchements de la mère écrivant à son fils depuis 1846, époque à laquelle celui-ci était encore au collége, jusqu'en 1854, époque à laquelle il a eu le malheur de la voir mourir, ni les correspondances familières et intimes les plus étrangères, par leur nature et par leurs dates, aux faits à propos desquels avait lieu la perquisition, ni les lettres et les papiers se rattachant exclusivement à l'exercice de sa profession ;

» Qu'en se retirant à onze heures et demie, sans souci de ce qui pourrait en advenir, ils ont laissé épars et à l'abandon, sur le parquet, les papiers et les lettres qu'il leur a plu de ne pas emporter ;

» Qu'il n'a été dressé, avant leur sortie de l'appartement, aucun procès-verbal de l'opération à laquelle il venait d'être procédé, ni procès-verbal de l'état dans lequel ils avaient trouvé et de celui dans lequel il laissaient l'appartement, ni procès-verbal de saisie et de scellement des papiers par eux emportés ;

» Attendu que s'il existe au dossier un procès-verbal dressé par le commissaire de police, portant la date du 16 juin, à huit heures du matin, il ne saurait être dénié que ce procès-verbal a été rédigé après coup, sur de simples notes prises sur place, en dehors du contrôle de M. Floquet et de tout fondé de pouvoir nommé par lui ;

» Attendu que les perquisitions et les saisies opérées chez les coprévenus de M. Floquet ont été faites dans des conditions qui, pour être moins violentes et moins excessives, n'offrent pas plus de garanties que la perquisition et la saisie qui ont eu lieu à son domicile ;

» Attendu néanmoins que c'est uniquement sur les résulats de ces perquisitions et de ces saisies que se fonde la prévention à son égard et à l'égard de tous ; que cela résulte du réquisitoire du ministère public et des termes du jugement rendu ;

» Attendu qu'une telle façon de procéder est irrégulière et illégale, et qu'elle ne peut produire que des effets irréguliers et illégaux ;

» Attendu, en effet, que c'est en droit, un axiome que le droit de perquisition n'est en lui-même qu'une exception au principe constitutionnel qui consacre l'inviolabilité du domicile, d'où cette première règle que le droit de procéder à des visites domiciliaires doit être resserré plutôt qu'étendu, et cette seconde, que, hors le cas de flagrant délit, il n'appartient qu'au juge d'instruction seul de faire des recherches au domicile des citoyens ;

» Qu'ainsi le veulent les articles 87 et 88 du Code d'instruction criminelle, par cette excellente raison que le juge d'instruction, par son caractère de juge inamovible, par le serment qu'il a prêté et qui lui impose la discrétion dans l'accomplissement de ses devoirs, et par sa mission qui le place au-dessus des partis et de leurs passions, est destiné à être, pour le droit et les intérêts des prévenus peut-être innocents, la sauvegarde qui leur est due, et que la loi criminelle, après la loi morale, entend et veut leur assurer, et par cette autre raison qu'il ne se pourrait admettre que des agents d'un ordre inférieur, révocables et sans responsabilité personnelle, participassent à ce privilége redoutable de pénétrer dans les secrets les plus intimes, les plus chers et les plus sacrés des familles, et de pouvoir en user et en abuser à leur gré;

» Attendu que, même en accordant ce droit exceptionnel au juge d'instruction, la loi y met pour condition qu'il sera accompagné d'un greffier, dont le rôle se borne à écrire sous sa dictée les diverses constatations dont il est utile de dresser procès-verbal; que les objets qu'il saisira seront clos et cachetés à l'instant même où la saisie aura eu lieu, et que toutes les opérations auxquelles il procédera seront faites en présence du prévenu s'il est arrêté, et, s'il ne veut ou ne peut y assister, en présence d'un fondé de pouvoir que le prévenu pourra nommer;

» Attendu que si, en cas de flagrant délit, le procureur impérial peut, de son côté, s'introduire dans le domicile d'un prévenu et y rechercher les preuves d'un fait coupable, il ne le peut que dans ce cas seulement, sous les conditions qui viennent d'être énumérées, et qui lui sont communes avec le juge d'instruction, et sous cette autre qu'il donnera sur l'heure avis de son transport à ce magistrat, qui, aussitôt arrivé, le relève et le dessaisit de tout pouvoir à cet égard; et que si, dans le même cas où la nécessité commande impérieusement d'agir en toute hâte pour ne pas laisser périr ou effacer les preuves d'un crime ou d'un délit qui vient de se commettre, le procureur impérial peut charger un officier de police auxiliaire de partie des actes de sa compétence, c'est là une faculté toute momentanée que justifient les circonstances et qui cesse aussitôt que le crime ou le délit cesse d'être flagrant;

» Attendu que le pouvoir de délégation fait au procureur impérial pour un cas unique et déterminé, n'est susceptible ni d'extension aux cas ordinaires, ni d'attribution dans ces cas ordinaires à aucun autre magistrat quel qu'il soit;

» Qu'en matière pénale, la loi dit ce qu'elle veut, et qu'il n'est permis ni d'en rien retrancher ni d'y rien ajouter, et que, de ce qu'en cas de flagrant délit, le procureur impérial est autorisé à déléguer le droit de perquisition à un officier de police auxiliaire, on ne peut en induire, la loi ne l'ayant pas dit, que dans les cas ordinaires le juge d'instruction puisse user, lui, de cette même faculté de délégation;

» Que la faculté de délégation est donnée au juge d'instruction par les articles 83 et 84 du Code d'instruction criminelle, mais d'une façon limitative et pour le cas seulement où il s'agit de recevoir les dépositions des témoins qui se trouvent dans l'impossibilité de paraître devant lui; et que si, tout de suite après, il est dit par les articles 87 et 88 : « Le juge d'instruction se transportera au domicile du prévenu pour y faire la perquisition... » et, dans l'article 90 : « Si la perquisition doit avoir lieu hors de son arrondissement, il requerra le juge d'instruction du lieu où l'on peut retrouver les objets recherchés..., » sans ajouter qu'il pourra déléguer au juge de paix ou au commissaire de police ce droit de perquisition, c'est que la loi a voulu que le juge d'instruction seul restât chargé de ces opérations délicates et si justement redoutées;

» Attendu qu'il suit de là invinciblement que, dans les cas ordinaires, les visites et les perquisitions domiciliaires ne se peuvent faire que par les juges d'instruction en personne et par eux seuls avec des formes et dans des conditions qui soient une garantie que dans l'exercice de ce droit exorbitant et exceptionnel on s'arrêtera où il convient de s'arrêter, c'est-à-dire qu'on s'attachera à ne rechercher que les preuves du crime ou du délit dénoncé;

» Et attendu que, dans l'espèce, il n'a été tenu aucun compte de ces prescriptions formelles de la loi;

» Attendu que les perquisitions et les saisies qui ont eu lieu, tant au domicile de M. Floquet qu'au domicile de ses coprévenus, ont été faites illégalement et sans droit par des commissaires de police assistés d'agents à leurs ordres; que de là sont provenus les éléments de la condamnation prononcée contre eux; que ces éléments, viciés dans leur source, doivent être considérés comme n'existant pas, et que, en les écartant du débat, il n'y a plus ni base ni raison d'être de la prévention;

» Par ces motifs et autres à suppléer de droit et d'équité;

» Au fond : infirmer et mettre à néant le jugement dont est appel, et, adjugeant à M. Floquet le bénéfice des conclusions générales prises tant en son nom qu'au nom de ses coprévenus, le renvoyer purement et simplement des fins de la plainte sans amende ni dépens;

» Subsidiairement : en infirmant le jugement dont est appel, déclarer illégales et abusives les perquisitions et les saisies opérées tant au domicile de M. Floquet qu'au domicile de ses coprévenus, en rejeter les résultats comme entachés de nullité et comme non avenus; dire, en conséquence, la prévention destituée de toute preuve et mal fondée, et renvoyer dans ce cas encore M. Floquet des fins de la plainte sans amende ni dépens. »

Messieurs, sur cette simple étiquette qu'avec treize personnes on voulait faire une association illicite de plus de vingt personnes, l'opinion publique s'est émue; elle a jugé à l'avance cet étrange procès, et je ne crains pas d'être démenti en affirmant qu'en dehors de ceux qu'aveugle la passion politique, il n'est personne pour qui il n'ait été tout d'abord une énigme indéchiffrable.

Pour vous, Messieurs, le doute a pu exister jusqu'à votre dernière audience. Il était la conséquence de la confusion qui se rencontre dans les pièces du dossier qu'on a mis sous vos yeux, et où sont pêle-mêle entassés les faits et les correspondances qui concernent les auteurs du *Manuel*, les faits et les correspondances qui se rattachent au comité avorté des Vingt-cinq et les faits et les correspondances relatifs aux trois comités électoraux, objet unique de la prévention et qu'il eût fallu distinguer dès l'origine et apprécier isolément dans leur organisation et dans leur fonctionnement pendant le cours des trois périodes électorales.

Mais vous avez interrogé et entendu chacun des prévenus, et les simples et franches explications qu'ils vous ont données ont aussitôt fait la lumière sur les actes qui leur étaient reprochés. Dès lors ont disparu les équivoques et la confusion, et de la bruyante prévention dirigée contre eux il n'est plus resté qu'un fantôme, de sorte que je m'étonne qu'il soit besoin encore de les en disculper.

Je m'en étonne surtout après la discussion si puissante et si froidement décisive qui vient de se faire entendre sur le point de droit, et je me demande à quoi il peut tenir que le ministère public ne mette pas fin à une poursuite désormais impossible à soutenir, par un désistement qui l'honorerait, je n'ose pas dire à nos propres yeux, mais aux yeux de la France tout entière qui, elle non plus, ne comprend pas qu'elle ait pu jamais être intentée.

Aussi, n'ai-je rien à ajouter à ce qui vous a été dit, et si bien dit, sur le fond des choses. Toutefois, si je me borne à prendre la parole sur une question subsidiaire, je vous prie, Messieurs, de ne pas vous méprendre sur ma pensée. Ce n'est pas un refuge que je cherche contre une condamnation possible sur la question principale; à cet égard, j'ai la conviction que vous reconnaîtrez que les prévenus n'ont fait qu'user du droit le plus légitime et le plus certain. Mais ce n'est pas seulement le droit électoral, dans son essence, qui est attaqué, à cette heure, ce sont aussi les principes élémentaires de notre droit criminel qui ont été violés par des visites et des perquisitions domiciliaires illégalement faites et je considère comme un devoir, en signalant un pareil abus à votre justice, de venir vous demander de rejeter, comme non avenus et comme indignes d'être placés sous vos regards, les éléments de prévention que ces visites et ces perquisitions ont donnés pour base à ce triste procès.

Permettez-moi donc de vous raconter comment, le 16 juin dernier, le domicile de M. Floquet a été envahi par des agents de police : ses serrures ont été forcées et, après une perquisition qui n'a pas duré moins de cinq heures, en son absence et sans qu'il ait été représenté par personne, une saisie de quelques papiers insignifiants a été opérée chez lui et ses correspondances de famille et d'amitié ont été laissées éparses sur le parquet, à la discrétion d'un concierge. Cela fait, je vous aurai raconté une histoire commune à tous les prévenus, et, alors, Messieurs, vous comprendrez l'émotion qu'a dû éprouver M. Floquet, et vous vous expliquerez la vivacité de la protestation par laquelle il a répondu, à votre dernière audience, aux questions de M. le Président.

Au début de ce débat, un de nos honorables confrères, l'un de nos maîtres, Senard, dans l'entraînement de l'improvisation, s'est laissé emporter jusqu'à dire : « Pour la recherche, la loi exclut l'idée que l'instruction soit contradictoire; la justice n'est tenue, en aucune façon, d'avertir ceux sur lesquels planent les soupçons ; elle a le droit d'enfoncer les portes des absents et de briser leurs meubles. Rien ne doit être sacré : le salut de la société est la loi suprême. »

Je lui en demande pardon ; mais je ne sais rien, moi, de plus monstrueux et aussi, grâce à Dieu, de plus illégal, qu'une telle théorie autorisant de telles façons de procéder. Aussi bien, c'est précisément tout le contraire que veut la loi.

Je le démontrerai bientôt. Mais, avant tout, il n'est pas sans importance, pour l'édification de la Cour, que je lui dise les résultats auxquels a abouti la saisie pratiquée chez le grand coupable que je suis chargé de défendre !

C'est à ne pas le croire. Voici des pièces qui avaient été emportées de chez lui et qui, après un minutieux examen, lui ont été restituées :

Une carte de visite de M. le marquis de Pierre, député du Puy-de-Dôme ;

Puis, une autre de M. Jules Simon ! (*Rires.*)

Puis, une troisième d'un M. Méresse qui, à ce qu'il paraît, lisait avec un vif intérêt les articles qu'écrivait alors M. Floquet dans le journal le *Temps*. Sur cette dernière carte, on lit : « A M. Floquet, » l'habile et sérieux écrivain, témoignage d'estime et de sympa- » thie. »

Mais on a saisi en outre la preuve de ses menées avec M. Garnier-Pagès, consignée dans un billet qu'il lui avait écrit, mais qui n'a pas été envoyé, et où il lui disait, en refusant une invitation à dîner : « Cher monsieur Pagès, je ne puis accepter votre bonne » invitation, à cause d'un engagement antérieur dont je ne puis me

» délier. Veuillez, je vous prie, faire agréer mes excuses à ma-
» dame Garnier-Pagès, et croyez à mes vifs regrets. »

Et encore un autre billet adressé à M. Avenel, un de ses amis, et ainsi conçu : « Mon cher ami, je vais à la campagne aujourd'hui;
» je pars très-probablement demain samedi. Si tu veux me voir,
» viens donc demain entre quatre heures et cinq heures; tu m'em-
» barqueras. »

Ce n'est pas tout.

M. Floquet avait été candidat aux dernières élections dans le département de l'Hérault, et ce m'est une occasion de dire qu'il ne devait pas l'honneur de cette candidature à la protection du comité de Paris. Il s'était rencontré dans l'Hérault des gens qui, comme M. Méresse que je nommais tout à l'heure, avaient été frappés du talent de l'écrivain du journal le *Temps*. On avait écrit à M. Floquet : « Vous avez une manière d'écrire et une attitude qui vous font le plus grand honneur, et qui nous conviennent, à nous. Voulez-vous accepter la candidature dans le département de l'Hérault? » Et M. Floquet, après quelques jours de réflexions, avait accepté cette ouverture bienveillante. Donc, il était allé dans ce département, il y avait recueilli tous les renseignements propres à le diriger dans son action, la liste des principaux électeurs, des noms de personnages qui pouvaient concourir plus ou moins utilement à son élection.

La lutte finie, il était revenu à Paris, rapportant avec lui ces documents divers. Et tout cela a été saisi !

Il n'avait pas réussi à se faire élire; mais il n'en avait pas moins conquis de nombreuses sympathies ; et de nombreuses lettres que je ne pourrais lire sans embarrasser sa modestie, lettres de félicitations, d'estime et d'encouragement, émanées des personnes les plus honorables, appartenan à des opinions différentes, étaient venues, depuis, le consoler de sa défaite.

Ces lettres, parfaitement inoffensives, et de tous points étrangères au procès actuel, aussi saisies !

On l'a reconnu ensuite, et tous ces papiers lui ont été restitués. Mais le juge d'instruction a cru devoir garder un certain nombre de pièces, sur lesquelles je demande à la Cour la permission de lui dire un mot.

D'abord, une lettre de M. Carnot où il n'est question que de son amitié pour M. Floquet et où il n'est pas même fait allusion à l'œuvre du comité électoral. Mais un papier portant la signature de M. Carnot, que pouvait-ce être, si ce n'est un grave indice d'entente coupable avec celui à qui il était adressé?

Puis, une liste où se rencontrent les noms et les mentions que voici : « Carnot, 10 francs ; Crémieux, 20 francs ; Gambetta, 5 francs; Arthur Picard, 5 francs ; Jones, 5 francs ; Henry Celliez, 5 francs; Grilliet, 3 francs ; Floquet, 5 francs ; Avenel, 5 francs. »

Qu'est-ce que cela ?

M. le Président lui-même s'y est mépris et en a fait l'objet d'une question qui a fait perdre à M. Floquet son sang-froid.

C'est qu'aussi cette liste n'a rien de commun avec les Treize. C'est tout simplement une liste de souscription en faveur de la femme Doize, que le journal le *Temps* avait prise sous sa protection, après le redressement de la fatale erreur judiciaire qui l'avait atteinte. Les plus grands personnages, M. Odilon Barrot, entre autres, émus de pitié, s'étaient associés à cet acte de réparation ; et comme M. Floquet était un des rédacteurs du *Temps*, on s'est servi de son intermédiaire pour faire parvenir à ce journal les quelques offrandes qui sont inscrites sur cette liste.

Et voilà comment, dans un dossier où l'on trouve tout, excepté les preuves du fait imputé aux prévenus, a été créée la confusion qui a pu un instant préoccuper vos esprits, et qu'un peu d'attention suffit à détruire !

Il est resté encore dans les mains du juge d'instruction un billet autographié par lequel on invitait M. Floquet à se rendre un certain jour chez M. Dréo. J'imagine que ce jour-là il devait s'agir des œuvres du comité électoral ; mais, si je ne me trompe, on était alors en pleine période électorale, et je ne vois pas que cela puisse tirer à conséquence pour la prévention.

Le juge d'instruction a retenu également une lettre de M. Pradines, notre confrère, adressée à M. Floquet, non pas parce qu'il était membre du comité électoral de Paris, mais parce qu'il avait été candidat à la députation dans l'Hérault, et à raison de l'influence qu'il pouvait y exercer, lettre qui le prie d'appuyer de quelques mots dans le *Temps* la candidature de M. de Valleton au conseil général de ce département ; — et une autre lettre par laquelle, après l'élection et malgré l'insuccès de M. de Valleton, on le remercie d'avoir recommandé son nom aux suffrages des électeurs.

Enfin, voici la pièce capitale, la dernière qui soit restée saisie et dont il faut que je vous donne lecture.

C'est une lettre de M. Hérold, datée du 12 mars, et ainsi conçue : « Mon cher ami, votre article de ce soir sur les élections m'en- » chante tellement que je ne puis résister au désir de vous le dire. » C'est parfait. Il faut décidément que nous nous voyions de temps » à autre : une fois par semaine, à heure fixe, chez l'un de nous. » C'est un petit assujettissement, mais nécessaire. Vous êtes con-

» voqué pour jeudi 19; on sera nombreux. J'ai jusqu'ici oublié de » vous dire que la question des bulletins électoraux se trouve de » nouveau pendante devant la Cour de cassation, chambres réunies, » et cela depuis plusieurs mois. L'avocat me disait, il y a une ou » deux semaines, qu'il était persuadé qu'on ne ferait venir l'affaire » qu'après les élections. C'est en effet possible. Ne croyez-vous pas » qu'il y ait là matière à observations? Si vous voulez des détails sur » l'affaire spéciale, je vous les aurai. Tout à vous. »

Où donc, s'il vous plaît, est le crime? M. Hérold est enchanté d'un article qu'a écrit M. Floquet, il le lui dit; il serait heureux de pouvoir se rencontrer souvent avec lui et il lui offre des documents pour un article nouveau sur une question qui doit se débattre prochainement devant la Cour de cassation, et l'on voit là la justification d'une affiliation de M. Floquet à une association illicite !

En vérité, cela n'est pas sérieux.

Voilà pourtant toute l'affaire! Et c'est avec des éléments pareils qu'on fait ce grand procès qui inquiète si justement l'opinion publique, en ce qu'il met en doute et menace les franchises électorales les plus élémentaires et des droits qui jamais, à aucune époque et sous aucun régime, n'ont été aucunement contestés.

Et maintenant, par quels procédés s'est-on emparé de ces cartes de visite, de ces lettres et de ces pièces que l'on oppose aujourd'hui aux prévenus comme autant de preuves de leur culpabilité?

Le 16 juin, à sept heures du matin, un commissaire de police assisté de trois agents se présente au domicile de M. Floquet, rue Sainte-Anne, nº 50. M. Floquet était en voyage, et son appartement n'avait d'autre gardien que le concierge de la maison. Le commissaire de police se le fait ouvrir; il y trouve un bureau à deux tiroirs fermés, et un coffret, qui était pour M. Floquet une relique, également fermé. On pouvait y mettre des scellés et attendre le retour de M. Floquet. Non, on fait venir un serrurier et les tiroirs du bureau sont forcés; on cherche ensuite à forcer le coffret; mais la serrure à secret résiste aux outils et à la main de l'ouvrier et on le brise. M. Floquet le gardait pieusement; c'était un souvenir de sa mère. Il ne contenait rien, absolument rien, et, en le soulevant et le secouant, on eût pu s'assurer qu'il était vide.

Mais nous ne sommes qu'au commencement. Une fois maîtres des papiers qui étaient dans les deux tiroirs, on se met à l'œuvre, le commissaire de police d'un côté, les trois agents d'un autre, et on lit avidement ce qu'ils renferment. Il y avait là une longue correspondance entre la mère et le fils, commencée en 1846, à une époque où celui-ci était encore au collége, et finissant en 1854, à l'époque de la mort de la mère. Et le respect ne les retient pas: le commissaire de police et ses agents lisent cette correspondance! Il y avait d'autres lettres, des lettres antérieures par leurs dates de plusieurs années aux faits du procès à propos duquel avait lieu la perquisition, des lettres intimes et familières de parents et d'amis, où l'on se parle à cœur ouvert, secrètement et mystérieusement; et le commissaire de police et ses agents lisent ces lettres, en l'absence de M. Floquet et sans que personne soit là pour le représenter! Le commissaire de police et ses agents sont seuls dans l'appartement; le concierge, appelé ailleurs par son service, ne pouvant y faire que de rares et de courtes apparitions; et, après plus de cinq heures employées à cette triste besogne, qui n'a pu satisfaire qu'une curiosité illégitime, à onze heures et demie, on se retire, emportant les pièces que vous savez, sans scellés et sans procès-verbal; et, ce qu'on veut bien ne pas emporter, on le laisse épars sur le parquet; ces lettres d'une mère, ces lettres de parents et d'amis, souvenirs les plus chers et les plus précieux de l'âme, elles sont là jetées et abandonnées à la merci d'un concierge!

Et il se pourrait que des actes de cette nature fussent autorisés par la loi? Non, il n'en est rien.

J'ai déjà eu l'honneur de le dire à la Cour, ce qui s'est ainsi fait au domicile de M. Floquet, on l'a fait avec un peu plus ou un peu moins de convenance chez tous les prévenus. C'est pourquoi je lui dénonce comme illégales toutes les visites et toutes les perquisitions qui ont eu lieu, et je lui demande d'annuler les saisies de pièces qui en ont été la conséquence; et cela par cette simple mais souveraine raison que, en cas semblable, il n'appartient qu'au juge d'instruction seul de procéder à des visites et à des perquisitions domiciliaires.

C'est ce que je vais essayer de prouver; et, pour cela, il me suffira de remettre sous vos yeux quelques articles du Code d'instruction criminelle.

La règle à suivre à cet égard a été posée dans les articles 87 et 90 de ce Code. Ils s'expriment ainsi :

« Art. 87.—Le juge d'instruction se transportera, s'il en est requis, et pourra même se transporter d'office dans le domicile du prévenu pour y faire la perquisition des papiers, etc. »

« Art. 90.—Si les papiers dont il y aura lieu de faire la perquisition sont hors de l'arrondissement du juge d'instruction, il requerra le juge d'instruction du lieu où l'on peut les trouver, de procéder, etc. »

Est-il rien de plus clair? Le juge d'instruction se transportera..., il fera la perquisition des papiers...; et, à son défaut, un autre juge d'instruction.

Il s'agit d'opérations qui exigent du tact et qui engagent la responsabilité; ces opérations, le juge d'instruction a seul qualité pour les faire et il y procédera lui-même, en personne. C'est là garantie de ceux qui ont le malheur d'être obligés de rendre compte de leur conduite à la justice et c'est le droit de tous. Il ne pourra déléguer son pouvoir, en pareille circonstance, ni à un juge de paix, ni à un commissaire de police, ni à aucun autre officier de police auxiliaire, car la loi ne l'autorise ni directement ni indirectement à le faire, et toutes les fois que la loi a entendu lui conférer cette faculté de délégation, elle l'a énoncé en termes exprès. Ainsi, y a-t-il lieu d'entendre des témoins qui sont dans l'impossibilité de se rendre à son appel? Les articles 83 et 84 disposent qu'il pourra se faire substituer par un juge de paix, et entrent à ce sujet dans les détails les plus précis et les plus circonstanciés. Et cela étant, comment expliquer que les articles 87 et 90 ne prévoient aucun cas dans lequel il puisse en être de même, si ce n'est parce que le législateur a voulu et veut que, en matière de perquisition de papiers, il n'y ait que le juge d'instruction qui ait le droit d'agir?

Voilà une première garantie; il en est d'autres qui ne sont pas moins précieuses. L'article 89 astreint le juge d'instruction à l'observation des articles 35, 36, 37, 38 et 39, c'est-à-dire que le juge d'instruction doit procéder aux perquisitions et aux saisies qu'il a le droit de faire en présence du prévenu, ou, si le prévenu ne veut ou ne peut y assister, en présence d'un fondé de pouvoir que le prévenu peut nommer; qu'il doit interpeller le prévenu ou son fondé de pouvoir de s'expliquer sur les choses saisies qui lui sont représentées; qu'il doit faire clore et cacheter les objets saisis et dresser, ou plutôt dicter du tout immédiatement, à son greffier, un procès-verbal qui est signé par le prévenu; enfin, que le juge d'instruction seul a le droit de faire des recherches dans les papiers, de les lire, et de rejeter les uns et de retenir les autres; en telle sorte que les visites et les perquisitions domiciliaires n'ont de valeur légale qu'en tant qu'elles ont été faites par le juge d'instruction, avec la contradiction du prévenu, et dans des conditions déterminées de protection de son domicile et de ses intérêts moraux et matériels.

Tel est l'esprit et tel est aussi le commandement de la loi pour les cas généraux et ordinaires. Telle, par conséquent, devait être la manière de procéder à l'égard des prévenus que nous avons l'honneur de défendre devant vous, Messieurs.

Exceptionnellement et dans les cas de flagrant délit, lorsque le fait est de nature à entraîner une peine afflictive ou infamante (art. 32), et, en outre, dans le cas d'appel d'un chef de maison chez qui un crime ou un délit a été commis (art. 46), le procureur impérial est autorisé à pénétrer dans le domicile des prévenus et à y faire toutes les perquisitions et saisies jugées utiles à la découverte et à la manifestation de la vérité; le procureur impérial peut même, dans ces cas exceptionnels, sous le coup de circonstances qui ne comportent ni hésitation ni délai, remettre à un commissaire de police le soin de faire une partie de ces opérations, ainsi que le dit l'article 52, dont voici le texte : « Le procureur impérial, pourra, exerçant son ministère, dans les cas des articles 32 et 46 pourra, s'il le juge utile et nécessaire, charger un officier de police auxiliaire de partie des actes de sa compétence. »

Mais, je ne saurais trop le répéter, c'est là une exception établie en vue d'une nécessité impérieuse d'ordre public, et qui ne peut, en aucun cas et sous aucun prétexte, être étendue à des cas autres que ceux que la loi a prévus et expressément caractérisés et déterminés. Dans ces cas exceptionnels, et par application de l'article 59, le juge d'instruction est en droit d'agir de même.

Il est à remarquer toutefois que, dans ces cas où l'obligation d'aller vite pourrait rendre excusable la mise en oubli de certaines formalités légales édictées pour les cas ordinaires, le fonctionnaire, quel qu'il soit, juge d'instruction, procureur impérial ou simple officier de police auxiliaire, par qui il est procédé à des perquisitions et à des saisies, est tenu de le faire contradictoirement avec le prévenu ou son fondé de pouvoir, en présence de témoins nécessaires, de dresser, séance tenante, procès-verbal de son opération, et, s'il croit devoir saisir des papiers ou d'autres objets, de les représenter d'abord au prévenu et de ne les emporter que sous des scellés où clos et cachetés.

Et l'article 47 dispose que, « hors les cas énoncés dans les articles 32 et 46, le procureur impérial sera tenu de requérir le juge d'instruction, d'ordonner qu'il en soit informé, même de se transporter, s'il en est besoin, etc. »

Si bien que de l'ensemble des dispositions de la loi il résulte invinciblement que, à part les cas de flagrant délit ou d'appel par un chef de maison chez qui un crime ou un délit a été commis, c'est au juge d'instruction seul qu'est conféré le droit de procéder à des visites et à des perquisitions domiciliaires.

Dans la pratique, ces prescriptions de la loi sont méconnues chaque jour, je le sais; je sais également qu'il existe un arrêt de la Cour de cassation, rendu en 1821, qui déclare qu'un juge d'instruction a eu le droit de charger un officier de police auxiliaire de faire des perquisitions et des saisies chez des individus contre qui était dirigée une prévention pour délit de contrebande. Mais je n'en pense pas moins que, dans la pratique, la loi est en cela tous les jours violée, et, sans m'éloigner du respect qui est dû à la Cour suprême, je puis croire et je crois que cet arrêt unique, et fondé peut-être sur des circonstances particulières, ne saurait prévaloir contre la loi elle-même ; et, heureusement, je ne suis pas seul dans cette opinion. Bien longtemps après cet arrêt, la question a été examinée par les jurisconsultes les plus compétents, et résolue dans le sens que j'ai la hardiesse de soutenir en ce moment.

Un savant professeur à l'École de droit de Paris, qu'une mort prématurée a enlevé à la science, s'en exprime ainsi : « A raison de la haute importance de ces actes (les visites domiciliaires), la loi ne permet point, en principe, au juge d'instruction d'autoriser des officiers inférieurs à procéder à ces actes (1). »

Après lui, M. Mangin, ancien procureur-général, ancien préfet de police, ancien conseiller à la Cour de cassation, dans son important ouvrage intitulé *De l'Instruction criminelle*, édition de 1847, t. I, p. 145, nº 88, dit à son tour : « C'est à un juge, à un fonctionnaire inamovible et conséquemment réputé indépendant, que la loi a confié le droit de pénétrer dans le domicile des citoyens et d'y faire des recherches. C'est là incontestablement une garantie. Il n'est point permis au juge d'instruction de la rendre illusoire en déléguant un juge de paix ou tout autre officier de police judiciaire, pour procéder à sa place à cette importante opération. »

Enfin, M. Faustin Hélie, qu'il faut toujours citer quand se débat devant vous une question de droit criminel, discutant ce grave sujet avec l'autorité qui lui appartient, donne la même solution dans son *Traité de l'instruction criminelle*, édition de 1853, tome V, page 478 et suivantes, et dans les termes que voici : « Le droit de perquisition du juge d'instruction n'est en lui-même qu'une exception au principe constitutionnel qui a consacré l'inviolabilité du domicile... De là, cette première règle de notre matière que le droit de procéder aux visites domiciliaires, doit être resserré plutôt qu'étendu..... Cette première règle posée, la loi en établit une seconde, non moins féconde en conséquences pratiques ; c'est qu'il n'appartient qu'au juge d'instruction de pénétrer dans le domicile des citoyens et d'y faire des recherches. Les articles 87 et 88 du Code d'instruction criminelle n'ont attribué qu'à ce magistrat seul, hors les cas de flagrant délit, le pouvoir d'or-

(1) Boitard, 5me leçon *sur le Code d'instr. crim.*, nº 98.

donner et de faire une visite domiciliaire. Le caractère du juge, l'indépendance de ses fonctions, sa mission qui le place au-dessus des parties et lui défend de s'associer à leurs passions, tels sont les motifs qui lui ont fait conférer cette attribution, et telles sont aussi les garanties que la loi a voulu assurer à la liberté civile. Suit-il de là que le juge d'instruction ne puisse déléguer cette opération, soit à un juge de paix, soit à tout autre officier de police judiciaire? Quelques auteurs ont pensé que ce juge est investi du droit général de déléguer toutes les opérations auxquelles il ne peut procéder lui-même et par conséquent, le droit de faire une visite domiciliaire (Legraverend, Bourguignon); et cette opinion paraît trouver une sanction dans les motifs d'un arrêt de la Cour de cassation du 6 mars 1841... Mais cette doctrine est-elle conforme à la loi? Les articles 83 et 84 établissent formellement, au moins dans les deux cas qu'ils spécifient, le droit du juge d'instruction de déléguer un juge de paix pour entendre les témoins. N'est-il pas étrange que les articles 87 et 88, en établissant le droit du juge de se transporter dans le domicile du prévenu ou des tiers, n'aient pas reproduit la faculté de délégation que la loi venait d'autoriser pour l'audition des témoins? Pourquoi cette autorisation formelle dans un cas et ce silence dans l'autre? Ensuite, l'article 89 rappelle, pour les étendre au juge d'instruction, les dispositions de plusieurs articles relatifs aux opérations du ministère public dans les cas de flagrant délit; or, parmi ces articles, ne se trouve point l'article 52, qui permet au procureur impérial de charger un officier de police auxiliaire de partie des actes de sa compétence. Quelle conséquence faut-il en inférer, si ce n'est que la loi n'a pas voulu que le juge déléguât à un officier de police auxiliaire le droit de perquisition? Enfin, lorsque la visite doit être faite hors de l'arrondissement du juge, l'article 90 veut que le juge d'instruction du lieu soit requis de procéder lui-même à l'opération. Que résulte-t-il de ces textes? Le droit conféré au juge de procéder aux visites domiciliaires, droit personnel, qui n'admet au moins, dans leur teneur, aucune délégation..... Est-ce donc trop de toute l'autorité de ce magistrat et de toute la confiance qu'il commande pour rassurer la liberté du domicile enfreinte? Quand la pensée de la loi a été une protection du droit, quand elle a considéré l'intervention personnelle du juge comme une garantie de la légalité de la visite, comme une sauvegarde des intérêts que cette visite peut froisser, pourquoi affaiblir ou diminuer cette disposition tutélaire au lieu de la fortifier. Substituer à la personne du juge celle du commissaire de police, n'est-ce pas substituer à la forme judiciaire la forme administrative, et imprimer à une mesure de justice le caractère d'une mesure de police? — Tel n'a point été l'esprit du Code. »

Et maintenant, Messieurs, je n'ai plus rien à dire. J'ai fini.

Dans un pays comme le nôtre, qui a vu les révolutions se succéder de quinze ans en quinze ans depuis le commencement de ce siècle et les passions des partis triompher et s'imposer tour à tour par la violence et la terreur, il importe à tous, il importe aux honnêtes gens surtout, que la justice, indépendante et fière au-dessus de nos agitations, se montre résolue à maintenir intacts, au moins les principes tutélaires du foyer domestique, et que la police, instrument passif aux mains des vainqueurs, quels qu'ils puissent être, ne soit jamais mêlée à ses actes que dans la mesure restreinte qui lui est rigoureusement faite par la loi.

Le domicile d'un citoyen, c'est presque sa conscience, et c'est pour cela que, depuis 1789, nos diverses Constitutions, les unes après les autres, l'ont proclamé inviolable. Il y va de la sécurité de tous, dans tous les temps et sous tous les régimes. Les plus secrets sentiments de nos cœurs, les confidences que nous nous faisons à nous-mêmes, celles que nous recevons de nos parents et nos amis, nos rêves, nos vœux, nos espérances, nos déceptions, nos bonnes et nos mauvaises pensées, suivant les jours et suivant les circonstances, nous sommes là tout entiers sous la sauvegarde et sous la foi d'un mystère que nous avons dû croire impénétrable. Et il se pourrait qu'un agent inférieur de la police, sans responsabilité personnelle appréciable, eût le droit de s'y introduire, de fouiller tout cela, de lire tout cela, de s'en rire ou de s'en faire une arme contre nous? Non, cela n'est pas possible! La loi s'y oppose; mais la morale s'y oppose plus encore que la loi, non dans l'intérêt de tel ou tel parti, mais dans l'intérêt de tous les citoyens.

Le domicile inviolable, voilà le principe! Et si des raisons supérieures d'ordre public exigent que l'on s'en écarte, ce n'est que par une exception qui, comme toutes les exceptions en matière criminelle, doit être renfermée dans les limites les plus étroites. Il y faut un magistrat, qui par l'indépendance de sa position et de son caractère, offre des garanties incontestables de prudence, de délicatesse, de mesure et de discrétion; il y faut, en un mot, le juge d'instruction en personne. C'est à lui seul, hors le cas de flagrant délit ou d'appel d'un chef de maison chez qui un crime ou un délit vient d'être commis, qu'il appartient d'exercer ce droit exceptionnel et exorbitant de visite et de perquisition dans le domicile d'un prévenu. Et comme ces règles protectrices de l'inviolabilité du domicile ont été outrageusement violées, non-seulement à l'égard de

M. Floquet, mais aussi à l'égard de ses co-prévenus, il s'ensuit que les opérations qui servent de base à la prévention ne sont autre chose que des actes arbitraires et illégaux, qu'elles doivent être déclarées abusives et nulles, et que dès lors la prévention désarmée doit-être rejetée comme absolument non-recevable.

En vous demandant de faire droit à ces conclusions subsidiaires, il me semble, Messieurs, que je stipule purement et simplement pour l'honneur de la loi ; car au fond, et sur le fait d'association illicite considéré en lui-même, je ne puis croire que vous hésitiez à prononcer l'acquittement de tous les prévenus.

En effet, alors que jusqu'à présent, depuis la loi de 1834, comme sous la législation antérieure à cette loi, il a été admis que, en temps d'élections, les citoyens avaient le droit de s'organiser en comités électoraux et de s'entendre pour agir en commun sur les élections générales ou partielles, est-ce que, aujourd'hui, en 1864, sous un gouvernement qui se vante d'avoir rétabli le suffrage universel et d'avoir réintégré sur les listes électorales les noms de trois millions d'électeurs que la loi du 31 mai en avait effacés, il serait possible que ce droit, dont on a toujours, toujours usé avec une entière liberté, fût exposé à être déclaré par vous ne plus exister ? Que s'est-il donc passé ? Est-ce que, depuis le 2 décembre 1851, il est intervenu une loi nouvelle et spéciale qui nous ait retiré cette faculté de former des comités électoraux correspondant entre eux et pesant sur les élections de tout leur pouvoir ? Non, on ne le prétend pas. En sorte que, nous vivons encore bien légitimement sous l'empire de la loi de 1834, et qu'il nous est permis d'invoquer, à cette heure comme avant le 2 décembre, cette faculté de nous concerter et de nous entendre, expressément réservée dans la discussion de cette loi, faculté inhérente du reste au droit de vote, à ce point qu'on ne pourrait la supprimer sans porter la plus grave atteinte au droit de vote lui-même. Et alors, où serait la raison de condamner ce qui n'est que la continuation d'un état de choses ancien, et aussi incontestablement fondé en droit qu'en fait ?

S'il en est ainsi, que veut-on donc ? que votre jurisprudence remplace la loi qui fait défaut !

Est-ce possible ?... La loi, Messieurs, vous ne la faites pas, vous l'appliquez ; vous en êtes les gardiens ; protecteurs de tous, vous resterez ce que vous êtes et vous ne vous laisserez pas engager dans la politique où vous ne seriez plus que les défenseurs d'un parti.

M. le Président. Dans quel ordre la défense compte-elle continuer les plaidoiries ?

Au banc de la défense. Dans l'ordre de la prévention.

M. le Président. Tous les défenseurs entendent prendre la parole?

Au banc de la défense. Oui, tous, Monsieur le président.

L'audience est suspendue à 2 heures 25 minutes et reprise à 2 heures 40 minutes.

Diverses affaires ordinaires sont appelées et renvoyées à des audiences subséquentes.

M. Clamageran, l'un des appelants, dont le tour de défense est arrivé, se lève.

M. le Président lui donne la parole.

M. Clamageran. Messieurs, entourés comme nous le sommes de confrères et de maîtres illustres qui se présentent pour nous défendre, ce n'est pas sans une certaine hésitation et un certain trouble que je me suis décidé à prendre la parole devant vous; mais après mûre réflexion, après une étude consciencieuse de la loi, il s'est formé dans mon esprit une conviction forte, sincère, profonde que j'éprouve le besoin d'exprimer tout haut. C'est mon droit, c'est peut-être aussi mon devoir.

Je ne me propose pas d'embrasser la cause dans son ensemble. Je laisse de côté la question de fait qui a été déjà élucidée d'une façon parfaitement lumineuse, et aussi, ce qu'on peut appeler la question principale, celle de savoir si la loi de 1834 est applicable aux comités électoraux. Ce n'est pas que sur la solution de cette question, j'éprouve le moindre doute. Je suis de ceux qui pensent qu'il y a certains principes de droit public qui dominent les lois de police. Quand les électeurs sont appelés au vote, rien ne doit les gêner dans l'exercice de cet acte qui est un acte de souveraineté : toutes les barrières doivent s'abaisser devant eux, comme jadis elles s'abaissaient devant la majesté du Roi. Mais cette thèse a été soutenue en première instance avec tant d'éclat et reproduite aujourd'hui avec tant de force qu'il est inutile d'y revenir.

Je m'attacherai à la question subsidiaire, celle de savoir si, en supposant que la loi de 1834 s'applique aux comités électoraux, un comité constitué comme le nôtre, agissant comme le nôtre, peut tomber sous l'empire de cette loi, et exposer ses membres aux pénalités qu'elle édicte.

Cette question est la question subsidiaire dans notre espèce; mais à un certain point de vue, c'est aussi une question de haute importance. Car la loi de 1834 est applicable non-seulement aux sociétés politiques, mais aussi aux sociétés religieuses, aux sociétés littéraires, aux sociétés scientifiques : elle embrasse, pour ainsi dire, dans son étreinte, tout le mouvement moral et intellectuel du pays. C'est une chose grave et bien délicate en même temps que d'interpréter une pareille loi ; car, d'une part, il faut respecter la volonté du législateur, qui a voulu restreindre le droit d'association, et d'autre part, si on se laisse aller à forcer le sens des mots, à exagérer la portée de la loi, on risque de compromettre la vie sociale dans ses manifestations les plus hautes, les plus nobles et les plus légitimes. .

Si j'examine au nom de quel principe, de quelle doctrine nous avons été condamnés, j'avoue qu'en m'en tenant seulement aux termes du jugement, je serais fort embarrassé, car il est impossible d'y trouver une doctrine formulée, précise et nette. Une série d'attendus constate des faits, la plupart inexacts, des faits dont l'inexactitude a été déjà relevée ici même. Quant à un considérant établissant une doctrine de droit, il n'y en a aucun ; pour ma part du moins, je n'en vois pas un.

Cependant à travers ces attendus, il circule une certaine doctrine qui s'y trouve à l'état latent, une doctrine qui n'est peut-être pas tout à fait celle du ministère public en première instance, une doctrine, enfin, qui me paraît être celle-ci : pour ce qui forme le noyau principal de l'association, il y a certaines conditions essentielles, conditions extraordinaires, fortement caractéristiques du fait d'association, conditions qu'on reconnaît nécessaires, qu'on se donne la peine de constater ; mais, une fois ces conditions constatées, quand il s'agit d'associés nouveaux ou du moins de prétendus associés nouveaux, de ceux qui sont entrés en relation avec l'association principale, on abandonne ces conditions, on pense que, pour eux, il suffit d'une simple relation, d'une relation quelconque. Ils se sont mis en communication, en rapport, dit le jugement, avec telles ou telles personnes, tels ou tels comités. Ce simple fait suffit pour établir un lien d'association.

Si donc il y a une doctrine dans le jugement, cette doctrine consiste à faire une distinction entre les associés anciens et les associés nouveaux, qu'on appelle *affiliés* ou *adjoints*.

Les termes mêmes, dont on se sert, indiquent déjà que cette doctrine n'est pas solide. En effet, pourquoi ne pas se servir du mot d'*associés?* Ou il y a une différence et les mots d'*affiliés* et *adjoints* ne sont pas la même chose que le mot *associés*, et il faut prouver que cette différence existe dans la loi ; ou il n'y a aucune différence et il faut que le fait qualifié d'affiliation ou d'adjonction soit le même que le fait d'association avec toutes les conditions voulues par la loi.

Si je n'avais à combattre que cette doctrine du jugement, elle ne tiendrait pas longtemps. Il suffirait de remettre sous les yeux de la

Cour le texte de la loi et de lui montrer qu'il n'y a pas de distinction entre les associés primitifs et les adjoints; le législateur ne l'a même pas indiquée, de sorte qu'il est impossible à la lecture des textes spéciaux, de soupçonner qu'une telle doctrine existe. Quand j'aurais fait cette preuve, ma plaidoirie serait terminée.

Mais nous sommes ici en présence d'une autre doctrine bien différente, qui sera probablement reproduite par le ministère public à cette audience; c'est une doctrine bien autrement logique et elle est aussi bien autrement hardie. Elle se débarrasse avec une facilité extraordinaire de toutes les conditions de l'association, ou si elle en retient quelques-unes, ce sont des conditions si faciles à rencontrer dans la vie sociale, que c'est absolument comme si on les abandonnait toutes.

Cette doctrine, l'honorable Me Grevy l'a déjà exposée, je ne ferai que la rappeler. « L'unique signe distinctif de l'association (disait M. l'Avocat impérial), c'est une communauté de but entre les associés, une communauté d'efforts pour atteindre ce but; morale ou matérielle, une coopération quelconque suffit; quiconque, dans la mesure de ses forces ou de ses convenances, payant de sa personne ou de son argent, concourt au but commun, celui-là est associé. »

C'est avec une pareille doctrine qu'on est arrivé à englober dans cette association, prétendue illicite, toute une armée d'affiliés ou d'adjoints, de souscripteurs, d'auxiliaires et enfin de comités étrangers, avec lesquels il n'a existé que des rapports passagers. On inculpe, par exemple, des personnes, qui ont exprimé un regret de ne pas être dans cette association et on dit : ces personnes n'en faisaient pas partie, mais nous en tirons, par cela même, cette conséquence qu'on peut les y comprendre. Eh bien, cette conséquence, dont on s'est étonné en première instance, est logique, du moment que vous admettez que la communauté du but suffit; une personne, par cela même qu'elle regrette de ne pas faire partie de l'association, montre qu'elle a des sympathies pour le but de cette association, qu'elle est avec elle en communauté d'intention, qu'elle partage les mêmes aspirations. Cela est évident, c'est une conséquence parfaitement logique. La permanence morale, dont on s'est tant étonné, est aussi une conséquence logique de cette théorie. La loi exige la permanence matérielle ; mais, dit-on, la permanence morale suffit, car on peut poursuivre un but commun et coopérer à ce but par des efforts communs, sans être à l'état de permanence matérielle. Cette conséquence paraît bizarre, mais elle est logique, si on admet le principe. C'est ce principe même qui est faux et qui doit être repoussé.

De prime abord la doctrine qu'on nous oppose semble bien large et par cela seul bien commode au point de vue de l'accusation. Le but commun, c'est excessivement vague. Si vous dégagez le but commun des moyens employés pour l'atteindre, si vous prétendez admettre le but commun, sans distinguer les moyens employés pour l'atteindre, c'est tout ce qu'on veut. Les mêmes choses, en effet, peuvent être tour à tour considérées comme but ou comme moyens. J'en prendrai un exemple dans l'article 291 du Code pénal. L'article 291 parle d'une association « dont le but sera de se réunir pour s'occuper d'objets religieux, littéraires, politiques ou autres. » Nous voyons là le but, la réunion, qui tour à tour est but et moyen. Je ne prétends pas que le communauté du but ne soit pas un élément nécessaire de l'association ; mais pris seul, c'est, je le répète, quelque chose de très-vague. Avec une semblable théorie, on peut embrasser une multitude d'actes complètement divers, depuis ces actes qui créent, entre les personnes, des liens très-étroits, très-intimes, très-énergiques, très-durables, jusqu'à ces actes qui créent des relations éphémères, momentanées, des relations presque insensibles. Je me demande donc tout d'abord, sans rapprocher cette théorie des textes, s'il n'y a pas là quelque chose d'anti-juridique. N'est-il pas contraire à l'esprit général du droit d'englober des actes si divers sous une formule identique et de les soumettre aux mêmes prescriptions légales? Sans doute, si la loi l'avait fait, il faudrait s'y soumettre ; il ne resterait qu'à dire : *dura lex sed lex*. Mais il s'agit précisément de savoir si la loi l'a fait.

J'aborde donc les textes. Le ministère public ne peut pas prétendre que cette théorie soit formulée dans la loi ; et vraiment lorsqu'il s'agit d'une théorie si large, si commode, si extraordinaire, si élastique, on aurait le droit d'exiger qu'elle fût dans la loi en termes formels. Elle n'y est pas. On la déduit de certains mots qu'on interprète d'une manière abusive et qu'il importe de définir d'une manière précise.

Voyons ce que disent les textes. Non-seulement ils ne contiennent rien de semblable à la théorie du ministère public, mais ils donnent, qui plus est, des indications qui permettent de voir combien cette théorie est défectueuse.

J'appellerai d'abord l'attention de la Cour sur l'article 3 de la loi de 1834. Il est ainsi conçu : « Seront considérés comme complices et punis comme tels, ceux qui auront prêté ou loué sciemment leur maison ou appartement pour une ou plusieurs réunions d'une association non autorisée. »

Eh bien, déjà il me semble que cet article montre que la théorie du ministère public n'a pas été admise par le législateur ; car de quoi s'agit-il? d'un propriétaire qui prête son appartement pour servir de siége à une société. Si le législateur était parti de ce principe de la communauté du but et de la communauté des efforts pour établir le délit d'association, il est évident que cet article eût été inutile. Car, enfin, pourquoi cette disposition spéciale, relative au propriétaire? Il est le premier de tous les coopérateurs; il donne à la société ce sans quoi elle ne pourrait pas avoir cette permanence matérielle que le ministère public dédaigne, mais que la loi exige. Sans le propriétaire pas de permanence, pas de siége social. J'ajoute que cette coopération a ce caractère particulier qu'elle est continue pendant tout le temps de la durée de l'association; et cependant le législateur a cru devoir établir, à cet égard, une disposition expresse, disposition qui, par sa place et par sa forme, a quelque chose d'exceptionnel.

Il convient encore d'ajouter que le propriétaire n'est pas considéré comme associé, mais seulement comme complice, d'où il suit que, pour constituer le délit, il faut qu'en dehors du propriétaire, il y ait plus de vingt personnes, celui-ci ne figurant pas parmi les associés.

Les conséquences à tirer de l'article 3 me paraissent donc complètement contraires à la théorie émise par le ministère public. Il ne suffit pas de venir en aide à l'association pour être associé; il faut prendre part à ses travaux, ce qui écarte un grand nombre d'auxiliaires, notamment tous les souscripteurs; je dirai même que si le propriétaire est exclu, à plus forte raison les simples souscripteurs doivent l'être.

Vous voyez, Messieurs, que les textes spéciaux ne sont pas sans jeter quelque lumière, sinon sur la question entière, du moins sur certains points de la question.

J'arrive maintenant à l'article 1er de la loi, qui doit être combiné avec l'article 291 du Code pénal.

Que dit l'article 291? « Nulle association de plus de vingt personnes dont le but sera de se réunir tous les jours ou à certains jours marqués pour s'occuper d'objets religieux, littéraires, politiques ou autres, ne pourra se former qu'avec l'agrément du gouvernement. » D'après cet article 291 (laissons de côté ce que c'est que l'association et ne prenons que l'article en lui-même), quelles étaient les conditions nécessaires pour constituer une association illicite?

Il fallait d'abord plus de vingt personnes; il fallait ensuite une seconde condition, l'association; c'est-à-dire que le législateur ne se contentait pas d'un simple fait matériel, mais il exigeait un lien moral. Une troisième condition consiste dans le fait matériel de réunion. En quatrième lieu se présente une condition qu'on néglige quelquefois et qui mérite bien d'être relevée : je veux parler du rapport qui doit exister entre la réunion et l'association. La loi dit en effet : « Nulle association de plus de vingt personnes dont le *but* sera de se réunir... » Il faut que la réunion soit le but de l'association. Il ne suffit pas d'une association entre différentes personnes et d'une réunion où ces différentes personnes se seront trouvées. Il faut montrer qu'il y a un lien logique entre cette association et la réunion, que l'une se rattache à l'autre, comme l'effet à la cause.

L'article 291 du Code pénal exigeait encore que la réunion fût périodique ou journalière, et enfin que l'objet de la société fût de s'occuper de choses religieuses, littéraires, politiques ou autres.

L'article 1er de la loi de 1834 a modifié l'article 291 du Code pénal, mais dans quel sens et jusqu'à quel point l'a-t-il modifié? La forme même de cet article indique que c'est un article qui déroge à l'article 291. Il ne vient pas le remplacer, le compléter; il y déroge seulement sur certains points; toutes les conditions qu'il n'abolit pas en termes formels, il les maintient.

Or, l'article 1er de la loi de 1834 s'exprime ainsi : « Les dispositions de l'article 291 du Code pénal sont applicables aux associations de plus de vingt personnes, alors même que ces associations seraient partagées en sections d'un nombre moindre et qu'elles ne se réuniraient pas tous les jours ou à des jours marqués. » Cet article ne déroge qu'en deux points à l'article 291 du Code pénal. Je vais indiquer ces deux points.

Il y déroge d'abord, en ce que, dans certains cas, il efface complètement la condition de réunion. Avant cet article, il fallait, dans tous les cas, que l'association fût suivie d'une réunion spéciale; car la réunion devait être le but de l'association. Depuis la loi de 1834, cette condition de la réunion n'est plus nécessaire dans tous les cas. Ainsi lorsque l'association est partagée par sections, lorsque l'association comprend différents groupes de personnes qui déjà sont associées entre elles, il y a là un cas particulier, une double association. Alors le législateur est plus sévère, il efface la condition de la réunion générale de toutes les sections; mais il n'efface pas la condition de la réunion des membres d'une même section. C'est la condition de la réunion générale qu'il efface seulement.

Ici, je dirai incidemment, qu'il ne faudrait pas abuser de ce mot de *section*. On y a trouvé toute espèce de choses; mais il n'indique, en réalité, qu'un groupe de personnes associées entre elles et non un groupe vague. On a voulu faire à tort une section du groupe des souscripteurs. Il n'y a eu entre eux ni association, ni réunion : ils ne formaient donc pas une section. Une section est un groupe de personnes, déjà associées entre elles. Alors, dans ce cas là, la réunion de plusieurs sections n'est plus jugée nécessaire pour constituer une association illicite. Cette condition de réunion générale disparaît. Voilà la première modification apportée à l'article 291 par la loi de 1834.

Il y en a une seconde. L'article 291 exigeait des réunions régulières, soit journalières, soit périodiques. La loi de 1834 efface encore cela; mais elle n'efface pas la condition de la réunion; elle la maintient, au contraire, d'une façon très-positive, toutes les fois qu'il s'agit de personnes isolées.

Voilà ce que nous fournissent les textes, et déjà il me semble que la théorie du ministère public est singulièrement entamée.

Ce n'est certes pas là cette théorie vaste, sans limite, qu'on nous opposait. La communauté du but et des efforts ne suffit pas. Il faut qu'il y ait une collaboration réelle, permanente, une participation aux travaux de la société. C'est ce qui résulte de l'article 3 de la loi de 1834, de l'article 1er de la même loi et de l'article 291 du Code pénal qui parle des sociétés se réunissant pour s'occuper de choses religieuses, littéraires, politiques ou autres; ce n'est pas s'occuper de ces choses là que de professer de la sympathie pour ceux qui s'en occupent et de leur venir en aide par des secours pécuniaires. Le capitaliste qui remet des fonds à un fabricant ne s'occupe pas de choses industrielles; celui qui prête à un commerçant ne devient pas, par ce fait, commerçant lui-même. Qui oserait dire que les créanciers de l'État, par cela seul qu'ils viennent en aide au Gouvernement, participent aux affaires gouvernementales? On ne peut arriver, Messieurs, à de pareilles conclusions que par un véritable abus de langage.

Ainsi l'article 1er confirme l'article 3, en ce qui touche la nécessité de la participation aux travaux de la société.

Je pourrais trouver encore une autre confirmation de ce que je soutiens, en ce moment, dans la discussion de la loi de 1834. Je rappelle seulement ceci, c'est que M. Persil a déclaré que les commanditaires ne devaient pas être considérés comme associés. Les commanditaires ont un droit de surveillance sur les affaires de la société, ils ont le droit de demander des comptes, et cependant ils ne sont pas considérés comme associés. Les souscripteurs, eux, ne demandent aucun compte, ils n'exercent aucune surveillance; il y a donc un *a fortiori* en leur faveur. Et quand M. Persil faisait cette déclaration, ce n'était pas une chose nouvelle qu'il émettait, mais un principe fondamental en droit civil et commercial. Je retrouvais dernièrement cette doctrine dans Savary, l'auteur du *Parfait Négociant.* « Un commanditaire, dit-il, est un homme qui remet une somme à une société sans faire aucune fonction d'associé. » Voilà ce que dit Savary, voilà ce qu'ont dit tous les auteurs anciens et modernes. M. Persil, en déclarant les commanditaires non associés, ne faisait que répéter une chose claire pour tout le monde et d'une évidence encore plus grande pour ce qui a trait aux souscripteurs.

Voilà, Messieurs, tout ce que l'examen des textes m'a paru fournir de lumière et je le répète, d'après ces textes, il faut bien d'autres conditions, pour constituer une association illicite, que la communauté de but et d'efforts. Il faut, dans tous les cas, une collaboration réelle, et dans le cas où il s'agit d'individus isolés, il faut encore le fait matériel de réunion. Ces conditions ne sont point imaginées à plaisir; elles sont indiquées par la loi elle-même.

J'arrive maintenant à un point qui peut paraître obscur. Quand il s'agit des sections qui ont des rapports entre elles, la loi n'exige plus que le fait d'association. Il faut donc voir ce qu'on entend par association.

C'est ici que le ministère public semble triompher. Il est certain que ce mot *association* est un mot très-vague, et le ministère public en profite largement. Voyons, cependant, ce qu'il s'agit d'entendre par ce mot association. Certes, nous ne pouvons pas prendre ce mot dans le sens du langage vulgaire; cela nous conduirait à un résultat évidemment impossible. Nous ne pouvons le prendre que dans le sens juridique. Dans le sens de la langue vulgaire, le mot association s'applique à une infinité de choses. On pourrait dire, par exemple, que tous les hommes, en un sens, sont associés. C'est une des gloires de l'économie politique moderne, d'avoir démontré cette solidarité que le fait de l'échange établit entre tous les hommes. Par le seul fait de l'échange et du commerce, il se forme entre tous les hommes une sorte d'association. Il y a une espèce de solidarité entre eux, et il y a aussi un certain lien, une certaine dépendance. Ce n'est pas là, certes, l'association dont on veut parler. Il y a aussi une autre association, mais qui est moins vaste, c'est celle de la nationalité. Par le fait seul qu'il y a un pouvoir constitué, des gouvernants et des gouvernés, il y a une communauté d'intérêts déjà plus directe, un lien plus étroit, une plus grande dépendance entre les hommes; mais tout cela constitue l'association générale et non pas l'association particulière.

Avant d'arriver aux associations particulières, je demande la permission de faire remarquer que le fait seul de ces associations générales qui existent entre les hommes, crée entre eux des relations particulières, qui ne sont pas encore, cependant, de véritables associations. Ainsi, par exemple, l'échange introduit parmi les hommes des conventions particulières, ce qu'on appelle des transactions commerciales; mais avant d'arriver à l'acte commercial d'échange, il y a d'autres choses qui précèdent ; il y a des voyages, des visites, des correspondances, une multitude de relations diverses. Est-ce que tout cela constitue une société particulière? Non. Ce sont de simples préliminaires qui peuvent aboutir, plus tard, à une société, mais qui par eux-mêmes ne constituent pas une société particulière.

Je dirai la même chose de la nationalité. Le fait seul d'être soumis aux mêmes lois engendre une foule de rapports individuels : les administrateurs communiquent avec les administrés et les administrés communiquent les uns avec les autres. Vous ne pouvez empêcher ces relations.

Il serait trop facile de démontrer qu'il en est ainsi et qu'il doit en être ainsi en matière électorale. Mais il importe de remarquer que cela se présente dans une multitude d'autres occasions. Supposez que l'administration publie une enquête de *commodo et incommodo;* il est évident que toutes les personnes appelées à y figurer correspondront entre elles, prendront des informations, des renseignements, chercheront à se mettre d'accord. Direz-vous qu'elles forment une association particulière? Non. — Et pourquoi? Parce qu'il n'y a pas d'engagement entre elles, parce qu'elles ne sont pas liées. Celui qui donne un avis à son voisin, n'est pas lié par son avis; il peut le rétracter, et l'autre peut ne pas le suivre. Il n'y a pas de lien; donc, il n'y a pas de société particulière.

Pour qu'il y ait société particulière, il faut qu'il existe une convention, un contrat, un engagement; peu importe le mot, mais la chose même est absolument nécessaire. Voyons donc ce qu'il faut entendre par convention.

Est-ce que c'est un simple accord de pensées, de sympathies, de sentiments? pas le moins du monde. Il faut qu'il y ait accord de volontés, il faut que les deux volontés se rencontrent, il faut qu'elles se joignent, et si vous ne me montrez pas cela, il n'y a pas d'association, parce qu'il n'y a pas de convention.

Il est impossible de comprendre cette théorie présentée, sous forme incidente, à votre première audience, à savoir, que certains associés pouvaient échapper à la condamnation parce qu'ils ignoraient le but illicite de l'association. Mais c'est précisément parce qu'ils ignoraient les conditions, le but de cette association, qu'ils ne sont pas associés. Comment voulez-vous que je sois associé à une personne qui ne sait pas ce que je fais, ce que j'ai l'intention de faire ; pareille chose est impossible; cette personne ne peut être mon associée, car il n'y a pas eu entre nous accord de volontés. Il y a eu un rapprochement matériel, un échange de pensées, de sympathies, de sentiments, mais il n'y a pas eu ce que la loi appelle un engagement, une convention, un contrat, toutes choses qui lient deux personnes.

Voilà donc la condition essentielle de toute espèce d'association, c'est qu'il y ait une convention entre les parties, un lien obligatoire. Mais est-ce que cela suffit? Est-ce qu'une association est toute espèce de convention? Non : elle est une convention, mais non pas toute espèce de convention, car alors le législateur ne se serait pas servi du mot association. On aurait dit simplement *toute convention;* mais la loi ne s'est pas exprimée ainsi parce que l'association est quelque chose de plus qu'une convention.

C'est ici que la difficulté commence; cette difficulté ne peut être résolue d'une manière sérieuse si l'on ne remonte aux principes généraux du droit.

Le ministère public, en première instance, ne s'est pas donné beaucoup de peine pour trouver une définition. Il a imaginé que l'association était telle chose, et il a dit : C'est ainsi. Mais sa définition ne se rencontre dans aucune espèce de loi; on l'a posée comme un dogme, on ne l'a pas démontrée. Je veux éviter à tout prix une pareille méthode, et trouver le caractère de l'association autrement que dans l'imagination. La loi spéciale ne dit rien de précis; j'ai cherché avec beaucoup de soin, et j'ai recueilli dans la loi tous les indices qu'elle nous donne; mais, je le répète, la loi n'a pas défini le caractère de l'association. Où irons-nous donc chercher cette définition? dans le droit civil et commercial, là où d'autres associations existent déjà réglementées par la loi, car de tous temps les associations ont été réglementées par le législateur, et il est naturel de supposer que c'est à des associations de ce genre que le législateur s'est reporté, quand il a fait la loi sur les associations politiques, religieuses et autres. Le mobile de l'association peut être différent. Dans le cas de sociétés civiles ou commerciales, il y a un mobile intéressé qui n'existe pas dans les associations de l'ordre moral. Mais l'organisation de l'association est indépendante du mobile, et les conditions de cette organisation resteront les mêmes dans tous les cas.

Si nous examinons les principes tels qu'ils ressortent de la loi civile et commerciale, nous voyons que nos codes n'ont fait que confirmer ce qui est établi depuis bien longtemps. Dans toute société il faut un apport réciproque. Il faut de plus un intérêt commun. Il faut encore une troisième condition, c'est qu'il y ait entre les associés un lien également énergique de part et d'autre; c'est ce qu'indique Domat dans son *Traité des lois civiles*, quand il dit : « La société ne peut se contracter que par le consentement de tous les associés, qui doivent se choisir et s'agréer réciproquement pour former entre eux une *liaison* qui est une espèce de fraternité. »

J'appellerai spécialement l'attention de la Cour sur cette définition. Il est évident que Domat, qui vivait au XVIIe siècle, n'a pas écrit pour les besoins de notre cause. Cette définition est très-générale ; elle est donc applicable à toute espèce de société, quel qu'en soit le but.

Domat aurait pu se servir du mot *lien;* mais il s'est servi du mot *liaison*, qui indique une certaine continuité, et ce mot me conduit à la quatrième condition des sociétés :

Il faut qu'une société ait pour objet une série d'opérations, de telle façon qu'entre les associés il y ait un lien qui les oblige, non pas à un acte unique, mais à un ensemble d'actes successifs. Il faut qu'il y ait une liaison, c'est-à-dire un lien continu qui les engage pour un certain temps. C'est là le caractère le plus remarquable des sociétés ; c'est ce caractère de permanence qui, d'après M. Martin (du Nord), constitue l'association, et sans lequel il n'y a que des rapprochements éphémères. De cette condition essentielle découle le fait d'une administration réglée à l'avance, d'un lien organique établi en prévision des éventualités de l'avenir. Il faut que les associés entre eux soient maintenus dans un certain rapprochement par une sorte d'organisme, par un lien tout particulier, par une hiérarchie qui fasse que les questions qui n'ont pas été résolues dans les statuts, on soit sûr de les résoudre à l'avance par le mécanisme social. Considéré à ce point de vue, le contrat de société apparaît comme une convention qui, une fois faite, dispense d'en faire d'autres ; et l'on peut dire, d'une manière générale, que l'association est la convention portée à son plus haut degré de puissance.

Est-ce là, Messieurs, le type d'une société imaginaire ? Non, certainement, c'est ce qui résulte de tous les articles du Code civil et du Code de commerce relatifs aux sociétés.

Je ne veux pas abuser du temps de la Cour, et cependant je lui demanderai la permission de lui lire la fin de l'article 1833 : « Chaque associé, est-il dit, doit apporter ou de l'argent, ou d'autres biens, ou *son industrie.* » Ce n'est pas tel ou tel acte que l'associé promet, c'est son industrie, ce qui suppose un certain ensemble de services.

Mais les articles les plus remarquables sont ceux qui ont trait à l'administration de la société. Je ne lirai que le commencement de l'article 1859 : « A défaut de stipulations spéciales sur le mode d'ad- » ministration, on suit les règles suivantes : 1° les associés sont cen- » sés s'être donné réciproquement le pouvoir d'administrer l'un pour » l'autre ; ce que chacun fait est valable, même pour la part de ses » associés, sans qu'il ait pris leur consentement... » Je ferai remarquer que le Code ne suppose pas qu'il puisse ne pas y avoir une administration ; à défaut de stipulations expresses, il organise lui-même une administration : ce que fait un associé, lie les autres associés. Il est impossible d'établir un lien plus permanent et plus énergique.

Dans le droit commercial, les mêmes conditions se rencontrent avec plus de précision encore. A cet égard, il suffit de signaler les articles 20, 23, 24 et 31 du Code de commerce. Partout l'idée de gestion, l'idée d'administration, l'idée de continuité et de permanence.

Voilà donc le type normal de la société. Je ne dissimulerai pas qu'il y a encore un autre type, mais qui est anormal, c'est celui des sociétés en participation. Il y a, dans ce genre de sociétés, quelque chose de tout particulier. Elles n'ont pas pour condition la permanence, elles n'ont pour condition que le seul fait du partage des bénéfices.

Le ministère public paraît vouloir se rattacher à ce type anormal ; mais il est facile d'établir que ces sociétés ne sont pas de véritables sociétés, que ce sont des sociétés bâtardes.

Voici, en effet, ce qui s'est passé lors de la discussion qui eut lieu à ce sujet au Conseil d'État. On s'est demandé pourquoi les sociétés en participation n'étaient pas énumérées dans l'article 19, et on a répondu qu'elles avaient un caractère tout à fait exceptionnel ; qu'elles avaient pour objet « un acte passager, » « un marché d'un moment ; » « qu'elles ne devaient pas être confondues avec les sociétés permanentes, formées pour une suite d'opérations, créant entre les associés une communauté d'intérêts continus. » La même distinction se retrouve nettement formulée dans les observations du Tribunat. Et enfin, au Corps législatif, l'un des orateurs s'exprime ainsi : « ..... Comme cette association n'est que momentanée, comme elle n'a pour objet qu'une ou un petit nombre d'opérations déterminées, et qu'elle se règle par les conventions des parties, elle n'est pas sujette aux formalités prescrites pour les autres sociétés. »

Ainsi, du moment qu'une société n'a pas pour objet une série d'opérations, du moment qu'elle établit entre ceux qu'elle rapproche des relations momentanées et passagères, elle se règle par la seule convention des parties. Elle est libre.

Eh bien, Messieurs, est-ce qu'il n'y a pas là un trait de lumière? En effet, toutes les fois que vous avez affaire à une véritable société, ce qui est plus qu'une simple convention, à un état de choses d'où résultent des liens plus énergiques, plus intimes, plus durables qu'aucun de ceux qui naissent des conventions ordinaires, on comprend alors que le législateur impose des règles spéciales, exorbitantes du droit commun. En législation, ces règles peuvent être discutées; mais on comprend les motifs qui, dans ce cas, ont poussé le législateur à les imposer. Mais lorsqu'il s'agit d'un lien ordinaire, d'un lien passager, il n'y a aucune nécessité d'imposer des règles spéciales. On rentre dans le droit commun, et le droit commun, c'est la liberté.

Pourquoi ce qui est vrai dans l'ordre des intérêts matériels, ne serait-il pas vrai aussi dans l'ordre des intérêts moraux ?

Des raisons décisives nous portent à croire que le législateur qui, en 1810 et en 1834, a cru devoir limiter la liberté des associations, n'a entendu parler que des associations véritables, celles qui sont permanentes et dont la permanence est assurée par un lien organique.

Le simple bon sens l'indique : quand le législateur n'a pas formulé d'une manière expresse sa volonté, on doit supposer qu'il n'a pas eu en vue quelque chose d'exceptionnel, mais au contraire, un type normal et régulier. C'est déjà une présomption bien forte en notre faveur. Mais il y a plus : les sociétés en participation n'ont d'autre trait commun avec les sociétés ordinaires que le partage des bénéfices. Or, les bénéfices venant à manquer, la société en participation, transportée dans l'ordre moral, n'a aucun des caractères des sociétés ordinaires. Dans les sociétés ordinaires, c'est la société qui crée l'intérêt commun. Les intérêts étaient isolés : c'est après la convention que les intérêts sont confondus. Au contraire, dans l'ordre moral et intellectuel, avant l'association, il y avait communauté de sentiments, de pensées, communauté de but. Ce n'est pas une convention particulière qui a créé cela ; elle a pu le réglementer en quelque sorte, en tirer une certaine organisation. Elle ne le crée pas. Or, si la convention ne crée pas l'intérêt commun, et, d'autre part, si elle ne crée pas un lien organique, elle ne fait alors absolument rien ; elle est inefficace et impuissante ; elle s'anéantit, faute d'objet, et il ne reste entre les prétendus associés que de simples relations, relations parfaitement libres, parce qu'elles ne supposent l'existence d'aucun lien continu.

Si ces raisons, tirées du fond du droit, ne suffisaient pas, nous pourrions invoquer les déclarations positives faites par M. Martin (du Nord), quand il a dit que dans les associations il y avait une convention donnant aux relations des associés entre eux un caractère de permanence. C'est donc au type des sociétés permanentes que le législateur s'est référé. J'ajouterai qu'il serait impossible d'établir une différence entre la réunion et l'association, si on n'admettait pas cette doctrine.

Telles sont les conditions de l'association illicite qui résultent des textes de la loi spéciale et des principes généraux en matière d'association.

La doctrine que je vous présente est bien différente de celle du ministère public. A-t-elle été admise par la jurisprudence? Je n'insisterai que fort peu sur ce point que Me Grévy a déjà éclairé. Je demande seulement la permission de remettre sous les yeux de la cour, quelques passages de deux arrêts rendus, l'un en 1841 et l'autre en 1846.

L'arrêt de 1841 constate qu'il existait dans l'espèce une organisation permanente embrassant tous ceux qui étaient désignés comme faisant partie de l'association. Il y avait des cotisations *mensuelles*, des correspondances par *délégués*, un comité central directeur.

De même l'arrêt de 1846 constate que les commissaires-visiteurs (qu'on voulait adjoindre aux membres du comité principal pour compléter le chiffre de vingt-et-un) étaient nommés par le comité de secours et agréés par l'assemblée générale; qu'ils suppléaient les membres absents; qu'ils avaient voix délibérative en certains cas; qu'ils avaient droit d'accorder des allocations d'urgence. Voilà, Messieurs, des indications de fait bien précieuses; elles démontrent qu'il y avait, dans l'espèce, une véritable permanence et un véritable lien organique. Ces commissaires visiteurs n'apportaient pas des services momentanés, ils étaient liés à l'avance, et c'est ce que la Cour relève en termes très nets, quand elle dit: « Attendu que l'engagement de plusieurs individus de donner une coopération quelconque, *mais fixée d'avance*, à l'accomplissement d'une œuvre déterminée, même quand la direction de cette œuvre serait confiée à d'autres individus, suffit pour constituer le fait d'association prévu et puni par les lois précitées. »

La Cour est allée trop loin en se servant du mot coopération quelconque; nous avons vu que les articles 1 et 3 de la loi de 1834 excluent toute coopération qui ne consiste pas dans une collaboration réelle. Mais du moins la Cour constate l'élément essentiel de toute association: un engagement qui fixe à l'avance le mode de coopération; « à l'avance, » c'est-à-dire évidemment avant que l'acte coopérateur se manifeste.

De plus, la Cour suppose qu'il y a direction, car elle dit: « même quand la direction de cette œuvre serait confiée à d'autres. » Il faut qu'il y ait une direction, et non pas seulement une direction morale, mais une direction autoritaire. Il ne suffit pas qu'il y ait un simple concours de services; il faut que l'associé, s'il ne prend pas part aux délibérations, soit soumis néanmoins à la hiérarchie de l'association. Un associé est une personne qui délibère, qui commande où qui obéit; celui qui reçoit des avis ou qui en donne n'est pas un associé, c'est un consultant et rien de plus.

Vous voyez, Messieurs, que la jurisprudence a consacré la doctrine qui, selon nous, ressort des textes de la loi spéciale et des principes généraux du droit.

Je ferai remarquer maintenant que, soit dans les textes législatifs, soit dans les arrêts qui ont été lus, il n'y a aucune espèce de trace de cette distinction, dont je parlais en commençant ma défense, et qui consisterait à appliquer d'autres règles aux affiliés qu'aux sociétaires primitifs; c'est une distinction complètement imaginaire. Quand vous prétendez que telle personne nous est affiliée ou adjointe, il faut nécessairement que vous prouviez qu'elle nous a été adjointe à titre d'associée, et pour le prouver, il ne suffit pas d'établir qu'il y a permanence entre nous, il faut établir que cette personne est liée à nous par un lien permanent, par un lien organique, par un lien de telle nature, qu'il puisse constituer une véritable association.

Insisterai-je, Messieurs, sur les applications pratiques de ces principes? je ne le crois pas nécessaire. Je ne ferai que les indiquer brièvement. Si nous prenons l'une après l'autre toutes les catégories de personnes qui nous sont adjointes pour compléter le chiffre de vingt et un, nous verrons bien vite qu'aucune d'elles ne tombe sous l'application de la loi.

Les souscripteurs sont d'abord exclus par une multitude d'arguments. L'article 3, je vous l'ai montré, les exclut; il n'admet que les collaborateurs. L'article 1er de même. La discussion dans le sein des chambres les exclut encore; et enfin, ils sont exclus par la nature même de l'association, qui exige un lien permanent.

Quant aux collaborateurs, qui ont pris part aux travaux de l'association, comme copistes ou secrétaires, il faut prouver qu'ils y ont pris part en tant que soumis aux statuts de l'association; qu'ils sont venus y apporter, non des services libres et spontanés, mais des services commandés, exigés à l'avance par une convention préalable. Et c'est là précisément ce que le ministère public ne démontrera pas.

Quant aux relations du comité avec les comités étrangers, il n'y a pas eu de convention, il n'y a pas eu le moindre engagement; il n'y a eu que des relations momentanées, des échanges d'avis et de renseignements. Aucun fait ne permet de soupçonner entre eux et nous l'existence d'un lien permanent, déterminé à l'avance par un accord préalable.

Quant aux distributeurs et à leurs surveillants, les motifs abondent pour les écarter; je me contenterai d'un seul. La liberté de distribution est consacrée par la loi de 1850 et confirmée par le sénatus-consulte de 1858. Il est impossible qu'une distribution ait lieu sans un certain concert préalable; du reste, le jugement l'a compris, car il a écarté les distributeurs.

Sur tous ces points nous demandons des preuves et on n'en apporte pas. C'est précisément parce qu'elles manquent qu'on a inventé cette théorie de la communauté de but et d'efforts, qui n'a aucun fondement juridique. Nous avons le droit d'être exigeants quant à ces preuves; nous avons le droit de réclamer quelque chose de précis, quelque chose de parfaitement net, quelque chose de décisif; nous avons ce droit, d'autant plus qu'on a fait, dans nos domiciles, des perquisitions plus violentes, plus complètes et plus intimes. De ces deux mille pièces saisies par la police, il faut qu'il sorte autre chose que quelques lambeaux de phrases, que quelques lettres qui témoignent de simples relations; il faut qu'on arrive à établir entre nous et nos prétendus affiliés, un lien permanent et organique, un véritable lien d'association illicite.

J'ajouterai une autre raison qui doit nous rendre exigeants, ainsi que la Cour, c'est que ceux qui, d'après la prévention, devraient être sur ces bancs n'y sont pas; car, si le ministère public avait à discuter contre eux leur participation à l'association, la permanence du lien et les motifs pour lesquels ils se sont trouvés rattachés au noyau principal de l'association, il rencontrerait de telles difficultés qu'il lui serait impossible de maintenir l'inculpation.

On établit d'une manière générale qu'il y a eu des groupes de personnes avec lesquelles nous avons été en relations; mais on ne démontre rien, on ne précise rien. Pour caractériser d'un mot la différence qui existe entre notre système et celui du ministère public, je dirai que le ministère public croit qu'il suffit d'établir contre nous la *multiplicité* de nos relations. Il s'efforce de montrer que nous avons été en rapport avec un grand nombre de personnes. Oui, nous avons été en rapport avec beaucoup de personnes; mais ce n'est pas la multiplicité de nos relations qu'il faudrait prouver, c'est leur *intensité*; ce n'est pas leur nombre qui importe, c'est leur nature et leur caractère. Ce qu'il faudrait prouver, c'est qu'entre nous et les huit ou neuf personnes ajoutées aux treize qui sont sur ces bancs, il existe un lien permanent. Mais vous ne le prouvez pas. Au lieu de faire cette preuve qui est nécessaire, vous en faites une autre qui est inutile. Vous prouvez que nous avons eu au dehors des relations très-étendues, relations qui, additionnées sans doute, peuvent produire un certain effet, mais qui, prises en particulier, ne constituent que des liens éphémères parfaitement licites et absolument irréprochables.

J'en ai fini, Messieurs, avec la discussion juridique. J'aurais cependant encore quelques considérations à présenter.

Laissant de côté les textes et les principes du droit, je voudrais examiner les deux systèmes au point de vue de leurs conséquences. Il y a une règle qui sera admise par tous les jurisconsultes et à laquelle ni l'inculpation, ni la défense ne peuvent échapper et qui est celle-ci : Il s'agit d'interpréter une loi restrictive; il faut que nous prouvions que, dans ses conséquences, notre système n'aboutit pas à détruire la restriction ; mais il faut que le ministère public démontre que, dans son système, le droit de libre association n'est pas anéanti. C'est ce double examen que je compte faire.

Je veux d'abord établir que les conséquences de notre système ne sont pas destructives des restrictions imposées par la loi. Ces restrictions sont excessivement graves; mais il ne faut pas les exagérer sous prétexte de les maintenir. Qu'a voulu principalement le législateur de 1834? il a voulu empêcher les associations militantes, organisées pour le combat, les associations organisées pour gouverner, qui tendraient à établir dans le pays un gouvernement à côté du gouvernement, un État dans l'État.

Un État dans l'État, c'est là en effet la comparaison dont on a usé et souvent abusé contre nous. C'est là en quelque sorte un épouvantail qu'on agite pour effrayer les esprits timides et l'on dit : pour peu que vous interprétiez la loi de 1834 dans un sens favorable à la défense, immédiatement vous allez voir renaître ces associations redoutables, dangereuses, qui constituent un État dans l'État. C'est cette comparaison que je voudrais examiner. Il ne serait pas juste que le ministère public en eût les bénéfices sans en avoir les inconvénients.

Qu'est-ce qu'il y a de juste dans cette idée qu'une association est un État dans l'État?

A un certain point de vue ce n'est pas exact, car toutes les associations quelles qu'elles soient ont un caractère qui les différencie de l'État : c'est qu'aucune d'elles ne dispose d'une force armée.

Cette réserve une fois faite, je reconnais très-volontiers qu'une association est un État dans l'État et que le législateur de 1834 a voulu restreindre cette association, cet État dans l'État à vingt personnes. Mais si une association est un État dans l'État, il faut voir à quelles conditions il en est ainsi, comment il faut que cette association fonctionne pour rendre exacte une pareille assimilation. Eh bien ! quels sont les éléments constitutifs d'un Etat? il y en a deux : l'élément autoritaire et l'élément représentatif. Dans tous les États, vous verrez ces deux éléments plus ou moins combinés; quelquefois l'un d'eux domine à l'exclusion de l'autre, mais toujours l'un ou l'autre se rencontre. D'où il résulte que pour qu'une association soit assimilée à un État dans l'État, il faut qu'elle ait véritablement le caractère de l'État, c'est-à-dire qu'elle ait pour base soit un élément autoritaire, soit un élément représentatif, et dans tous les cas il faut qu'elle ait une hiérarchie, des chefs, des fonctionnaires, un mécanisme constitutionnel, un pouvoir subi ou accepté par tous les membres de l'association.

La loi de 1834, interprétée telle que nous l'interprétons, permet les correspondances accidentelles et consultatives ; elle ne permet pas les correspondances permanentes et délibératives. Elle permet les souscriptions extraordinaires, telles que celles que nous avons faites ; elle ne permet pas les contributions périodiques, régulièrement votées et contrôlées par ceux qui les fournissent ; elle permet de recueillir des fonds à l'occasion d'un fait momentané ; elle ne permet pas de constituer un budget normal et permanent. Elle ne permet point le concours qui résulte de services continus promis à l'avance ; mais elle ne repousse point le concours qui résulte de services offerts, et toujours libres et spontanés.

En un mot, elle permet les comités *consultatifs* comme le nôtre, qui ne donnent que des avis et des conseils. Ce qu'elle ne permet pas, ce sont les comités autoritaires qui ont des chefs et des agents soumis, ou les comités représentatifs qui fonctionnent au moyen de délégués, et qui par cela même résument en eux un ensemble plus ou moins considérable de volontés.

Voilà les conséquences de la loi de 1834, telle qu'elle est interprétée par nous.

Maintenant, si je considère quels seraient les résultats du système du ministère public, je vois que ce système ne maintiendrait pas ce qui doit être maintenu. Le droit de libre association se trouverait non pas restreint, mais radicalement détruit. En effet, aucune société ne pourrait subsister avec l'interprétation de la loi imaginée par le ministère public. Il est impossible de concevoir une société religieuse, littéraire, scientifique ou autre, quelque restreinte qu'elle soit, si cette société ne peut avoir des correspondants et des souscripteurs. Toutes les sociétés se trouveraient pour ainsi dire en état de suspicion, et non-seulement les sociétés, mais les entreprises individuelles elles-mêmes seraient frappées de mort. Quiconque aurait l'idée de se livrer à quelque œuvre intellectuelle et morale, par cela seul qu'il aurait des correspondants, ou même de simples souscripteurs, pourrait être accusé d'association illicite.

La loi interprétée ainsi arriverait donc, et c'est là ma conclusion, à briser, à menacer du moins d'une façon grave toutes les manifestations de la vie morale et intellectuelle, et on aboutirait à ce résultat vraiment déplorable : que tous ceux qui ne poursuivent que la richesse ou des jouissances purement grossières, seraient favorisés de toutes les manières, tandis que ceux qui ont des convictions et qui cherchent à les répandre, ceux qui ont au fond de l'âme des sentiments généreux, seraient considérés comme des suspects et traités comme tels; ils seraient dans le sein de la société moderne et au point de vue des choses de l'esprit, comme ces condamnés à Rome auxquels on interdisait tout commerce avec leurs semblables : *interdicti aqua et igne.*

Me Berryer se lève et prend la parole en ces termes :

Messieurs, Au point où la discussion est arrivée, est-il donc nécessaire que chacun des avocats appelés dans cette cause apporte son contingent de secours et d'appui à la défense? Après le très-vigoureux plaidoyer que vient de prononcer notre confrère, je me demande pourquoi la Cour ne nous dit pas que, sur cette prévention, qui est une, qui est commune à tous les comparants, la cause est véritablement entendue.

Je ne puis pas, quoique une fois déjà cruellement trompé par la décision des premiers juges, je ne puis pas me résigner encore à abandonner la confiance entière et réfléchie que j'avais en première instance, lorsque l'éloquent Jules Favre a combattu la prévention, et revendiqué, avec une si grande élévation de pensées, un si noble langage, une si splendide clarté de discussion, les principes fondamentaux de notre droit; je ne puis pas cesser de croire à l'heureuse issue de ce procès.

Quoique vous m'appeliez encore à ajouter quelque chose à la défense, je ne puis pas me figurer que notre condition judiciaire et politique, en soit arrivée à ce point, que la décision des premiers juges puisse être confirmée par des hommes réfléchis, instruits et consciencieux.

Je ne le puis pas. Mon intelligence, éclairée par plus de cinquante ans d'études et de pratique de notre législation, est épouvantée, mon cœur de citoyen est profondément affligé, en voyant quels sont les droits qu'il faudrait contester, nier, interdire, pour confirmer le jugement de première instance ; en voyant que, si on ne conteste pas ces droits, on est obligé de se réfugier dans de misérables subtilités d'interprétation et dans des détours indignes de la justice, je n'hésite pas à le dire.

Messieurs, reprendrai-je le débat au point de vue des questions de droit et de fait qui sont en jeu dans cette cause? Non! Non! Je veux attendre que M. le Procureur général nous ait démontré (si toutefois il persiste à soutenir la prévention) que l'article 291 du Code pénal—de ce Code pénal de 1810, fait en un temps où les libertés publiques avaient pour garanties plus que dérisoires les commissions sénatoriales! — que cet article 291 est aujourd'hui applicable à la réunion des citoyens appelés à concourir aux élections législatives par le suffrage universel. J'attendrai qu'on m'ait démontré que la loi de 1834, votée sous l'empire de la Charte et de l'ordre constitutionnel à une époque où les comités électoraux n'ont jamais été poursuivis, que la loi de 1834, qui n'a eu pour but que d'atteindre les associations illicites et permanentes, comme le dit alors le Garde des Sceaux — les paroles mêmes de M. Martin (du Nord), ont été rappelées en première instance, dans le réquisitoire du ministère public — quand ces associations se fractionneraient en sections de moins de vingt personnes, afin de dissimuler leur véritable nombre; qu'une loi ainsi faite, dans de telles conditions, peut avoir pour effet d'interdire aux citoyens de délibérer, de se concerter, de se réunir en temps d'élection, de s'exciter à aller au vote, de combattre l'abstention, d'échanger des opinions, des exhortations et des conseils!

Et si cette loi de 1834 n'est pas applicable aux réunions électorales, — et elle ne l'est certainement pas, — comment le décret-loi de 1852 saurait-il l'être davantage? Comment une loi portée contre les réunions publiques, contre les clubs et qui n'avait que cela pour objet, ainsi que le prouvent son texte même et l'exposé qui le précède, comment une telle loi pourrait-elle atteindre les comités électoraux?

Voilà les questions qu'on doit se poser et auxquelles il faut qu'on réponde clairement, nettement.

Il faudra venir ensuite aux questions de fait, au point de savoir s'il y a eu réellement une réunion de plus de vingt personnes.

Si, comme le veut la prévention, il y a eu une réunion de plus de vingt personnes, je demande d'abord comment il se fait qu'on n'en présente que treize? Les premiers juges ont commencé par dire que l'association avait été de vingt-cinq membres; puis, pour le prouver, ils n'en ont nommé que vingt, et encore, dans ces vingt, en ont-ils désigné plusieurs contre lesquels il n'y avait eu ni instruction ni débat.

Je laisse de côté ce qui fait l'objet de l'intervention soutenue par Me Senard. La Cour maintiendra ou ne maintiendra pas les noms des intervenants dans l'arrêt qu'elle pourra rendre, si, contre mon attente, elle confirmait la décision des premiers juges. Mais, indépendamment du maintien de ces noms, je demande comment il se fait que le ministère public, qui est maître en effet de la poursuite, qui la provoque et la dirige, s'il a eu connaissance, ainsi qu'il le prétend, d'une association composée, en fait, de plus de vingt personnes, a usé de son pouvoir de façon à n'en mettre que treize en prévention? Ah! c'est, dit-il, parce qu'il y a deux éléments dans le délit : les faits matériels et l'intention. C'est-à-dire que sur vingt-et-un citoyens entrés dans la réunion, huit avaient une intention qui ne présentait rien d'illicite. Mais, alors, je le demande, si l'intention de ces huit personnes était innocente, quelle était donc l'intention des treize autres et comment leur réunion pouvait-elle être illicite si elle ne l'était pas pour ceux que vous avez absous? Je demande sur ce point des éclaircissements, je demande qu'on précise et qu'on trouve ce nombre de vingt-et-un voulu par la loi.

Je n'insisterai pas en ce qui concerne mon client. M. Ferry est dans ce procès, non-seulement parce qu'il a pris part au comité électoral de M. Garnier-Pagès, à la réunion de la rue Saint-Roch, mais je crois qu'à son égard, il y a eu des dispositions particulières. Je suis fâché de le dire, mais je ne puis taire ce qui est dans ma conscience. M. Ferry est un des auteurs du *Manuel électoral*, et c'est là un péché capital aux yeux de l'Administration. M. Ferry a commis un autre gros péché. Il a publié le volume de la *Lutte électorale*; il a mis au jour tous ces faits de corruption électorale, dont l'Administration s'est rendue coupable et dont un citoyen honnête rougirait d'être le complice ; il a publié toutes les pièces produites lors de la vérification des pouvoirs au Corps législatif. C'est là son tort personnel ; mais cela ne fait pas, j'imagine, que le nombre des personnes, composant le comité Garnier-Pagès, s'en trouve accru en quoi que ce soit!

Voudrait-on trouver, par hasard, cet accroissement du nombre dans une lettre qui vous a été lue, et que mon client écrivait à M. Hérold, pour mettre à sa disposition trente personnes, chargées de distribuer des bulletins? Dira-t-on que M. Ferry a porté le nombre au delà de vingt personnes, en mettant aux portes des colléges électoraux trente distributeurs de bulletins? Si ce moyen est invoqué, je serai, je crois, à même d'y répondre.

Messieurs, si je suis appelé, par le système que nous présentera demain le ministère public, à prendre de nouveau la parole, je ne me défendrai pas du besoin consciencieux que j'éprouve de dire le fond de ma pensée sur cet étrange procès. Vous savez tous l'histoire du comité électoral. Vous en avez, comme moi, suivi la marche. Rien de plus public que la formation du comité de la rue Saint-Roch, au 28 avril 1863. Rien de plus public que sa dissolution au mois de juin de la même année, par la circulaire de M. Garnier-Pagès. Tout cela est manifeste ; tous les noms de ses membres, le lieu de sa réunion, rien n'est ignoré. Et l'Administration garde le silence; il semble qu'elle respecte le droit des citoyens. C'est le respect des gouvernements antérieurs pour le droit de réunion électorale qui l'enchaîne encore. En cet état, les élections générales ont lieu.

Les résultats obtenus à Paris et dans d'autres cités, ont profondément mécontenté l'Administration. Puis, on est arrivé à cette époque de 1864, où il s'agissait de faire un nouvel essai sur la population de Paris, et de voir si les nouveaux députés auraient le même caractère politique que ceux qui venaient de se démettre.

C'est alors que, le 13 mars, après plus d'un an, quand l'existence du comité, quand ses actes étaient, depuis si longtemps, avoués, publics, on fait une saisie chez M. Dréo, et cette saisie fournit cent quatre-vingt-et-une lettres dans lesquelles on prétend aujourd'hui trouver la preuve de l'association. Cependant on recule encore. L'instruction est interrompue.

Mais enfin, la double élection de Paris a eu lieu, les députés ont été nommés, ils ont été nommés contre le gré du Gouvernement. C'est le choix de deux députés de l'opposition fait par la ville de Paris, c'est la blessure itérative de l'Administration, c'est l'irritation causée par cette nouvelle et cruelle défaite, qui nous amènent devant vous. Eh bien ! Messieurs, permettez-moi, à moi qui ai de bons et glorieux souvenirs pour la magistrature, à moi qui n'hésite pas à proclamer le respect que je professe pour elle et dont je n'entends pas me départir, permettez-moi de vous rappeler ces paroles que prononçait, il y a quarante ans, un de vos premiers présidents et que vous inscriviez au frontispice de votre audience : « *La Cour rend des arrêts et non pas des services.* »

(*Explosion d'applaudissements au fond de l'auditoire.*)

M. le Président. C'est le public debout qui a applaudi. Qu'on fasse sortir le public debout... Sergents, exécutez mes ordres.

L'ordre de M. le Président est exécuté. Quand le fond de la salle, où se tenait cette partie du public, est complétement évacué, M. le Président donne la parole à Me Dufaure.

Me Dufaure. Messieurs, j'éprouve, pour défendre mon honorable et distingué confrère, M. Emile Durier, le même embarras qu'éprouvait Me Berryer au commencement de l'allocution qu'il vient de vous adresser. Ce qu'il a dit, et l'émotion que ses paroles me laissent, n'est pas de nature à faciliter ma tâche en ce moment; néanmoins, puisque mon tour de parole est arrivé, je prendrai la liberté d'adresser quelques observations à la Cour.

La situation de M. Durier est simple; on n'invoque contre lui aucune circonstance particulière. S'il est coupable, il est coupable uniquement d'un délit commun à tous les prévenus. Il en résulte que la cause a déjà été plaidée et que je ne pourrais mieux faire que de m'en référer à la vigoureuse et excellente discussion de Me Grévy et à la discussion politique et élevée de Me Picard.

Néanmoins, je dirai encore quelques mots. Je ne puis partager l'espèce d'indifférence que M. l'avocat-général semble professer, quant à la situation des prévenus, s'appuyant sur cette circonstance, que le caractère politique de l'inculpation efface la honte habituellement attachée à une poursuite correctionnelle. Non, Messieurs, nous ne pouvons voir sans douleur de jeunes confrères, dont quelques-uns comptent parmi les espérances de notre barreau, appelés à répondre de leur conduite, même lorsque leur honneur, leur délicatesse ne peuvent en recevoir aucune atteinte, à répondre, dis-je, de leur conduite devant les tribunaux correctionnels.

Qu'a fait M. Durier? pourquoi est-il traduit devant vous? Il vous l'a dit simplement, en répondant aux questions de M. le Président. Il a pris part à trois comités successifs, formés dans Paris, pour les trois élections successives, dont la Capitale a été le théâtre. Il s'est attaché à vous démontrer que chacun de ces comités, après sa formation, et quand il avait accompli son œuvre, s'était dissous. En vérité, je suis de l'avis que M. Garnier-Pagès exprimait si bien dans son interrogatoire; je pense comme lui, que les prévenus, au lieu d'aller au-delà de leur droit, se sont tenus en deçà. Ils auraient pu maintenir leur comité jusqu'à ce que les élections générales de 1863, avec les réélections que les circonstances rendaient nécessaires, fussent terminées; mais je rappelle ce qui a été fait; et comme vous l'a dit M. Durier, après chaque lutte électorale, leur comité a été dissous.

Mais quand même ce comité eût été permanent, quand il eût duré sans interruption jusqu'à la fin des opérations électorales, quand, après avoir surveillé les élections générales, il eût ensuite surveillé, sans se dissoudre, les deux élections de M. Pelletan, puis celles de MM. Garnier-Pagès et Carnot; quand même cela serait vrai, n'est-il pas évident qu'il n'y aurait eu là autre chose qu'une participation licite, légale, avouable, honorable, à des élections qui, dans la pensée des prévenus, pouvaient avoir une grande influence sur les destinées du pays.

Et si, dès les premiers moments, une réunion de jurisconsultes, auxquels se sont adjoints quelques hommes politiques, a pris en main la direction des opérations électorales, ne sera-t-il pas naturel que tous, ou quelques-uns d'entre eux se retrouvent, continuent cette œuvre, et surveillent les réélections, comme ils ont surveillé les élections primitives. Que peut-il y avoir là de coupable ou de suspect?

Rien n'est certainement plus avouable qu'une telle conduite, et, comme je le disais tout à l'heure, aucune autre circonstance n'est relevée contre M. Durier, dont on lui demande compte.

On a bien saisi chez lui, comme chez tous ses honorables co-prévenus, une correspondance. Une vingtaine de lettres ont été déposées entre les mains de M. le juge d'instruction. Dans les unes, ce sont des candidats qui prient M. Durier de faire appuyer leur candidature par le journal le *Siècle*, et cela trois ans avant le délit qu'on lui impute. Parmi les autres, je trouve des lettres d'amis, des invitations à dîner. On a saisi et gardé tout cela précieusement; mais ensuite la prévention n'a su qu'en faire et ne les a même pas citées.

Tout à l'heure, Me Berryer, mon éminent confrère, indiquait une circonstance particulière, qui pouvait avoir attiré sur M. Ferry l'animadversion du ministère public. Cette circonstance est commune à M. Durier et à M. Ferry. Il s'est empressé de l'avouer; il a participé à la confection de ce petit *Manuel électoral*, qui a été publié dès l'origine d'un mouvement électoral sérieux en France.

Mais à qui le ministère public pourra-t-il faire remonter l'idée de ce travail? Qui a le mérite de l'avoir rendu opportun et nécessaire? Il est facile de le comprendre.

Le décret du 24 novembre 1860 avait, dans un jour imprévu, appelé la nation à prendre une part plus directe et plus active à la discussion de ses affaires. Ce sont les termes mêmes du préambule du décret. En conséquence, il avait permis la discussion d'une adresse au début de chaque session; la présentation d'amendements aux projets de loi; la publication du compte-rendu de chaque séance. Il avait nommé des ministres sans portefeuille pour concourir aux délibérations du Corps législatif. La Cour ne sait-elle pas qu'une vie nouvelle, cette vie de discussions et de délibérations, qui, quoi qu'on en dise, est chère à notre pays, et dont il était privé depuis dix à onze ans, allait renaître? Le mandat du député, la loi en vertu de laquelle il est donné, prenaient tout à coup une importance singulière. Cette loi électorale, qu'on connaissait à peine, on a eu besoin de la connaître, et les commentaires sont devenus indispensables. Eh bien ! nos jeunes confrères ont le mérite d'avoir porté leur attention sur cette loi, de l'avoir étudiée profondément, et d'en avoir donné un commentaire exact, clair et irréprochable; car ce *Manuel* est un véritable commentaire de la loi, tel que l'auraient donné des jurisconsultes étrangers à tout parti politique. Les premiers, ils ont donné cet utile travail, car depuis les travaux de cette nature ont abondé. Un honorable conseiller de préfecture de Rouen en a fait un. Mes honorables amis, MM. Berryer, Odilon Barrot, Freslon, Didier, Victor Lefranc, et plusieurs autres confrères, nous avons cru devoir publier un manuel plus court, plus pratique, mais qui rendait hommage au volume des prévenus, en s'en référant à lui pour tous les développements que nous évitions.

C'est ainsi que les auteurs de cette utile publication ont été indiqués au corps électoral de France, comme les hommes qui connaissaient le mieux ce sujet, et à qui on pouvait demander les conseils les plus sûrs en fait de législation électorale, législation difficile et d'une interprétation pénible; j'en trouve la preuve dans les nombreux procès qui ont été portés devant le Conseil d'Etat ou la Cour de cassation.

Ils sont donc arrivés, par le décret du 24 novembre 1860, à la composition de leur *Manuel électoral*, et, par leur *Manuel électoral*, à la formation de la réunion Garnier-Pagès, à la formation de cette réunion primitive, se reconstituant à mesure que les élections avaient lieu.

Je ne nie pas qu'après les jurisconsultes sont venus les hommes politiques; que leur œuvre est devenue commune, qu'ils se sont réunis au nombre de dix, de quinze; ce qu'il y a de certain, c'est qu'ils étaient au-dessous de vingt. Mais toujours est-il que l'origine de cette réunion est telle que je l'indique, c'est-à-dire l'apparition du décret du 24 novembre 1860, qui appelait la nation à prendre une part plus active aux affaires publiques. Que nos jeunes confrères aient répondu à cet appel, je ne vois pas qu'il puisse y avoir là lieu à une incrimination. Ils ont pris le décret au sérieux, en définitive, et au point de vue légal. De quoi les accuse-t-on? De s'être rendus coupables d'une association illicite de plus de vingt personnes. Je risquerais, en traitant cette question, de rentrer dans une discussion que la Cour a déjà entendue, et qui a été des plus complètes; si j'en parle, c'est plutôt pour poser des questions que pour formuler des principes.

Ils ont été chez M. Garnier-Pagès réunis au nombre de dix ou quinze et on voudrait les rendre coupables d'avoir fait partie d'une association de plus de vingt personnes.

Messieurs, la question devient grave, car, à mon avis, ce qu'on vous demande en ce moment, ce que le ministère public réclame de vous, c'est, je ne dirai pas une loi nouvelle, j'irais trop loin, mais une interprétation toute nouvelle d'une loi ancienne, ce qui équivaut à une loi nouvelle.

Si le Gouvernement avait voulu présenter au Corps législatif un projet de loi qui atteignît les réunions du genre de celle de M. Garnier-Pagès, cela serait assez conforme à ses principes et à ses tendances; on le comprendrait jusqu'à un certain point. De puissantes raisons politiques condamneraient une telle loi, mais enfin sa présentation serait un acte sincère. Mais, au lieu de cela, tirer d'une loi déjà ancienne, déjà connue, dont le sens n'était douteux pour personne, dont la longue exécution indiquait la portée, en tirer des conséquences nouvelles, une interprétation inattendue, c'est vous demander, à vous, par voie indirecte, de faire cette loi nouvelle que le gouvernement n'ose pas demander au Corps législatif.

Messieurs, c'est une chose grave, à mon avis, que d'avoir la prétention de faire des lois nouvelles par des arrêts, au lieu de les demander aux assemblées législatives. Remarquez que jamais un arrêt, quel qu'il soit, ne peut donner à la loi nouvelle qu'il fait toute la clarté, la précision, l'autorité d'une loi sortie de la délibération des chambres législatives, et ce sont pourtant des lois pénales que l'on veut obtenir ainsi !

La chose contre laquelle j'entends lutter, soit maintenant, soit après avoir entendu M. le Procureur général, c'est toute décision qui laisserait un doute sur la signification et la portée qu'elle peut avoir; car le doute est fatal en cette matière. Il ne s'agit pas d'une loi partielle qui n'atteint que quelques individus dans l'État ; il s'agit ici de la loi la plus générale. A un jour donné, dix millions de citoyens ont besoin de la connaître, de la comprendre, de savoir au juste quels sont les droits qu'elle donne, les devoirs qu'elle impose. Nous tenons à ce que chaque citoyen soit à même de se rendre bien compte de ses droits et puisse en jouir.

Voilà pourquoi nous demandons que, quand on a la prétention d'innover en fait de législation, on le fasse clairement, avec l'autorité des débats législatifs, et non pas accidentellement au moyen d'un arrêt.

Mon honorable confrère Me Grévy vous l'a dit avant moi, la loi que l'on vous demande de modifier est ancienne. La loi de 1834 n'était qu'un développement au Code pénal de 1810 ; l'article 291 nous régit toujours. Il y a cinquante-quatre ans qu'il est appliqué. Or, comment a-t-il été appliqué pendant ce demi-siècle?

J'ai le triste avantage sur Me Grévy que mes souvenirs peuvent se reporter en arrière plus loin que les siens et je me replace par l'esprit à une époque où j'avais cette ardeur politique, libérale et nationale qui a entraîné nos jeunes confrères à faire ce qu'on leur reproche comme un délit.

Dans les dernières années de la Restauration, nous avons eu deux grandes élections, l'une qui a renversé le ministère de M. de Villèle, l'autre sous le ministère Polignac. Eh ! bien, je le déclare à la Cour, dans la grande ville que j'habitais alors, nous étions réunis, les comités électoraux étaient en permanence, et nous autres, jeunes gens du barreau, nous plaidions devant la Cour, alors juge souveraine des décisions des conseils de préfecture, nous soutenions les droits des électeurs, nous participions à tout le mouvement du corps électoral et nous étions plus de vingt...

Le gouvernement de la Restauration, qui ne s'abandonnait pas et qui s'est même trop défendu en rendant les ordonnances de juillet, n'a pas trouvé dans l'article 291 un seul motif pour arrêter, pour interdire, pour poursuivre ces comités électoraux.

Comment se fait-il donc que, sous un gouvernement qui voulait se défendre, qui avait des hommes distingués à la tête de ses parquets, il ne s'en soit pas trouvé un seul qui ait imaginé que, avec l'article 291, on pouvait paralyser cette lutte électorale, loyale, mais énergique, que nos comités soutenaient contre le gouvernement.

Sous le Gouvernement de Juillet, je n'ai pas besoin de rappeler combien l'action des comités électoraux a été libre ; et enfin, en 1848 et 1849, l'article 291 existait également ; il était même fortifié des dispositions de la loi de 1834, et cependant, si j'ai bonne mémoire, siégait à Paris le grand comité de l'Union électorale, composé de très-honorables citoyens, et, dans leurs rangs, beaucoup de magistrats et d'avocats. Pourquoi la législation est-elle restée muette à cette époque? Ce n'est pas tout, et rien ne m'empêchera de dire qu'à côté du comité de l'Union électorale étaient, depuis les premiers jours de 1848, des comités bien plus nombreux, autrement composés, qu'on ne saurait appeler que du nom qu'ils se donnaient eux-mêmes : *Les Comités napoléoniens,* et qui étendaient leurs affiliations sur toute la France. Dieu sait le nombre de circulaires émané de ces comités ! Les a-t-on inquiétés, les a-t-on poursuivis, y a-t-il eu un seul moment où on leur ait rappelé l'article 291 et la loi de 1834 ?

Comment se fait-il donc qu'une loi qui, pendant cinquante ans, a toujours été comprise d'une certaine manière, vienne tout à coup, à un jour donné, interdire ce qu'elle permettait, sans que personne pût le prévoir ou s'en douter?

Messieurs, je soutiens qu'on demande à introduire, dans notre loi, ce qui ne s'y trouve pas.

Si je ne vais pas plus loin, c'est que je ne veux pas répéter ce qui a été si bien dit par mes confrères. Je veux seulement adresser respectueusement à M. le Procureur-général, quelques questions, auxquelles, dans son réquisitoire, il voudra bien répondre, je l'espère.

Pour nous et entre nous, toute la discussion est celle-ci : nous soutenons que chez M. Garnier-Pagès, dans l'intervalle indiqué par la prévention, il y a eu des réunions non publiques, mais qu'il n'y a pas eu association.

Je n'insiste pas sur les définitions du mot *association*. Ce sont de ces mots qui sont tellement connus dans notre langue juridique, qu'ils n'ont pas besoin d'être définis. Un mot seulement : j'entendais tout à l'heure M. le Procureur-général répondre à un de mes confrères, qui avait parlé de l'association en participation, que l'association en participation pouvait se rapporter à un seul objet; cela est vrai; mais relisez la loi elle-même, et vous verrez qu'il y a dans l'association en participation, non-seulement un but commun, mais encore des conditions, des proportions d'intérêt résultant de conventions arrêtées entre les participants, c'est-à-dire qu'il faut engagement réciproque et but commun.

Je voudrais rendre mon observation plus sensible encore par un exemple matériel, et j'aurais alors tout dit sur ce point.

Je suppose qu'un fleuve déborde sur ses rives, qu'il renverse toutes ses digues et inonde les campagnes voisines. Tous les habitants riverains accourent, se réunissent, les uns offrent leur travail manuel, les autres des outils, des matériaux, des subventions pécuniaires; après des efforts plus ou moins prolongés, ils font rentrer et renferment le fleuve dans son lit. Tout est fini, ils se séparent. Voilà la réunion dans un but commun. Je défie qu'on trouve là l'association, et quand bien même elle en sortirait plus tard, il n'y a jusqu'ici que réunion et pas autre chose.

Au lieu de cela, on craint de nouveaux désastres, on organise un syndicat, on forme une administration, une bourse commune, on impose une contribution mensuelle ou annuelle. Les uns y participent en donnant des journées de travail, les autres en donnant des subventions. Voilà l'association.

Les deux cas sont bien distincts, quoique dans l'un et dans l'autre on tende à un but commun ; le premier, c'est la réunion ; le second, c'est l'association.

Je prierai M. le Procureur-général de vouloir bien examiner ces deux hypothèses et de nous dire à laquelle des deux nous devons comparer la réunion Garnier-Pagès. Est-ce à la simple réunion dont je parlais tout d'abord ou bien au syndicat constitué dont je parlais en dernier lieu ?

Messieurs, la chose grave et difficile, c'est de déterminer, dans le système du Gouvernement, à quelles conditions le Tribunal a reconnu qu'il y avait association.

Je comprends bien que ces Messieurs auraient pu se constituer en association personnelle, avoir des statuts, s'imposer des contributions, fixer à chacun la part qu'il devait apporter dans le travail commun, organiser une administration, avoir un président, un secrétaire, des délibérations, ils pouvaient se lier par un contrat. L'ont-ils fait ? Comme on le disait tout à l'heure, les documents n'ont pas manqué au ministère public. Il les a recueillis à son aise ; il est évident qu'aucun des prévenus n'avait pris ses précautions pour mettre à l'abri des recherches ce qui aurait pu le compromettre. Qu'a-t-on trouvé ? Quel est l'engagement pris par chacun des Treize ? Dites-moi en particulier, pour M. Durier, en quoi M. Durier s'est engagé vis-à-vis de ses douze collègues ? Il a donné des consultations, il a peut-être écrit des lettres pour recommander des candidats ; mais y avait-il des engagements pris ? y avait-il une obligation qui l'empêchait de se retirer ?

La réunion aurait décidé qu'elle patronnerait un candidat qui ne lui plaisait pas, quel est le statut, quelle est la convention, quel est l'engagement par lequel M. Durier s'interdisait, je ne dis pas d'abandonner, mais même de combattre ce candidat ?

Ce que je dis sur ce point, je le dirai sur tous les autres.

Où est donc l'association ? montrez-la moi ; je ne la vois nulle part. Et quant à ceux que vous appelez des affiliés, à quel caractère les reconnaissez-vous ?

Direz-vous, quant à la souscription, qu'elle est la conséquence d'un engagement antérieur ? Si la société était organisée de telle manière qu'un certain nombre de membres eût promis de donner chaque mois une certaine somme quelconque pour subvenir aux dépenses qu'elle fesait, certes il y aurait eu engagement : mais où est cet engagement ? La subvention était volontaire. Demandez à tous ceux qui l'ont donnée, demandez à chacun d'eux s'il y était obligé, si ce n'était pas une subvention spontanée qu'il envoyait librement à M. Garnier-Pagès. Interrogez-les, et vous n'en trouverez pas un seul qui se soit engagé à payer chaque mois une somme quelconque pour subvenir aux dépenses de la société.

Je viens de parler des souscriptions, je vais parler maintenant des adhésions, comme les appelle le Tribunal.

Comment! une réunion se forme, je trouve que le but de cette réunion est utile : parce que je déclare que je suis en sympathie d'opinions avec elle, le tribunal admettrait que cette expression de sympathie me fait associé ! — et même, comment le Tribunal l'a-t-il entendu ?

Vous trouverez à la page 77 du compte-rendu du procès en première instance, le nom d'un avocat à la Cour de cassation, M. Tenaille-Saligny : le tribunal l'a compris dans les vingt ou vingt-cinq coprévenus, non pas parmi les affiliés, non pas parmi les adjoints, mais dans les associés primitifs. A quoi le tribunal a-t-il reconnu que M. Tenaille-Saligny était associé? Vous le verrez dans ce même compte-rendu. M. Tenaille-Saligny était absent de Paris à l'époque de la formation du comité; il se plaint dans une lettre à M. Hérold de n'avoir pas été compris parmi les membres. On lui répond qu'il a tort de se plaindre et que l'on se trouvait dans la nécessité de ne choisir que des personnes présentes. — Donc il est associé !

Ce que je vous dis là est parfaitement exact. La Cour le verra dans les documents du procès.

Il résulte de là pour moi que le Tribunal ne s'est pas suffisamment rendu compte des conditions auxquelles une association pouvait se constituer et surtout en ce qui touche les treize qui se réunissaient chez M. Garnier-Pagès.

A l'égard de ceux qu'il a déclarés adjoints ou affiliés, j'appelle encore sur ce point l'attention du ministère public, et je lui demanderai de nous apprendre à quelles conditions je reconnaîtrai que tel ou tel, présent ou absent, pourra entrer dans une association.

Ce sont là les questions graves du procès; ce sont celles-là qu'il faut résoudre. Et c'est après qu'elles seront résolues, que nous chercherons à envisager quelles peuvent être les conséquences politiques de la décision que l'on sollicite de vous. Car, remarquez-le bien, Messieurs, il n'y a pas une des questions que je touche en passant qui n'ait une importance politique considérable.

Si vous déclarez qu'une souscription ouverte pour contribuer aux dépenses nécessaires d'une élection, est interdite de même que la loi interdit les souscriptions pour le paiement des amendes que vous avez prononcées par vos arrêts, il faut en prendre son parti ;

dans une société que vous appelez démocratique, vous fermez les avenues des colléges électoraux à une foule de candidats plus honorables ou même plus illustres qu'opulents.

Interdire les lettres d'adhésion, c'est tuer tout esprit public en France, c'est défendre de la manière la plus violente de manifester pour qui que ce soit, même par des lettres confidentielles qu'on peut saisir chez lui, mais qui n'étaient pas destinées à voir le jour, l'adhésion qu'on donne à tel ou tel concitoyen, avec lequel on se trouve en sympathie d'opinion.

J'attends avec impatience et curiosité les développements que la parole de M. le Procureur-général donnera au système qu'on vous demande de faire triompher.

Je lisais il y a quelques jours dans le *Moniteur Universel*, un article qui m'a frappé et sur lequel j'appelle votre attention. Je lisais ceci dans un compte rendu des préparations que les partis font en Angleterre pour les élections au Parlement.

« C'est là, en effet, une des grandes préoccupations de ce pays. La révision des listes du scrutin dans lés divers colléges, qui constitue un des actes de politique électorale les plus importants en Angleterre, vient de s'achever. On sait que les deux grands partis qui divisent le pays s'occupent collectivement, par l'intermédiaire de comités locaux dirigés par un centre qui siége à Londres, de l'inscription des électeurs de leur opinion et de la radiation de ceux de l'opposition qui ont perdu le droit de suffrage. En présence de la diversité, et souvent de l'obscurité des titres qui constituent le mandat électoral dans le Royaume-Uni, ce n'est point là une tâche facile, mais les résultats en peuvent être très-considérables. Exciter les indifférents, subventionner les pauvres qui vivent de leur travail et ne peuvent consacrer un temps souvent fort long à faire valoir leur droit, les assister de conseils juridiques, découvrir les erreurs des listes, demander et poursuivre contradictoirement l'exclusion des électeurs hostiles inscrits ou maintenus à tort, défendre les siens contre les attaques semblables, telle est la série d'opérations stratégiques et dispendieuses auxquelles donne lieu la révision des listes électorales. Mais lorsqu'il s'agit d'élections générales, on comprend que cette lutte préliminaire, dans un pays où les titres sont discutables à l'infini, peut être décisive. Aussi vient-on de combattre partout avec une extrême énergie. » (*Moniteur* du 11 octobre 1864).

Et pour un peu plus, cet estimable journal s'enthousiasmait en présence de ce mouvement électoral d'une nation se préparant à l'accomplissement d'un grand acte qui doit décider de ses destinées !

On me dira qu'en Angleterre, la royauté reste indépendante de tout cela ; dans la lutte même elle écoute l'opinion nationale, prête à demander les conseils du parti qui a triomphé ; que chez nous au contraire, le gouvernement entre dans la lutte, se fait combattant, choisit son candidat, lui donne ses couleurs, se personnifie en lui, et regarde comme un ennemi quiconque parle, écrit, vote pour le candidat opposé. Je voudrais savoir si, parce que le gouvernement, au lieu d'être impartial, est combattant, le parti qui lutte contre lui, doit être privé de la liberté qui lui serait accordée dans les pays parlementaires ?

Sur tous ces points qui sont notre cause, j'attends de connaître la doctrine du ministère public ; mais dès à présent, je supplie la Cour, par les raisons qui ont été si bien développées avant moi, de renvoyer les prévenus de la plainte.

Me Desmarest. Messieurs, si je plaidais dans un procès ordinaire, mon rôle en me levant pour présenter la défense de M. Jozon, serait un rôle bien facile. En effet, il faut chercher sa place dans un tout petit coin du procès pour pouvoir, avant d'entendre les paroles de M. le Procureur général, dessiner la situation de M. Jozon, soit au point de vue de l'accusation portée contre lui, soit au point de vue de la défense qu'il peut présenter.

Mais vous vous êtes déjà aperçus, Messieurs, à l'heure tardive où je prends la parole, que ce procès ne ressemble à aucun autre. Je ne reconnais plus l'attitude habituelle de votre juridiction au milieu de ces longs débats qui interrompent le cours ordinaire de votre justice — tout à l'heure, au moment de l'interruption de l'audience, un échantillon de cette justice a apparu, presque comme une critique du procès actuel, lorsque vous avez fait appeler plusieurs prévenus ordinaires, — et en voyant vos préoccupations, la bonne et bienveillante attention que vous nous prêtez, je serais certainement averti, si j'avais besoin de l'être, que ce procès est d'une nature tout exceptionnelle. Je serais tenté de m'en réjouir. La nature de la prévention est telle qu'elle autorise pour la défense la plus grande latitude et la liberté la plus étendue; aussi y a-t-il longtemps que je ne m'étais trouvé à une pareille occasion, j'ai presque dit à une pareille fête : les discours déjà entendus, ce concours apporté par les plus illustres maîtres de la parole, montrent que les représentants de tous les souvenirs, de toutes les époques, ont tenu à dire leur mot dans ce procès, et lui impriment un caractère qui assurément ne sera point oublié.

Quand je viens à ma cause, je comprends tout ce que cette cause présente de délicatesse et m'impose de scrupules; en me levant pour défendre M. Jozon, ma préoccupation n'est pas seulement d'établir son innocence; j'ai une autre préoccupation qu'il avouerait comme moi, c'est de ne point distinguer sa défense de celle de ses co-accusés; ma préoccupation, c'est la crainte précisément que M. Jozon, disparaissant dans les faits de ce procès, presque inconnu de l'accusation qui au début ne pouvait l'apercevoir, ne soit perdu dans ce cortége immense de personnes innommées qui ne sont pas dans la prévention. M. Jozon, veut partager le sort de ses co-prévenus. Il ne veut pas échapper au lien... Comment vais-je le caractériser? J'aurais cru commettre une imprudence en l'appelant un lien d'honneur, car ces paroles s'étonnent dans la bouche qui les prononce, lorsqu'on plaide dans une enceinte de police correctionnelle, et pourtant je puis sans danger, sans inconvénient devant les magistrats qui m'écoutent, appeler la base de la prévention, le lien qui existe entre les accusés, un lien d'honneur! Je le dis avec confiance...

M. le Président. Me Desmarest, vous devriez vous abstenir d'employer cette expression « lien d'honneur, » qui va peut-être plus loin que votre pensée.

Me Desmarest. Monsieur le Président, si vous aviez attendu le développement de ma pensée, vous vous seriez abstenu, certainement, de l'interprétation que, bienveillamment, vous avez placée entre ma première et ma seconde phrase. Ce sentiment que vous avez, je l'ai eu comme vous; que dis-je, je l'éprouve bien encore, et, assurément, je me serais gardé d'employer cette expression, si je n'en avais trouvé l'autorisation dans les paroles prononcées par l'organe du ministère public.

Quand M. l'avocat général, au début de cette audience, a été mis en présence de la demande d'intervention, il a tracé autour du procès le cercle de Popilius. Il a rangé d'un côté de la ligne ceux qui, ayant été à l'instruction, ceux qui, ayant été à la bataille, étaient compris dans la prévention, et de l'autre côté de la ligne, ceux qui ne se trouvaient pas dans l'instruction, ceux qui n'avaient point été à la bataille, et qui, par un renversement des règles ordinaires de la justice que vous êtes habitués à nous faire respecter par vos arrêts, se trouvaient cependant dans le jugement. Quelle a été alors l'appréciation du ministère public? Le ministère public, parlant de Me Marie, de Me Senard, de Me Crémieux, parlant de ceux qui n'étaient pas dans la prévention et demandaient à ce que leurs noms fussent effacés du jugement, le ministère public a prononcé ces paroles, que j'ai notées au passage, et que je ne suis pas le seul à avoir entendues, car j'en retrouvais il y a quelques jours, il y a quelques heures encore, l'impression dans les conversations du public : « Y aurait-il, a-t-il dit, le moindre déshonneur à venir s'asseoir sur les bancs, à côté des prévenus ! »

Le ministère public n'a pas appelé la prévention un lien d'honneur, je le reconnais, mais le ministère public — et ici son cœur, et je l'en remercie, a entraîné son intelligence — a constaté que, pour la première fois peut-être dans les fastes judiciaires, il n'y avait point de déshonneur à s'asseoir sur les bancs de la police correctionnelle ! Merci, cette parole est un grand aveu. Elle eût été à la place d'où je parle une imprudence, je le reconnais avec M. le Président, si elle n'avait point été autorisée par cette autre parole, dont elle n'est que l'écho, et qui est tombée du haut du siége du ministère public ! C'est une grande et solennelle déclaration, dont l'influence morale pèsera sur le procès et que la Cour n'oubliera pas dans ses délibérations. Assurément, je n'ai point été un auditeur imprudent et téméraire des paroles qui ont été prononcées, car elles ont retenti dans le cœur de l'honorable et éminent avocat qui vient de parler devant moi tout comme dans le mien. Elles ont réveillé dans le cœur de Me Dufaure ces sentiments délicats qui sont l'honneur de notre robe, de cette robe sous laquelle, on vous le disait, quelque haut que l'on ait été placé, on se retrouve toujours si glorieux quand on rentre dans les rangs du Barreau !

Moi, qui n'ai jamais occupé de fonctions, qui n'ai jamais été haut placé, mais qui ai toujours porté cette robe, j'ai compris, et je le comprends encore mieux aujourd'hui — mes confrères savent pourquoi je dis cela — j'ai compris ce scrupule de délicatesse, dont l'honorable Me Dufaure se faisait l'organe, quand il disait qu'il ne s'habituait pas à la pensée de voir des avocats s'asseoir sur les bancs de la police correctionnelle. Vous avez beau atténuer moralement l'accusation, vous avez beau l'offrir à nos lèvres comme je ne sais quelle eau courante que pour les nécessités de la politique on peut boire avec indifférence, nos lèvres repoussent ce breuvage. Non ! et pour me servir d'une expression vulgaire, qui serait plutôt de mise dans la bouche de ceux qui viennent d'ordinaire s'asseoir sur ces bancs, nous répondrons simplement à la prévention : « Nous ne mangeons pas de ce pain-là ! »

Si donc nous venons nous défendre, c'est que nous ne sommes pas indifférents à la poursuite, c'est que nous voulons démontrer que la poursuite n'est pas méritée, et que l'accusation qui pèse sur nous doit disparaître et s'effacer.

Telle est l'impression qui me domine, quand je viens, au nom de mon confrère Jozon, vous expliquer sa situation, vous dire que, quel que soit le sort réservé à la défense commune, il entend y rester associé. Sa place est bien petite dans le débat, aussi son innocence peut-elle servir à faire ressortir celle des autres ; mais s'il devait en être autrement, ce qu'il craindrait avant tout, ce serait de paraître vouloir se donner dans le procès une situation particulière, que les faits lui créeraient peut-être, mais dont il repousse le bénéfice par un sentiment dont vous apprécierez aisément le caractère et la convenance.

Quand je dis « innocence, » j'emploie une expression consacrée : ce sont les parois de ces murs qui trompent ma parole ; ce n'est pas innocence que je veux dire, c'est : irréprochable exercice d'un droit ; l'examen des faits le prouvera.

Je manquerais à ma pensée, et je n'irais pas jusqu'au point où je veux aller, si je ne disais que je me préoccupe aussi de l'intérêt qui s'attache à la toge que vous portez.

Je crains qu'en obéissant aux inspirations de la politique, le ministère public ne se laisse entraîner trop loin, qu'il ne fasse ce qui a été fait dans tous les temps, sous les excitations de cette même politique, qu'il n'abandonne un intérêt primordial, traditionnel, pour des nécessités fugitives. Quand on fait des procès de la nature de celui-ci, on s'expose d'abord à voir échapper à ses coups ceux qu'on traduit en justice ; mais, en outre, si le malheur voulait qu'ils y restassent exposés, on risque d'énerver ce pouvoir tutélaire de la société, ce pouvoir de la justice qui est de tous les temps, qui survit à toutes les révolutions, qui est, dans les périls sociaux, une de ces grandes garanties dont vous êtes, Messieurs, les gardiens, et qui fait que, dans les mauvais jours, nous pouvons, nous, venir devant vous lorsque nous avons à défendre nos libertés, avec l'assurance d'y trouver aide et protection.

Quelle est donc l'attitude de M. Jozon, et quels sont les faits qui lui sont reprochés?

M. Jozon se trouve au delà de la ligne qui semble avoir été adoptée au moment où la prévention est arrivée à se formuler devant la justice. M. Jozon n'est point membre du comité. Au regard de la prévention elle-même, il est rangé dans la catégorie qu'on a appelée « la catégorie des auxiliaires. » Je suis heureux de trouver M. Jozon dans cette situation, parce que la cause de M. Jozon, c'est la cause de la liberté électorale dans ce qu'elle a de plus ordinaire et de plus élémentaire. Le rôle qu'il a joué dans les élections, c'est précisément le rôle le plus utile et aussi le rôle le plus dévoué, et c'est par conséquent celui que j'aime le mieux à défendre ?

Que lui reproche-t-on?

« Je me suis mis, dit-il, à la disposition des membres du comité; vous me demandez à quelle fonction ils m'ont employé ? ces fonctions étaient à peu près celles d'un secrétaire, mais je n'ai jamais été secrétaire en titre du comité : aucun lien ne me rattachait à lui, je ne faisais qu'y remplir un acte de bonne volonté. »

En même temps, on reproche à M. Jozon d'avoir été dans le feu de la lutte électorale, tenir à Belleville un bureau de renseignements électoraux, d'être enfin au nombre de ceux qui facilitaient l'action des électeurs. Ce n'est pas sous l'inspiration du comité qu'il a agi ainsi ,mais sous l'inspiration personnelle de M Hérold, qui comme M. Dréo,comme d'autres, comme M. André-Pasquet notamment, avait organisé des bureaux de cette nature. Si cela a profité aux candidatures patronées par le comité, il n'en est pas moins vrai que là comme partout, on retrouve M. Jozon dans ce rôle d'auxiliaire, ne relevant que de son dévouement et de sa bonne volonté, rôle qui lui appartient essentiellement.

Voilà deux séries d'actes qu'on reproche à M. Jozon : on lui en reproche une troisième, et j'en aurai fini, après l'avoir indiquée, avec sa participation aux faits incriminés. Lors des élections de Seine-et-Marne, M. Jozon, qui appartenait à ce département, a fait savoir à M. Garnier-Pagès, que certains électeurs avaient conçu des inquiétudes sur l'appui qu'ils pourraient attendre du comité de Paris, et il a contribué à envoyer un certain nombre de lettres destinées à rassurer ces électeurs.

Voilà, Messieurs, tout ce qu'a fait M. Jozon. Je me demande si M. Jozon a violé la loi, s'il s'est exposé à des poursuites correctionnelles telles que celles qui ont été dirigées contre lui; je me demande s'il n'a pas plutôt rempli un devoir, exercé un droit. Je me fais cette question en me plaçant à un point de vue supérieur qui vous frappera, parce qu'il s'agit ici, en définitive, de l'exercice du droit électoral dans ce qu'il a de plus nécessaire. Je me demande, lorsqu'on est en face d'un jeune homme sans antécédents politiques, qui n'a fait que suivre le courant de la liberté, si ce n'est pas une chose grave que de l'arrêter dans son action et de lui dire, comme le fait la prévention : « Vous avez commis un acte répréhensible qui peut être atteint par la loi et vous expose à encourir une condamnation correctionnelle. »

La question a, au point de vue judiciaire, des conséquences bien graves et que la Cour apercevra.

A cette heure de l'audience, et lorsque vous avez encore à entendre plusieurs plaidoiries, le réquisitoire de M. le Procureur général et les répliques, je me reprocherais de prononcer une seule parole qui pût rentrer dans les considérations qui ont déjà été présentées par mes confrères. J'ai pris avec moi-même l'engagement de ne dire que des choses sur lesquelles votre attention n'a pas encore été appelée.

Si les actes auxquels M. Jozon s'est livré peuvent tomber sous la vindicte des lois dont les textes sont invoqués contre lui, faisons tous notre examen de conscience, non pas, sans doute, à un point de vue personnel, mais au point de vue des générations qui se succèdent sous nos yeux. La question intéresse les jeunes gens qui nous suivent dans la carrière, elle intéresse ceux qui nous ont immédiatement précédés, et aussi ceux qui, à une époque plus éloignée, leur ont donné des exemples qu'en définitive ils n'ont fait que suivre.

Qu'a fait M. Jozon ? Il s'est occupé de politique et d'élections. Il n'a fait en cela que marcher dans la voie où nous l'avons tous devancé. N'est-ce pas un exemple qui, si nous consultons nos souvenirs, a été donné en France sous tous les régimes, par les hommes de tous les temps ?

Je remonterai à la société qui a précédé le grand mouvement de 1789, pour démontrer que cette activité générale, ces vastes associations, ces réunions librement formées en vue des élections, étaient le droit reconnu et l'occupation quotidienne de la société de l'ancien régime ! Où se sont donc formés les hommes qui ont fait 89 ? N'est-ce pas dans les assemblées électorales du clergé ? N'est-ce pas aussi dans les assemblées électorales du tiers-état ? N'est-ce pas encore dans les assemblées électorales de la noblesse ? D'où est donc sortie la Révolution de 89 ? N'est-ce pas du plus grand mouvement électoral que la France ait connu ?

Parce que vous êtes quelques-uns en France qui vous imaginez de remonter le courant des idées de votre temps, pensez-vous pouvoir nous faire rétrograder au-delà de 1848, au-delà de 1830, au-delà de 1815, au-delà de 1789 ? vous avez convoqué ici par devant vous toutes les opinions — elles sont toutes représentées au banc de la défense — appréciez leur langage et voyez leur unanimité. Prenez y garde, vous abandonnez la voie de la modération en faisant intervenir, dans des poursuites judiciaires, les noms de citoyens honorables qui peuvent se rendre cette justice, qu'en tout temps, s'ils ont défendu la liberté, ils ont toujours eu souci de l'ordre, de la bonne harmonie et des véritables progrès de la société ; croyez-vous donc pouvoir, sans péril, abandonner ces voies libérales où nous sommes entrés depuis plus de soixante quinze ans, et ne pas soulever invinciblement des comparaisons fâcheuses? « Comment, dira l'opinion publique, on poursuit ces jeunes gens pour avoir fait ce que leurs frères aînés, ce que leurs pères avaient fait avant eux! c'est impossible. » Vous n'avez pas seulement ici, Messieurs, une mission judiciaire, mais, comme on le disait si bien avant moi, vous avez encore une mission sociale à accomplir; et elle vous défend d'obéir à d'aussi regrettables entraînements.

Ne craignez pas que je sois long, je ne veux qu'indiquer ici certaines idées qu'il suffit d'énoncer pour en faire comprendre toute la portée; mais il me faut cependant aller jusqu'au bout de la carrière que je me suis tracée.

L'accusation a reconnu que l'instruction s'était trompée de route, qu'elle avait méconnu le véritable caractère des faits en confondant ensemble les divers comités, celui des Vingt-cinq avec celui de la rue Saint-Roch et avec le comité consultatif.

Le public a intérêt à connaître ces distinctions, et ce sera peut-être un des avantages de ce procès d'avoir porté à sa connaissance des faits qui, autrement, seraient restés dans l'ombre. Il est déjà résulté des débats que vous êtes en présence non pas d'une association qui se serait formée sur tel ou tel point déterminé de la politique, mais en présence d'un mouvement électoral commun à toutes les nuances de l'opinion publique; puis, qu'entre le comité des Vingt-cinq et celui de la rue Saint-Roch, il y a non-seulement différence de personnes, mais différence de principes. J'en sais personnellement quelque chose, et si ces différences n'avaient pas existé, j'aurais pu me trouver, moi aussi, aux premiers rangs parmi les prévenus; car au centre de cette prévention, qui est-ce que je trouve? L'homme peut-être à côté duquel j'ai le plus lutté en politique, l'homme que je n'ai jamais quitté, avec lequel j'ai fait vingt campagnes, — je me dénonce au Procureur général, — vingt campagnes aussi significatives que celle qui amène les prévenus sur ces bancs.

Oui, Garnier-Pagès et moi nous avons longtemps marché ensemble, et, s'il eût été à Paris, nous aurions pu nous rencontrer dans cette réunion chez M. Carnot, à laquelle j'ai assisté, où le système de l'abstention et celui de l'action se trouvaient en présence. Je n'ai pas souvent l'occasion de parler politique; mais puisque je la rencontre, je ne cacherai pas mon opinion. Je la cacherai d'autant moins que dans le discours prononcé tout à l'heure par l'honorable Me Picard, au caractère élevé et politique duquel je me plais à rendre hommage, ce point a été touché. Il faut que vous sachiez tout, et que la manifestation des diverses opinions soit bien connue.

On a parlé des hommes qui s'étaient réfugiés dans l'abstention. Réfugiés dans l'abstention! Croyez-vous donc, dirai-je en rappelant un mot bien connu, que nous y soyons sur un lit de roses? C'est déjà un inconvénient pour nous que nos intentions soient méconnues, et que ce qui n'est qu'un scrupule de conscience puisse passer pour de l'indifférence. Si je parle de conscience, ce n'est pas que je veuille accuser la conduite de personne. Je prise ma conscience bien haut, je prise celle de mes confrères aussi haut que la mienne; mais ce que je tiens à dire à haute voix, c'est que ce qui passe pour de l'indifférence, n'en est point. Ce système de l'abstention, dont il n'aurait pas dû être question ici, s'il n'avait pas fallu précisément vous montrer les diverses nuances d'opinions engagées dans chacun des comités, ce système, dis-je, était représenté dans le comité Carnot. Je n'ai pas à vous faire l'histoire de ce comité, ni à vous dire comment, après sa dissolution, il s'est formé un comité consultatif auquel chacun, suivant la mesure de ses idées, a pris une part plus ou moins grande. En première instance, l'organe du ministère public me regardait en souriant lorsqu'il citait mon nom parmi les noms des souscripteurs, qu'il appelait les contribuables. Eh bien, je m'en fais gloire, car tant qu'il y aura en France une opinion politique, il ne faut pas qu'elle montre plus d'indifférence pour la lutte électorale que n'en ont montré les générations qui nous ont précédés dans la carrière. M. Jozon a suivi l'exemple que nous avons reçu nous-mêmes et que nous lui avons transmis. Il est le petit-fils politique de tous ceux qui ont marché dans la voie où marcheront également ceux qui viendront après nous et après lui.

A la suite du réveil politique qui s'était fait sentir dans les esprits, on a formé un comité de consultation; de nouvelles lettres ont été adressées. J'ai adhéré comme bien d'autres à ce comité de consultation. Pourquoi est-ce que je dis tout cela? Pourquoi est-ce que j'accumule les preuves de sympathie en faveur du mouvement électoral? Est-ce pour faire ici d'inutiles confidences? Non, c'est pour attester la force du courant que l'on prétend arrêter; c'est pour vous prouver que ce que le ministère public poursuit, je lui demande pardon de le dire, ce n'est pas une association, c'est l'état de l'opinion en France.

Après le coup d'État, il s'était fait dans les partis une sorte de silence; est-ce que par hasard l'administration s'est imaginé que ce silence était, de la part des populations et des hommes politiques engagés dans l'action, le résultat de la consternation et de la peur? Nous sommes dans un pays où ce sentiment est le dernier qu'on éprouve. Interrogez qui vous voudrez, on vous répondra que ce sentiment n'a pas existé un seul instant. Mais il est dans la nature de certains grands ébranlements de rendre le monde attentif à ce qui se passe devant lui. Il y a des questions si hautes, des problèmes si redoutables, que dans tous les ordres d'idées, on éprouve le besoin de se recueillir. Cela dure plus ou moins longtemps; mais quand les événements sont accomplis, quand les situations sont assises, l'opinion publique se met de nouveau aux fenêtres pour voir agir la politique et pour reprendre son travail interrompu. Tout change alors; et voilà en présence de quelle situation le Gouvernement s'est trouvé, et pourquoi la poursuite a été ordonnée et décidée.

Nous sommes ici en effet en matière complètement politique. En première instance, on en convenait franchement.

Je ne sais quelle sera demain l'attitude du ministère public : mais devant le Tribunal, l'organe de la prévention a hautement avoué que cette poursuite avait été commencée par suite d'une résolution prise et annoncée sur les bancs de la Chambre, et il citait les paroles du ministre, « le ministre l'a dit. » On invoquait l'autorité de son discours, pour fixer les limites de la liberté électorale. Le parquet, du reste, s'est assimilé la poursuite sans lui ôter son caractère politique. On prenait tous les comités électoraux les uns après les autres, on en faisait l'histoire, on se permettait certaines malices, qu'on paraît aujourd'hui vouloir faire disparaître du débat, pour s'attacher surtout aux grands côtés de la question. (Je vois un signe d'assentiment sur le siége du ministère public, je l'en félicite). C'est l'étendue du droit d'élection en principe que le ministère public veut soulever.

Mon honorable confrère Picard, attribuant tout à l'heure le réveil de la vie politique dans ce pays, à l'initiative de ce groupe de députés qu'on a appelé *les cinq*. Je suis loin de contester leur initiative, je les en remercie, je les en félicite ; dans ma bouche, on doit comprendre que, n'ayant pas sur la question du serment la même attitude qu'eux, ce n'est pas un compliment banal : mais je crois qu'on exagère, quand on dit qu'ils ont seuls contribué à ranimer la vie politique. L'impulsion est plus ancienne, le mouvement plus profond. L'activité électorale a toujours existé au moins à l'état latent, et je me fais fort de démontrer que la vie politique, dans le pays, a précédé ce mouvement dans la Chambre, et qu'elle a contribué ensuite à l'accélérer. Dès 1857, il s'était formé à Paris un comité électoral ; c'est ce comité électoral qui a fait les élections d'où sont sortis les hommes qui ont porté si glorieusement le drapeau des Cinq. M. Garnier-Pagès et moi nous en savons quelque chose, car ce comité se tenait chez moi, et M. Garnier-Pagès en a été un des promoteurs les plus énergiques. Je puis apporter ici un nouveau témoignage de variabilité dans les procédés de l'administration, variabilité a laquelle faisait allusion l'honorable Me Picard. Les opérations du comité de 1857 s'étaient terminées un samedi ; et je partais le lendemain dimanche pour la campagne, lorsque je reçus de la Préfecture de Police, un pli par lequel on me mandait à la préfecture pour conférer avec le Préfet, Je m'y rendis aussitôt, et j'eus l'honneur d'être reçu par M. Piétri, qui me dit : « Je dois vous prévenir que l'administration a voulu que, pendant la période électorale, la liberté la plus entière fût donnée aux réunions; en conséquence vous avez pu recevoir chez vous tous ceux que vous avez voulu : votre salon a été ouvert à toutes les personnes qui ont voulu s'y rendre pour s'occuper d'élections; je ne vous dissimule pas que nous savions par des moyens qui nous appartiennent, toutes les personnes qui entraient chez vous, que nous savions jour par jour, heure par heure, tout ce qui s'y disait.— Monsieur le Préfet, répliquai-je, vous n'aviez pas besoin de me le dire, j'en étais certain d'avance. — Nous entendons, reprit-il, maintenant que la période électorale est finie, que le comité, la réunion, l'activité électorale qui se développait rue Gaillon cessent absolument. » Je répondis à M. le Préfet de Police que nous avions prévenu nos amis, le matin même, que la réunion électorale n'ayant plus d'objet, nous étions dissous.

En définitive, comme vous le voyez, ce sont exactement les mêmes faits, les mêmes procédés, aux deux époques ; ce sont presque les mêmes termes dont on s'est servi en 1863 et 1864. Pourquoi défend-on aujourd'hui, ce qu'on a permis en 1857, ce qui a été permis à toutes les époques de notre histoire ? C'est ce que rappelait tout à l'heure, avant tant de fermeté, l'honorable Me Dufaure pour le gouvernement de la Restauration, ce que les contemporains de la Révolution de Juillet pourraient rappeler pour leur temps, ce que les contemporains de la République pourraient attester aussi pour cette époque. Donc la liberté électorale a toujours été reconnue et elle existait encore en 1857. La poursuite que vous dirigez en est une nouvelle preuve. Vous considérez la question comme douteuse, puisque vous voulez lui faire donner une nouvelle solution. Laissez-nous, au moins, prendre avantage de votre poursuite, en vous disant que ce que vous demandez aujourd'hui à la Cour, est une innovation complète et que, jusqu'alors, la pratique d'accord avec le droit a été dans un sens opposé à vos prétentions.

Quand je vous tiens ce langage au nom de M. Jozon, je suis assurément bien désintéressé à le faire, car encore une fois s'il y a eu organisation, il y est complètement étranger : ses idées, son âge, sa modestie ne le portaient point à désirer faire partie des vingt ou des treize membres qui formaient le comité ; il s'est rangé parmi les simples auxiliaires, parce qu'il a cru de son droit et de son devoir de lutter pour faire triompher des candidatures opposantes.

Ce procès prouve, Messieurs, que la jeunesse de notre temps obéit aux instincts les plus élevés. Si elle se réunit, ce n'est pas pour conspirer, c'est pour combattre sur le terrain de la légalité, et je ne puis concevoir qu'un gouvernement ait intérêt à empêcher de semblables manifestations. Que voulez-vous donc que fasse la génération qui vous suivra ? Quelles mœurs préparez-vous à vos successeurs ? Quel avenir réservez-vous à vos enfants ? Comment, sous l'empire du suffrage universel, avec une constitution qui a la prétention d'être démocratique, qui remet à ce suffrage la solution directe de toutes les questions fondamentales et lui abandonne encore par la nomination des députés, une part indirecte mais considérable dans la solution des questions secondaires, comment voulez-vous que ce suffrage soit une puissance anonyme, sans direction et sans enseignement ! Vous livrez l'avenir de ce pays à toutes les incertitudes, à toutes les chances, à toutes les révolutions. Et vous vous prétendez conservateurs ? Vous êtes des conservateurs égarés si vous pensez ainsi !

Ce que vous devez désirer dans l'intérêt de cette situation que commande la Constitution, ce que vous devez désirer, vous, ministère public, dans l'intérêt des institutions que vous défendez, c'est de créer des appuis à ces institutions ; c'est de créer, au sein de ce suffrage, une éducation qui permette aux citoyens de déposer des votes intelligents et de ne pas aller témoigner dans les urnes électorales comme un troupeau qu'on conduit.

Comment, en pleine paix, avec un pouvoir qui défie tous les pouvoirs anciens, vous avez peur de cette petite liberté qui nous reste ! Vous avez devant vous une jeunesse assez sage, assez dévouée, pour se renfermer dans l'exercice de cette liberté, et ne pas vouloir faire appel à la force d'une organisation insurrectionnelle, et vous la poursuivez !

Tel est, suivant moi, le sens du procès actuel. Telle est la portée de la question soumise à la Cour.

Mais cette manifestation de la vie politique n'est pas la seule à laquelle se livre la jeunesse de notre pays, son activité se répand au dehors. Pour vous citer un exemple, où ai-je connu M. Jozon ? Où ai-je noué avec lui ces relations d'intimité qui l'ont engagé à recourir à moi pour le défendre ? c'est en Angleterre. Tout à l'heure on vous parlait de ce pays; on vous lisait un article du *Moniteur* qui raconte ce qui se passe à l'étranger, qui rend justice à l'énergie avec laquelle le grand peuple anglais prépare ses élections. Voilà, Messieurs, à quoi nous sommes réduits! Pour chercher les exemples et la pratique de la liberté, nous sommes obligés d'aller à l'étranger. Ah! croyez-le bien, ce n'est pas pour trouver l'occasion de médire de notre pays que nous nous rendons aux divers congrès qui se multiplient depuis quelque temps en Europe. Loin de moi cette pensée; mais que voulez-vous, ce n'est pas notre faute, si, quand nos poumons ont besoin d'un air libre, nous sommes obligés d'aller chercher à l'étranger de quoi respirer!... Quoi qu'il en soit, c'est dans les réunions anglaises où nous étions attirés par les mêmes sentiments, que j'ait fait connaissance avec M. Jozon. Ah! si le ministère public qui voit un péril social dans des réunions de la nature de celle qu'il poursuit devant vous, me permettait de lui montrer ce qui se passe chez nos voisins, il comprendrait qu'il s'effraie à tort de prétendus dangers qui ne sont que des ombres et des fantômes.

En Angleterre, en Belgique, en Allemagne, partout, excepté en France, il existe de vastes associations, des réunions nombreuses ayant un but politique parfaitement déterminé et visant ouvertement à l'atteindre par la réforme de la législation.

C'est là que nous nous sommes rencontrés avec Jozon, et avec bien d'autres; c'est là que nous avons pu émettre nos idées et soutenir ce qui nous paraissait applicable dans un cercle fort étendu de matières diverses, soumises à l'épreuve d'une libre discussion.

N'est-il pas douloureux, en définitive, que nous, qui avons été les instructeurs du monde en fait de liberté, nous soyons aujourd'hui à la suite de toutes les autres nations?

Comment s'étonner alors qu'avec Garnier-Pagès, qui cette fois encore a été notre guide, et avec plusieurs de nos amis, nous ayons entrepris cette campagne, qui consiste à faire à l'administration française une guerre de comparaison en lui prouvant que cette liberté qu'elle nous refuse, les autres peuples du continent l'ont depuis longtemps obtenue de leurs gouvernements?

Cette liberté est-elle donc une source de désordre et de bouleversement dans les sociétés? Ne le croyez pas, Messieurs, écoutez les voix qui s'élèvent de tous les côtés de la scène politique, au nom de toutes les traditions et de toutes les expériences, pour attester qu'il y a dans le sage exercice de la liberté quelque chose de tutélaire, quelque chose qui protége l'ordre et qui mène au progrès.

Quelle situation veut-on nous faire, quand on prétend nous ravir à l'aide d'une interprétation sans précédents, l'usage d'un droit qui nous a toujours été garanti par les lois, sous tous les gouvernements qui se sont succédé dans notre pays? Ce que nous demandons, ce n'est pas le privilége d'une liberté exceptionnelle, c'est une chose qui nous appartient, qui a été de tous les temps, de tous les régimes; c'est la dernière liberté qui nous reste : nous n'en avons plus d'autres, mais au moins laissez-nous celle-là. Elle est la condition du suffrage universel, la base du régime sous lequel nous vivons. Cette liberté, enfin, vous voulez nous l'ôter, non par une loi, mais par un arrêt.

Voyez un peu, Messieurs, le rôle qui vous sera fait. La politique est instable, les déterminations des gouvernements peuvent changer — je n'ai pas besoin de chercher mes exemples bien loin — eh bien! on vous propose d'assumer l'impopularité d'une mesure dont vous prenez la responsabilité et qui peut-être, plus tard, sera changée, par suite de l'animadversion même qu'elle aura soulevée! En définitive, qu'elle soit ou non changée, l'impopularité vous restera...

M. le Président. Me Desmarest, je vous fais observer que la Cour a sa conscience et sa raison.

M. Desmarest. Assurément; aussi est-ce à la raison et à la conscience de la Cour que je fais appel en ce moment, pour lui demander de ne pas entrer dans la voie ou l'on voudrait l'engager. Et pour quel motif? Le ministère public croit que derrière n'importe quelle réunion, il y a une association dangereuse pour l'ordre. Il se trompe, il n'y a que la force de l'opinion publique qui se relève, qui revit; je ne dis pas qu'aujourd'hui elle compte autant d'adhérents qu'elle en comptera plus tard, mais enfin elle existe, et des procès de la nature de ceux-ci ne peuvent qu'augmenter cette force et activer ce réveil de l'opinion publique.

Pourquoi ces associations qui couvrent le sol de l'Angleterre et de l'Allemagne, ne sont-elles pas dangereuses? Parce que la libre discussion et la connaissance partout répandue des vraies conditions de l'équilibre social sont précisément là qui veillent à la conservation des pouvoirs établis. Pourquoi, en France, paraissent-elles dangereuses (car elles ne le sont pas, en réalité), pourquoi effraient-elles l'imagination du ministère public, dont l'esprit s'alarme dès qu'il rencontre la plus petite liberté? c'est que précisément à force de comprimer cette liberté, de poursuivre ceux qui veulent la défendre, vous faites qu'à la moindre atteinte portée à ce que vous croyez être la condition du pouvoir, la liberté tout entière se dresse devant vous, et réclame de plus en plus impérieusement la part qu'elle doit avoir dans le fonctionnement général de la société.

On a agité la question de savoir ce qui resterait à faire si votre décision confirmait le jugement. Il ne m'appartient pas de l'examiner en détail et je ne le ferai pas, parce que j'ai confiance, je le répète, dans la raison et la conscience de la Cour, mais pour le cas où je m'abuserais et où sa décision ne serait pas conforme à mes espérances, je répondrai : La liberté est incompressible, et si vous frappez une association fondée sur l'idée de la liberté, n'y eût-il que treize personnes devant vous, n'y en eût-il qu'une seule, cette seule personne aurait pour elle toute la force que viendrait lui ajouter cette compression ! Voyez ce qui s'est passé aux dernières élections. On a fait chez M. Carnot un comité qui a avorté. Le temps pressait. On a inséré dans les journaux une décision, à laquelle les électeurs n'ont pas hésité à se conformer. Plus tard, un comité électoral s'est formé. Il a réussi dans l'élection de MM. Carnot et Garnier-Pagès. Je suppose que vous nous empêchiez de le continuer dans les mêmes conditions, nous ferons autre chose, et nous serons encore obéis. L'opinion publique, concentrée sur le dernier pouce de terrain où vous l'aurez acculée, saura bien en sortir et trouver un nouveau mode de se manifester : Dieu veuille alors qu'il ne soit pas trop tard pour lui donner satisfaction !

Vous jouez aux tempêtes, vous jouez le jeu qu'ont joué tous les gouvernements, et ce ne sont pas seulement les hommes du progrès qui vous avertissent, mais les hommes de conservation. La justice est un pouvoir modérateur, c'est aussi un pouvoir conservateur, mais si vous voulez conserver quelque chose, conservez d'abord la liberté sans laquelle il n'y a rien que péril, rien qu'une douloureuse succession d'atonie et de convulsions sociales qui épuisent également les forces du pays.

Me Emmanuel Arago, se levant. A cette heure avancée, la Cour veut-elle m'entendre ou remettre à demain?

M. le Président. La Cour vous donne une heure.

Me Arago. Messieurs, les grandes plaidoiries d'illustres avocats ont fait pleine justice de l'accusation qui nous amène devant vous, justice aussi d'une sentence dont personne au Barreau n'eût osé prévoir les motifs ; et je veux cependant vous dire en peu de phrases quelles réflexions de philosophie politique m'inspire ce procès, destiné, je le crois, à porter la lumière sur les anomalies et les obscurités du temps où nous vivons.

La Constitution proposée à la France dans la journée du 2 décembre 1851 — il y aura treize ans après la nuit prochaine! — avait été, le même jour, solennellement annoncée par deux proclamations, dont voici les premières lignes : « *Proclamation au peuple.* L'assemblée nationale est dissoute. Le suffrage universel est rétabli. — *Proclamation à l'armée.* Soldats, soyez fiers de votre mission; vous sauverez la patrie, car je compte sur vous, non pour violer les lois, mais pour faire respecter la première loi du pays, la souveraineté nationale... »

Très-claires, très-précises, écrites pour l'histoire, ces paroles indiquent le rétablissement du suffrage universel comme la vraie raison, comme la fin du coup d'état de 1851.

Si donc nous trouvons autre chose dans la Constitution qui dérive du coup d'État, qui du 2 décembre à l'Empire a suivi sa logique, il faut nous garder de confondre des faits et leur principe; il faut reconnaître, avant tout, que le suffrage universel n'est pas le couronnement, mais la pierre angulaire, le fondement de l'édifice;

Et cela bien fixé, bien net, bien reconnu, — quand nous voyons, d'ailleurs, que l'interdiction des comités électoraux paralyserait à coup sûr l'exercice éclairé, la pratique morale du droit d'élection, de ce qu'on appelait *la première loi du pays,* pour expliquer les actes de décembre, — un dilemme pressant s'impose de lui-même au ministère public :

Ou le Gouvernement cessera d'invoquer la souveraineté nationale; ou c'est le mal servir que poursuivre en son nom les citoyens qui veulent, comme Garnier-Pagès, Carnot, — comme mon ami Hérisson, — interroger loyalement le peuple souverain;

Dilemme rigoureux, dont je ne peux, sans doute, examiner ici que le second terme. — En effet, personne ne niera la souveraineté nationale. A quoi bon? c'est un titre, un dogme, une légende, un exergue qui brille, un drapeau qui fascine; et l'on apprécie trop les forces qu'elle donne à ceux qui la proclament en se disant issus d'une si noble mère!...

Mais je dois constater, non démontrer — la preuve de ce que j'articule vient d'être, à cette barre, merveilleusement faite, — que le suffrage universel n'est plus qu'un vain mot et qu'un leurre, si l'on supprime les comités; que Messieurs du parquet, soutenant leur doctrine contre les comités, ébranlent le principe, le fondement même, la base de ce qu'ils croient défendre! Ils attaquent le 2 décembre!

Me trompé-je, Messieurs, en regardant comme établie cette affirmation, que l'existence des comités électoraux est intimement liée à la pratique vraie du suffrage universel? Non, je ne me trompe pas; et la magnifique discussion que nous venons d'entendre ne me permet plus de chercher des arguments nouveaux à l'appui d'une thèse désormais évidente.

J'ajouterai seulement aux éloquents discours de mes honorables confrères, aux démonstrations qui nous ont tous frappés, un admirable témoignage, tiré de Montesquieu, le grand éducateur, le génie du bon sens. Je lis, titre II et chapitre II de son *Esprit des Lois :* « Lorsque le peuple donne ses suffrages, ils doivent être » publics, et ceci est une loi fondamentale de la démocratie; il » faut que le petit peuple soit éclairé par les principaux... »

Le petit peuple, c'est-à-dire la masse des votants; *par les principaux,* c'est-à-dire par de généreux citoyens, actifs, intelligents, fermes, qui s'intéressent à la chose publique, qui ne se courbent pas sous le joug du plus fort, qui se croient le droit de penser, le devoir de choisir des représentants sympathiques à leurs opinions, d'appeler sur eux les suffrages...

Ah! ne manquera pas de s'écrier bientôt M. le Procureur général, vous voulez agiter et troubler le pays, et le replonger dans l'abîme des révolutions; ah! vous voulez des luttes, des combats et des brigues! — Ecoutons encore Montesquieu :

« La brigue est dangereuse dans un sénat; elle est dangereuse dans un corps de nobles; elle ne l'est pas dans le peuple, dont la nature est d'agir par passion. Le malheur d'une république, c'est lorsqu'il n'y a plus de brigues; et cela arrive lorsqu'on a corrompu le peuple à prix d'argent : il devient de sang-froid et s'affectionne à l'argent; mais il ne s'affectionne plus aux affaires. Sans souci du gouvernement et de ce qu'on y propose, il attend tranquillement son salaire. »

Est-ce que, par hasard, cet avilissement serait possible en France? Est-ce que, par hasard, cela serait pour nous un état idéal que l'on aurait rêvé!

On ne l'avouerait pas. — Qu'on laisse donc alors à notre droit de vote son expansion naturelle et ses libres allures, sous l'action des principaux, sous l'action des comités; je dis des comités, car il est peu probable qu'en écrivant les *principaux,* Montesquieu ait songé à des fonctionnaires tels que les préfets de l'Empire, les sous-préfets, les maires et les gardes-champêtres; car le bon sens de Montesquieu n'a pas prévu de loin les candidatures officielles.

Candidature officielle! Cette expression, Messieurs, qu'on aura quelque peine à comprendre plus tard, et qui n'existait pas dans notre langue politique avant le 2 décembre 1851, me suggère l'idée d'insister à mon tour sur un rapprochement que faisait tout à l'heure mon éminent confrère, Me Dufaure, entre les élections de diverses époques.

Sous le régime du suffrage restreint, sous la Restauration, sous la royauté de Juillet (régime que, par amour du droit et de l'égalité, je ne regretterai jamais, quoi qu'il nous arrive à présent), les ministres étaient théoriquement impartiaux dans les élections, officiellement sans défense en face de comités aussi nombreux que résolus, et nous n'avons vu cependant aucun de ces ministres — accusés quelquefois, se défendant toujours d'avoir influencé tel ou tel groupe d'électeurs, — traduire les citoyens en police correctionnelle, pour délit de comités ou d'associations électorales.

Aujourd'hui, Messieurs, aujourd'hui, lorsque l'armée des fonctionnaires publics est ouvertement au service des candidatures officielles, lorsque les comités de l'administration siégent en permanence dans toutes les préfectures, puisant à pleines mains dans la caisse de l'État, lançant sur les campagnes mieux que des affiliés, les gardes et gendarmes qui visitent les paysans, les pressent, les sermonnent, les menacent, les trompent, leur remettent des bulletins, en leur disant tout haut : « M. le maire vous charge de lui rap- » porter cela dimanche, à la mairie; » lorsque ces choses réussissent, et prospèrent si bien, que l'on pourrait citer vingt candidats élus, superbement élus, par des arrondissements où leurs noms n'étaient pas, huit jours avant le vote, connus de quarante électeurs; nous hésiterions, nous, à revendiquer le seul droit, la seule liberté, la seule franchise civique que nous ayons encore, le droit de nous entendre et d'éclairer les nôtres, et de les appuyer dans les élections! Non, Messieurs, pas un doute; nous sommes sûrs de notre droit, tellement certains que jamais nous n'y renoncerons, et qu'avec ce droit-là nous resterons debout, portant le poids du jour, en attendant demain.

Mais, si vous condamniez les treize prévenus !...

Tenez, Messieurs, un souvenir, par lequel je termine, et qui ne m'est point personnel, car je n'ai plus l'honneur d'être représentant (je ne suis pas rentré, même comme auditeur, dans l'enceinte législative, depuis le 2 décembre); si vous les condamniez, si vous leur appliquiez une peine quelconque pour s'être réunis comme vous le savez, pour s'être dévoués, comme le sait la France, à l'intérêt de tous, — que faudrait-il penser de la parole suivante, officiellement adressée par le chef de l'État, le 29 mars 1852, aux premiers députés du Corps législatif : « Vous êtes nommés par la loi la plus libérale du monde? »

La plus libérale du monde! Voyons.

Ici, Messieurs, chez nous, — cet accord unanime a peut-être bien sa grandeur, — dix hommes politiques, dont plusieurs ont rempli d'éminentes fonctions sous les gouvernements que vous avez connus, dix anciens avocats, fraternellement unis par leur indépendance, quoique divisés d'opinions, restés ou rentrés au barreau parce qu'ils sont de ceux que les choses qui changent ne peuvent pas changer, attestent tour à tour que sous aucun régime, ni sous les monarchies, ni sous la République, aucun pouvoir, aucun parquet n'a jamais demandé la condamnation d'un comité électoral!

Ce n'est donc pas en France, et dans notre passé, que l'on trouverait des exemples pour appeler la loi dont on veut nous frapper la plus libérale des lois.

Est-ce chez l'étranger? Voyons, Messieurs, cherchons :

Et j'entends, par pudeur, afin de moins rougir, ne pas vous parler des pays où l'on respire à l'aise, de l'Angleterre, pays libre! de la Belgique, pays libre! de la Suisse, pays libre! de l'Italie, pays libre!

Non, choisissons l'Espagne, et la Prusse et l'Autriche! nous y verrons partout, dans les trois capitales et toutes les provinces, des comités électoraux, comités permanents, comités politiques, agissant au grand jour, prêchant les électeurs, sollicitant des votes, et que n'entrave pas le ministère Narvaez, et que n'interdit pas le comte de Bismark, et que ne poursuit pas le cabinet de Vienne!

Ah! songez-y, Messieurs; si vous confirmiez la sentence de police correctionnelle, si vous adoptiez le système, les funestes doctrines du ministère public, et si vous décidiez qu'on ne peut faire en France ce qui se peut en Prusse, en Espagne, en Autriche... Nous devrions, hélas! — car les peuples ne valent que par les libertés qu'ils savent conquérir ou conserver chez eux, — nous voiler la face et nous dire que notre chère France de 1789, la grande nation, la France de nos pères!... que notre France à nous, si libre, si morale en 1848, est bien dégénérée, qu'elle est devenue, pour un temps, le dernier pays de l'Europe!

Audience du jeudi 1er décembre.

L'audience est ouverte à 11 heures 10 minutes.

M. LE PRÉSIDENT. L'incident regrettable qui s'est manifesté à l'audience d'hier m'oblige à rappeler que le silence le plus absolu est de rigueur dans cette enceinte. Les jeunes avocats ont pu voir avec quel soin je leur ai fait réserver le plus grand nombre de places possible ; mais c'est à la condition que tout se passera avec la convenance la plus parfaite et l'ordre le plus complet. J'ordonne qu'on mette hors de l'audience quiconque se permettrait le moindre signe d'approbation ou d'improbation, et qu'en cas de résistance, l'interrupteur soit amené au pied de la cour.

Me ARAGO. Je viens de recevoir de notre honorable confrère Me Marie, une lettre que je demande à la Cour la permission de lui lire. Voici cette lettre :

« Indépendamment de la cause générale que mes confrères avaient bien voulu me confier, il en est une qui me tient particulièrement au cœur, c'est celle de M. Bory, de Marseille...

» M. Bory a été président du comité démocratique de Marseille ; c'est à ce titre que la prévention veut le rattacher comme affilié, lui et le comité qu'il présidait, au comité poursuivi. Voici, à cet égard, l'argumentation du ministère public en première instance : « Le » comité de Marseille, a-t-il dit, a suivi les inspirations de MM. Gar- » nier-Pagès et Dréo. Il avait d'abord adopté pour ses candidats » MM. Carnot et Taxile Delord ; mais, sur l'intervention du comité » parisien, il substitua M. Marie à M. Delord ; M. Carnot refuse ; » sur la même intervention, il substitue M. Pelletan à M. Carnot. » Enfin M. Pelletan est écarté, et, à sa place, surgit M. Berryer, » qui devient ainsi le candidat du comité démocratique de Mar- » seille. »

» Voilà qui est fort bien enchaîné comme prévention systématique. Mais aussi que cela, au premier coup d'œil, est éclatant d'invraisemblance !

» Comprenez-vous, en effet, Marseille, à bon droit si fière de sa grandeur, de sa force, de son indépendance — j'allais presque dire de son autonomie, — comprenez-vous Marseille se mettant à la discrétion d'un comité parisien pour exercer sa part de souveraineté électorale? Comprenez-vous Berryer devenant, sur l'ordre de ce même comité, le candidat du comité démocratique de Marseille? Berryer pendant vingt ans député de cette grande ville, qui lui doit vingt années de glorieux services! Faut-il prendre cela au sérieux?

» En ce qui concerne M. Marie, on a dit pour expliquer sa candidature : « Le comité de Paris a voulu donner et a *donné* à Marseille un « de ses membres. » Mais on oublie qu'il faut être deux pour passer un tel contrat. On ne *donne* pas M. Marie sans qu'il le sache et sans qu'il le veuille.

» M. Marie a accepté l'honneur qui lui a été fait par les électeurs de Marseille d'être l'un des représentants de cette ville. Personne n'oserait dire, la main sur la conscience et le cœur dégagé de toutes passions politiques, que cet honneur, il l'ait sollicité ou qu'il ait jamais souffert qu'on le sollicitât pour lui. Pour se permettre de telles assertions, il faut des preuves. Où sont-elles?...

» Pour démontrer l'affiliation des comités de Paris et de Marseille, on a cité deux lettres : une de M. Dréo à son beau-père M. Garnier-Pagès, datée du 19 mars 1863; une de M. Garnier-Pagès à M. Carnot, datée du 12 avril suivant. Mais, à ces deux époques, il n'y avait encore de comités constitués ni à Paris ni à Marseille. Celui de Paris n'a été en projet sérieux qu'à la date du 28 avril; il n'a été définitivement constitué et publié que les 8 et 9 mai suivant. Quelqu'habileté qu'on y apporte, on ne pourra cependant jamais former des associations ou des affiliations entre le néant et le néant.

» Mais, dit-on, M. Dréo écrit : « J'ai vu M. Amat de Marseille. Tous » les candidats et tous les meneurs sont ici pour prendre le mot » d'ordre. »

» Qu'est-ce que M. Amat? Un Marseillais d'origine, c'est vrai, mais qui depuis longtemps déjà a fixé son domicile à Paris. M Amat n'a jamais fait partie, ni à Paris, ni à Marseille, des comités qui s'y son organisés.

» Quels candidats pouvaient donc être à Paris pour prendre le mot d'ordre? M. Delord? Il avait déjà été candidat à Marseille, où il a de nombreuses amitiés, et n'avait pas eu, pour cela, à prendre le mot d'ordre de Paris. M. Carnot? Il n'a jamais accepté la candidature qu'un moment Marseille lui a offerte. MM. Berryer, Marie? Ce n'est que bien plus tard, on va le voir, que la candidature leur a été offerte, et qu'ils l'ont acceptée. Quels candidats donc pouvaient venir prendre le mot d'ordre à Paris le 19 mars?

» Quels meneurs les accompagnaient ou les suivaient? Ce n'est pas M. Bory, qui n'est pas venu à Paris à cette époque et qui ne songeait pas à se faire *meneur*, lui qui a été, en son absence, nommé président du comité démocratique de Marseille.

» *Prendre le mot d'ordre!* encore faut-il qu'il y ait quelqu'un pour le donner. Or, qui donc l'aurait donné? Un comité qui n'a existé que deux mois plus tard, et à qui l'on veut imposer la responsabilité d'actes qui se seraient accomplis avant sa naissance!

» Laissons les grands mots et ne prenons pas pour faits d'association des conversations individuelles qui ne peuvent engager que les interlocuteurs.

» La lettre de M. Garnier-Pagès à M. Carnot n'est pas plus concluant que celle de M. Dréo. Le 12 avril, date de cette lettre, le comité démocratique de Marseille n'existait pas encore. Des hommes de la même opinion se réunissaient sans doute et s'entretenaient des intérêts électoraux alors fort excités. C'est là ce que M. Garnier-Pagès a pu improprement appeler le comité démocratique; mais voir là un commencement d'affiliation, c'est abuser du droit d'interprétation.

» D'ailleurs, qu'y a-t-il donc dans cette lettre? que Paris donne le mot d'ordre à Marseille? Il y a tout le contraire. On y lit, en effet, cette phrase : « *Le comité démocratique vous a offert la candida-* » *ture.* » A ce comité dont l'initiative, dont le droit ne sera pas contesté, que devient alors et la suzeraineté de Paris et le vasselage de Marseille? — C'est trop insister.

» La vérité sur les élections de Marseille, la voici :

» Au jour des élections, Marseille s'est émue, agitée comme toutes les grandes villes de France et comme toutes les villes de France, elle a pris le drapeau de la liberté. Aussitôt que le décret de convocation a été promulgué, pas avant, un grand nombre de comités, on pourrait dire de toutes couleurs et même de toutes nuances, se sont formés. Ils se sont formés au grand soleil. L'ombre était ailleurs.

» Que tous ces comités ne se soient pas d'abord entendus, qu'ils aient hésité quelque temps sur les hommes et sur les choses, soit, c'est l'histoire de tous les partis. Dans le camp des candidatures officielles, y a-t-il toujours eu unité de pensée et de but?

» Ce qu'il y a de sûr, c'est qu'un jour est arrivé où l'union s'est formée; c'est qu'au sein de cette union trois noms ont été prononcés, les noms de Berryer, Thiers, Marie; c'est que ces trois noms ont été acceptés, proclamés par les électeurs de Marseille spontanément. Et qui a vu le mouvement de cette ville, qui a entendu ses acclamations, qui a lu la polémique engagée dans ses journaux, ne peut opposer qu'une immense et dédaigneuse incrédulité à cette assertion que Paris ait été pour quoi que ce soit dans ce mouvement, dans ces acclamations, dans cette polémique.

» Et cela fait, que s'est-il passé? Certes, pour sa part, M. Marie ne songeait guère à Marseille, dont il ne connaissait alors les magnificences que par les récits des voyageurs qui, plus heureux que lui, l'avaient visitée, lorsqu'une députation venue de Marseille lui parla pour la première fois de sa candidature dans l'une des circonscriptions. Alors seulement il apprit d'une façon en quelque sorte officielle, et l'union qui s'était formée et les résultats qu'elle avait donnés. Il hésita. Et ce ne fut qu'après plusieurs conférences, auxquelles le comité de Paris n'a jamais été ni présent, ni représenté, qu'il se décida à accepter. Il ne mit à son acceptation qu'une réserve, c'est que l'union annoncée existait bien réellement et que son nom ne serait l'occasion d'aucunes dissidences nouvelles.

» Tout était arrêté ainsi, lorsque M. Marie apprit qu'on n'était pas d'accord, à Marseille, sur la distribution des circonscriptions, et qu'il pouvait y avoir là une cause de division. A l'instant même M. Marie écrivit qu'il retirait sa candidature. Le lendemain, il reçut un télégramme signé de onze noms appartenant à un comité qui n'était pas le comité démocratique ; ce télégramme lui demandait de maintenir sa candidature, aucune division sérieuse n'ayant éclaté.

» Il répondit à cette demande par le télégramme suivant, que nous transcrivons ici textuellement : « Dépêche du 20 mai 1863. — Bory,
» boulevard Longchamp, Marseille. Sur invitation d'un comité, avec
» onze signatures, je vous envoie acceptation. Pièces, ma lettre vous
» parviendra demain. Crains encore divisions, n'en veux pas. Surtout
» n'admets pas que ma personne en soit l'occasion. Usez de mes
» pièces dans cet esprit. A vous carte blanche. Pas de guerre contre
» Berryer, contre Delord. — (Signé :) Marie. »

» En même temps, j'écris par la poste.

» N'existe-t-il pas encore des dissidences fâcheuses? » écrit-il à M. Bory quelques jours avant les élections; « toutes les opposi-
» tions s'uniront-elles pour marcher au but commun, c'est-à-dire
» à la victoire de l'esprit de liberté sur l'esprit de despotisme? il
» s'agit aujourd'hui de ressaisir la vie qui de plus en plus nous
» échappe, etc. Tous les partis comprennent-ils bien cette situation?
» Pour moi, elle me frappe si vivement, et je suis d'ailleurs si con-
» vaincu qu'au fond de toutes les opinions foulées sous le pied im-
» périal, il y a de grandes et vives aspirations vers la restauration
» des principes de 89, que je vais avec joie au-devant de toute al-
» liance qui la donnera ou même la préparera. »

» Le télégramme est du 20 mai ; le 21 mai, M. Delord écrivit aux journaux de Marseille la lettre que voici : « Cher Monsieur Bory, mes » amis m'affirment que la candidature de M. Marie, ancien ministre » de la République, a plus de chance en ce moment que la mienne. » Le désir de ne pas diviser le parti démocratique l'empêche de se » présenter aux suffrages des électeurs de la 4e circonscription. » Toujours prêt à faire le sacrifice de ma personne pour assurer le » triomphe de la liberté, et, considérant comme un devoir de suivre » l'exemple que M. Marie vient de donner lui-même en se désistant » de la candidature dans le département de l'Yonne, je n'hésite pas à » résigner le mandat que, pour la seconde fois, les démocrates mar- » seillais m'avaient fait l'honneur de me confier. Veuillez, cher » monsieur, en faisant connaître ma détermination au comité démo- » cratique, être auprès de ses membres l'interprète de ma vive gra- » titude pour la chaleureuse sympathie qu'ils ont bien voulu me té- » moigner. Votre tout dévoué, Taxile Delord. Marseille 21 mai 1863. »

» Que devient dans tout cela le comité de Paris?

» Est-ce à lui aussi qu'est due l'élection de M. Berryer, la candidature de M. Thiers ?

» On ne discute pas de telles questions.

» Pourquoi aller chercher l'erreur quand la vérité est si près de nous et si éclatante ? Ne voit-on pas que si l'on transforme violemment en association ou en affiliation de simples rapports de citoyens à citoyens, on étouffe d'un seul coup le suffrage universel ? Est-ce là ce qu'on veut?

» Deviendra-t-on l'affilié d'un comité parce que l'on protégera de sa parole ou de ses écrits les candidatures qu'il aura proclamées et adoptées ? A ce titre, MM. Favre, Picard, Berryer, seraient les affiliés des comités de Marseille, car ils ont bien voulu couvrir de leur patronage ami la candidature de M. Marie.

» Mais en supposant qu'on aille jusqu'à cette folie, osera-t-on dire que M. Bory, président d'un comité de Marseille, est devenu, lui et son comité, affilié du comité électoral de Paris, parce qu'il a adopté pour candidat M. Marie, membre de ce dernier comité ?

» Nous ne pouvons, sur ce point, qu'attendre l'arrêt de la Cour. »

Voilà, Messieurs, les observations que mon cher confrère Me Marie m'a prié de vous lire, lorsqu'il est encore retenu loin de votre audience par une maladie que nous déplorons tous. Vous tiendrez compte à l'honorable M. Bory de l'absence d'un défenseur tel que celui qui devait l'assister devant vous, et qui était chargé de prendre le premier la parole dans cette affaire.

Me Hébert. Je me présente pour M. Melsheim. Ses conclusions tendent à ce qu'il plaise à la Cour :

« Attendu, en fait, qu'il n'a fait partie ni comme membre, ni comme affilié, ni comme souscripteur, ni à aucun titre atteint par la loi, des comités, à Paris ou ailleurs, ayant les élections pour objet et excédant le nombre de vingt personnes ; que même en supposant vrais et applicables (ce qui n'est pas) les principes sur lesquels repose l'ensemble de la poursuite, la situation spéciale de M. Melsheim ne tomberait pas sous ladite application ;

» Attendu, en droit, qu'il appartient à tout électeur de s'entendre et concerter avec d'autres électeurs pour faire prévaloir, par le vote électoral, les opinions, les intérêts et les principes que, dans le cercle de la Constitution et des lois, il croit utiles au bien du pays ; qu'aucune loi n'admet et n'a jamais admis ni restriction ni limitation de nombre ou de temps pour l'exercice de cette faculté naturelle et légale ; que ni par leur texte, ni par leur esprit révélé dans les discussions qui les ont précédés, l'article 291 du Code pénal et la loi du 10 avril 1834 n'interdisent et ne punissent l'usage de cette faculté, et les communications, soit orales, soit par écrit, qu'il entraîne ;

» Que le décret du 25 mars 1852 n'interdit que les *réunions publiques*, qui ne peuvent ni raisonnablement, ni légalement être confondues avec les rapports dépourvus de publicité, qui peuvent s'établir, par délibération ou correspondance, entre un nombre plus ou moins étendu d'électeurs, soit du même arrondissement, soit de plusieurs, en vue et à l'occasion des élections ;

» Par ces motifs, infirmer le jugement dont est appel et délier le sieur Melsheim de la poursuite sans dépens. »

Messieurs, ainsi que chacun des honorables défenseurs entendus jusqu'ici dans ce débat, je me présente devant la Cour pour deux clients : l'un inculpé en vertu d'une loi répressive, l'autre un droit que tous nous avons le devoir et que nous devrions avoir tous le désir de sauvegarder. Après les considérations élevées qui ont été empruntées avec tant d'autorité et parfois avec tant d'éloquence à la politique, à l'histoire, considérations auxquelles je ne puis qu'adhérer, je ne dois me proposer maintenant, en défendant la cause de mes deux clients, que le simple rôle de jurisconsulte et d'avocat.

Mon premier client est M. Melsheim, jeune officier ministériel, environné dans son pays d'une estime, d'une considération, je dirais d'une sympathie universelle, quelles que soient les opinions qui divisent ou qui ont pu diviser son arrondissement, estime, considération, sympathie, auxquelles viennent s'ajouter la confiance et la bienveillance méritées, et dont il s'honore, du tribunal auquel il est attaché par ses fonctions. Toujours irréprochable, il est aimé et estimé non-seulement à cause de sa conduite droite et loyale, soit comme homme privé, soit dans l'exercice de ses fonctions, mais encore à cause de la douceur de son caractère et de l'urbanité de ses manières. Tel est mon premier client. J'en puis fournir les preuves; mais je n'ai point à insister autrement, car tout cela a été reconnu en première instance par le ministère public; son réquisitoire en porte le témoignage, et M. le Procureur général aura entre les mains et pourra mettre sous vos yeux les attestations les plus honorables, qu'il ne faut pas confondre avec les certificats ordinaires, des attestations émanées des personnes les plus recommandables, appartenant, je le répète, à toutes les opinions, et à toutes les situations dans l'arrondissement de Schelestadt.

Mon autre client, c'est le droit électoral, le droit pour tout électeur de se choisir et par lui-même et par les autres un mandataire, un représentant, un député, droit qui entraîne par lui-même l'obligation en même temps que le pouvoir, jusqu'à ce jour incontesté, exempt de toute restriction, de communiquer, de délibérer, de correspondre, de faire en un mot tout ce que l'exercice du droit d'élire entraîne par la force des choses elle-même.

De mes deux clients, je l'avoue, c'est le premier qui, en ce moment, inspire ma plus vive sollicitude. En voyant ce jeune homme, toujours irréprochable, qui a eu constamment, comme il l'a encore, comme je l'ai avec lui, la conviction, la conscience de n'avoir rien fait, rien voulu faire qui fût en opposition avec la loi, qui, loin de là, a pris et voulu prendre les précautions les plus minutieuses pour se mettre, sous ce rapport, en parfaite sécurité, préoccupé qu'il était, à juste titre, des devoirs plus étroits que lui impose sa situation d'officier public. En le voyant appelé en police correctionnelle, poursuivi en vertu d'une loi pénale, frappé en première instance d'une condamnation dont l'importance, on le comprend, n'est pas dans les quelques centaines de francs que le jugement prononce, exposé devant vous, si sa défense vous paraît insuffisante, à la confirmation de cette condamnation, je ne puis me défendre d'un vif intérêt, et, je l'avouerai, d'une réelle émotion en faveur de sa cause. Vous serez émus avec moi, Messieurs, en songeant non-seulement au présent, mais à l'avenir que pourrait amener pour M. Melsheim cette condamnation si elle était maintenue.

Bien que mon autre client ne m'inspire pas un moindre intérêt, je le dis avec la même sincérité, il n'excite pas pour moi, en ce moment, au même degré, une égale sollicitude. Il y en a deux raisons bien simples; l'une c'est que le droit électoral a été défendu avec tant d'énergie, tant de talent, et, à mon estime, avec tant de succès par mes honorables confrères, que dans le faible concours que je pourrais lui apporter, je ne vois rien d'indispensable. Mon autre raison c'est, je l'avouerai, qu'accoutumé par une vie déjà longue et d'existence et d'affaires, à n'attacher aux choses d'intérêt sérieux qu'à raison des avantages vrais qu'elles peuvent produire, au risque d'être en désaccord avec plusieurs de ceux près desquels je me trouve dans ce débat, je ne saurais, sans que ce soit ni le lieu ni le moment d'en dire les motifs, en l'état actuel des choses, eu égard à une infinité de circonstances qui existent et nous dominent, partager ni les espérances ni les craintes qu'on paraît concevoir à l'égard des comités électoraux fonctionnant dans le suffrage universel. Ce n'est pas une raison toutefois pour déserter la défense du droit électoral. Non, quand un principe est vrai, quand il est juste, quand il ne peut être attaqué sans nier une évidence légale, il est du devoir de tout le monde de maintenir ce principe, quand ce ne serait pas pour son utilité présente, du moins pour celle de l'avenir; et s'il est vrai que le droit de l'électeur soit intimement lié au maintien du droit de conférences, de communications, de correspondances électorales, qui n'est en définitive que ce qu'on appelle comité électoral, sous quelque régime que l'élection se produise, sous quelque forme que le comité fonctionne, il faut le défendre, il faut le soutenir, le maintenir.

C'est dans ces termes, Messieurs, que j'engage ma double défense devant vous; et tout naturellement, je parle d'abord de M. Melsheim.

Pour écarter la poursuite en ce qui le concerne, je vais, par une triste hypothèse, par une concession très-momentanée, dont je prendrai bientôt ma revanche, je vais supposer vrais, incontestables, tous les principes sur lesquels s'appuie cette poursuite. Donc je suppose avec elle que plus de vingt personnes ne peuvent ni communiquer entre elles, ni se réunir, ni correspondre, pour s'occuper d'élections, pour former une réunion privée, ayant pour but principal et direct, de choisir un candidat, des candidats, de faire prévaloir une ou plusieurs candidatures, et d'en faire échouer d'autres; je suppose également que, pour atteindre ce nombre fatidique et réprouvé, la poursuite ait le droit, en s'armant de correspondances échangées d'électeurs à électeurs, de comités à comités, de poursuivre treize, douze, dix, huit électeurs ou membres de comités, d'en poursuivre un tout seul (car il y aurait même raison, et l'argument ne ferait pas plus défaut en un cas, que dans l'autre); je suppose tout cela, et j'ai eu soin de dire que c'était une concession momentanée, dont je prendrai, ou plutôt dont les vrais principes prendront bientôt leur revanche ; je suppose, enfin, que tout cela soit conforme à l'article 291 du Code pénal, à la loi du 10 avril 1834, et au décret du 25 mars 1852. Voilà certainement une hypothèse bien large et qui doit satisfaire quiconque croit que les comités électoraux sont en contravention avec la loi. Eh bien! tout cela étant admis, je prétends qu'il n'y a rien là qui touche M. Melsheim, le premier et le plus cher de mes deux clients : qu'il n'a jamais fait ni entendu faire partie des associations qu'on a cru devoir poursuivre en vertu des principes que je viens de supposer vrais, et des lois que je viens de supposer applicables. Voilà, en fait, ma prétention bien déterminée, et, Messieurs, même avant de la justifier devant vous, voici ce qui vaut mieux que des faits (qui ressemblent quelquefois à de simples allégations) sur lesquelles on peut être en désaccord soit quant à leur existence, soit quant aux inductions qu'on en tire ; voici une réflexion qui s'offre à mon esprit : c'est que, par cela seul que M. Melsheim affirme qu'il n'a jamais fait partie des comités auxquels on veut le rattacher, ni d'aucun comité, ni d'aucune association d'un nombre supérieur à vingt ; qu'il n'a jamais fait partie que de la petite réunion privée, de quatre personnes d'abord, qui s'est étendue à six, à huit, et qui n'a jamais dépassé quinze, dans l'arrondissement de Schelestadt, au moment de la seconde élection ; par cela seul que cette prétention est élevée, et, avant même qu'elle soit prouvée, il semble que M. Melsheim se trouve déjà dans une position bien favorable, et que cette position là, par elle seule, dans une cause comme celle que nous débattons ici, devrait suffire à le faire acquitter.

En effet, vous avez devant vous et vous avez eu, dans vos précédentes audiences, en dehors des inculpés, dix à douze personnes des plus honorables et dignes d'être crues dans leurs affirmations, qui vous disent : « Le jugement déclare que nous avons fait partie de l'association et de la réunion, à raison desquelles treize des nôtres ont été condamnés; le jugement dit que nous avons fait les mêmes actes, les mêmes choses qu'eux, correspondances, souscriptions, contributions aux dépenses, pour établir et maintenir ce qu'il appelle une association : oui, nous avons délibéré en commun, nous avons correspondu, payé, souscrit, et nous croyons avoir eu droit de le faire : si nous avons contrevenu à la loi, qu'on nous poursuive ; si l'on ne nous a point poursuivis, pourquoi le jugement inscrit-il nos noms, au nombre des délinquants. » Voilà ce qu'on a dit, ce qui vous a été répété non-seulement dans le cours des interrogatoires, mais dans deux plaidoiries que vous avez entendues, aux premiers jours de ces débats. Hier, de nouvelles déclarations sont survenues encore, et notre honorable confrère, Mᵉ Desmarest, le chef de notre Ordre, en ce moment, est venu vous dire que lui-même avait fait la même chose, qu'il avait fait tout ce que reproche la prévention aux treize inculpés. Or, Messieurs, par des raisons que je n'ai point à approfondir on ne poursuit point ces hommes honorables, à l'égard desquels on a, pourtant, les mêmes faits et les mêmes preuves, et de plus, le jugement qui les signale et leurs propres aveux. Je ne m'en plains pas, à coup sûr, et personne n'y trouve à redire ; mais voici ce que je dis alors : vous avez devant vous, un homme, un officier ministériel, qui n'est pas moins honorable, moins digne de créance en tout ce qu'il déclare en face de la justice, et qui vous tient ce langage : « Sur mon honneur, je vous atteste que je n'ai point fait partie des comités de Paris; je n'ai jamais été associé, réuni aux membres de ces comités, je n'ai jamais délibéré avec eux, je n'ai point fourni d'argent, ni adhéré aux souscriptions, point donné d'assistance d'aucune sorte ; tout ce que j'ai fait à l'égard, non pas même de ces comités, mais d'une ou deux personnes, qui se trouvent en avoir fait partie, ç'a été de m'éclairer près d'elles, et par correspondance, ainsi que deux, trois ou quatre de mes amis sur les moyens à prendre, sans nous mettre en opposition avec la loi, pour nous constituer, chez nous, en comité d'élection, et aussi, sur une difficulté de candidature que nous avions avec un journaliste, difficulté dont lui et nous avions cru bon de les constituer arbitres. » Et quand M. Melsheim a parlé ainsi en le justifiant, par sa correspondance, quand lui, homme honorable, vous affirme qu'il n'a jamais fait, ni entendu faire partie de ces comités, quand on n'a aucune preuve contraire, on le poursuit, au moment même où l'on met hors de cause des personnes qui viennent vous dire : « Oui, nous avons fait ce que le jugement reproche à ceux qu'il condamne, et ce que le jugement, sans nous condamner, nous reproche d'avoir fait, nous nous en prévalons, comme de l'exercice d'un droit légitime ! »

Messieurs, je n'entends reprocher au ministère public ni partialité, ni caprice dans la marche qu'il a tenue à cet égard. Je n'examinerai pas jusqu'où vont en ces circonstances ses droits, son pouvoir et son libre arbitre. Je suppose même que le ministère public aurait vu avec plaisir qu'il ne lui fût pas imposé... (imposé dans la mesure de ce qu'il croit être les limites de la loi; je n'entends pas dire autre chose), qu'il ne lui fût pas imposé par les constatations que la police, que l'administration a cru avoir faites, le devoir de poursuivre aucun de ceux qu'il a poursuivis ; j'admets également que la dénonciation s'étant restreinte à quelques-uns, l'esprit d'équité qui est au fond de l'âme des magistrats lui aurait fait désirer, puisqu'il fallait poursuivre et faire condamner, que tous ceux qui avaient fait les mêmes choses fussent compris dans la même poursuite et dans la même condamnation... Je me permets de conjecturer tout cela. Mais voici ce que je veux dire : Ne craint-on pas, en agissant autrement, que la conscience et la raison publiques, que je ne veux pas mettre au-dessus de la conscience et de la raison des magistrats, mais que magistrats, avocats, citoyens et tous si haut que l'on puisse être placé, nous devons consulter, sinon pour les suivre aveuglément, au moins pour en prendre conseil et en faire, au besoin, profiter notre conduite; ne craint-on pas que, devant la raison et la conscience publiques, il ne s'offre cette réflexion : que l'on traite bien durement et bien injustement un homme d'honneur, qui vient déclarer les faits tels qu'ils se sont passés en ce qui le touche, et qui est incapable, ainsi que tous ici, de mettre son acquittement, sa rédemption d'une faible amende, au prix d'un mensonge ou de la plus simple dissimulation de la vérité?

Ne craint-on pas autre chose, ne craint-on pas qu'en comparant les situations de ceux qui sont laissés à l'écart, malgré leurs honorables aveux, en voyant leur situation élevée et forte, et la modeste position de celui que je défends devant vous, il ne vienne à la pensée de quelqu'un, ce vers du grand satirique romain :

Dat veniam corvis, vexat censura columbas.

Ceci m'amène à m'occuper du faible, poursuivi comme la colombe, en venant à son secours, puisqu'on la poursuit, et qu'elle est atteinte déjà d'un premier coup, dont elle guérira, je l'espère, grâce à l'intervention de la Cour.

Voyons donc les faits, en ce qui concerne M. Melsheim. M. le Conseiller-Rapporteur, avec une clarté parfaite, vous a fait remarquer, dans l'ensemble du procès, trois périodes : les élections générales de 1863, les élections de Paris, après l'option de MM. Jules Favre et Havin, les élections de Sceaux et de Dijon, nécessitées la première par une erreur du préfet de la Seine, la seconde par la promotion au conseil d'État du député qui avait été élu à Dijon. A tout cela, je n'ai pas besoin de le démontrer, il me suffit de le dire, et M. le Rapporteur sera auprès de la Cour notre garant, à tout cela M. Melsheim est demeuré complétement étranger : il n'en a rien su; il ne s'en est pas occupé. Ce qui s'est passé en janvier, en mars, en avril, en mai 1863, jusqu'à la fin de l'année, jusqu'à la fin de novembre, et au cours de décembre 1863, même au cours de janvier 1864, soit à Paris, soit dans quelques localités électorales que ce soit, par toute la France, il y est demeuré étranger ; il a été également étranger d'une manière absolue à ce qui a pu être fait par le comité ou les comités de Paris ou d'ailleurs : je n'ai rien à retracer de cela devant vous ; le débat s'est engagé sur l'action des comités des Vingt-cinq ou des Quinze, des comités électifs, ou spontanés, électoraux ou consultatifs, ayant fonctionné lors des élections générales, soit à Paris, soit dans l'arrondissement de Schelestadt, soit ailleurs. M. Melsheim ne s'y est point mêlé ; il avait une raison décisive et qui lui était toute personnelle, pour s'en tenir en dehors.

Aux élections précédentes, depuis plusieurs années, il n'avait pas exercé son droit électoral ; il ne le dédaignait pas, mais il ne croyait pas utile pour son compte de l'exercer. Schelestadt avait pour représentant le comte Hallez-Claparède, qui l'était depuis plus de vingt ans, ayant succédé dans la représentation de son arrondissement à son père, qui, avant lui et comme lui, s'était fait connaître honorablement sur les bancs de l'ancienne chambre des députés. M. Hallez-Claparède était grand propriétaire dans cet arrondissement, il y rendait beaucoup de services, de ces services qu'on peut rendre et avouer, qui font partie des devoirs des députés envers les électeurs : M. Hallez-Claparède était aimé, estimé et en possession de la presque unanimité des suffrages. Que M. Melsheim fût alors ou ne fût pas son partisan dans ses prédilections intimes, ce que je ne sais pas, ce qu'il est hors de propos de rechercher, son intervention dans l'élection était parfaitement superflue. Tout à coup, en 1863, aux élections générales, surgit une candidature dont on n'avait jamais entendu parler, celle du baron de Bulach. Mais à cette première épreuve, personne n'avait cru à son succès : on comptait sur la situation acquise depuis si longtemps, à si juste titre, et si honorablement maintenue par l'honorable M. Hallez-Claparède. On comptait sur la continuation de la fidélité et du bon accord de l'administration et du suffrage universel. En conséquence, on s'était fort peu occupé de cette élection, où M. Melsheim s'était borné à voter cette fois, avec plusieurs de ses amis, pour M. Hallez-Claparède. Cependant, à la grande surprise de ceux qui avaient plus songé à peser qu'à compter les suffrages, qui avaient plus interrogé les raisons et le bon sens du vote que le fait matériel du vote tel qu'il se pratique souvent, M. de Bulach avait été élu. Son élection fut attaquée, pour fraudes électorales et influences illicites, devant la chambre ; elle fut annulée, sinon pour ces motifs, du moins pour de graves irrégularités électorales. Donc, le collége de Schelestadt était convoqué pour de nouvelles élections, à la fin de décembre 1863, et l'élection devait se faire en janvier 1864 : la lutte s'annonçait comme devant être très-vive; elle le fut en effet. M. Melsheim résolut d'y prendre part, et une part active; son secours et celui de ses amis lui paraissaient plus nécessaires et plus justifiés qu'auparavant.

Personne ne le lui reprochera, à coup sûr; il était parfaitement dans son droit. S'il avait pris parti pour M. de Bulach, personne, soit qu'il eût réussi, soit qu'il eût succombé, ne songerait incontestablement à lui faire un reproche. Et que parlai-je de reproches! Il avait voté individuellement la première fois et pour le même candidat qu'il allait soutenir encore; mais il s'était trouvé dans les vaincus; personne ne lui avait cherché querelle, et lui-même n'en avait éprouvé que le déplaisir de n'avoir pas fait prévaloir la candidature qui lui paraissait préférable et juste. Si donc, cette seconde fois, il eût passé aux vainqueurs, voté pour M. de Bulach, s'il eût fait un comité pour cela, sauf le jugement qu'on aurait pu porter de cette mobilité d'opinion, je suis parfaitement convaincu que personne ne l'aurait inquiété, qu'on ne lui aurait pas dit : vous avez fait un comité de quinze à dix-huit personnes, vous avez correspondu avec d'autres comités, vous avez fait tout ce qu'on reproche aux comités de Paris, etc., etc. Non, on ne l'aurait pas inquiété, je le répète, personne ne lui aurait rien reproché juridiquement; certains même l'auraient loué. La plus simple justice ne veut-elle pas, dès lors, que non-seulement au point de vue de la loi, mais au point de vue de l'équité, de l'honnêteté de la conduite et de sa constance honorable et désintéressée dans ses opinions, aucun reproche ne soit adressé à mon client pour avoir voté et agi pour son candidat de préférence et contre le candidat opposé?

Maintenant, en quoi et comment a-t-il pris une part active à cette élection? Il avait trois amis; ils étaient tous les trois parfaitement de la même opinion : l'un industriel, l'autre commerçant, tous deux membres du conseil d'arrondissement, le troisième, meunier, ayant aussi une situation commerciale parfaitement établie. Ils avaient les mêmes sympathies politiques; leurs votes précédents avaient été en faveur de M. Hallez-Claparède. Ils s'entendent, ils délibèrent, ils se concertent et ils conviennent de faire tous leurs efforts auprès de leurs amis, de leurs clients et de toutes les personnes avec lesquelles ils étaient en relation, pour tâcher de grossir le plus possible le nombre de ceux qui porteraient leur vote sur cet honorable candidat. Ils se mettent en rapport avec quelques autres; leurs efforts pour la formation d'un comité ne vont pas loin : car selon ce qui a été indiqué dans le débat devant le Tribunal correctionnel dont vous avez le relevé sous les yeux, on n'a jamais pu se réunir au nombre de plus de dix, douze ou quinze ; et c'est au nombre de quatre surtout qu'ils s'occupaient de cette élection. Ces quatre ont répondu franchement et catégoriquement devant le Tribunal : vous avez leur déposition, et aucune ne dit qu'ils aient fait autre chose que ce que la loi permet de faire. On se réunissait chez M. Melsheim, ils l'ont déclaré, parce qu'étant chez un homme de loi, ils étaient plus sûrs, avec lui, de ne s'écarter en rien de la stricte légalité. Leurs réunions n'étaient pas publiques, elles étaient *intrà parietes*, mais elles étaient connues de tout le monde, elles n'étaient pas secrètes. M. Melsheim ne fermait pas son cabinet à ses clients; tout le monde pouvait savoir ce qui se passait là. On n'y conviait pas un grand nombre d'électeurs; elles n'étaient ni secrètes, ni publiques; c'étaient des réunions privées. Ce sont ces réunions, ces conciliabules, ces conférences, que l'on qualifie de comité; c'est le ministère public qui lui donne ce nom, qui d'ailleurs m'est fort indifférent, car je n'ai pas encore trouvé un texte de loi où ce mot soit consigné comme qualifiant un délit ou correspondant à un délit. A côté de la réunion privée de M. Melsheim, il y avait, on ne peut pas le méconnaître, deux grandes réunions en faveur de la candidature de M. de Bulach, l'une à l'Hôtel-de-Ville, de plus de cent membres, présidée par M. le maire, l'autre dans une brasserie, où l'un des témoins a dit ce qui se faisait, et ce n'était pas toujours une besogne électorale; on y buvait, sans frais. Elle était composée de plus de cent vingt personnes et présidée par M. l'adjoint. (*Sourires.*)

Je me souviens qu'au moment où d'honorables témoins venaient à la barre du Tribunal déposer de ces faits sous la foi du serment, l'honorable, le très honorable président du Tribunal, qui, quelques jours après, a eu l'honneur d'être élevé au rang de conseiller à la Cour impériale et qui aujourd'hui est votre collègue, faisait cette observation qui m'a frappé : «Vous ne pouvez pas argumenter, a-t-il dit, de cette réunion pour légitimer les vôtres; car on ne peut leur faire aucun reproche, puisque le maire y présidait. » J'avoue, Messieurs, que c'est avec surprise que j'ai entendu cette assertion. L'article 291, en nous disant les réunions auxquelles il s'applique, — et nous allons voir tout à l'heure que ce ne sont pas celles-ci, — l'article 291 veut que les réunions dont il parle ne puissent avoir lieu *sans l'autorisation du gouvernement*, ce qui veut dire qu'il faut demander officiellement au gouvernement son autorisation expresse, car on ne parlemente pas avec lui comme avec ses voisins, et ce n'est pas tacitement ou en simple conversation qu'on traite des affaires de cette gravité. On présente à l'autorité une requête ; elle est accordée ou refusée ; or, s'il arrive qu'une demande d'autorisation pour semblable réunion n'ait pas été faite, peut-on considérer comme autorisée cette réunion publique et de plus de cent personnes, parce qu'elle aura été présidée par un maire ou par un adjoint? A quelles conséquences arriveriez-vous? Le maire, d'abord, ici, n'en présidait qu'une, celle de l hôtel de ville. Il n'était pas, et je l'en félicite, à la brasserie dont a parlé le témoin. Là, se trouvait l'adjoint seulement; sans doute, à défaut de l'adjoint, c'eût été un conseiller municipal : et comme les fonctions de conseiller municipal, qui, par le fait, se trouvent, en vertu de la nouvelle législation, plus indépendantes de l'autorité que celles du maire et de l'adjoint, sont en même temps le partage d'un grand nombre, selon qu'un conseiller municipal sera venu ou ne sera pas venu exercer son droit électoral dans ces réunions ou conférences préparatoires, on pourra dire, après coup, et c'est là le danger : la réunion était ou n'était pas autorisée, il y a ou il n'y a pas délit. Soyons francs, Messieurs, et appréciant ce qui s'est fait à Schelestadt, disons qu'à côté d'un petit conciliabule privé, qui se tenait chez un avoué, sans convocations, mais sans mystère, pour l'élection de M. Hallez, il y avait deux réunions publiques, l'une dans l'Hôtel de ville, présidée par le maire, l'autre dans une brasserie, où se trouvait M. l'adjoint, toutes deux ayant pour objet l'élection de M. de Bulach. Et ne croyez pas que je veuille excuser une contravention par une autre contravention. Nous recherchons ce qu'ont fait MM. Melsheim et ses amis pour le but constitutionnel et déterminé que vous connaissez parfaitement, et, pour savoir ce qu'ils ont fait, ce qu'ils ont voulu faire, et comment ils ont été amenés à la faire, nous disons purement et simplement : ils ont d'autant moins cru contrevenir à la loi en formant un comité, même quand ils seraient parvenus à le composer de plus de vingt personnes (et il n'a pas tenu à eux, je l'avoue, qu'ils n'en aient pas réuni davantage ; mais chacun a ses affaires, et on n'a pas dépassé le nombre de quinze) eh ! bien, ces braves gens n'ont pas pu croire, quand ils voyaient sous leurs yeux un adjoint et un maire, à la connaissance de M. le sous-préfet, de M. le préfet et du ministre de l'intérieur, présidant ces deux grandes assemblées si nombreuses, si publiques, ils n'ont pu croire que leur petite réunion, pour ainsi dire de famille, mais occupée de maintenir une candidature qui se représentait de nouveau après avoir échoué une fois, malgré leurs efforts, ils n'ont pas pu croire que c'était là une chose interdite, coupable et qui pût compromettre en aucune manière leur situation et les rendre passibles d'aucune pénalité.

Dans la première élection, où M. de Bulach avait triomphé, on avait demandé, en recourant à la presse, l'intervention de l'un des trois journaux qui existaient dans l'arrondissement. Ces journaux étaient : l'*Alsacien*, journal d'opinion libérale, qui soutenait M. Hallez-Claparède ; l'*Indicateur du Bas-Rhin*, qui avait patroné M. Hallez aux élections de mai, mais qui, depuis... était devenu journal officiel et l'attaquait ; enfin, le *Courrier du Bas-Rhin*, qui se donnant comme de l'opinion plus que libérale, de l'opinion démocratique, avait, aux élections générales, dit, dans plusieurs articles, qu'il s'abstenait et qu'il engageait ses amis à s'abstenir, parce que le candidat qui se présentait contre M. de Bulach ne lui paraissait pas assez libéral. Après l'annulation de l'élection de M. de Bulach, on ne s'était plus adressé à ce journal ; on lui laissait suivre la ligne qu'il s'était tracée, sans approfondir par quels motifs il était dirigé. Mais le 24 novembre, remarquez ceci, qui va tout vous expliquer, le 24 novembre 1863, faisant un article de fond sur les deux candidatures, il écrivait : « Nous n'avons à nous occuper ni de l'un ni de l'autre, cela ne nous regarde pas ; il faut chercher un troisième candidat représentant l'opinion démocratique, ou bien il faut s'abstenir. » Un troisième candidat, pût-on le trouver, c'était évidemment le moyen de faire échouer la candidature de M. Hallez, en divisant les électeurs qui repoussaient M. de Bulach. Se croiser les bras et s'abstenir, c'était la même ligne qu'avait suivie le journal lors des élections générales ; mais il la défendait par de nouveaux prétextes, et son article paraissait de nature à porter coup et à faire perdre des suffrages à M. Hallez ; c'est alors que M. Melsheim et ses trois amis entreprennent de lui répondre par une lettre qui est portée par l'un d'eux. Je vous prie, Messieurs, d'entendre la lecture de cette lettre. C'est elle et l'accueil qu'on y fait, qui déterminèrent la résolution prise par MM. Melsheim et ses amis d'en référer hors de leur arrondissement, résolution qu'on a regardée comme un fait d'association illicite, et dont nous allons voir le caractère bien inoffensif. Voici la lettre qui fut portée au *Courrier du Bas-Rhin* :

Schelestadt, le novembre 1863.

Monsieur le Rédacteur, — Dans votre numéro du 24 novembre, vous avez présenté quelques considérations sur la lutte électorale dans l'arrondissement de Schelestadt. Faisant appel au parti libéral, vous l'avez conjuré de ne pas voiler son drapeau, de n'accepter aucune transaction et d'improviser une troisième candidature, plutôt que de se mêler aux rangs de ses adversaires d'autrefois. Nous nous permettrons de vous dire, en réponse à ce conseil, que M. Hallez-Claparède n'a jamais été l'adversaire des libertés publiques et, que, dans tous les cas, un nouveau candidat n'ayant aucune chance dans l'état actuel des esprits, il ne s'agit que de savoir si les électeurs libéraux de notre circonscription doivent se retirer sous leur tente et assister à la lutte nouvelle en spectateurs indifférents, ou s'ils doivent soutenir, avec toute l'énergie dont ils sont capables, le candidat d'opposition contre le candidat officiel. Pour nous, la question est résolue et nous n'hésitons pas un seul instant entre....., entre M. Hallez-Claparède qui, de nouveau, se présente à nos suffrages et M. de Bulach, dont l'élection, entachée d'irrégularités et de diffamations condamnées par la justice, a été annulée. Nous vous livrons, Monsieur le Rédacteur, ces quelques réflexions jetées à la hâte, certains qu'elles vous feront envisager notre lutte électorale à son véritable point de vue, et nous assureront votre précieux concours. — Agréez l'assurance de notre considération distinguée, — (Signé) : J. Albrecht.

Le rédacteur du *Courrier du Bas-Rhin*, M. Bœrsch, reçut avec politesse les auteurs de cette lettre, mais il ne voulut pas l'insérer dans son journal; seulement, il demanda à ces messieurs de vouloir bien lui signaler les fraudes électorales et les influences illicites qui se seraient produites ou pourraient se produire dans l'élection, promettant de leur infliger le châtiment de la publicité. Ils en firent un état détaillé, où ils réunirent, en grand nombre, les faits électoraux ou plutôt anti-électoraux qui, suivant eux, ont caractérisé cette seconde élection, comme ils avaient marqué la première, du côté de M. de Bulach ; mais M. Bœrsch les éconduisit une seconde fois. Il est regrettable que ce rédacteur, appelé par nous comme témoin devant le premier juge, se soit dispensé d'y comparaître : il y aurait dit peut-être ses motifs; en tous cas, il n'aurait pu méconnaître tout ce qui s'était passé. Messieurs, pas plus que mon client, et imitant sa réserve qui n'a pu qu'obtenir votre approbation, je ne vous parlerai point en détail de ces faits, encore que l'un d'eux, assure-t-on, ait été d'une gravité allant jusqu'au délit. Un des porteurs de bulletins et d'affiches de M. Hallez aurait été violenté et abîmé de coups... Ce n'est pas à l'administration, certes, qu'il fallait l'imputer ; mais enfin c'était très-grave, et chaque parti attribuait au parti adverse ces actes et d'autres analogues qui agitaient l'arrondissement. Il y avait certains faits d'une autre nature qui attiraient l'attention, et, se produisant avec une sorte d'appui de l'autorité, ils conduisirent M. Melsheim et les trois personnes qui étaient avec lui à vouloir s'entourer de consultations et de suffrages recommandables que je vais avoir l'honneur de vous faire connaître.

On a voulu, au nom de l'inculpation, tout particulariser, tout circonscrire à ce sujet dans la personne de M. Carnot; mais il faut voir comment et dans quelles circonstances un conseil lui était demandé ; voici les faits, et je mets à la disposition de la Cour les documents sur lesquels ils s'appuient. Je n'en citerai que deux ; il y en a bien d'autres !

L'un est une circulaire d'un juge de paix adressée aux électeurs, dans laquelle ce magistrat écrivait à ses justiciables : « *L'Empereur nous désigne, comme candidat au Corps législatif*, M. le baron de Bulach... Initié dans les grands intérêts du pays, aussi bien par son expérience personnelle que par sa qualité de membre du Conseil général, *gratifié de la dignité de chambellan, qui lui donne le privilége d'approcher la personne de l'Empereur*, M. de Bulach nous offre les garanties essentielles pour représenter dignement notre arrondissement au Corps législatif... Les préventions trompeuses s'évanouissent chaque jour. Une victoire éclatante attend le candidat officiel *et d'amers regrets seront le partage des communes qui persisteront dans une hostilité sans expérience. Obéissez donc au conseil bienveillant et vraiment impartial de l'autorité, et prouvez, par votre vote, que les Alsaciens restent fidèles à Napoléon III...* »

L'autre fait est celui-ci, qui s'était produit d'une façon inconvenante, non-seulement par rapport au respect dû à la liberté des suffrages, mais au respect dû aux personnes éminentes dont on prodiguait, je pourrai presque dire, dont on prostituait les noms, comme vous l'allez voir. Lors de la vérification de ses pouvoirs à la Chambre, M. de Bulach avait parlé, sans succès, pour les faire valider ; mais il paraît que, parmi ceux qui l'avaient entendu ou lu, il s'en trouvait qui lui trouvaient un talent de parole digne de leurs éloges. Au sortir de la séance, il avait reçu des félicitations en même temps que des consolations, et M. le ministre d'État lui avait écrit une de ces lettres qui peuvent être un témoignage précieux pour celui qui les reçoit, mais qui ne semblent pas destinées à être colportées et affichées à l'occasion d'une nouvelle lutte électorale. Peu après, une autre lettre lui était arrivée de plus haut, souscrite d'un nom plus éclatant encore. C'était en termes plus concis, mais tout aussi flatteurs, un compliment sur son discours, une haute consolation pour son échec, et le ferme espoir que la nouvelle élection lui serait plus favorable et le vengerait de cet échec. Il est bon, Messieurs, que ces deux lettres vous soient connues.

LETTRE DE M. ROUHER, MINISTRE D'ÉTAT.

Paris, 21 *novembre* 1863.

Mon cher monsieur de Bulach, — Je vous ai cherché à l'issue de la séance pour vous féliciter de votre très-excellent discours. Tous ceux qui vous ont entendu, tous ceux qui vous liront, ont recueilli et recueilleront les plus sympathiques impressions pour la dignité de votre conduite dans les élections et pour la noblesse élevée de votre caractère comme de vos sentiments. La Chambre, liée par l'opinion de son bureau, par votre propre volonté, a consenti à vous renvoyer devant vos électeurs. *Je suis convaincu que ceux-ci vous feront une véritable ovation en vous ramenant triomphalement dans une Chambre qui vous recevra avec bonheur*, parce qu'elle sait maintenant qu'elle a affaire à un homme de cœur et de conviction. — Recevez l'assurance de mes sentiments affectueux, — (Signé) : ROUHER.

LETTRE DE SA MAJESTÉ L'EMPEREUR.

Compiègne, 23 *novembre* 1863.

Mon cher de Bulach, — Je vous félicite du succès qu'a eu votre discours avant-hier à la Chambre. La bonne impression qu'il a produite sur le Corps législatif contribuera, je l'espère, à votre réélection. — Croyez à mes sentiments d'amitié, — (Signé) : NAPOLÉON.

Messieurs, savez-vous ce qu'on a fait de ces lettres? Sur du papier blanc qui est, je crois, le papier employé seulement pour les actes de l'administration, M. de Bulach et ses comités firent imprimer et afficher ces deux lettres, avec des circulaires et des professions de foi signées : de Bulach, — tantôt avec le titre de chambellan de l'Empereur, tantôt avec ceux de maire d'Offerhausen et de membre du Conseil général.

Je ne qualifie pas ces actes; mais je me demande si, en face de telles choses, il n'était pas naturel, tout au moins, de consulter les personnes en qui l'on pouvait mettre quelque confiance, et surtout celles qui professent plus particulièrement le respect de l'électeur et la liberté des élections. Messieurs, c'est ce qu'ont fait M. Melsheim et ses amis. Voilà la cause des lettres qui ont été écrites par eux. Quelle est la première personne à laquelle on s'est adressé ? Ce n'est pas à un membre du comité, c'est à M. Laboulaye, jurisconsulte, publiciste, libéral incontestablement, mais ami de l'ordre, tellement ami de l'ordre, que quelques-uns ont semblé trouver qu'il ne l'était pas assez de la liberté et n'ont pas admis sa candidature dans ces mêmes comités électoraux, dont il ne se déclarait pas moins le partisan et le défenseur.

C'est ainsi que doivent se conduire les hommes qui ont la conscience ferme et le caractère vraiment politique ; ce n'est pas l'avantage ou le désavantage qui peut résulter pour soi d'un principe ou d'une thèse générale qu'on doit considérer, il faut se placer à un point de vue plus élevé, et défendre la vérité légale, alors même qu'on n'en doit pas profiter. M. Laboulaye était digne qu'on le consultât en pareille circonstance.

Voici donc ce qu'on lui écrivait à la date du 5 décembre 1863 :

Schelestadt, 5 *décembre* 1863.

Monsieur, — Nous avons l'honneur de vous adresser copie d'une lettre qui a été envoyée, il y a quelques jours, au *Courrier du Bas-Rhin* et à laquelle il a refusé d'ouvrir ses colonnes. Déjà, pendant la première campagne électorale, en mai dernier, le *Courrier du Bas-Rhin* s'est retranché derrière votre nom pour abriter ce que nous croyons pouvoir appeler...

Je passe ici quelques mots.

...Il joua le jeu de l'administration et patrona presque ouvertement les candidatures officielles, sous prétexte que nos candidats de l'opposition, MM. Odilon Barrot et Hallez-Claparède, n'étaient pas assez libéraux. Nous vous serions profondément reconnaissants si vous vouliez bien nous aider à démasquer...

Je passe encore.

...En répondant aux questions posées dans votre lettre au *Courrier* et en prêtant ainsi l'autorité de votre haute intelligence à des considérations qui certainement vous paraîtront justes. Peut-être réussirons-nous alors à obtenir du *Courrier* quelques lignes en faveur de notre candidat et serons-nous assez heureux pour vous devoir une part dans un triomphe que vous aurez rendu certain. — Agréez, monsieur. l'assurance de notre considération très-distinguée, — (Signé :) Au nom du comité électoral, — J. Albrecht.

Nous nous engageons sur l'honneur à ne faire de votre lettre que l'usage auquel vous nous autoriserez expressément.

Que répondit l'honorable et savant professeur? Voici sa lettre.

Paris, 9 *décembre* 1863.

Messieurs, — Je m'empresse de répondre à la lettre que vous m'avez fait l'honneur de m'écrire. La réponse est facile, car; selon moi, dans la circonstance, il n'y a pas de doute possible sur la conduite que doit tenir le parti libéral. Un parti qui a la liberté pour devise, et qui tient aux principes plus qu'aux hommes, doit toujours combattre pour les idées qu'il défend. Dans la lutte électorale, il doit toujours montrer son drapeau. S'il ne peut faire passer un candidat qui lui appartienne entièrement, son devoir est d'appuyer celui des candidats qui offre le plus de garanties à la liberté. S'abstenir est pour un parti la plus fausse des politiques; c'est se suicider. L'abstention n'a jamais profité qu'à ceux qui ne s'abstiennent pas. Je ne connais les deux candidats de votre circonscription que par la notoriété publique, mais la position prise par chacun d'eux ne permet pas d'hésitation. Il faut que le parti libéral vote comme un seul homme et emporte l'élection de M. Hallez-Claparède. C'est le seul moyen de montrer que le parti libéral est vivant et qu'il faut compter avec lui. Sans parler de la considération universelle dont jouit M. Hallez-Claparède, sans parler d'un passé honorable, et qui a déjà donné des gages à la liberté, n'est-il pas évident que, nommé par votre concours, M. Hallez-Claparède ne peut entrer à la Chambre que pour y grossir le noyau libéral qui commence à se former? Ce sont nos idées qui triompheront avec lui ; c'est l'essentiel. Je ne vois d'ailleurs aucune raison pour qu'un homme aussi honorable que M. Hallez-Claparède ne soit pas bientôt un des nôtres, et ne se donne tout entier à la défense de la liberté. Rappelons-nous toujours que le parti libéral n'est ni une secte, ni une coterie ; ce qu'il lui faut c'est l'extension des libertés publiques et privées. Recevons parmi nous quiconque veut servir cette grande cause ; élargissons nos rangs pour y accueillir tous les honnêtes gens qui veulent combattre avec nous. C'est ainsi que nous réconcilierons avec la liberté les plus incrédules et les plus défiants ; c'est ainsi que nous finirons par avoir la France tout entière avec nous. Voilà, Messieurs, l'opinion que vous m'avez demandée ; gardez pour vous ma lettre, montrez-la, ou imprimez-la, si la chose vous semble utile ; j'approuve d'avance tout ce que vous ferez. Un citoyen n'a pas une opinion dans son cabinet et une autre en public, et quant à moi, j'ai l'habitude de penser tout haut. Il me reste à vous remercier de votre confiance et à me dire, Messieurs, avec une considération et une sympathie toutes particulières, — Votre tout dévoué, — (Signé :) ED. LABOULAYE.

En même temps qu'ils écrivaient à M. Laboulaye et qu'ils en recevaient la réponse, MM. Albrecht, Anstett, Melsheim en écrivaient une autre, à la date du 28 novembre 1863. M. le Procureur général me permettra, sa bienveillance m'en a donné la possibilité, de rectifier une erreur qui s'est glissée dans les extraits qu'il vient de me communiquer. Cette lettre, du 28 novembre, n'était pas adressée, comme M. le Procureur général l'a pensé, à M. Garnier-Pagès. Cela fût-il, la conséquence ne varierait pas ; mais enfin la vérité est qu'elle était écrite à M. Carnot.

Et pourquoi ? parce qu'elle lui était adressée rue Saint-Roch, 45, à l'adresse du comité consultatif ; parce qu'on regardait M. Carnot comme l'un des fondateurs et des plus graves personnages de ce comité consultatif, composé de jurisconsultes et d'hommes politiques. C'est pour ce motif qu'on lui écrivait ; c'est aussi parce que son nom avait été cité, entre M. Bœrsch et les quatre électeurs de Schelestadt, comme celui d'un arbitre à prendre de leur différend, qu'on lui demandait les mêmes conseils qu'à M. Laboulaye.

A la suite de son nom, sur l'adresse, on lit, du reste : « Au Comité consultatif, rue Saint-Roch, 45. »

« Dites-nous comment il faut s'y prendre, disait-on d'abord, et quel nombre est permis pour constituer, à Schelestadt, en vue de l'élection qui va s'y faire, un comité électoral qui ne fasse en rien infraction à la loi, car nous voulons rester dans la plus stricte légalité. » Puis on parlait du débat avec M. Bœrsch.

Ce n'est pas tout ; M. Melsheim écrivait en même temps à M. Ferry, avocat, son ami de l'École de droit, qui avait pris une part importante à la rédaction du *Manuel* et aux travaux du comité consultatif, et enfin à M. Jules Favre, que sa situation d'avocat éminent, son nom si répandu, désignaient tout naturellement pour une consultation comme celle-là, qui devait trancher la dissidence des électeurs libéraux et du journaliste ultra-libéral.

Vous verrez, Messieurs, les lettres qui ont été répondues; elles sont au dossier. Vous lirez la lettre de M. Jules Favre qui, certes, n'a rien que tout le monde ne puisse avouer. Quant au comité consultatif, sa première réponse qui fut envoyée immédiatement à M. Melsheim, n'est pas de M. Carnot; il l'eût faite lui-même s'il n'eût été absent; mais les membres du comité consultatif ayant vu que cette lettre lui était adressée comme membre de ce comité, on l'avait ouverte, et voyant de quoi il s'agissait, on avait répondu :

En l'absence de M. Carnot, nous avons ouvert votre lettre. Tout porte à croire que l'attitude des démocrates libéraux devra être celle que vous indiquez ; cependant, la date du nouveau scrutin n'étant pas encore fixée, peut-être conviendrait-il de ne pas se prononcer encore d'une manière définitive.

Quant à la formation des comités électoraux, elle n'est soumise à aucune formalité préalable, etc.

Et puis, le 4 janvier 1864, alors que M. Melsheim et ses trois amis n'attendaient plus d'autre réponse, il leur arrive cette circulaire que personne, à coup sûr, ne désavouerait, même sans avoir toutes les opinions de ces messieurs; ils poussaient la réserve jusqu'à recommander de ne pas la publier dans les journaux, non dans la crainte de la rendre publique, mais afin qu'on ne pût pas même dire que c'était un moyen, pour les comités de Paris, d'agir par la voie de la presse sur les élections des départements.

Malgré cette recommandation, par un fait que nous n'avons point à rechercher, mais que tout le monde reconnaît n'être le fait ni de M. Melsheim, ni de ses amis, le *Constitutionnel* connut cette lettre, s'en empara, et en fit l'objet, comme c'était son œuvre de journaliste, en temps d'élection surtout, de ses réflexions et de ses commentaires.

C'est alors que M. Garnier-Pagès écrivit à M. Melsheim quatre lignes — c'est la seule manière dont il ait été en rapport avec lui :

Monsieur et cher concitoyen, — Nous avons vu, dans le *Constitutionnel*, les lettres que nous vous avions adressées. Cela ne nous contrarie nullement; mais nous voudrions bien savoir comment elles vous ont été soustraites.

Messieurs, dans ces circonstances, je prends la liberté de vous demander en quoi ces faits constatés à l'égard de M. Melsheim peuvent amener le succès de la prévention contre lui ? En quoi peut-on dire de sa conduite, que vous connaissez à présent comme moi-même, qu'elle tombe sous l'application, je ne dis pas même de la loi telle qu'elle existe, mais selon l'hypothèse que j'ai faite, de la loi telle que la poursuite la veut et l'interprète, en lui donnant toute l'étendue, toute la rigueur imaginables?

Car, finalement, qu'est-ce que tout cela? A l'occasion d'une élection ouverte ou allant s'ouvrir, à l'occasion de la réélection de Schelestadt, M. Melsheim et quelques autres électeurs qui ne sont pas poursuivis ont écrit, qui à M. Ferry, l'ami de collége ou de l'École de droit, qui à M. Laboulaye, à M. Jules Favre, à M. Carnot. Est-ce un délit? Comment cela peut-il être, si la lettre ne contient rien de mal? et elle ne contient rien de mal. Si c'est un délit, comment ceux qui ayant reçu cette lettre y ont répondu d'une manière même plus accentuée que ne l'attendaient ceux qui consultaient, et toutefois dans une mesure parfaite, comment ceux-là ne sont-ils pas poursuivis? comment ne poursuivez-vous pas pour ce fait de correspondance M. Laboulaye et M. Jules Favre? Vous poursuivez, il est vrai, M. Ferry, pour autre chose qui, à mon sens, ne vaut pas mieux, mais enfin c'est pour autre chose incontestablement, et il ne faut pas de confusion à cet égard!

M. Melsheim a écrit à M. Carnot; j'ai expliqué comment et pourquoi il l'avait fait. Alors même que je n'aurais pas donné cette explication, est-ce que ce fait pris en lui-même peut constituer un délit, un reproche, un soupçon? M. Carnot serait-il donc placé dans la situation, — qu'il me pardonne le mot, — de ce méchant dont parle Horace, et de qui l'on criait :

Fœnum habet in cornu, longè fuge...

Non, incontestablement; M. Carnot est un galant homme, à qui tout le monde peut et pouvait écrire sans courir ni lui faire courir aucun danger.

Ah! dit-on, M. Carnot, c'était le comité, le triple, le quadruple comité, le comité des Vingt-cinq, le comité des Quinze, le comité Consultatif, que sais-je, le comité de Paris, le comité des départements, le comité des élections générales, le comité des élections particulières! (*Rires*).

Voilà bien de la besogne pour un seul homme. Et moi qui ai connu M. Carnot en d'autres temps et qui même, en ces temps, ai apprécié tout ce qu'il y avait en lui de recommandable, j'avoue que je ne l'avais pas cru doué de facultés aussi multiples et aussi agissantes que celles dont on le gratifie aujourd'hui.

Ce ne sont pas là, Messieurs, des moyens qui puissent appuyer une prévention sérieuse; laissons les choses à leur vérité, et demandons-nous si rien de cela peut constituer un délit. Allons plus loin : alors même (ce qui n'est pas, et toujours par simple hypothèse) que messieurs les membres des comités de Paris auraient contrevenu aux lois qui sont invoquées par la prévention, alors même qu'ils auraient voulu faire et fait tout ce qu'on suppose qu'ils ont voulu faire ; qu'ils auraient été constitués illégalement en un ou plusieurs comités ayant tant de développements, tant d'attributions diverses, tant de tendances dangereuses qu'on le voudra, je demande qu'est-ce que cela prouverait quant à M. Melsheim? Est-ce que, pour l'inculper, il ne faudrait pas encore montrer qu'il a connu tout cela et qu'il y a pris part, qu'il l'a connu et s'y est associé sciemment, ainsi que ses amis, le jour même où ils ont écrit leur lettre à M. Carnot?

Vous, autorité publique, qui avez cent yeux et cent oreilles, et qui devez les avoir, — je suis loin de m'en plaindre, à la condition, toutefois, qu'on ne voie et n'entende que ce qui se fait et se dit, — vous, dis-je, qui devez tout voir et tout savoir, vous avez été plus d'un an sans vous douter de rien, sans agir, et, quand vous avez donné signe de vie, c'est par un premier acte qui ne valait rien, qui a été repoussé par la justice, par une ordonnance de non-lieu ; et vous voulez qu'à deux cents lieues d'ici, un meunier, un brasseur, un avoué, aient deviné, pénétré toutes ces choses que vous ne soupçonniez pas; qu'ils aient vu, du premier coup, toutes les faces de ce grand mouvement qui ne vous est apparu que plus tard; qu'ils se soient parfaitement expliqué des faits et des combinaisons que vous ne vous expliquiez pas vous-mêmes, et que, longtemps après seulement, vous avez jugés susceptibles d'être incriminés!

Vous admettrez bien, et vous admettez, puisqu'ils ne sont point inculpés, que MM. Jules Favre, Crémieux, Senard, Marie, Picard, Pelletan, Tenaille-Saligny, et de plus Me Desmarest, qui l'a dit hier, ont écrit, contribué, souscrit, délibéré, pris part aux comités, le tout sans penser à mal, sans croire qu'ils contrevenaient à la loi ; et vous voulez que mon humble client ait non-seulement connu et deviné toutes les choses que vous avez connues et devinées si tard, mais encore que, les ayant connues et devinées, il les ait interprétées à mal, qu'il y ait vu certainement un délit, tandis que vous proclamez que tant d'hommes qui y ont pris part, sciemment et directement, l'ont fait de bonne foi, sans y entendre malice, et ne doivent pas être poursuivis! Est-ce là de la justice? est-ce là de la raison?

Messieurs, cela ne peut pas être, et la Cour ne l'admettra pas ; et, si je ne sais quelle raison, ou plutôt quel besoin arithmétique, a fait ajouter un nom, celui de M. Melsheim, au nombre des prévenus (bien que, ce nom ajouté, il soit incontestable que treize ne feraient pas davantage vingt-et-un), ce qui frappe ma conviction et ne saurait être perdu pour la vôtre, c'est que la justice, l'équité, la logique, le bon sens, ne permettent pas de le maintenir plus longtemps dans cette prévention.

Permettez-moi, Messieurs, de vous parler maintenant de mon second client : le droit électoral. L'intérêt du premier, M. Melsheim, était, avant tout, d'être délié de la poursuite; mais son acquittement, — je dois le dire pour être son organe fidèle, — ne le désintéresserait pas complètement. Il pense à l'avenir, il est citoyen, il est électeur, il a un droit; et, comme il est jeune, il veut conserver ce droit pour tous les temps. En défendant sa personne, j'ai déjà attaqué peut-être et concouru à ébranler le système légal de la prévention, atteint avant moi par de si rudes coups! car, le meilleur moyen de prouver qu'une doctrine est mauvaise, c'est de montrer à quelles conséquences exagérées elle peut conduire et quels abus on en peut faire sortir. Or, c'est ce que vous avez pu voir par la situation qu'on veut faire à M. Melsheim, et, en défendant maintenant le droit électoral en lui-même, je défends encore M. Melsheim pour l'usage que, en tout temps, il entend faire légalement de ce droit.

A cet égard, ma thèse est simple; elle est celle-ci : nulle loi n'interdit la formation, en vue et à l'occasion des élections, des comités électoraux; aucune loi ne les soumet à l'autorisation préalable, ni du Gouvernement, ni d'aucune autorité qui dépende de lui. Il y a plus : toutes les lois, tous les gouvernements, toutes les autorités les ont admis jusqu'à ce jour, et les ont dispensés de cette autorisation. Et cela même par la plus puissante des raisons, c'est qu'ils sont inévitables, essentiels dans tout système électif, et que demander pour cela, pour un pareil acte, pour un pareil agissement, l'autorisation préalable, c'est demander l'impossible, ou, ce qui est pire que l'impossible, c'est demander l'arbitraire; c'est vouloir, en effet, qu'entre deux partis, entre deux opinions opposées, qui combattent pour un but légalement autorisé, et entre lesquelles tout doit demeurer égal, on désarme l'une et qu'on arme l'autre; c'est faire pire encore, c'est mettre la seconde à la discrétion de la première; je l'établirai clairement.

Ce résultat extrême où l'on veut parvenir, est l'effet d'une confusion, ou plutôt de plusieurs confusions qui vous ont été signalées dans les précédentes audiences. Je n'ai point à rentrer dans le développement des principes qui ont été opposés pour distinguer l'association de la réunion, fixer les caractères constitutifs de l'une et de l'autre, les différences qui existent entre les réunions privées et parfaitement permises quand elles ont un but constitutionnellement et légalement indiqué, et les réunions publiques, qui peuvent avoir des dangers rien que par leur publicité, alors même que le but avoué, déclaré, réel ou non, serait protégé par les dispositions de la loi.

Je ne veux qu'appeler votre attention consciencieuse sur quelques points qui restent encore peut-être à toucher.

Le siége de la question, de la question de droit, est dans l'article 291. Si cet article n'existait pas, personne, — je ne dis pas ne songerait, car on peut songer à tout, — mais personne n'oserait se créer un droit, un prétexte, pour intenter une poursuite à l'occasion des comités électoraux ; cela est incontestable. Sans l'article 291 il n'y aurait ni poursuites, ni inculpés ; je n'apprendrai rien à personne en disant que cet article ne s'applique pas par lui-même, et d'origine, aux comités électoraux ; il ne pouvait pas s'y appliquer, puisque, lorsqu'il parut, il n'y avait ni comités électoraux, ni élections dignes de ce nom ; en un mot, il n'y avait pas de système électif. On vous le disait hier, en toute vérité. Mais moi j'ajoute, avec une égale raison, que, si le système électif avait existé et si les comités électoraux avaient fonctionné, soit accidentellement, soit même en permanence, pourvu que ce fût uniquement en vue et à l'occasion des élections, l'article 291 ne les aurait pas empêchés davantage, et le législateur d'alors n'aurait pas voulu que l'article 291 les empêchât.

J'en ai pour garant trois grandes autorités, l'archichancelier Cambacérès, qui présidait le conseil d'État Berlier, qui représentait le gouvernement, et le comte Molé, qui débutait alors dans la carrière publique qu'il a brillamment parcourue.

Voici quelques parties de la discussion qui s'engagea devant le conseil d'État, sur l'article 291, en 1808, 1809 et 1810.

Séance du 5 décembre 1808 :

« S. A. S. le prince archichancelier de l'empire dit que les réunions politiques ou religieuses intéressent assez la tranquillité publique pour qu'on prenne, à leur égard, les précautions que l'article établit ; mais *le projet va trop loin* quand il applique ces mêmes précautions aux réunions littéraires, *et, en général, à toutes les autres ; la loi ne doit pas gêner ainsi sans motif les habitudes et les goûts des citoyens*... L'article, tel qu'il est rédigé, pourrait exposer à des recherches et à des poursuites jusqu'aux personnes qui, à des jours marqués, reçoivent une société un peu nombreuse, celles, par exemple, qui tiendraient une maison comme était celle de Madame Geoffrin. »

M. le comte Berlier dit « que les expressions employées dans l'article fixent d'une manière très-précise les caractères qui constituent l'association ; c'est le nombre, c'est surtout le but *de se réunir tous les jours ou à certains jours marqués*, expression qui ne saurait con-

venir à des réunions fortuites ou formées sans accord préalable. »
Quand aux objets prohibés, M. Berlier est fort d'avis qu'on excepte les réunions littéraires; « si l'article en parle, c'est parce qu'on a craint que des réunions religieuses ou politiques n'eussent lieu sous le nom de sociétés littéraires; *mais avec tant de défiance, il n'y aurait jamais d'entraves qu'on ne pût légitimer...* »

Celui qui répondait cela, c'est Berlier, le plus grand jurisconsulte de l'époque, après Cambacérès.

En appliquant à notre cause les idées émises par ces deux esprits éminents, qui ne voit que si le conseil d'État avait été en présence d'un système électif et représentatif au lieu du système absolu qui existait alors, s'il avait eu à se demander : lorsqu'un nombre quelconque d'électeurs se réuniront en conférences privées pour deviser d'une des choses les plus utiles, c'est-à-dire des moyens de choisir un bon député, faudra-t-il empêcher ces réunions, ou ne les laisser se former que sous le bon plaisir de l'administration, et ce sous le prétexte que la politique pourra s'y glisser? On aurait fait la même réponse que celle que l'on faisait alors : « Si la mauvaise politique, les mauvais desseins, les complots y pénétraient, vous séviriez alors ; mais il ne faut pas gêner les goûts, les habitudes — et il eût fallu ajouter : — les devoirs des citoyens. » Et n'y a-t-il donc plus de goûts, d'habitudes, de devoirs, dans notre pays, qu'il faille avoir soin d'y entretenir et d'y faciliter, au lieu de les entraver et de les éteindre : le goût, entre autres, de se mêler à la vie publique, de délibérer sur les affaires du pays, de se consulter les uns les autres, soit par correspondances, soit par conférences orales, et par tous les moyens qui existent entre les hommes pour s'éclairer.

Mais poursuivons; un membre plus timoré, M. le comte Molé, faisait l'observation que voici à la séance du 24 août 1809 :

M. Molé dit « que des sociétés au-dessous de vingt personnes peuvent être plus dangereuses que des sociétés plus nombreuses; le danger ne dépend pas du nombre, mais du caractère des individus et de leur puissance morale. »

M. le comte Berlier dit « que M. Molé s'est évidemment mépris sur le but et l'objet de l'article : d'abord, il ne tend nullement à légitimer des conciliabules ou réunions d'hommes qui méditeraient des crimes politiques ou autres. Deux ou trois personnes, et ce nombre est bien inférieur à vingt, méditent un complot ou forment quelques trames nuisibles à l'Etat; qui douterait qu'on ne pût les poursuivre sans que la considération du petit nombre fît obstacle aux poursuites? Mais il ne faut pas déplacer la question, il ne s'agit pas de réunions de cette nature. Si quelques amis veulent se réunir journellement ou périodiquement pour lire les gazettes et journaux, faudrait-il qu'ils en demandassent la permission? La proposition de M. Molé conduirait là, et il faut convenir que ce serait constituer tous les citoyens dans une tutelle un peu trop sévère : *car l'action de se réunir, pour parler même d'objets religieux, littéraires ou politiques, est de droit naturel;* et si l'ordre public peut y apporter quelques restrictions, *elles doivent être renfermées dans de sages limites.* Dans ce cas même, la modération est le premier devoir, comme le premier besoin du gouvernement ; *s'il comprime trop, on lui résiste. C'est déjà beaucoup que d'introduire dans notre législation une disposition restrictive qui n'y a jamais existé* : au moins convient-il que le fait simple de la réunion sans permission ne concerne que les cas qui l'intéresseraient spécialement. »

Voilà ce qui, en 1809, 1810 et jusqu'en 1811, se passait sous les yeux de l'homme dont le premier principe de gouvernement était l'emploi de toutes les restrictions aux libertés publiques. — On peut le dire, même aujourd'hui, car c'est de l'histoire, et tout le monde a le droit d'exprimer son opinion sur ce point.

Je répète la question que je posais tout à l'heure : croit-on que si le régime électif eût existé alors, on eût seulement songé à discuter la liberté des conférences ayant les élections pour objet? personne n'aurait demandé la parole pour la combattre, tout le monde aurait reconnu que, puisque le système électif était établi et qu'on conviait les citoyens à venir, en plus ou moins grand nombre, cela importe peu, exercer les facultés qui s'y rattachent, il fallait bien qu'ils examinassent librement, qu'ils délibérassent entre eux, consultant, étant consultés, recevant les influences des autres, exerçant la leur à leur tour, afin d'arriver ainsi, chacun selon ses opinions, à éclairer les masses et à faire prévaloir les principes des gouvernements auxquels ils étaient attachés.

Voilà ce qui se passait lorsqu'on discutait l'article 291, et l'on peut affirmer que si, lorsque plusieurs années après, parut l'acte additionnel aux constitutions de l'Empire qui rendait enfin le régime électif à notre pays, on eût cru qu'il y avait là rien qui intéressât la sécurité publique, personne n'aurait osé écrire dans cet acte additionnel, qu'il ne pourrait se former une réunion électorale non publique un comité comme celui de M. Melsheimr, ou comme ceux auxquels on prétend, sans le prouver en aucune manière, qu'il s'était affilié, sans se pourvoir préalablement de l'autorisation du Gouvernement.

Est survenue la loi de 1834; elle avait à pourvoir à deux besoins qui s'étaient révélés avec le cours du temps. La première nécessité c'était d'empêcher qu'on ne fît fraude à la loi, qui défendait la réunion par suite d'association de plus de vingt membres, et c'était avec raison, l'expérience ayant prouvé que les sociétés politiques abusaient des termes de la loi et qu'après qu'une association de plus de vingt était formée, elle se fractionnait en groupes d'un nombre moindre. On voulut donc qu'il ne pût dépendre de l'association, une fois formée, de paraître se séparer d'une certaine partie de ses membres qui pourraient toujours se réunir à elle au moment opportun, pour éluder les dispositions de l'art. 291.

C'est là ce qu'on a voulu atteindre par la loi de 1834. On n'a pas dit, ni voulu dire, que s'il se formait à Schelestadt un simple comité de moins de vingt personnes, et à Paris un autre comité électoral de vingt personnes, il ne pourrait y avoir de rapports entre eux sans constituer une association de plus de vingt; ce qu'on a voulu atteindre, relativement au nombre de vingt, c'est le fractionnement après coup des sociétés et surtout des sociétés politiques.

Je dis *des sociétés politiques* et non des réunions ou des comités ayant l'élection pour objet. En effet, un autre besoin s'était produit depuis l'Empire, le besoin du système électoral, — je ne dirai pas du système parlementaire, il n'y a pas besoin d'aller jusque-là. — Le système électoral, établi sincèrement par les lois, s'était développé en France; on en reconnaissait la nécessité, les bienfaits; il aurait fallu être aveugle pour ne pas les voir.

Or, dans la discussion de cette loi, voici la question qui fut faite : Sous ces mots d'association politique, n'entend-t-on pas comprendre les réunions électorales? Il fut déclaré par M. Martin (du Nord), rapporteur de la loi, qu'on n'entendait porter aucune atteinte au droit de se réunir, de se concerter, de s'entendre pour les élections. Seulement, la commission avait cru, par une précaution qui ne fût pas admise par la Chambre et par le Gouvernement, qu'il fallait en limiter l'exercice, en empêchant les correspondances entre les différents comités électoraux ou réunions électorales; qu'il fallait de plus que leur fonctionnement ne pût avoir lieu qu'à partir d'une époque déterminée avant la réunion de chaque collége pour l'élection.

Quel fut le sentiment des chambres à ce sujet, vous le savez, Messieurs : elles ne voulurent pas consentir à ces restrictions. Elles pensèrent que c'était porter atteinte au droit des électeurs; qu'il fallait laisser les choses dans l'état où elles étaient sous la Restauration et depuis, parce que le besoin auquel la loi de 1834 devait répondre n'était pas de proscrire le libre exercice des droits électoraux. Permettez-moi, même après les citations nombreuses et si utiles qui ont déjà été faites, et pour compléter cette démonstration uniquement de droit, de remettre sous vos yeux quelques passages des discussions dans les chambres, autres que ceux qui ont déjà été cités.

On vous a lu la partie du rapport de M. Martin (du Nord), relative à la modification apportée par la commission au projet de loi, y ajoutant le sauf-conduit pour les réunions électorales, ce qui avait été, ultérieurement, par la commission elle-même, jugé tout à fait inutile. M. Dupin, président de la Chambre, résumant la discussion et posant la question comme il avait l'habitude de le faire, disait, à la séance du 17 mars : « La loi sur les associations présente quatre ordres de questions ; premièrement : les conditions auxquelles il sera permis de former *non pas des réunions, car la loi ne s'y applique pas*, mais des associations, etc. »

Ce nonobstant, un député, M. Couturier, pensant que si l'on ne s'exprimait pas catégoriquement à ce sujet, la loi pourrait être appliquée malgré le sens que tout le monde lui reconnaissait, demanda que l'amendement de la commission fût maintenu. Voici ce qu'il disait : « Cette distinction des réunions et des associations est dans votre pensée ; elle a été plusieurs fois exprimée à cette tribune, *et elle est enfin dans la raison dont personne de nous, quelque soient les préoccupations politiques, ne voudrait trahir le sentiment... Nous serions tous étrangement trompés* si contre notre gré la loi allait jusqu'à interdire *les réunions particulières et accidentelles, qui n'ont aucun lien d'avenir, qu'une cause momentanée excite, et qu'aucune convention ne retient engagées à une existence de plus ou moins de durée*. Cela ne peut pas être. »

Peut-on parler avec plus de netteté et mieux présenter la question ?

Voulez-vous savoir quelle fut la réponse ? On l'a souvent citée ; c'est le garde des sceaux qui l'a faite, avec le rapporteur de la commission, s'accordant tous deux pour rejeter l'amendement. « Les réunions et les associations, disait le rapporteur, ne doivent pas être confondues. Les réunions ont pour cause des événements imprévus, instananés, *temporaires* ; le motif venant à cesser, la réunion cesse avec lui. Les associations, au contraire, ont un but déterminé et permanent, un lien unit entre eux les associés... *des conventions*, soit verbales, soit écrites, leur donnent un caractère de permanence qui les fait facilement discerner. — Jusqu'à présent personne n'a pensé que les réunions eussent été atteintes par l'article 291 du Code pénal ; ne craignez pas qu'elles le soient davantage par la loi que nous discutons... La commission avait cru qu'il était utile de calmer, à cet égard, toutes les inquiétudes, et, par conséquent, de déclarer en termes non-équivoques *que, pour cet acte si important de notre vie politique, la loi ne pouvait avoir aucun effet, et que les réunions électorales étaient tout à fait en dehors de la loi;* mais la discussion de la loi a marché : elle a démontré ce qu'était véritablement le projet du gouvernement Dans l'opinion générale, il paraît que la loi est étrangère aux réunions. Dès lors, l'article proposé par la commission devient inutile, dès qu'il est bien reconnu par la Chambre et par le gouvernement que les réunions ne font point l'objet de la loi. »

On insistait cependant pour que la loi se prononçât par son texte : M. Leyraud présentait un amendement reproduisant celui de la commission, mais il ajoutait « que si le gouvernement déclarait positivement que la loi ne s'appliquait pas à ce qu'on appelait *comités électoraux ou réunions électorales*, il retirerait cet amendement. »

C'est alors que le garde des sceaux, M. Barthe, prit la parole et répondit immédiatement : « Que le gouvernement s'était déjà plusieurs fois expliqué sur ce point et avait déclaré que les réunions électorales, dont parlait l'amendement, n'étaient pas comprises dans la loi. Nous faisons, ajoutait le ministre, une loi contre les associations *et non pas une loi contre les réunions accidentelles et temporaires*, qui auraient pour *objet l'exercice d'un droit constitutionnel;* c'est après cette explication que les divers amendements ont été retirés. *Je la confirme de nouveau devant la Chambre.* »

Ce n'est pas encore tout; la loi subit une nouvelle épreuve; elle va devant la Chambre des pairs, et là, un pair, M. Girod (de l'Ain), dont les paroles devaient avoir d'autant plus d'autorité en cette matière, qu'après avoir été l'un des vôtres, il avait été préfet de police, puis vice-président du Conseil d'État, qu'il connaissait à la fois les devoirs de la justice et les nécessités de l'administration, qu'il avait vécu sous la Restauration et sous le gouvernement de juillet, M. Girod (de l'Ain), rapporteur de la loi, s'expliquait en ces termes. Rappelant les promesses faites devant l'autre Chambre par le garde des sceaux en faveur des réunions électorales et de toutes réunions ayant pour but d'exercer un droit constitutionnel, il ajoutait ces paroles solennelles : « Si cette déclaration surabondante n'est pas la loi elle-même, *elle en forme le commentaire officiel et inséparable : c'est sous sa foi que l'article a été adopté dans l'autre Chambre, qu'il pourra l'être par vous; et il n'est pas à craindre qu'un tribunal, en France, refuse de l'entendre ainsi.* »

Enfin, voilà ce que disait, à son tour, M. Rœderer, qui n'était pas un partisan aveugle de la liberté : « La loi n'autorise pas plus à inquiéter qu'à interdire *les réunions*, soit fortuites, *soit habituelles*; elle ne regarde que les associations. L'objet immédiat de la loi est de frapper les associations existantes, les associations patentes, organisées et armées pour la guerre qu'elles ont déclarée au gouvernement de l'État. L'objet plus éloigné est de donner au gouvernement le moyen de prévenir la renaissance d'une association du même genre, c'est-à-dire hautement déclarée, organisée en armée permanente. La portée politique de la loi ne va pas plus loin que les associations formant État dans l'État, et qui, comme disait Mathieu Molé, placent un corps vivant dans le cœur de la nation. »

Voilà, Messieurs, sous l'influence de quelles paroles et avec quels commentaires, qui ne sont pas, vous le voyez, l'opinion isolée de quelques orateurs, voilà comment la loi fut votée, cette loi qui, pour tout le monde, ne fut autre chose qu'une guerre aux sociétés secrètes, aux associations permanentes, publiques ou mystérieuses qui avaient ou pouvaient avoir un but politique et hostile au gouvernement et à l'ordre public. Cette loi fut regardée comme une barrière contre les entreprises et les sourdes attaques des sociétés secrètes, jamais comme une entrave au libre exercice des droits électoraux.

On vous a dit, Messieurs, que, sous la Restauration et pendant toute l'existence du gouvernement qui lui a succédé, personne n'en avait douté, et l'on vous en a apporté des preuves tirées de ce dont nous avons été tous témoins à chaque élection; car tous ceux d'entre nous qui étaient parvenus à l'âge d'être électeurs, ont, sous la Restauration et sous le gouvernement de Juillet, fait partie de ces comités, de ces réunions et même des réunions publiques électorales. Mais, pourrait-on nous dire, ce sont là des faits de tolérance ou des indices de faiblesse qui ne peuvent engager un gouvernement fort. Eh bien! à côté des simples faits, voyons les écrits, les actes publics, les actes gouvernementaux.

Je n'éprouve aucun embarras, ni pour moi, ni pour les autres, à rappeler une époque où la doctrine que je soutiens aujourd'hui était hautement proclamée; elle l'était par des hommes qui n'obéissaient point à la peur; on leur a plus reproché d'être fermes à la résistance que trop faciles à l'abandon.

Eh bien! au milieu de la lutte ardente et périlleuse où ils étaient engagés pour la défense du gouvernement qu'ils servaient, ils n'ont pas désespéré de la vérité des principes constitutionnels et n'ont pas cessé de les maintenir, alors même que tous les principes étaient attaqués. En deux circonstances, le gouvernement dont je parle s'est expliqué sur ce point, et les dates vont avoir leur importance.

L'une est du 9 février 1848, lorsqu'à la tribune, par l'organe d'un des ministres du Roi, le gouvernement établissait que ce qu'on appelait le droit de réunion se produisant par les banquets était un droit qui n'existait pas; que ces réunions n'étaient qu'un fait anormal et dangereux qu'il fallait arrêter, qu'on avait le droit d'arrêter au nom de la loi. Mais au même instant, non pour gagner ou désarmer personne, mais pour donner satisfaction à sa conscience d'homme public et rendre témoignage à la vérité légale et constitutionnelle, voici ce que l'organe du gouvernement ajoutait et déclarait : « Ai-je besoin de dire, et cela n'est-il pas compris, entendu, reconnu par tout le monde, que nous ne discutons pas l'usage, le droit, si l'on veut, pour les électeurs, de se réunir, au moment des élections, pour débattre constitutionnellement et paisiblement, dans des assemblées préparatoires, les titres de leurs candidats, et mettre ainsi en présence les diverses opinions politiques qui se disputent l'honneur de leurs suffrages?.. Non, messieurs, ce n'est pas ce dont il s'agit; personne ne craint, il faut le dire, que jamais le gouvernement apporte aucun obstacle, aucune entrave à de semblables réunions. »

Voici, du même temps, un autre document auquel il me sera permis, en m'isolant de l'époque où il a paru et de la personne dont il émane, d'attribuer, sur la question qui nous occupe, une certaine autorité que vous apprécierez peut-être.

Le même ministre qui avait porté à la tribune la déclaration ferme et sincère que je rappelais tout à l'heure, après mûres réflexions sur la gravité de la situation et l'importance des questions qu'elle faisait naître, adressait, le 8 février 1848, à MM. les procureurs généraux chargés de les transmettre à leurs subordonnés, des instructions dans lesquelles se trouvent les réserves et distinctions suivantes.

Après avoir rappelé les lois interdisant les réunions qui prétendaient s'imposer au gouvernement et se former sans son autorisation, et confié à la vigilance des magistrats le soin de les poursuivre et de les dissoudre, le garde des sceaux ajoutait : « Une expérience déjà longue, du reste, a prouvé que l'autorité n'a jamais abusé de ses pouvoirs. *Il ne peut être ici question, tout le monde le reconnaît, des assemblées préparatoires pour les élections, assemblées dans lesquelles les citoyens ont toujours eu la plus entière liberté de se réunir;* mais toutes les fois que d'autres réunions publiques, n'offrant d'ailleurs aucune chance de désordres, ont voulu se former, l'administration, dont le droit n'était pas contesté, a libéralement accordé l'autorisation qui lui était demandée, souvent même lorsqu'elle aurait eu de légitimes motifs de se montrer défiante et réservée.»

Voilà, jusqu'à son dernier soupir, je puis le dire, quelle fut la pensée, quel fut le langage du gouvernement constitutionnel.

Messieurs, les constitutions changent; mais il y a des principes essentiels qui subsistent. Elles peuvent être différentes, mais elles obligent à suivre ces principes fondamentaux, et dans ce qu'ils défendent, et dans ce qu'ils permettent; et, tant qu'on ne trouve pas dans la constitution nouvelle des prescriptions ou des interdictions autres que dans les constitutions précédentes, il faut dire que l'ancien état des choses est véritablement maintenu. Nous venons de voir que, tant qu'il a vécu, le Gouvernement de Juillet (ce n'est pas son éloge que je veux faire ici, mais c'est à son honneur et pour le maintien du droit des citoyens qu'il est juste de le dire), ce gouvernement a reconnu que tout ce qui avait pour objet les élections — comités, réunions, assemblées même publiques — tout ce qui était nécessité, consacré par le jeu légal des institutions représentatives, était parfaitement licite et permis.

Depuis, a-t-il été dérogé à ces franchises indispensables?

Je ne puis résister à la tentation de vous lire un document qui, en le fractionnant, et par inadvertance, a été cité en première instance, par M. l'avocat impérial, comme appuyant son opinion. C'est une circulaire du 25 janvier 1852 de M. de Morny, alors ministre de l'intérieur. L'organe du ministère public avait cru voir qu'on interdisait, qu'on frappait, par cette circulaire, les réunions dont il s'agit. Mais cela n'est point : le ministre conseillait à ses amis de ne plus faire usage des comités électoraux, parce qu'il mettait à leur disposition d'autres moyens qu'il jugeait plus efficaces. Ceux à qui s'adressait cette instruction n'en ont pas pensé ainsi, puisque sans récuser les moyens nouveaux de M. le duc de Morny, ils ont continué d'y ajouter les réunions électorales. Nous en avons bien la preuve dans les réunions officielles de cent ou de cent-vingt membres, qui avaient lieu à Schelestadt; nous la trouverons également dans tous les autres arrondissements.

Voici cette circulaire. Je n'en lis que la partie qui est relative aux comités électoraux. « *Jusqu'ici l'habitude...* » Cette habitude que Cambacérès et Berlier disaient qu'il fallait respecter, « *a été, en France, de former des comités électoraux...* » *Des comités électoraux!* le mot sacramentel y est. « *Des réunions de délégués.* Ce système était très-utile lorsque le vote avait lieu au scrutin de liste : le scrutin de liste créait une telle confusion, une telle nécessité de se concerter, de s'entendre que l'action d'un comité était indispensable. Mais aujourd'hui ces sortes de réunions n'auraient aucun avantage, puisque l'élection portera sur un seul nom; elle n'aurait que l'inconvénient de créer des liens prématurés, des apparences de droits acquis qui ne feraient que gêner les populations et leur ôter toute liberté. Veuillez donc *dissuader les partisans du gouvernement d'organiser des comités.* »

Est-ce assez clair? Les *comités électoraux* sont nommés ici deux fois: les *délégués pour former ces comités électoraux* y sont nommés également, et pour dire que jusqu'ici telle a été l'habitude, et qu'ils ne sont pas plus défendus que par le passé. Et, en effet, comment une lettre ministérielle suffirait-elle à les interdire? Seulement, suivant le ministre, c'est une mauvaise recette électorale... et mauvaise, pourquoi? Elle était bonne jusqu'à ce jour; le ministre le dit, il faut le remarquer, car cela touche à la question de droit. C'était, dit-il, un moyen, rendu nécessaire par le scrutin de liste, de se concerter, de s'entendre d'électeurs à électeurs, de comités à comités.

Me Dufaure. On ne votait pas au scrutin de liste avant 1848 et les comités existaient... ce ministre n'y entend rien.

Me Hébert. *Scriptum est, scriptum est.* Ce que je veux en induire, et ce qui est important, c'est que, dans cette hypothèse au moins, il fallait que les électeurs s'entendissent afin de ne pas égarer leurs suffrages; que si, pour l'avenir, il peut y avoir deux avis sur ce point, M. le duc de Morny est dans la minorité, car il est resté seul de son avis, et l'on a continué partout les comités électoraux, témoins ceux que je rappelais tout à l'heure à Schelestadt, à Paris et dans la plupart des départements.

N'aurai-je pas dès lors le droit de dire, au risque peut-être d'abuser un peu du latin : *Melior interpres legum consuetudo?* Si cette coutume n'est pas interdite par une loi expresse, nous serons dispensés, par cela seul, de vous prouver que nos lois l'admettent, l'autorisent, la commandent même, comme inséparable de l'élection. Mais quand nous ajoutons à l'absence d'une loi qui l'interdise l'autorité de lois qui la permettent, nous avons certes rempli plus que notre devoir; et quelle preuve plus forte que celle de la loi du 10 avril 1834! Y a-t-il quelque changement aujourd'hui à cet état de la législation?

En première instance, où j'écoutais très-attentivement ce qui nous était opposé, j'ai entendu avec étonnement ces mots: « Depuis le 25 mars 1852 tout cela a cessé. »

Comment est-il possible de commettre une pareille erreur?... Comment d'abord aurait-on supprimé, en 1852, cette habitude du pays, ce droit qui avait toujours existé, qu'on n'aurait pas interdit en 1810 s'il avait eu sa raison d'être alors, qu'on n'interdisait pas en 1834 (bien au contraire), qu'on étendait sans mesure en 1848, mais à propos duquel, en le maintenant dans de justes limites, les derniers mots de la monarchie expirante étaient : « La Constitution doit être respectée, et le droit constitutionnel de l'électeur, sous toutes les formes où il s'exerce, doit être maintenu dans son intégrité ? » Comment tout cela aurait-il disparu sans que personne en eût connaissance, sans discussion, sans débats, quelques mois après la lettre de celui qui était ministre de l'intérieur le 25 janvier 1852, qui est encore le conseiller du Prince, et qui avait dit lui-même : « C'est une habitude ancienne, qui existe toujours, qui était bonne autrefois, mais que nous conseillons, seulement aux maires et aux préfets, parce qu'ils sont nôtres, de ne plus suivre désormais? » Messieurs, cela n'est pas; il n'y a là rien de vraisemblable; il n'y a là rien de vrai !

En effet, que dit le décret du 25 mars? Il vise, à la vérité, l'article 291 ; et c'est la pénalité de cet article qu'il invoque, comme on le fait tous les jours, d'un délit à un autre délit. Mais il prévoyait deux cas : *les associations* et *les réunions*, et, comme on voulait désormais interdire toutes les réunions publiques, il a dit : « Les articles 291, 292 et 294, et les articles 1, 2 et 3 de la loi du 10 avril 1834, seront applicables *aux réunions publiques*, de quelque nature qu'elles soient. » Rien de plus.

Ai-je à rappeler à quelles idées, à quels besoins cela répondait, en vous faisant l'historique de ce qui s'était passé depuis la chute de la monarchie? Les clubs avaient été rouverts, puis le gouvernement en était revenu à les interdire; mais les réunions publiques électorales avaient été expressément mises en dehors de cette interdiction. Cependant, le 25 mars 1852, le gouvernement nouveau paraît les frapper pour la première fois, et rendre passibles de la loi pénale toutes les réunions publiques, même électorales.

Au banc de la prévention. Cela n'est pas dit. Le décret porte seulement *réunions de toute nature.*

M. le Président. Ces interruptions ne doivent pas se manifester devant la Cour.

Me Hébert. Je prie la Cour de les pardonner : c'est une rectification qui était faite.

M. le Président. Cela nuit à la clarté de la discussion.

Me Senard. Le décret porte : « les réunions publiques, de quelque nature qu'elles soient. »

Me Hébert. Je l'admets; si ce ne sont pas les mêmes mots, c'est bien la même idée. Évidemment, ces mots : « de quelque nature qu'elles soient, » comprennent les réunions électorales, qui avaient été sauvegardées par toutes les dispositions des lois antérieures.

Mais comment, en vertu de ce décret, allez-vous tout atteindre et tout changer? Comment allez-vous atteindre les réunions privées, les conférences, les communications, les correspondances entre électeurs, le comité électoral? Est-ce en essayant de faire d'un comité électoral une réunion publique? Mais les comités électoraux, particulièrement ceux dont il s'agit, ne sont pas publics! On ne peut pas dire qu'ils aient rien de public. Point de faux-fuyant, point d'équivoques ou de subterfuges; le caractère essentiel manque, à savoir la publicité; les comités se tenaient en maison particulière, le public n'était point admis à en faire partie.

Dira-t-on que c'est une association? J'ai démontré que les comités électoraux n'étaient pas ce que l'article 291, ce que la loi de 1834 entendaient par association. Le décret du 25 mars 1852, qui ne prononce même pas, dans ses défenses et dans ses peines, le mot d'association, ne peut donc s'appliquer à autre chose qu'aux réunions publiques, et, à aucun titre, aux comités électoraux. Et que personne ne croie que c'est par une lacune législative ou par une timidité du législateur, que les comités électoraux ne sont point nommés. En fait de lois, on n'est point timide aujourd'hui et on ne laisse pas de lacune en certaines matières! Non, non, c'est qu'il y avait là quelque chose qui résistait à l'empire de la loi, et qui était impossible à interdire.

Messieurs, faisons-nous donc une juste idée de ces droits des électeurs dont nous pouvons tous apprécier l'importance et les nécessités, puisque, tous, nous sommes électeurs; faisons-le sans acception d'origine, de système, pourvu qu'il s'agisse d'un régime électif quelconque. Demandez-vous s'il est possible de faire une bonne, une véritable élection, de faire triompher ses opinions, ses intérêts collectifs, pour ne point parler des intérêts individuels qui parfois viennent aussi se glisser à la suite, sans s'éclairer, sans se concerter, sans s'entendre avec quelqu'un, avec ses voisins, avec ses amis? Comment s'entendre? Sera-ce sur la voie publique? dans une réunion publique? Vous ne le pouvez plus. Ce sera donc dans une réunion privée, dans un comité électoral, que vous appellerez consultatif ou de tout autre nom, mais dans une réunion toute privée, de citoyens délibérant sur une élection à faire, c'est-à-dire sur une chose qui a un but tout constitutionnel.

Je ne crois pas qu'il soit possible d'user autrement des droits électoraux, ou alors il faut retirer aux choses leurs noms les plus significatifs, aux droits leur exercice et leur expression la plus vraie.

Si vous ne voulez pas qu'il en soit ainsi, désormais ne nous parlez plus de suffrage universel; ne nous parlez pas même de suffrage! Dites : c'est le suffrage individuel que nous voulons, c'est à l'individu seul que nous nous adressons, et nous voulons que l'individu seul nous réponde! Mais l'individu vous répond qu'il est trop ignorant, que son horizon est trop limité, enfin qu'il a besoin de conseil pour se décider, pour choisir, pour former utilement contre-poids à l'opinion contraire à la sienne. Qu'avez-vous à dire à cela! Vous lui avez déjà dit qu'il n'aura pas le droit de se réunir publiquement, pouvez-vous lui dire aussi qu'il n'aura pas le droit de demander conseil et de le demander à autant de personnes qu'il le voudra?

A-t-on jamais interdit en France le droit de se consulter les uns les autres, de se former en vue d'une action licite, autorisée, en conseil de personnes réunies dans un domicile privé pour y délibérer sur des intérêts communs? N'est-ce pas là le plus naturel de tous les droits? C'est pourtant ce qu'on veut interdire ici.

Sortons de ce qui touche à la politique et généralisons. Autour de vous, partout où l'on va procéder à une élection, quel qu'en soit l'objet, on se concerte, on délibère, on se réunit dans des conciliabules privés. Je ne veux rien dire qui sorte de la gravité du sujet; mais prenons l'un des corps les plus calmes, comme les plus respectables, l'Académie. Croyez-vous qu'avant le jour où chacun vient déposer paisiblement le nom du candidat qu'il préfère, il n'y a pas eu des luttes vives, animées — pas toujours exemptes de considérations politiques — croyez-vous qu'on ne se réunisse pas, qu'on ne délibère pas, qu'on ne se concerte pas, pour arriver à faire un élu?

S'agit-il de l'élection des juges consulaires, pour laquelle les notables sont appelés en grand nombre? Il faut constituer une justice quelquefois définitive et souveraine, dans tous les cas imposante, alors même que ses décisions sont soumises à votre révision supérieure. Sera-ce le hasard qui devra guider le choix de l'électeur? le notable devra-t-il s'isoler? comment saura-t-il alors si tel qu'il veut drter a toujours été honorable, s'il a les lumières, les connaissances nécessaires pour remplir ces délicates fonctions? Eh bien! on se réunit, on se concerte, et sans limitation de nombre, comme sans autre but que l'intérêt public. Vous me direz : « Ici le but ne nous déplaît pas. » Il s'agit bien vraiment de ce qui vous plaît ou de ce qui vous déplaît; il s'agit de savoir ce qui est juste, rationnel, nécessaire; de savoir, en un mot, si l'on peut être contraint d'élire sans délibération.

Mais n'allons pas si loin : nous avocats, tous les ans aussi, nous aisons des élections qui ne sont pas sans être disputées, dans lesquelles on peut supposer que les considérations politiques ne sont pas toujours étrangères. Croyez-vous que ces élections se fassent individuellement, sur les huit cents noms, par les huit cents suffragants qui composent notre ordre? Nullement, on se réunit, on se concerte, on délibère. Il y a des réunions privées, diverses, dissidentes, où il y a peut-être plus d'ardeur que dans celles qui ont amené, dans la circonstance présente, la poursuite et la prévention ; et c'est par là qu'on arrive au résultat légitime, c'est-à-dire à manifester l'opinion de la majorité.

Demandons-nous s'il est une seule élection qui se passe et puisse se passer, quand le nombre des suffragants est quelque peu considérable, de réunions premières, préparatoires et des autres moyens de concert et de délibération préalable que je viens d'indiquer?

Je n'en sais qu'une, celle qui a l'objet le plus solennel et le plus saint : c'est le conclave. Là chaque électeur est séparé des autres et ne peut communiquer avec personne. Mais pourquoi? Parce que l'inspiration vient d'en haut, et je ne pense pas, quelque amoureux que puissent être du suffrage universel et le gouvernement qui prétend ici le défendre en l'invidualisant, et les inculpés qui prétendent qu'ils ne veulent que le conserver sincère, je ne pense pas que personne imagine que l'inspiration supérieure soit ici un secours suffisant pour éclairer isolément chaque électeur.

Supprimer le droit de réunion privée, avant l'élection, c'est combattre la nature des choses et la nature de l'homme en même temps, c'est ne pas vouloir ce qui est inévitable. Permettez-moi de le dire, sans sortir du langage du jurisconsulte et de l'avocat, auquel je veux me tenir et dont je ne crois pas m'être écarté; en voulant cela, en innovant ainsi, on prépare peut-être au pouvoir des épreuves graves et périlleuses. Ces comités électoraux dont vous ne voulez plus parce qu'ils vous ont fait, non pas courir un danger, concevoir une crainte, mais éprouver un désagrément, il peut venir un temps où vous en aurez besoin : sans sortir de la marche ordinaire des choses humaines, sans se préoccuper d'événements et d'accidents politiques, de cette succession si multipliée des pouvoirs et des situations dont la France donne si souvent le spectacle, à ne consulter que l'ordre de la nature, ne se présente-t-il pas dans tous les temps, sous tous les gouvernements, monarchie ou république, monarchie représentative et constitutionnelle ou monarchie absolue, de ces situations dans lesquelles le pouvoir lui-même, dans son propre intérêt et aussi dans un intérêt encore plus élevé, plus respectable, l'intérêt du pays, est obligé de recourir au suffrage universel ou restreint, peu importe, au suffrage électif tel qu'il existe au temps où il y a lieu d'y recourir? Croyez-vous que dans ces moments il puisse être bon, pour former un corps législatif qui peut avoir alors une influence si grande sur la situation et les affaires du pays, de n'appeler à voter que des individus, de dire : « Personne ne se concertera, » ou bien « il n'y aura qu'un parti, qu'une opinion qui se concertera, et savez-vous alors quelle sera cette opinion? ce sera l'opinion subversive que rien n'arrêtera plus quand vous aurez désarmé les autres, et qui vous trouvera vous-mêmes désarmés.

N'est-ce pas là un danger? N'est-il pas évident que la thèse que je viens de développer est de tous les temps, de toutes les opinions? c'est une idée fondamentale, inséparable de tout système électif, et que je soutiens avec la même conviction que ces thèses beaucoup plus modestes que je défends chaque jour devant vous.

Pesez, je vous en prie, Messieurs, ces considérations, après celles bien autrement puissantes que vous avez entendues, et tâchez de vous expliquer, comme j'ai cherché à me l'expliquer à moi-même, de bonne foi, sans amertume et sans passion, comment il se peut faire qu'en présence de vérités si évidentes et si essentielles à maintenir aussi bien pour le gouvernement que pour les citoyens, on vienne aujourd'hui pour la première fois les contester si ouvertement, et avec tant d'insistance.

On a pu vous dire, avec quelque raison, hier, que l'insuccès du gouvernement dans certaines élections, que la publication de certains livres ou manuels électoraux avaient excité des colères et amené des représailles contre lesquelles nous avons à lutter. Sans avoir à m'expliquer là-dessus, sans savoir si cela est ou n'est pas, je dirai pourtant qu'entre faits contemporains qui se touchent de si près, il pourrait peut être y avoir quelque lien et quelque parenté.

Mais je crois qu'on peut chercher les causes ailleurs et plus haut. Ce que je crois fermement, c'est que le ministère public, — ne parlons que de lui, d'autres l'avaient devancé, mais leurs opérations étaient secrètes et mystérieuses, ne nous en occupons pas, — le ministère public, quand il a intenté cette poursuite, a cru à toute autre chose qu'à ce qu'il dénonce aujourd'hui. Il l'a cru; il a pu peut-être le croire à l'apparition de quelques noms qui, à une autre époque, n'ont pas toujours eu une signification rassurante et pacifique; il a cru qu'il y avait là une de ces associations politiques ayant pour but de miner le gouvernement, d'attendre, comme à l'affût, les secousses qui pourraient l'ébranler, afin de le renverser au profit de leurs idées et de leurs partisans. Voilà ce que le ministère public a pensé.

Qu'est-ce qui me donne cette conviction? L'opinion, la connaissance que je crois avoir des agissements ordinaire et réguliers du ministère public, tels que les lui tracent la prudence et la loi.

On vous a parlé, hier, avec science et autorité, des prescriptions ou interdictions du Code d'instruction criminelle. Je ne rentre pas dans cet ordre d'idées; mais ce que je dis, c'est que ce grand déploiement de mesures et de forces qui a eu lieu, n'est jamais raisonnable, n'est jamais admis qu'en matière de crimes ou de délits des plus graves. Ici, on se trouvait en présence... de quoi? D'une sorte de contravention, d'un simple délit, tout au plus suivant vous; d'un fait habituel et parfaitement licite, selon nous.

Fait licite ou délit (ce qui est la question) poursuivi et puni tout au plus par une amende de cinq cents francs contre treize personnes et par une petite censure contre quelques autres! Le ministère public est trop justement économe des rigueurs des formes et de l'appareil de la justice qu'il déploie le premier, des forces que l'administration met à sa disposition, pour jamais les prodiguer de cette manière, pour effrayer ainsi sans utilité les citoyens, pour porter une main, qui est toujours pesante, un œil, qui n'a pas le droit de tout scruter, sur leurs papiers, sur leurs affaires, dans leur domicile ou ailleurs, en leur présence ou en leur absence. La seule raison qui puisse expliquer de pareilles choses, c'est qu'on aura cru que l'ordre public était en péril. *Caveant consules*, s'est-on dit; alors croyant atteindre un commencement de complot, ou un complot déjà formé, ou la constitution d'une véritable association politique, en partie publique pour ce qu'elle voulait bien montrer, en partie secrète pour ce qu'elle avait intérêt à cacher et qu'elle révèlerait plus tard, on a fait marcher toutes les forces de la justice et de l'administration; on a employé tous ces moyens de saisies, de perquisitions, auxquel il vous a été exposé qu'on avait eu recours.

Je n'ai point à examiner ce que, strictement, la loi pouvait autoriser, au commencement de la poursuite et du procès; mais, après l'instruction, après que toutes les pièces ont été visées, tous les faits vérifiés, qu'a-t-on trouvé? Un comité électoral, pas autre chose qu'un comité électoral. Eh bien! j'aime à le dire, je suis convaincu que, si l'on avait su ne trouver qu'un comité électoral, jamais on n'aurait songé, aujourd'hui plus qu'en aucun temps, à soulever cette question de l'existence légale des comités électoraux et à la présenter gravement à vos délibérations.

Mais notre humanité est faible, et l'une de ses plus grandes faiblesses est l'opiniâtreté, la persistance dans l'erreur qu'on s'est faite d'abord, même alors qu'on ne peut plus se la faire... et quand on a cru, dans l'unique intérêt de l'ordre public, je le crois, avoir mis la main sur l'une de ces grandes infractions à la loi et à la sécurité publique, auxquelles je faisais allusion tout à l'heure, il est difficile de se désabuser de cette conviction première. On croit toujours qu'on trouvera quelque chose de ce qu'on cherchait : et d'ailleurs la puissance de l'autorité, unie au prestige du talent, peut faire croire à la conscience émue que, par le pouvoir de la parole et de l'influence personnelle, il sera toujours possible d'arriver, si on au résultat qu'on s'était d'abord proposé, du moins à un succès quelconque, en employant au surplus les formes, les adoucissements, les ménagements que nous nous félicitons d'avoir rencontrés depuis que l'affaire est arrivée au second degré de juridiction, mais qui ne peuvent rien changer au droit et à la vérité.

Messieurs, la tentation peut être grande de faire maintenir et confirmer une condamnation comme celle qui a été prononcée par le premier juge, dans les circonstances que vous connaissez. Ce n'est pas, après tout, peut-on se dire, un jugement bien sévère; ceux qu'il frappe n'en seront pas bien affectés : la vindicte publique s'est trompée cette fois, elle ne recommencera plus; on y regardera de plus près une autre fois; elle ne se laissera plus entraîner par ces avertissements, par ces invitations mal éclairées auxquelles le ministère public est fréquemment exposé, et dont, pour se défendre, il lui faut toute sa sagacité et sa grande expérience.

La tentation peut être forte, car un succès dans une telle situation, un succès de parole et d'autorité serait un triomphe, dont pourrait se féliciter l'amour-propre.

Messieurs, il y en a un plus beau, plus grand et plus noble à mon sens; il est à l'usage de tout le monde : de nous, avocats, du ministère public, du magistrat, du simple citoyen; c'est alors qu'on s'est trompé, ou sur les faits ou sur la loi, ou, ce qui est moins évitable encore, quand on a été trompé par les autres, c'est de le reconnaître simplement et franchement en confessant son erreur. On ne sacrifie rien de soi en pareille circonstance, on sacrifie l'injustice à la justice, l'erreur à la vérité. Ce ne serait ici que la rétractation d'une poursuite et d'une condamnation qui n'étaient pas méritées et qui ne doivent plus subsister après les débats engagés devant vous.

Qu'il nous soit permis d'espérer que des magistrats éminents, éclairés, dont l'influence est constatée par d'autres succès, aimeront mieux incliner cette ambition si naturelle du triomphe devant la vérité des faits et l'autorité de la loi, que de courber la loi et la vérité des faits devant une poursuite qui s'était égarée.

Si notre espoir était déçu, nous nous retournerions vers vous, Messieurs de la Cour, et nous vous dirions, à vous qui, aujourd'hui, connaissez pleinement les faits, et qui ne les avez connus qu'au jour où ce procès a été porté à cette audience, à vous qui n'avez pu être entraînés par des illusions premières, par des renseignements erronés, à vous pour qui le culte de la loi est une pratique constante et religieuse, qui formez la doctrine par vos arrêts, qui voyez bien, en ce moment, que tout ce que nous disons sur les faits et sur la loi est d'une exacte et incontestable vérité, nous vous demanderions, rectifiant les erreurs manifestes de la poursuite et du jugement, de rendre aux faits leur vérité et de maintenir à la loi son sens et son autorité mal à propos contestés.

Mᵉ SENARD. Pour M. Corbon, je dépose des conclusions qui tendent à ce qu'il plaise à la Cour :

« Dire et juger : 1° Que le droit de former librement des comités limités dans leur but et dans leur action à l'exercice du droit électoral, dérive directement et nécessairement du droit électoral lui-même;

» Que ce droit ne se renferme pas dans la circonscription électorale à laquelle l'électeur appartient; qu'il s'étend naturellement, par son objet, à toutes les parties de la France où des élections sont à faire en même temps, tous les électeurs ayant besoin, pour l'exercice de leur droit, de correspondre et de se concerter sur le choix des candidats qui doivent être portés dans un collége ou dans un autre;

» 2° Que de tels comités ne peuvent constituer des associations soumises à l'autorisation préalable du Gouvernement;

» Très-subsidiairement, et alors même que la Cour déclarerait l'article 291 du Code pénal applicable aux comités électoraux,

» Dire et juger, en droit :

» 1° Qu'on ne peut considérer comme membres du comité, que les citoyens qui prennent part à ses délibérations et à ses résolutions, et non ceux qui sont employés comme auxiliaires, ceux qui correspondent avec le comité, et ceux qui contribuent aux dépenses de l'élection;

» 2° Que l'application de l'article 291 du Code pénal est subordonnée, dans tous les cas, à la constatation préalablement faite, dans les formes légales, du fait d'une association de plus de vingt personnes certaines et dénommées, ayant toutes l'intention de s'associer, et entrant de fait dans l'association;

» 3° Qu'en admettant que le ministère public puisse ne poursuivre et le Tribunal ne condamner que quelques-uns des membres de cette association, il ne peut le faire qu'en considérant ceux qu'il laisse à l'écart comme excusables ou comme coupables à un moindre degré que ceux qu'ils atteignent, mais en reconnaissant toujours qu'ils étaient plus de vingt tous coupables au même titre et du même délit, condition indispensable pour que l'association ait le caractère délictueux;

» Dire et juger qu'en l'état des faits, l'existence d'une association ou comité de plus de vingt personnes n'a pas été légalement constatée ;

» En conséquence, mettre au néant le jugement dont est appel, déclarer la poursuite mal fondée, et décharger M. Corbon, comme ses autres co-prévenus, des condamnations prononcées contre lui. »

J'ai voulu, Messieurs, en arrivant le dernier dans ce débat, résumer, dans des conclusions, les éléments de droit qui m'ont paru ressortir des discussions que vous avez entendues. Je viens maintenant vous présenter, sous la forme la plus simple, quelques observations, au point de vue personnel de M. Corbon.

Je dois l'honneur de le défendre à un bon souvenir de 1848.

Nous étions tous deux vice-présidents de l'Assemblée constituante, au 15 mai, et je vois encore M. Corbon luttant avec énergie contre les envahisseurs et mettant sa signature au pied des proclamations qui appelaient toutes les forces vives du pays à réprimer le désordre et à venger l'outrage fait à la représentation nationale.

Mais si M. Corbon est sincèrement dévoué à la cause de l'ordre, il est de ceux qui ne séparent pas le maintien de l'ordre du respect de la liberté. Aussi quand, plus tard, la représentation nationale subit une nouvelle atteinte qui, cette fois, demeura sans répression, et quand on fonda sur ses débris un gouvernement qui regardait la liberté comme un danger et qui la reléguait dans les perspectives lointaines et douteuses du couronnement de l'édifice, M. Corbon renonça complètement aux affaires publiques. Il se remit tout entier à ses chers travaux, en consacrant ses loisirs à des publications utiles, surtout au peuple, à ce peuple dont il nous a naguère si bien révélé *le secret*.

Cependant il vint un moment où le Gouvernement crut utile de donner un peu de vie politique à son Corps législatif. Il ne suffisait pas pour cela d'étendre ses attributions : il fallait surtout que les membres qui le composaient y fussent appelés par des élections libres. On déclara hautement que telle était la pensée du Gouvernement dans l'appel qu'il faisait au suffrage universel.

Cette déclaration, cet appel étaient-ils sincères ?

Les poursuites d'aujourd'hui peuvent autoriser bien des doutes. M. Corbon, sans rien discuter, regarda comme un devoir de concourir, autant qu'il était en lui, à faciliter l'expression de l'opinion publique.

Toutes les élections, et surtout les élections qui se font par le suffrage universel, exigent une organisation qui permette aux électeurs de se concerter sur le choix des candidats et sur les moyens de rallier sur un même nom le plus grand nombre possible de suffrages. En d'autres termes, le bon sens et la pratique de tous les temps, de tous les pays, le proclament : il n'y a pas d'élections possibles sans comités électoraux.

Quant à l'action de ces comités, elle est indiquée et limitée à la fois par la nature même des choses. Elle implique nécessairement et invinciblement tout ce que peut requérir le succès de l'élection. Elle ne peut pas plus se restreindre à un certain nombre de jours qu'elle ne peut se renfermer dans la circonscription d'un collége.

Il faut bien, quand de nombreuses élections se font en même temps sur divers points de la France, que les comités correspondent et se concertent sur les choix, sans quoi les mêmes candidatures pourraient être partout proposées, ou bien l'on courrait risque de porter dans un collége un candidat qui n'y doit pas réussir tandis qu'il aurait eu plus de chances dans un autre.

Ce sont là des vérités de raison et de bon sens, et des vérités tellement élémentaires que j'ai le droit de dire nettement à ceux qui les contesteraient qu'ils ne veulent pas d'élections libres et sincères.

A plus forte raison le dirais-je à ceux qui s'aviseraient de soutenir que les comités électoraux ne peuvent se constituer qu'avec l'autorisation et l'agrément du Gouvernement. Cela équivaudrait, en effet, à la déclaration, qu'il n'y aurait d'électeurs pouvant exercer utilement leur droit que ceux qui seraient agréés, comme devant nommer des députés agréables au pouvoir dont on les appelle à contrôler et à discuter les actes !

C'est dans cet état de choses que M. Corbon a fait partie des comités électoraux de 1863 et 1864.

Il vous a affirmé, et son affirmation est une preuve, d'abord que ces comités se sont strictement renfermés dans leur objet, et vous savez bien, en effet, par les 2,000 pièces saisies, qu'ils ne se sont jamais occupés que des élections.

Il a ajouté, et ceci n'est pas moins nettement établi, en fait, qu'à raison des susceptibilités ombrageuses de la police et de l'Administration, les comités n'ont jamais été composés que de quinze membres, et que si, dans le jugement, on a établi un nombre plus considérable, c'est par l'adjonction illégalement faite, et d'ailleurs de tous points inexacte, de personnes qui n'ont jamais pris part aux délibérations et aux résolutions, et qui, par suite, n'ont jamais eu la qualité de membres du comité.

Maintenant, cet exercice légal et même restreint du droit électoral que les citoyens tiennent de la Constitution, peut-il être considéré comme un délit d'association illicite et tomber sous l'application de l'article 291 du Code pénal ?

Il avait semblé à M. Corbon que soutenir une telle proposition, ce serait faire au Gouvernement la plus sanglante injure, puisque ce serait mettre en doute sa bonne foi dans l'appel qu'il fait aux électeurs et donner lieu de croire qu'il ne veut qu'un simulacre d'élections. Il avait donc attribué la poursuite et les théories du ministère public en première instance à un zèle excessif, et le jugement du Tribunal à une erreur regrettable, surtout pour ceux qui avaient sollicité les condamnations.

Que devra-t-il penser définitivement de tout ceci?

Il n'a pas un mot à ajouter aux brillantes discussions qui viennent de s'agiter devant vous. La lumière est faite sur toutes les questions : il ne reste plus maintenant que la solution définitive à leur donner.

Nous voici en présence de l'organe le plus éminent du ministère public, en présence d'une juridiction souveraine. M. le Procureur général ne peut pas ne pas savoir quelle est la véritable pensée gouvernementale : il va nous la faire connaître. M. Corbon écoutera attentivement ses paroles, il s'inclinera respectueusement devant votre arrêt; car ces paroles et cet arrêt vont lui dire, et dire en même temps à la France, comment la législation électorale est aujourd'hui comprise et appliquée, et ce qu'il faut penser de la sincérité et de la liberté des élections dans notre pays.

M. LE PRÉSIDENT. M. le Procureur général a la parole.

M. le Procureur général CHABANACY DE MARNAS. Messieurs, les faits à l'occasion desquels nous venons, n'en déplaise à Me Berryer, vous demander seulement un arrêt, sont d'une extrême simplicité, et les questions de droit qu'ils soulèvent, malgré les immenses efforts tentés hier, et qui n'ont pas paru suffisants à Me Hébert, ces questions de droit n'ont pas une complication plus grande.

Voici les faits.

Il y a quinze à dix-huit mois, au moment où l'expiration des pouvoirs de la dernière législature rendait des élections générales nécessaires, des hommes appartenant à l'opinion qui est celle de tous les prévenus, s'interrogèrent sur la question électorale et sur les moyens d'ouvrir l'enceinte législative au plus grand nombre possible de représentants de leurs idées; après beaucoup de tâtonnements et d'essais, on s'arrêta à la pensée de constituer un comité. Ce comité, sous la dénomination inoffensive de *comité consultatif électoral*, se mit en rapport avec les comités existant en province ; il proposa, il discuta des candidatures, et par ses actes, par ses circulaires, par la notoriété de quelques-uns de ses membres, il exerça sur les élections une influence que je ne veux ni exagérer ni méconnaitre. C'était là un fait non sans précédents, mais considérable, qui devait éveiller et éveilla la sollicitude du ministère public. Si, dans notre France si tourmentée, chaque parti, chaque nuance politique dissidente, voulait organiser des comités comme celui dont il s'agit, la paix publique serait exposée à bien des atteintes et le suffrage universel, dont on s'est constitué ici les défenseurs privilégiés, pourrait arriver à une inexprimable confusion. La violence dans les luttes électorales devenait imminente et les élections de 1863 ont montré qu'elle pouvait être très facilement réalisée. C'est en face des vivacités de ces luttes, que des hommes politiques considérables, auxquels on a fait hier allusion, se sont demandé si on pouvait laisser le suffrage universel à une entière liberté, s'il était possible de conserver le repos d'une grande cité avec des réunions électorales entendues comme on les entendait, et de laisser le pays abandonné à un comité consultatif électoral, qui n'est pas autre chose qu'une vaste association destinée à agir sur le suffrage universel. Nous ne l'avons pas pensé, et je prie mes honorables contradicteurs de faire à ma parole l'honneur que j'ai fait à la leur et de croire qu'elle est l'expression de la vérité : nous avons pensé qu'il n'était pas possible d'abandonner l'opinion publique à tous les hasards auxquels on voulait la conduire, et nous n'avons pas d'autres visées, quoi qu'on en ait dit tout à l'heure, que celle de soumettre au pays et à la justice un très-grand procès, qu'il faut discuter et discuter très sérieusement. Ce procès est celui-ci : dans l'état de nos lois, ce qu'on appelle un comité électoral (expression que je ne rencontre dans aucune disposition légale, mais enfin nous entendons tout ce que ce mot veut dire), dans l'état de nos lois, dis-je, un comité électoral s'affiliant avec d'autres comités électoraux, agissant par la voie de la presse, par des circulaires, par l'initiative de ses membres, ce comité peut-il être toléré par l'administration, est-il prohibé par la législation ? Telle est la question à débattre, et je le répète, j'ai l'intention dans ce procès, quoi qu'on en ait dit, quoiqu'on ait parlé de sous-entendus, de ne laisser rien à l'écart et sans réponse.

Nous avons demandé à la justice ce qu'il fallait penser des réunions électorales publiques, et si l'on devait les regarder comme licites ; nous lui demandons ce qu'il faut penser des associations électorales. Le Tribunal de première instance a répondu sur la première question : il a condamné les réunions électorales publiques, et la Cour devant laquelle j'ai l'honneur d'exprimer mon opinion, a ratifié cette condamnation. Le Tribunal a condamné également ce que nous appelons des associations électorales, ce que vous appelez des comités consultatifs électoraux ; la Cour ne s'est pas prononcée sur ce point, c'est le débat d'aujourd'hui qui va amener sa décision.

Voyons si, ici, le droit s'écarte de l'appréciation des premiers juges, quand il ne s'en est pas écarté dans la première question.

Au milieu des longues discussions que vous avez entendues, après cette avalanche d'attaques et de critiques, dont le jugement de première instance a été l'objet, je veux ramener la question à ses termes les plus simples, je veux présenter avec quelque ordre les objections afin d'y répondre avec utilité.

L'économie du jugement de première instance est celle-ci : « Vous dites que vous êtes un comité électoral, en réalité vous êtes une association de plus de vingt personnes. Vous ne justifiez d'aucune autorisation. La loi de 1834 condamne une telle association, elle vous condamne, vous ne pouvez pas échapper à cette conclusion. « Voilà le procès dans toute sa simplicité, c'est presque une question arithmétique, une question de nombre ; c'est dans ces termes simples que se présente la décision des premiers juges.

Je n'ai ni l'intention ni la force de répondre à des objections telles que celles que vous avez entendues hier ; j'ai cherché à donner un corps à toutes ces critiques, et si je ne me trompe, voici comment elles peuvent se résumer.

On s'est attaqué à notre poursuite : notre poursuite est excessive, aucun gouvernement ne l'aurait intentée, la restauration a reculé devant elle, le gouvernement de Louis-Philippe ne l'a pas tentée, le gouvernement de 1848 a poussé si loin la longanimité en cette matière qu'il a permis aux amis du Prince de constituer des comités électoraux et que de ces comités électoraux il est résulté l'avènement du souverain qui gouverne la France.

Après ces aperçus généraux, on a prétendu que notre poursuite attaquait dans son essence le suffrage universel et qu'elle avait pour effet de paralyser un droit que nous avions l'air de reconnaître et de consacrer d'une manière générale et absolue.

Puis, on est venu à notre discussion des textes et on nous a dit : « Nous sommes un comité consultatif et vous faites de nous, contre toute vérité légale, une association. Mais fussions-nous l'association dont vous parlez, elle échapperait à votre réquisitoire, car elle n'est pas composée du nombre rigoureusement légal, du nombre de vingt personnes ; et fût-elle composée du nombre de vingt personnes, la loi de 1834 nous couvre de son immunité ; et enfin il vous resterait encore à succomber devant cette objection légale : vous poursuivez treize individus et il n'y a pas de poursuite possible si vingt-et-un individus ne sont amenés devant la justice. »

Voilà, si je ne me trompe, et en les dépouillant de leur vêtement oratoire, les objections les plus considérables qui ont été produites. Je laisse de côté — et les conclusions de M. Floquet qui demande la nullité de la saisie opérée chez lui, tout en reconnaissant qu'elle l'a été dans les termes de la jurisprudence de la Chambre criminelle de la Cour de cassation, — et, surtout certaines violences de langage auxquelles on ne m'amènera pas à répondre par des violences de langage; je laisse ces choses à l'écart.

Ceci dit, je viens à l'ordre de mes idées, et d'abord à ce qui touche plus particulièrement le jurisconsulte, au droit; je viens à la définition légale de l'association; j'examine si à ce point de vue de notre poursuite, on a produit des critiques sérieuses. J'ai entendu hier l'honorable Me Grévy dire que l'association comportait autre chose que ce que les juges de première instance avaient reconnu, que ce n'était pas seulement la communauté d'efforts qui était nécessaire, qu'il fallait une autre chose, qu'il fallait une convention obligatoire et un lien entre les associés : cette doctrine, je pourrais la répudier et prouver facilement la justesse des principes qu'on a appelés un dogme dans la bouche du ministère public, — à savoir que, dans le langage pénal, l'association dont nous n'avons pas à aller chercher la définition dans les lois civiles et commerciales, dépend uniquement de cette condition : l'intelligence entre les associés.

Il y a dans le code pénal un article (1) que je ne veux pas introduire dans le débat pour éviter de fausses interprétations, mais enfin le législateur a dit ce que c'était que l'association, il a dit que c'était l'intelligence qui existe entre les associés. Voilà le langage de la loi pénale, je pourrais vous l'opposer, mais je ne vous l'oppose pas.

Je vais plus loin que Me Grévy, j'accorde toutes les conditions qu'il a indiquées, je dirai même qu'il en faut d'autres. Je n'emprunte plus la définition de l'association aux termes de la loi pénale, mais à une pièce qui, je l'espère, ne trouvera pas de contradicteurs. Voilà comment Me Jules Favre, plaidant devant le tribunal de première instance, définissait l'association. « L'association a le caractère d'un être organisé, elle a le caractère de permanence, elle a le caractère de collectivité, de forces communes, d'ensemble de moyens qui ne se limitent pas à tel ou tel fait isolé; elle offre au contraire, dans son action, un ensemble de faits, d'efforts, de buts qui sont poursuivis avec une égale activité par tous les associés. » Si je dégage la pensée que couvrent les paroles de Me Jules Favre, j'arrive à ceci qui est l'essence de la discussion que je vais avoir l'honneur de soumettre à la Cour : il y a dans l'association quatre caractères : il faut d'abord qu'elle ait le caractère d'être organisé, ce qui implique le lien entre les membres; il faut une certaine durée, qu'elle ait une permanence puisque ce mot vous est agréable; il faut le caractère de collectivité, d'efforts communs; enfin, l'identité de vues. Je ne crois pas que l'esprit le plus exigeant puisse demander plus de conditions à l'endroit de la définition de l'association. La question se réduit à savoir si la prévention satisfait à cette quadruple exigence légale ; et je crois que cette manière d'exposer ma pensée aura l'avantage d'expliquer les faits sans

(1) M. le Procureur-général veut évidemment parler ici de l'article 266 du Code pénal relatif à l'*association de malfaiteurs*.

me conduire à un récit qui pourrait fatiguer l'attention de la Cour.

Je dis donc qu'il faut pour l'association : l'organisation, la durée, la collectivité d'efforts et l'identité de but.

L'organisation. Le comité consultatif donne-t-il cette condition ?

Ici je n'ai qu'à rappeler les faits. Voici comment les choses se sont passées : il y a eu à Paris non pas un comité, mais trois comités. Avant la constitution de ce qu'on a appelé le comité Carnot, celui qui a été élu par bulletins déposés chez M. Carnot, les auteurs du *Manuel électoral* avaient, le 28 avril, publié une lettre dans laquelle ils indiquaient qu'un comité allait se constituer de nature à diriger l'action électorale, et qu'ils allaient, avec le concours de quelques publicistes et de quelques jurisconsultes, établir une correspondance avec les départements. Quant au comité établi chez M. Carnot, il était mort-né. Le comité qui a été constitué, sur la provocation de Me Marie, est-il le successeur du comité Carnot? Non, évidemment non; et par la meilleure des raisons du monde, c'est qu'ils obéissaient à des opinions politiques les plus opposées : l'un donnait satisfaction à des idées démocratiques très-avancées, l'autre à des idées libérales très-modérées. Je ne dis donc pas que le comité des Quinze soit le successeur du comité des Vingt-cinq; mais enfin, quand il a été organisé, comment l'a-t-il été ? Il l'a été sur la provocation de Me Marie. En face de certains noms vus avec déplaisir, et peut-être à bon droit, Me Marie a proposé l'action dictatoriale d'un comité politique, et alors est né le comité des Quinze.

Quelle était sa mesure? Etait-il un comité destiné à agir sur l'élection d'une localité quelconque? Etait-il un comité plus étendu, plus vaste, dont l'action ne connaissait pas de limites sur le territoire de l'Empire? Il faut demander ces choses à la correspondance de MM. Garnier-Pagès et Dréo.

Voici ce qu'écrivait, le 22 mars 1863, M. Garnier-Pagès avant l'établissement du comité des Vingt-cinq, et à plus forte raison avant la constitution du comité des Quinze : « Il y a encore apathie et découragement dans les départements, il faut envoyer circulaire sur circulaire; à toutes les époques les oppositions ont précisé leur programme..... C'est bien, très-bien de vous occuper de Paris, mais occupez-vous aussi des départements; ranimez la vie dans les campagnes. » Et plus loin : « En avant, en avant la circulaire aux départements! C'est pressé, très-pressé! il faut que la circulaire soit rédigée de manière à pouvoir être envoyée par nos correspondants dans tous les arrondissements. »

Voilà ce que répond M. Dréo à M. Garnier-Pagès : « Il ne faut pas que nous soyons seulement un comité pour Paris, mais pour toute la France; c'est un drapeau d'une part que nous arborons, et de l'autre un centre d'action et de propulsion pour la lutte sur toute la ligne. »

Je ne crois pas qu'il soit déniable, et je crois qu'il n'est pas nié, que dans la pensée de ceux qui ont créé le comité des Quinze après le comité des Vingt-cinq, ce comité n'ait dû avoir plus qu'une action locale; je ne crois pas que ce soit sur les élections de Paris qu'il ait concentré ses efforts; je crois que son influence s'est exercée sur les élections de tout le pays : M. Garnier-Pagès l'a dit lui-même.

Je reviens à la question d'organisation. N'y a-t-il pas là une constitution réfléchie, préparée? Y a-t-il un comité qui, formé par le hasard, a été dissous par le hasard lui-même? La réponse est bien simple et toute de bonne foi : Il y avait un comité organisé, il y avait des membres de ce comité qui, entre eux, je dis plus, par des accords volontaires qui ne seront pas niés, poursuivaient un but commun, le but politique que tout le monde sait.

Si je trouve réalisée cette première condition de l'association dans la langue du droit pénal, voyons ce qui en est de la seconde. L'association a-t-elle eu une durée quelconque sérieuse, ou bien, née pour le besoin d'un jour, est-elle morte le lendemain de ce jour?

La réponse me semble facile. Je pourrais renouveler les déductions de première instance dont je m'écarte en ce point; je pourrais dire que ce comité n'est mort qu'après les élections départementales de 1864; je pourrais dire que s'il se modifia un jour, c'était cependant toujours le même comité. Je ne veux pas aller jusque-là, j'accorde que le comité qu'on appelle le *Comité Marie*, celui qui s'est occupé d'élections départementales, n'est pas le même que celui que nous poursuivons, et qu'après l'élection de M. Carnot et de M. Garnier-Pagès, le comité des Quinze a cessé d'exister. Mais la date de sa naissance est le 8 mai 1863. Quelle a été sa durée? du 8 mai 1863 au 20 mars 1864. N'est-ce pas là un intervalle qui remplisse les conditions de durée que M. Jules Favre indiquait par le mot permanence? car enfin il faut entendre ce mot permanence en l'adaptant aux conditions auxquelles on l'applique; il ne peut s'agir ici que d'une duré égale à ce qu'il faut pour donner satisfaction au but poursuivi. Le comité a terminé son action le jour où son action devenait inutile; voilà le point à retenir en ce qui touche la durée.

Je sais qu'on a essayé une objection, tous les défenseurs l'ont essayée; on a distingué les divers comités et on a dit : il n'y a pas seulement eu un comité; il y a eu trois ou quatre comités distincts : le premier, celui pour les élections générales, a été dissous le 12 du mois de juin, et M. Garnier Pagès a publié la dissolution de ce comité. Un second comité a été organisé au mois de novembre pour la réélection de M. Pelletan; un troisième pour les élections de Schelestadt et d'Epinal; enfin un quatrième pour l'élection de MM. Garnier-Pagès et Carnot.

Je n'attache pas à cette distinction des quatre comités l'importance que mes contradicteurs ont paru y attacher, et voici ma raison : si nous prouvons que ce qu'on appelle le comité consultatif a agi pendant la durée nécessaire pour constituer le délit, ou du moins l'une des conditions du délit ; si nous prouvons qu'à ce moment il était en correspondance avec les comités de Marseille et de Lyon, nous aurons constaté la durée dans l'association ; et quand même la permanence ne partirait que du 20 novembre pour expirer le 20 mars suivant, elle resterait encore dans les conditions de la définition de l'association.

Cependant, avant d'abandonner la question de savoir si ce comité a été un comité fonctionnant depuis le 18 mai 1863 jusqu'au 20 mai 1864, il y a encore quelques observations à présenter. Je ne veux pas reproduire toutes les lettres qui ont été lues ; et d'abord j'en écarte quelques-unes écrites évidemment en dehors de toute pensée d'association et, de très bonne foi, j'abandonne la lettre de M. Lefrançois, demandant la liste des électeurs de M. Carnot : c'était une affaire étrangère à l'association. J'écarte une lettre de M. Charamaule, de laquelle on ne peut tirer aucune conséquence. Mais je retiens les lettres de M. Carnot à M. Bory et à M. Garnier-Pagès, la lettre de M. Charton. Que disent ces lettres? Dans une première lettre, M. Carnot écrivant à Bory à Marseille, dit qu'il faut rester unis, si on veut que l'œuvre porte tous ses fruits ; dans une seconde lettre, adressée à M. Garnier-Pagès, il dit qu'il faut que leurs jeunes amis achèvent leur œuvre : même pensée en d'autres termes. Enfin M. Charton adresse à M. Hérold une protestation de peu de valeur, dit-il, pour « grossir le dossier. »

En présence de ces documents divers, y a-t-il une preuve positive de la permanence du comité? Y a-t-il là la preuve que le comité a duré et que, dans les phases où il disparaît, il était remplacé par une sorte de chambre des vacations du comité électoral lui-même? Je le crois.

Mais voici ce qui me semble une raison décisive, une présomption d'une telle énergie, qu'elle exclut la dénégation de tout homme honorable : lorsque le Gouvernement a convoqué les électeurs de Paris pour la réélection de M. Pelletan, le 21 novembre 1863, le comité électoral consultatif a été immédiatement convoqué, par une circulaire de M. Garnier-Pagès, et dans une lettre du lendemain, 22, M. Garnier-Pagès, écrivant à M. Hérold, dit qu'il y a lieu de s'occuper de l'élection : « L'élection de Pelletan sera plus difficile qu'on ne le pense. Nous aurons besoin d'y déployer toute notre activité et notre dévouement .. Le bureau est convoqué pour midi : la permanence est établie. » Dès le lendemain, le comité est en action. Est-ce que vous m'interdisez de conclure qu'il existait toujours? Est-ce que la preuve que l'on peut tirer de cette présomption si grave ne sera pas, pour les juges, équivalente à la vérité?

J'ai bien entendu dire à l'audience que le comité qui avait tenu séance le 21 novembre, n'était pas le comité organisé pour les élections générales. J'en demande bien pardon à mon honorable contradicteur ; c'est le même comité, et voici une preuve qui ne permet pas la dénégation, c'est la convocation faite par une lettre signée de tous les membres de l'ancien comité, moins MM. Jules Simon et Marie, qui, étant députés, n'avaient plus à faire partie d'une association électorale. Le comité du 21 novembre est donc le même que celui du 8 mai. Ce comité répond à l'appel qui lui a été adressé lors des élections du 21 novembre; si le 21 novembre nous le trouvons à son poste, ne sera-t-il pas permis de conclure que jamais il ne l'avait déserté?

Enfin, si vous voulez que la convocation du comité ait été nécessaire le 21 novembre, vous serez obligés de reconnaître qu'à partir de cette date, il n'y a plus eu d'interruption dans son action, et la preuve s'en trouve dans les élections d'Epinal et de Schelestadt. C'est au mois de décembre et au mois de janvier que le comité intervient à Epinal et à Schelestadt; s'il donne ainsi signe de vie continue, je ne crois pas qu'on puisse prétendre qu'il y ait eu solution de continuité dans son action.

Il me semble que cette seconde condition de la durée que réclament MM. Grévy et Jules Favre, comme condition de l'association, est réalisée outre mesure dans le débat qui nous occupe.

J'en viens à la troisième condition : la collectivité d'efforts. Tous les efforts ont convergé à un but convenu, on le reconnaît; la preuve n'est pas à faire.

La quatrième condition, c'est l'identité de but. L'identité du but est aussi reconnue et avouée. C'est indiqué dans les lettres aux électeurs d'Epinal et de Schelestadt; il s'agit d'exclure toute candidature favorable au gouvernement.

Nous sommes donc en face d'une véritable association électorale, c'est-à-dire, politique. Ce n'est pas un comité électoral. Qu'est-ce qu'un comité électoral? c'est un comité dont l'action se borne aux localités qui l'entourent; quand vous le sortez de cette mission-là, vous lui donnez le caractère d'association.

Voilà des raisons qui demandent à être contredites autrement que par de simples dénégations.

Ces faits étant établis, voyons ce qu'il faut penser de la question de nombre, sur laquelle on s'est tant de fois expliqué. Le comité, que j'appelle l'association, était-il composé de plus de vingt personnes? Sur ce point, je ferai à mes contradicteurs toutes les concessions qu'ils voudront; la prévention est si forte, elle a tant de moyens d'arriver à la preuve demandée. qu'elle peut accorder toutes les concessions que demande la défense.

D'abord, les circulaires portent les noms de tous les membres de ce qu'on appelle le comité consultatif électoral; ces membres sont au nombre de quinze, ce fait est reconnu par tout le monde; nous avons donc quinze membres de l'association. Il arrive ici qu'on me demande d'effacer quelques noms, notamment celui de M. Crémieux. Mon embarras est grand : M. Crémieux affirme qu'il est étranger à l'association; je ne voudrais pas douter de sa parole (surtout quand je me rappelle une circonstance dans laquelle M. Crémieux a eu l'obligeance de s'occuper de moi); il dit qu'il ne sait pas où le Tribunal a pu le trouver. Eh! mon Dieu! j'ai une réponse bien simple à faire à M. Crémieux; si le Tribunal a pu considérer M. Crémieux comme membre de l'association, savez-vous qui l'a dit au Tribunal? c'est M. Garnier-Pagès. M. Garnier-Pagès, interpellé par le juge d'instruction sur la question de savoir comment était composé le comité, a dit que M. Crémieux en faisait partie. La Cour pèsera dans sa balance la dénégation de M. Crémieux et l'affirmation de M. Garnier-Pagès; je ne veux pas insister davantage.

Maintenant, M. Tenaille-Saligny sera-t-il considéré comme faisant partie de l'association? En première instance, on a répondu avec sarcasme au ministère public : pourquoi M. Tenaille-Saligny fait-il partie de l'association? parce qu'il a exprimé la contrariété qu'il éprouvait de n'en pas être. Et, à mon grand regret, un homme d'une importance grave, M. Dufaure, a reproduit cette argumentation, qui n'était pas digne de lui. Oui, cela est incontestable, même après vos observations; la preuve, la voilà : M. Tenaille-Saligny n'était pas à Paris, à ce qu'il paraît, lorsque le 8 mai s'organisa le comité électoral; il revint le lendemain, et il écrivit à M. Hérold, une lettre, dans laquelle il se plaint de ne pas être du comité; sans doute, ce n'est pas une preuve qu'il en soit, mais allons plus loin, arrivons au mois de décembre 1863 : M. Tenaille-Saligny signe les circulaires qui font appel aux contribuables de l'association; il est probable (je crois que la cour dira : il est certain) que la plainte de M. Tenaille-Saligny avait été entendue et qu'il avait été réintégré dans l'association de ses amis. La participation de M. Tenaille-Saligny est nettement démontrée.

Nous arrivons à M. Jozon. Pouvons-nous retenir M. Jozon comme membre de l'association? c'est lui-même qui nous l'a dit, vous avez vu son interrogatoire; il reconnaît qu'il a, au comité, rempli les fonctions de secrétaire et qu'il a dirigé les opérations électorales dans un arrondissement voisin : c'est bien faire partie de l'association.

Reste M. Coulon. Il a déclaré lui-même, dans les termes les plus explicites, qu'il faisait partie de la société.

M. Pelletan veut être rayé de la liste. Ne parlons plus de M. Pelletan.

Que faut-il dire de M. Deroisin? Il est signalé comme activement mêlé à la propagande électorale du comité. Y a-t-il là une preuve d'association? Je ne voudrais pas conclure de ce qu'un homme aura distribué des bulletins, qu'il fait partie de l'association; mais M. Deroisin est avocat; il est, je crois, secrétaire d'un des appelants (1) : faut-il

(1) C'est là une erreur de fait.

tirer de là une conclusion contre lui? Non, j'abandonne M. Deroisin, je n'en ferai pas un associé.

Quant à MM. Bory et Melsheim, je reviendrai à eux tout à l'heure.

Voilà pour la question de nombre quant au comité centralisateur, tel qu'il se composait à Paris; le voilà constitué, le voilà fonctionnant.

Fonctionnait-il avec plus de vingt personnes, et est-il possible de m'amener à une discussion arithmétique sur ce point? ainsi que je l'ai dit tout à l'heure, la prévention est si riche qu'elle fera tous les sacrifices qu'on lui demandera. Dans le nombre de personnes formant l'association, faut-il comprendre les groupes de province, les contribuables volontaires et les percepteurs de recettes de l'association?

D'abord, faut-il y comprendre les groupes de Marseille, d'Epinal, de Lyon, de Schelestadt, ou bien faut-il les écarter? Il ne me paraît pas possible d'établir une discussion bien sérieuse sur ce point. Que veut la loi de 1834? Atteindre les groupes d'associés. Or, y a-t-il là un groupe se rattachant au comité de Paris, demandant le concours du comité et promettant d'apporter le sien? c'est ce qu'on ne peut pas contester.

Voyons d'abord les élections générales, celles du mois de mai 1863. Nous trouvons le comité constitué avec le personnel que la Cour connaît: ce comité central entre en relations avec le comité de Lyon et avec celui de Marseille; ces relations sont établies de la manière la plus positive. C'est un membre du Conseil général du Rhône, mon collègue, comme l'a dit M. Picard, et honorable collègue... malgré certaines infidélités de langage — je ne dis pas cela pour l'honorable M. Picard, bien entendu, — c'est M. Varambon, qui, à la date du 11 mai 1863, répond à une lettre du 8 mai, et il dit à M. Hérold: « Je suis dès à présent à la disposition du comité de Paris, pour toutes les communications qu'il voudra bien nous adresser. » Est-ce M. Varambon, avocat, qui écrit à M. Hérold, avocat? Quelle qualité prend M. Varambon? Celle de membre du comité organisé pour les élections générales. Il est secrétaire de ce comité, il agit et parle au nom de ce comité; il s'adresse au comité de Paris. Il me semble qu'il y a là une entente entre le comité de Lyon et celui de Paris.

Pour Marseille, les choses sont encore plus positives et plus simples. A Marseille, on a saisi les circulaires des 8 et 20 mai: le comité de Marseille a accepté le concours qui lui était offert: il s'est adressé au comité de Paris; il a demandé au comité de Paris de vouloir bien intervenir auprès de M. Pelletan, de manière à le déterminer à accepter la candidature à Marseille.

M. Bory. Cette lettre n'a pas été écrite, c'est un projet [1].

M. le Procureur général. Je suis étonné qu'on me mette dans la nécessité de donner la preuve.

Cette lettre était ainsi conçue: « Le comité me charge d'insister

[1] Voir plus haut l'interrogatoire de M. Bory, page 89.

auprès de vous pour que vous lui fassiez connaître, par la voie télégraphique, l'acceptation ou le refus de M. Eugène-Pelletan, en attendant la réponse écrite. — Arles et Tarascon vous ont-ils demandé de leur désigner un candidat de l'opposition? » Ce *post-scriptum* va démontrer qui de nous est dans la vérité. M. Garnier-Pagès répond immédiatement à M. Bory qu'en l'absence de tout candidat pour Arles, son gendre, M. Dréo, sera candidat et qu'il envoie son serment. Est-il supposable que M. Garnier-Pagès, n'ayant pas reçu la lettre de M. Bory, ait été indiquer son gendre comme candidat possible à Arles? En vérité, cette réponse fait justice de vos interruptions et de vos dénégations.

Cette lettre de M. Bory n'est pas la preuve unique. Des correspondances nombreuses ont existé entre le comité de Marseille et le comité de Paris. Ainsi, il y a la lettre du 22 mai 1863 qui dit : « Nous avons reçu vos lettres et vos dépêches, etc. »

Les communications existaient donc de la manière la plus suivie. La preuve de l'association, quant à sa partie matérielle, est à présent acquise.

Nous arrivons à la seconde période : l'élection de M. Pelletan. A ce moment, le comité a-t-il pris en main l'intérêt de M. Pelletan? Ici, les faits sont constants. Le 21, jour du décret, avis de M. Garnier-Pagès sur les difficultés que l'élection présente, puis intervention dans les journaux. Inutile sur ce point d'insister davantage.

A Schelestadt, je rencontre un comité réel. Si petit que soit son centre d'action; ce comité avait à choisir entre M. Hallez-Claparède et un autre candidat, il donne la préférence à M. Hallez-Claparède par la raison unique qu'il n'était pas le candidat de l'Administration, il s'adresse au comité de Paris. M. Melsheim écrit à M. Garnier-Pagès : « Permettez-moi, au nom de quelques électeurs libéraux, d'avoir l'honneur de soumettre au comité que vous présidez, un doute sur la conduite à tenir dans la nouvelle élection. »

M. Melsheim parle au nom du comité existant à Schelestadt, au nom, dit-il, de quelques électeurs libéraux. Vous verrez tout à l'heure qu'il agit au nom du comité. MM. Garnier-Pagès et Dréo font attendre leur réponse; le 6 décembre on répond d'une manière assez évasive; enfin, plus tard, on déclare qu'il faut combattre le candidat de l'Administration et préférer M. Hallez-Claparède à son concurrent, et à l'appui de cette consultation, ainsi qu'on a voulu appeler quelquefois cette réponse, on envoie une circulaire, et voici dans quels termes M. Melsheim remercie, au nom de comité qu'il préside, l'association centrale de Paris dont le concours lui a été si utile : « Au nom du comité de Schelestadt, je vous annonce que nous avons reçu la lettre que vous avez bien voulu nous adresser; nous en ferons l'usage modéré que vous nous indiquez, etc. » — Ne suis-je pas fondé à dire que M. Melsheim a provoqué l'intervention du comité de Paris, que cette intervention a été accordée et qu'elle a eu une certaine importance dans l'élection?

A Epinal, les faits ont une accentuation plus grande. L'intervention du comité a été très-mal reçue par l'opinion ultra-démocratique. J'ai entendu dire que le comité ne donnait des consultations que quand on lui en demandait, qu'il ne proposait pas de candidature. Pourquoi le comité ultra-libéral d'Epinal a-t-il répondu si vertement? parce que M. Garnier-Pagès voulait lui imposer un candidat. Laissons la chose pour ce qu'elle est, là n'est pas le procès.

Une répulsion très-énergique s'étant manifestée pour un nom que je ne veux pas prononcer, le comité Garnier-Pagès s'est adressé à des gens plus accommodants; il choisit pour correspondant M. George, et lui envoie une circulaire qui fut répandue à profusion : elle n'a point été étrangère au succès de l'élection qui a amené l'honorable M. Buffet au Corps législatif.

Ces faits n'établissent-ils pas la provocation de concours, et le concours accordé d'un comité à l'autre? est-il vrai que M. Garnier-Pagès ait agi au point de vue de son opinion dans ces divers arrondissements? A-t-il envoyé des circulaires qui ont exercé une certaine influence sur le vote? Tout cela n'est pas contestable. J'en reviens à ma perpétuelle affirmation, ce n'est pas en son nom individuel qu'il a agi, c'est au nom du comité de Paris. Je le demande : ne sont-ce pas là des faits d'intelligence entre les divers comités? je ne comprendrais pas que la réponse fût négative.

Voyons ce qui s'est passé aux élections du 20 mars 1864.

A ce moment, le comité créé sous l'inspiration de MM. Carnot et Garnier-Pagès, ne va-t-il pas agir pour faire sortir de l'urne les noms dans lesquels il a le plus confiance, et pour lesquels sa confiance va jusqu'à l'affection et l'estime? cela n'est contesté par personne : c'est alors que le comité a combattu pour ses capitaines, pour ses chefs et il les a fait réussir.

Mais j'en reviens à la participation des comités extérieurs avec celui de Paris. On dit : que les comités aient correspondu entre eux et qu'ils aient échangé des renseignements politiques, où trouvez-vous là la preuve d'une association? Sans doute, de simples correspondances ne constituent pas une association et la prévention ne doit pas se borner à produire des documents qui n'auraient que ce caractère de dépêches, mais les comités ont agi autrement; celui de Lyon a pris les ordres de Paris; celui de Schelestadt a réclamé l'intervention et le concours; à Epinal, ç'a a d'abord été une pleine lutte : voilà des preuves irrésistibles d'une organisation et d'une action commune.

Quand à la question de nombre, les comités extérieurs suffiraient à la résoudre : en réunissant les membres de ces divers comités, nous allons, je crois, bien au-delà des vingt-et-une personnes qu'on nous demande.

Cette question de nombre se résout, d'ailleurs, sans effort par l'adjonction nécessaire au point de vue du droit de ce qu'on appelle les cotisants. (*Sourires*).

Faut-il comprendre les cotisants parmi les associés? Pour moi l'hésitation me paraît impossible. De quoi se compose, en effet, toute association possible : l'intelligence, l'activité, l'argent, voilà ses éléments. Comment se ferait-il que l'association par l'argent, c'est-à-dire la plus nécessaire, celle sans laquelle l'association par l'intelligence et l'activité, n'arriverait qu'à des résultats complètement négatifs, comment se ferait-il que l'association par l'argent ne serait pas comprise parmi les associations? Je trouve dans la bouche d'un des défenseurs cette objection : mais les cotisants ne sont liés entre eux par aucun lien. Evidemment, dans l'espèce, c'est la vérité; mais entre qui doit exister le lien, pour qu'il y ait affiliation? Non pas entre les membres isolés, entre les cotisants, mais entre eux et l'association.

J'admettrai, si on veut, qu'une cotisation unique ne prouve pas l'affiliation, qu'arrachée par l'importunité ou par la sympathie politique, il serait rigoureux de lui donner une portée qu'elle n'avait pas dans l'intention de celui auquel on la reproche. Mais, doit-il en être de même de ceux qui, à plusieurs reprises, et en quelque sorte périodiquement, ont ouvert leur bourse à l'association? Evidemment non; je ne vois pas de contradiction possible. Or, ceux auxquels on a donné le nom de cotisants (*nouveaux sourires*) qui, à plusieurs reprises, ont payé tribut aux comités, sont très-nombreux ; je ne dirai leurs noms que si on m'y contraint : je me borne en ce moment à en déposer la liste sur le bureau de la Cour.

L'opinion que j'exprime sur les cotisants, je lui donne un appui que j'emprunte à la jurisprudence de la Cour de cassation ; appelée en 1846 à juger une affaire qui a beaucoup d'analogie avec la nôtre (il s'agissait dans l'espèce, de visiteurs), la Cour a déclaré qu'on pouvait être associé de bien des manières, mais que ce qui constitue essentiellement le fait d'association entre plusieurs individus, c'est la communauté du but qu'ils se proposent d'atteindre, et auquel ils s'engagent à coopérer par des moyens convenus et qui peuvent être identiques ou différents. « La délibération en commun de tous les membres de l'association et leur participation égale à la direction ne sont pas des conditions nécessaires du fait d'association : elles sont même incompatibles avec l'idée de la division en sections qui est prévue par la loi de 1834; l'engagement de plusieurs individus de donner une coopération quelconque mais fixée d'avance, à l'accomplissement d'une œuvre déterminée, même quand la direction de cette œuvre serait confiée à d'autres individus, suffit pour constituer le fait d'association prévu et puni par la loi. »

Y a-t-il eu, de la part des cotisants, volonté de concourir et de coopérer au but commun des associés? Il est difficile de le nier. Il y la une série de personnes qu'il est encore plus dificile de ne pas considérer comme associés, ce sont les plus zélés, les plus vigilants, ceux qu'on a appelés dans ce débat les percepteurs de l'association. Si l'on a appelé associés ceux qui portent les ordres, la correspondance, à plus forte raison faudra-t-il considérer comme asssociés les collecteurs qui vont à chaque porte recueillir des cotisations; il me semble impossible de ne pas inscrire ces frères quêteurs de la démocratie avancée sur les tables de l'association.

J'arrive à la question des immunités qu'on prétend avoir trouvées pour les associations électorales dans la loi de 1834.

Je demande à l'honorable défenseur que la Cour a entendu ce matin la permission de revenir en très-peu de mots sur ce qu'il a dit de la discussion de l'article 291, au Conseil d'Etat, en 1809. Dans cette délibération, le prince archi-chancelier demandait qu'on retranchât de l'article 291 les réunions littéraires ; cette disposition lui paraissait excessive, c'était suivant lui dépasser la mesure de la rigueur nécessaire ; la proposition du prince archi-channcelier fut adoptée et on vota la radiation; l'article 291 devait être ainsi conçue: « Les réunions politiques, religieuses et autres, etc. » Mais par je ne sais quelle fortune, la rédaction primitive subsista.

En 1834, la discussion s'est renouvelée devant la chambre des députés ; on y rappela ce que l'honorable M. Hébert rappelait tout à l'heure, et on insista pour que l'inadvertance de 1810 fût réparée. Quel est l'homme politique qui est alors intervenu, avec une incontestable supériorité? ce fut M. Guizot. M. Guizot monta à la tribune, et soutint qu'il fallait mettre dans la loi le mot « littéraires » ; et les associations littéraires furent comprises dans la même proscription que les associations politiques. Telle est la loi à laquelle la défense veut se rattacher aujourd'hui.

Ce n'est pas sans quelque étonnement que j'ai entendu invoquer la loi de 1834, comme créant des immunités qui n'étaient pas dans l'article 291 du code pénal. La loi de 1834 rend plus facile la poursuite en introduisant des modifications dans la question de nombre et elle accroît la pénalité. Mais allons plus loin dans cette étude sur la loi de 1834. Que s'est-il passé dans cete discussion ? La commission de la chambre des députés avait présenté un amendement, aux termes duquel les réunions électorales étaient permises, à la condition de n'être pas affiliées à des réunions de même nature : personne ne voulut de cet amendement, ni l'opposition, ni le gouvernement, ni la majorité, et MM. Martin (du Nord), Odilon Barrot et Barthe vont dire à la Cour pourquoi. « *M. le Rapporteur :* J'ai entendu souvent, dans le cours de la discussion, confondre deux choses qui ne doivent pas être confondues : les réunions et les associations. Vous savez la différence qui existe entre une association et une réunion. Les réunions ont pour cause des événements imprévus, instantanés, temporaires ; le motif venant à cesser, la réunion cesse avec lui. Les associations, au contraire, ont un but déterminé et permanent ; un lien unit entre eux les associés. Le plus souvent, une cotisation vient pourvoir aux moyens d'exécution ; des conventions soit verbales, soit écrites, leur donnent un caractère de permanence qui les fait facilement discerner. — *M. Odilon Barrot :* Un principe a été posé, c'est que la réunion ne doit pas être confondue avec l'association. Eh bien ! il y aurait danger à vous enlever le bénéfice de ce principe ; excepter de la loi les réunions pour l'exercice de tel ou tel droit politique, ce serait, par voie d'exclusion, supposer que toute réunion pour l'exercice de tous les autres droits politiques tomberait dans l'application pénale de la loi. Il y aurait donc danger dans cet amendement, et maintenant je prends acte de la déclaration loyalement faite par M. le garde des sceaux et par M. Thil, de la distinction fondamentale qui existe dans l'esprit de la loi entre l'association proprement dite et la réunion. — *M. Barthe :* Nous faisons une loi contre les associations, et non pas contre les réunions accidentelles et temporaires, qui auraient pour objet l'exercice d'un droit constitutionnel. »

L'amendement fut donc repoussé par ce motif unique que la loi de 1834 s'appliquait seulement aux associations et non pas aux réunions. Cela me paraît exclure toute invocation utile de la part de la défense de la loi de 1834. Vous affectez constamment de parler des « comités électoraux » qui seraient permis, toujours permis. Les comités électoraux ! Dans quelle loi avez-vous rencontré ce mot là et avec lui les nécessités qu'il pourrait entraîner dans votre esprit? Nulle part. Quant à moi, je ne connais que deux choses : l'association, la réunion.

L'association, j'ai fait la preuve de son existence dans l'espèce. Le droit de réunion, il n'en est pas question. Nous n'avons jamais dit que vous étiez une réunion publique ou privée ; nous avons dit que vous étiez des gens qui s'étaient associés dans un but commun, c'est ici une discussion politique. Il faut qu'il soit bien entendu que la loi de 1834 s'applique aux associations et qu'elle est étrangère aux réunions, et que, quant au comité électoral, s'il est licite, ce ne peut être qu'à titre de réunion. La loi de 1834 a eu pour but et pour effet de frapper à mort toute association même électorale, et je trouve cette appréciation de la loi de 1834 dans la bouche d'un homme dont M. Garnier-Pagès aime à invoquer le souvenir, dans la bouche de son frère. Que disait alors l'honorable député qui a jeté sur la tribune un si grand éclat? « Que voulez-vous par votre loi? Quel est votre but? Ce but, nous le connaissons : vous voulez détruire la société *Aide-toi le ciel t'aidera.* » M. Guizot, répondant à M. Eusèbe Salverte, a dit aussi à la tribune : « J'ai présidé cette société, c'est à son influence qu'a été due la nomination de la Chambre des Deux cent vingt-et-un. »

Votre comité n'avait-il pas un but semblable? ne voulait-il pas composer un corps législatif qui aurait eu des principes auxquels je ne veux pas faire allusion?

Retenons seulement de ceci que la loi de 1834 atteint les associations électorales, et que M. Garnier-Pagès l'a reconnu au moment de la discussion de cette loi. Or, nous sommes ici en face d'une association électorale de plus de vingt personnes, et qui demande en vain un appui à une législation qui, au contraire, la proscrit énergiquement.

J'arrive aux derniers reproches que nous adressent nos adversaires. « On ne poursuit pas treize membres, disent-ils, sur une association composée de plus de vingt personnes : si le délit existe, il fallait en poursuivre tous les auteurs. »

Ainsi, de ce que j'ai voulu restreindre le nombre des prévenus pour arriver à la discussion de la question de droit, vous me dites que j'ai obéi à je ne sais quel caprice! J'avoue que je ne comprends pas ce reproche des appelants. Est-il bien généreux, est-il bien habile? Ne pourrais-je pas poursuivre tous les affiliés, ne le puis-je pas encore? J'ai restreint la poursuite à ceux à qui des déclarations identiques faisaient une situation identique. Je ne pouvais pas séparer des hommes qui tenaient tant à être réunis. J'aurais voulu diminuer ce nombre et c'est à mon grand regret que j'amène treize prévenus devant la justice. Ce à quoi je tiens, c'est à la solution d'un point de droit considérable que j'aurais voulu débattre avec MM. Garnier-Pagès et Carnot seuls.

Mais, cela dit, quelle est la portée légale de l'observation? Comment, je ne puis pas intenter une poursuite en cette matière si je ne conduis aux pieds de la justice vingt-et-un prévenus! Où avez-vous pris cela? Que faut-il pour que le délit existe? et quels sont, sur cette question, les précédents auxquels nous sommes tous obligés d'obéir?

En 1846, le parquet avait à sa tête un homme dont l'intelligence et l'énergie ont été reconnus par tous. Il a examiné la question qu'on discute aujourd'hui. Il s'est demandé si une poursuite pareille impliquait nécessairement le nombre de vingt-et-un prévenus. C'est dans l'affaire des visiteurs. Me Berryer plaidait comme aujourd'hui. On n'a poursuivi que quatre personnes. Qu'a fait la justice, à qui l'on n'avait déféré que ces quatre individus capricieusement, comme on l'a dit? Après avoir entendu Me Berryer, après que la question de nombre eût été discutée, la justice a condamné les quatre prévenus. Elle n'a pas considéré qu'il fallût la présence de vingt-et-un prévenus. Cet arrêt a été discuté dans une enceinte voisine. La Cour de cassation a prononcé : elle a rejeté le pourvoi. Si donc je me trompe, c'est en bonne compagnie, et le procureur-général de 1846 couvre le procureur-général de 1864. Mais M. Hébert ne s'est pas trompé, pas plus que je ne me trompe aujourd'hui. Où donc, encore une fois, avez-vous pris la nécessité que vous voulez m'imposer? Qui a pu permettre à Me Senard d'affirmer avec tant de précision que la loi dit qu'il n'y a pas de délit s'il n'y a pas plus de vingt personnes?

Je n'ai à répondre ici à personne des actes de mon ministère. Qu'est-ce qu'il faut que je prouve? qu'il existait une association de plus de vingt personnes. La preuve est-elle faite? La condamnation doit s'ensuivre. Eh bien! dans ce débat j'ai fait cette preuve. Trouvez-moi un texte à m'opposer pour forclore la poursuite? Là, comme ailleurs le ministère public est complétement libre; il ne répond qu'à sa conscience et au garde des sceaux de ses actes, et quand il poursuit un délit, c'est qu'il estime que le délit existe.

Et maintenant faut-il répondre à Mᵉ Crémieux qui a insisté avec vivacité sur ce point et qui a posé l'hypothèse d'une prévention de cette nature dans laquelle il y avait dix-huit condamnés et trois acquittés? « Certainement, dit-il, les dix-huit condamnés le seront injustement, si les trois acquittés ne faisaient pas partie de l'association. » Mais si ces trois faisaient partie de l'association, les dix-huit condamnés l'auront été légalement.

J'en ai dit assez, et j'ai fini cette partie de ma discussion.

Un mot sur une chose qui est bien éloignée de mes habitudes et surtout de ma parole, et qui n'est pas du tout le procès. On nous reproche d'avoir inventé la poursuite. L'honorable M. Hébert me permettra de lui dire qu'il ne me connaît pas quand il dit que j'ai cherché un succès dans cette prévention. Je considérerais une telle pensée comme la plus grande flétrissure qui pût être infligée à un magistrat. J'ai fait dans ce procès ce que vous avez fait vous-même. Vous fouillez dans ma conscience et vous y cherchez des mobiles! Mais vous me feriez un succès, si réellement j'en cherchais un. Peut-être la différence des forces serait compensée par la différence des situations : alors que j'ai devant moi des hommes de la Restauration, des hommes du gouvernement de Juillet, des hommes de 1848 qui se réunissent pour attaquer la poursuite la mieux établie au point de vue du droit! La partie est assez belle pour moi. Mais je n'insiste pas.

Mᵉ Dufaure disait hier que, sous la Restauration, il y a eu à Bordeaux une association électorale considérable et hostile que le gouvernement a respectée ; que, sous la monarchie de Louis-Philippe, on avait eu la liberté du droit de réunion respecté par la loi de 1834 ; et que, sous le gouvernement de 1848, cette liberté a été si étendue que de nombreux comités, correspondant entre eux, ont pu se former sans entraves et préparer l'avénement du Prince qui gouverne aujourd'hui. Voilà une partie des reproches qui me sont adressés ; il y en a encore un autre : c'est d'atteindre au cœur, par notre poursuite, le suffrage universel et de retirer d'une main ce que nous donnons de l'autre.

Les exemples qu'on nous oppose ne sont pas bien choisis. Est-il vrai qu'il faille faire ce qu'a fait la Restauration sur ce point? L'association dont a parlé Mᵉ Dufaure, et dans les rangs de laquelle il était à Bordeaux, ainsi que la société *Aide-toi le ciel t'aidera*, n'ont pas été poursuivies, c'est vrai : mais elles ont pris la monarchie ancienne comme par la main et l'ont conduite à Cherbourg.

Le gouvernement du roi Louis-Philippe a succombé dans une crise provoquée par l'exercice du droit de réunion, dont, à sa dernière heure, il ne contestait pas la légalité. Il avait fait rendre la loi de 1834 contre les associations, mais cette loi laissait en dehors les réunions publiques. L'honorable M. Hébert, dans les derniers jours de la monarchie expirante, a proclamé à la tribune le caractère licite des réunions : il est vrai que, deux jours après, il faisait la circulaire aux procureurs généraux. Je demande à mes honorables contradicteurs s'il est bien logique de conclure des périls, au milieu desquels s'est abîmée la monarchie de Juillet, à la nécessité d'affranchir les associations de toute réglementation légale ?

Nous arrivons enfin aux jours de 1848. M. Jules Favre, en première instance, dans un magnifique langage, nous a adressé l'objection que voici : « Comment ! vous poursuivez les associations électorales, vous qui en avez au premier chef profité, vous qui, au mois de décembre 1848, aviez des comités organisés, dont la propagande active a amené l'élection du Prince » et il a donné lecture de la délibération de la réunion de la rue Duphot qui engageait les électeurs à voter de préférence pour le Prince Louis-Napoléon. « Vous vous êtes servis de cette arme et parce qu'elle vous a été profitable, vous voulez nous l'enlever. » Voyons ce qu'il y a de vrai dans ce reproche : sans doute, des comités nombreux existaient alors et ils indiquaient l'élection du Prince qui est devenu le glorieux Empereur de ce pays. Cela était alors permis. Je m'étonne d'avoir à apprendre la Constitution de 1848 à ceux-là même qui l'ont faite. Promulguée le 4 novembre, la Constitution reconnaissait à tous les Français, dans son article 8, le droit de s'associer et de se réunir. L'action qui a préparé le scrutin du 10 décembre a donc été aussi conforme à la loi qu'aux grands intérêts du pays.

Voilà quelle était la portée de ce reproche. Etait-on bien inspiré en rappelant ces souvenirs de la restauration, de la monarchie intermédiaire et du gouvernement de 1848 ? La Cour prononcera.

Je n'ai plus qu'un mot à dire : c'est pour répondre à ce reproche : « Votre poursuite porte atteinte viscéralement au suffrage universel, elle l'anéantit, ou ne lui laisse qu'une vitalité illusoire. Sans les comités tels que nous les entendons, il n'y a pas de suffrage vrai. » Voilà le reproche, je crois que je ne l'affaiblis pas.

Et d'abord, je dirai à mes contradicteurs qu'il ne faut pas faire de l'exagération pour se donner le facile plaisir de la combattre. Avons-nous jamais soutenu que les électeurs devaient être parqués et isolés, devaient venir voter sans communiquer avec personne ? La loi, qui ne veut pas d'un gouvernement dans le gouvernement, vous laisse encore de grandes latitudes : vous avez la possibilité de vous réunir, de dire aux électeurs la politique qui vous paraît la meilleure, vous pouvez savoir la vérité sur les candidatures et les personnes. Vous pouvez même vous associer en respectant la limite que le législateur a mise à l'exercice de ce droit qui touche si intimement à la sécurité publique.

Enfin, est-il si nécessaire que vous le dites d'éclairer le suffrage universel, de faire son éducation ? M. Emmanuel Arago nous a parlé, en citant Montesquieu, du *menu peuple* que les *principaux* doivent éclairer. Je ne crois pas la lumière si nécessaire. Les masses, croyez-le bien, n'ouvrent pas une oreille facile à la métaphysique des partis. Les petites insinuations, les petits dénigrements, les récits à double entente, les calomnies envenimées n'ont pas de prise sur elles. Le peuple, non pas le menu peuple, veut, pour le déterminer, de grandes raisons et de grands résultats. Ce qu'il faut au suffrage universel, c'est ce que tout le monde peut apprécier : un gouvernement glorieux à l'extérieur, prospère à l'intérieur ; c'est le gouvernement que vous avez le bonheur de posséder.

Me Berryer se levant avec impétuosité. Je prends la parole, je l'usurpe... Je la prends le premier, parce que j'ai besoin d'expliquer pourquoi je suis ici.

J'ai entendu M. le Procureur général vous dire tout à l'heure : Comment vos sentiments politiques, votre dévouement à l'État, au gouvernement établi, ne seraient-ils pas inquiets, alarmés? comment ne sentiriez-vous pas le besoin de sévir quand vous voyez les partisans de la Restauration, les partisans du gouvernement de Juillet, les partisans de la République se donner la main dans une coalition — ou association, laissons les mots de côté, — contre le gouvernement établi ?

Oui, je vote avec ces messieurs ! oui, je viens défendre le comité démocratique ! Je sais bien que ce comité porte dans son cœur l'idée républicaine à laquelle je suis profondément opposé, — parce que je suis convaincu que cette forme de gouvernement ne pourrait convenir à notre patrie, à nos vieilles traditions, à nos vieilles rancunes, à nos colères et à nos jalousies enfin; voilà pourquoi je suis fondamentalement opposé à l'idée républicaine : — mais que viennent-ils demander ? Dans un pays où le suffrage universel est établi, ils viennent demander la liberté de faire valoir leur opinion !

Eh bien, moi, je suis fils d'un électeur de 1789; mon père m'a élevé dans la tradition des grands principes, des grandes idées de cette époque, et c'est parce que dès longtemps, et quand régnait le despotisme, mon sage père m'avait fait étudier les travaux de 1789, que j'ai salué avec amour et béni la royauté qui venait rendre à la France le régime constitutionnel. Voilà mon origine. Aujourd'hui, c'est à cause de mon attachement à ces principes constitutionnels, à ces libertés politiques, que je tiens à conserver le peu de garanties, le peu de liberté qui m'appartiennent, aux termes mêmes de la Constitution actuellement établie.

En 1830, j'ai cru que le principe de souveraineté, à l'abri duquel auraient pu se développer les libertés fondées par la royauté même, que ce principe manquait au nouvel établissemeut, et lui manquait d'une manière fatale. On avait pensé qu'on pourrait, à l'imitation de l'Angleterre, faire un changement de roi sans entraver le progrès des institutions politiques. Y a-t-on réussi? Je n'ai point à le dire, et peu importe! Hommes de la République, hommes de la Restauration, hommes du gouvernement de Juillet, nous avons tous besoin de manifester librement nos opinions, parce que nous avons tous des convictions profondes et honnêtes, parce que tous nous désirons que notre pensée triomphe dans le pays — et c'est notre droit à tous. Je ne méprise pas ceux dont je ne partage pas l'opinion quand je les crois des citoyens sincères, ayant une conscience honnête, et voulant des choses qu'ils jugent utiles. Je veux leur liberté, parce qu'elle est la garantie de la mienne :

... *Mea res agitur paries quùm proximus ardet.*

Si on leur interdit la faculté, le droit (incontestable, comme nons allons le voir tout à l'heure), lorsque l'appel est fait au suffrage universel, de mettre en avant leur opinion, de chercher à faire nommer des députés qui portent au sein du Corps législatif des doctrines vraies selon eux, et qui leur paraissent être le seul moyen de salut de la patrie dans l'avenir, incontestablement on atteint le droit que j'ai aussi de faire prévaloir mon opinion, d'appeler ceux qui pensent comme moi au Corps législatif et d'apporter dans ce choix la sincérité de ma conscience.

Je suis vieux, eh bien! j'ai cette satisfaction dans mon cœur et je l'aurai jusqu'au dernier moment, lorsque je m'endormirai de mon dernier sommeil, que la France a toujours été toute ma pensée. C'est pour cela que j'ai gardé l'indépendance de cette robe, avec laquelle je viens ici et que je n'ai jamais désertée; c'est pour cela que je n'ai livré ma parole aux amis que je suis toujours heureux de servir, comme aux ennemis que je ne sais pas repousser, qu'en obéissant aux élans sincères et vrais de ma conscience, aux claires et manifestes convictions de mon esprit et de mon intelligence.

Ce sont ces sentiments que je porte dans la cause, comme je les porte au milieu du Corps législatif. Je veux encore, à mon vieil âge, défendre les idées que je crois salutaires à mon pays et combattre celles que je lui crois nuisibles.

C'est ainsi que nous sommes réunis ici, prévenus et défenseurs, dans un intérêt complètement commun.

Non! je ne veux pas ce que vous demandez tous, vous qui êtes assis sur les bancs de la prévention; ce n'est pas votre pensée dont je recherche le triomphe, mais ce que je protége, c'est votre droit d'avoir une pensée, d'avoir une conviction, de la soutenir, de la défendre et de tâcher de la faire prévaloir.

C'est le droit de tous, c'est le vôtre, c'est celui des hommes de Juillet, c'est aussi le mien. Nous défendons ici une même cause et c'est de tout cœur, que dis-je? c'est avec la spéculation de mon intérêt propre, que je défends ici les hommes d'une opinion dont je ne suis pas le partisan.

Ma position expliquée, j'arrive, sans ordre (je n'ai pas le temps d'en mettre), à la réponse que je veux faire à M. le Procureur général. Je veux, avec la liberté dont j'ai besoin, m'expliquer sur tout ce que nous venons d'entendre.

Et d'abord, je me demande ce que veut de vous le Procureur général en requérant la confirmation du jugement. Il a commencé par faire un singulier aveu de la pensée qui le préoccupe, à laquelle il obéit quand il sollicite de vous un arrêt conforme à ses conclusions! cette pensée est précisément celle qui doit vous déterminer à infirmer la sentence des premiers juges. Ce n'est pas, vous a-t-il dit, un fait nouveau que celui de l'existence des comités électoraux en France. Ils ont été tolérés sous la Restauration; ils ont été tolérés sous le gouvernement de Juillet, il y a même eu à cette époque plus que des comités électoraux, il y a eu des réunions électorales préparatoires publiques où tout le peuple venait assister; ils ont été tolérés sous la République. On ne les a pas poursuivis, on les a respectés; c'est là un état de choses ancien. Eh bien! dit le ministère public, il faut le modifier.

Qu'est-ce à dire? un ordre de législation a subsisté dans ce pays pendant cinquante années, et il faudrait vous montrer dans la loi quelque passage écrit qui exprime une immunité précise pour les comités électoraux? On oublie, et c'est le point qu'il faut bien préciser, qu'il ne s'agit pas tant de savoir si, dans les lois qui existent, il y a une immunité quelconque en faveur des comités électoraux, que de savoir si les lois existantes sont applicables aux comités électoraux, qui de tout temps ont été respectés.

Voilà la question.

Or, les lois reçoivent, comme on le disait, leur saine interprétation de l'application qu'elles ont reçue, surtout quand cette application a duré pendant un demi-siècle. Si l'on n'a jamais appliqué jusqu'à présent le code pénal à la matière électorale, au fait des comités électoraux, c'est qu'il a été reconnu, avoué, compris dans tous les temps, qu'il était indispensable de laisser se former les comités électoraux au moment où l'on appelait la nation à choisir ses députés.

C'était là l'opinion universelle, la doctrine acceptée, l'interprétation de la loi ; c'était la loi elle-même.

C'est donc la modification de la loi qu'on vous demande, c'est un arrêt de règlement, une décision qui fera autorité, une sorte de loi qui changera complètement tout ce qui a été compris, saisi, jugé, appliqué, depuis plus de cinquante années, dans notre pays.

C'est là, Messieurs, une situation qui, pour des magistrats, est bien grave. On veut vous faire faire la loi, car c'est faire la loi que de modifier absolument le sens qu'elle a eu, l'application qu'elle a reçue, la puissance qu'on lui a reconnue pendant cinquante ans.

Voyons donc le fond même de la législation, pour commencer.

Cette législation, on en va chercher le point de départ dans le Code pénal de 1810, et pour bien préciser la pensée du législateur de cette époque, on a consulté les délibérations du conseil d'Etat de 1809 et de 1810, et l'on y a trouvé certaines choses sur ce qu'il faut entendre par l'association, considérée comme illicite.

Messieurs, les lois sont faites pour le temps où on les promulgue et pour les choses qui ont besoin d'être règlementées. Sous un régime constitutionnel, et à une époque de liberté politique, est-ce donc remonter à une source pure que de remonter à l'époque de 1810? Peut-on dire qu'il était besoin en 1810 d'écrire une immunité dans l'article 291 pour des comités électoraux? Est-ce que c'était chose existant dans le pays? Est-ce qu'on en avait l'idée, la prévoyance? Est-ce que nous ne connaissons pas la Constitution de l'an VIII et celle de l'an XII? Est-ce que nous ne savons pas ce qu'étaient ces fictions de la formation des listes de candidats par les colléges électoraux et du choix définitif par le Sénat entre les candidats présentés? Est-ce que toute cette machine ressemble en rien à l'ordre de liberté qui existe dans un pays, du moment qu'il y a un vote libre et direct de la nation pour nommer ses députés?

Ainsi la loi de 1810, dans son origine, ne pouvait avoir pour objet une situation de fait et de droit qui n'a pris naissance que plus tard, lorsque la Charte constitutionnelle a établi un droit électoral véritable en France. Alors seulement les garanties de la liberté électorale purent être reconnues, et personne ne songea un instant à demander aux lois du despotisme, aux lois du régime impérial, une règle pour l'exercice des droits nouveaux introduits dans le pays.

Est-ce donc une simple tolérance qui a permis, sous la Restauration, la libre formation des comités électoraux? Non, Messieurs, c'est la logique, et la logique la plus sévère, la plus stricte, la plus nécessaire. Comment! comment! on appelle les citoyens, d'abord en colléges plus au moins nombreux — on n'est pas arrivé de suite, au suffrage universel, — puis enfin on les appelle tous, on appelle les citoyens libres à se réunir, à voter, à choisir des députés; et on interdirait à ces citoyens la faculté de se concerter, de s'éclairer, de s'adresser aux plus avisés, aux plus libres, aux plus instruits, de former des réunions particulières, des comités, d'exciter leurs concitoyens à accorder leurs suffrages à tel ou tel candidat, de les refuser à tel ou tel autre dont le triomphe leur paraîtrait un danger? On appelle les citoyens au vote et on leur interdira, à ces hommes qui viennent de tous les points de l'horizon et que la cité rassemble après les existences les plus diverses, on leur interdira de se réunir à l'avance, de se demander conseil les uns aux autres et d'avoir parmi eux des hommes qui les éclairent et les fortifient!... Je dis que ce serait l'anéantissement du droit! On l'a bien senti sous la Restauration, et c'est pour cela que les comités électoraux ont vécu. Nommez-les comme vous voudrez : comités, sociétés ou associations, — je ne tiens pas à toutes ces subtilités de M. le Procureur général. — Comment! la loi de 1810, dans son cercle étroit, étrangère à tout ce qui a rapport à l'exercice des droits politiques, à la liberté, à l'ordre constitutionnel, vous l'introduisez dans cette discussion? vous en faites la base, le fondement de notre législation, la garantie de nos droits et de nos intérêts dans notre société française actuelle? Non, non! la Restauration n'est pas allée chercher dans les archives d'un gouvernement tout différent une disposition de loi pour l'appliquer à une situation nouvelle. Je dis que faire cela, c'est le renversement le plus complet de l'honnêteté et de la conscience! C'est ce qu'aucun gouvernement n'a osé faire!

Sous la Restauration donc, on n'a pas eu un moment la pensée d'interdire les comités électoraux.

Il y a plus. Je relisais, hier au soir encore, les discussions qui ont eu lieu à propos des lois électorales en 1817 et en 1820, sur la proposition Barthélemy, et celles qui ont eu lieu en 1824, lorsqu'on est arrivé à la modification des grands colléges. Je relisais le discours qu'un homme d'une haute sagesse, monarchique et libéral, grand esprit, grand orateur, prononça le 5 mai 1819; et vous allez voir combien on était loin alors de songer à tirer de l'arsenal des tyrannies impériales une arme contre le développement des institutions libérales que la Charte nous avait données.

Voici ce que disait M. Royer-Collard :

« C'est en vain que l'opinion nationale serait consultée à sa source si elle était condamnée aux ténèbres et s'il lui était défendu de voir la lumière avant de répondre. Or, voulez-vous que l'électeur voie tout ce qu'il doit voir et qu'il ne voie rien de plus? Dégagez-le de l'atmosphère locale, élevez-le, agrandissez son horizon. Voulez-vous qu'il soit fort contre le pouvoir et contre les partis? donnez-lui des compagnons, mettez les forces en commun, formez des masses; les masses seules résistent, seules elles ont de la dignité, de l'autorité, et ce vif sentiment des intérêts généraux sans lequel il n'y a point de gouvernement représentatif. Seules enfin elles représentent la nation... »

On parlait bien d'intrigues, de réunions qui fausseraient l'opinion publique. Vous allez voir ce que M. Royer-Collard répond : « L'objection de l'intrigue est trop forte; là où l'intrigue aurait été rendue impossible, il n'y aurait plus d'élection, parce qu'il n'y aurait plus de liberté. La plus fatale des intrigues serait celle qui disperserait les électeurs et les livrerait désormais aux séductions du pouvoir et à la tyrannie des partis. »

Voilà la pensée d'alors.

Et vous, vous voulez nous faire rétrograder d'un demi-siècle, nous faire perdre ce sentiment patriotique, noble, élevé, libéral, qui dominait la France de 1819, et dont Royer-Collard était le très-autorisé interprète.

Non, vous n'y arriverez pas. La plus fatale des intrigues, Royer-Collard le dit, c'est celle qui isolerait les électeurs, qui les empêcherait de s'éclairer, de se concerter, de s'entendre, de former des masses dignes et intelligentes, qui seules font la liberté; car sans l'intelligence, l'échange des idées, la communication des hommes entre eux, qu'est-ce que la société? C'est elle-même que vous allez dissoudre! Est-ce que la société consiste seulement dans un certain nombre d'hommes agglomérés ou jetés sur un même sol? Non, elle consiste par-dessus tout dans l'union des âmes et des intelligences, dans l'échange des pensées et des volontés, dans le sentiment du droit partagé par tous, et dont chacun peut user avec des vues différentes, ceux-ci pour la république, ceux-là pour autre chose. C'est le droit qui est le lien social. Si la liberté des délibérations n'existe pas, si l'échange de pensées est interdit, il y a mensonge dans la proclamation de la liberté du suffrage, parce qu'il y a appel à l'aveuglement et à l'ignorance!

Comment, et j'entre ici dans la question de fait, au lieu de me borner à examiner seulement la question de l'autorité de la loi et l'article 291, comment! nous sommes dans un pays où l'on appelle le peuple entier à délibérer... sur quoi et pourquoi? Pour nommer des députés... Il y a un droit que je ne conteste pas, pour l'administration; mais l'administration doit compte au pays de ce qu'elle fait; elle doit avoir des contrôleurs; ces contrôleurs, ce sont les députés. Eh bien! une lutte s'établit, que fait l'administration? Elle a ses moyens d'action ; elle a plus que des comités électoraux, elle a toute la concentration des forces publiques; elle agit sur les populations pour faire nommer des hommes qui approuveront ses actes, sa politique, et qui la dégageront des embarras d'un contrôle trop sérieux, particulièrement en ce qui touche les intérêts matériels du pays, la discussion des dépenses et des charges publiques.

L'administration laisse-t-elle les citoyens dans leur isolement, dans leur action individuelle, chercher celui qui, parmi eux, est le plus favorable à la conduite du gouvernement, à son système d'administration, et choisir ainsi le député qui, à la satisfaction d'un préfet ou d'un ministre, sera un contrôleur très-complaisant? Non, elle ne s'en rapporte pas à l'opinion individuelle des citoyens, elle les endoctrine, elle les prêche. Je ne parle pas de ces moyens de pression et de corruption qui affaiblissent si profondément un peuple et que nous avons vu s'étaler dans des proclamations sans nombre : « Votez pour M. un tel, et vous obtiendrez ce que vous demandez... vous aurez votre chemin, votre pont, votre route. » Tous ces moyens d'abaissement, je les laisse de côté ; je ne parle que des efforts exercés pour agir sur les citoyens qu'on ne veut pas laisser livrés à eux-mêmes.

Le Gouvernement a-t-il, oui ou non, ces modes d'action dans la main?

Pour ne pas m'égarer, pour ne pas aller trop loin, je citerai des pièces officielles. Je parlais hier de l'un des grands crimes de mon spirituel, courageux et intelligent client, M. Ferry, de sa publication de la *Lutte électorale*. Vraiment, il est curieux de voir les pièces déposées encore aujourd'hui dans les archives du Corps législatif, et dont M. Ferry nous a donné des copies très-fidèles.

Vous allez juger, Messieurs, dans cette lutte qui doit être libre et où assurément il faut que l'égalité domine, quelle est la situation du Gouvernement, par ce simple aperçu.

Je prendrai des exemples à divers degrés de la hiérarchie.

Voici un inspecteur primaire de Cambrai qui écrit, au moment des élections de mai 1863, la lettre suivante aux instituteurs placés sous ses ordres :

« Monsieur l'instituteur, — J'ai besoin d'avoir, par le retour du courrier, une réponse à chacune des questions ci-après : — 1° Les noms et adresses de tous les anciens militaires habitant la commune et électeurs ; — 2° Des médaillés de Sainte-Hélène ; — 3° Des décorés de la Légion-d'Honneur ; — 4° Des retraités d'administration quelconque ; — 5° Des débitants de tabac ; — 6° Des cabaretiers ; — 7° Des personnes chargées d'un service public, à quelque titre que ce soit, maçons, architectes, etc.; — 8° Des pères (électeurs) d'enfants devant tirer au sort l'année prochaine; — 9° Des pères d'enfants au service actuellement ou en réserve; — 10° Des pères d'employés, de fonctionnaires, de jeunes gens qui sont commis aux chemins de fer ou dans les mines... »

C'est un inspecteur primaire qui prend de pareils renseignements! pourquoi faire? Je n'ai pas besoin d'expliquer à la Cour la pensée de cette lettre!

Si je vais plus loin dans le volume, je trouve une circulaire confidentielle d'un préfet, également déposée en original au Corps législatif :

« Je crois devoir, Monsieur le maire, vous communiquer et vous prier de faire connaître à tous vos subordonnés, les instructions du gouvernement aux fonctionnaires publics. — Le gouvernement demande à tous les fonctionnaires publics de se souvenir, conformément au serment qu'ils ont prêté, qu'ils doivent à l'Empire le concours de toute leur influence. »

M. LE PRÉSIDENT. Maître Berryer, rappelez-vous qu'il s'agit d'une réplique.

Me BERRYER. Je suis complètement dans la question.

Cette circulaire se termine ainsi : « Je vous invite à vous mettre en mesure sans aucun retard d'organisation. Vous pourrez faire appel, à ce sujet, au concours des électeurs eux-mêmes, et, s'il y a lieu, au dévouement des membres de votre conseil municipal..... Je suis heureux, d'ailleurs, de pouvoir vous informer que je reçois d'un grand nombre de points de la circonscription électorale, les assurances les plus favorables au succès de la candidature de M. de D***. » M. de D***, c'est le candidat officiel.

Un inspecteur de la Côte-d'Or...

Mais non! je ne veux pas vous fatiguer davantage; vous parcourrez le volume, vous verrez ces pièces, et vous jugerez quelle était la position des électeurs indépendants en face du travail de l'administration dans les élections générales.

Je le répète, je ne conteste pas au pouvoir, au gouvernement, en admettant qu'il veuille le bien du pays, le droit de chercher à faire nommer des députés qui lui soient favorables. Je veux bien qu'il ait des candidats officiels, qu'il les désigne et qu'il les annonce, à condition toutefois qu'il n'en assure la nomination que par des moyens honnêtes. Mais, si le gouvernement peut mettre en mouvement les immenses ressorts dont il dispose dans le pays le plus administré du monde, pour faire nommer les hommes de son choix, au moins laissez aux citoyens libres qui désirent, eux, faire nommer des députés qui exercent un contrôle sérieux sur les actes du gouvernement, qui blâment ses entreprises mauvaises et qui disent ce qu'elles coûtent au pays, qui surveillent sa marche et ses tendances, — tendances qui sont révélées quelquefois par des procès politiques, — eh bien! laissez à ces citoyens le droit d'opposer les efforts collectifs de quelques comités à cet immense effort collectif de tous les agents de l'administration.

Tous, nous savons bien, en France, jusqu'à quel point les choses sont portées!

Voici encore une pièce dont j'ai vu l'original aux archives du Corps législatif. C'est un agent-voyer cantonnal qui a l'impudence d'écrire à un maire la lettre suivante :

« Monsieur le maire, je vous prie de me signaler les personnes de votre commune soupçonnées d'avoir voté contre le candidat du gouvernement. »

Il faut que vous sachiez ces choses! Voilà ce qui se passe sous ce régime d'action peu morale et d'action concentrée !... Des comités électoraux? il y en a partout dans l'intérêt des candidats officiels.

On parlait de Marseille. Oh ! j'avoue que j'ai très-mal su ce qui se passait à Marseille, par la raison que je n'avais aucune idée de me présenter aux élections, et qu'il a fallu que je fusse vaincu par les députations qui sont venues à Paris pour m'offrir ce mandat. Je reconnais aujourd'hui que j'avais tort, et puisque je puis encore être utile à quelque chose j'ai bien fait d'accepter et je m'en applaudis. Je suis donc député, mais sans avoir connu les comités qui pouvaient exister à Marseille. Je n'ai même su que par la publication d'une brochure, que voici et qui est la reproduction de tous les écrits d'alors, qu'à cette époque il existait différents comités électoraux dans la ville de Marseille.

Le candidat qui m'était opposé, à ce qu'il paraît, dans la première circonscription, se nommait M. Lagarde. Deux comités s'étaient constitués pour soutenir sa candidature. Une circulaire du préfet disait qu'il fallait nommer M. Lagarde, et que la ville ne pouvait montrer assez d'ingratitude pour commettre le crime de nommer M. Berryer. — C'est une opinion de préfet cela, cela ne me touche pas. (*Rires au fond de la salle.*)

M. LE PRÉSIDENT. J'ai donné les instructions nécessaires pour qu'on expulse à l'instant même toute personne qui troublerait l'audience, sans qu'il soit même besoin d'un ordre nouveau. Je recommande donc le plus profond silence.

Me BERRYER. Moi aussi, je demande qu'on ne me trouble pas.

M. Lagarde était donc le candidat du préfet. Il y avait un comité électoral démocratique et un comité électoral libéral qui faisaient des proclamations en faveur de M. Lagarde et qui disaient : « Si vous voulez la restauration de tous les priviléges et des monopoles, votez pour M. Berryer ; si vous voulez l'abolition de toutes les nobles conquêtes de la révolution de 1789, l'abolition du suffrage universel, votez pour M. Berryer. Voulez-vous donner raison au gouvernement qui a payé le milliard des émigrés, votez pour M. Berryer ! »

Je ne me plains pas le moins du monde : qu'est-ce que tout cela me fait ? Je constate seulement qu'il y avait deux comités ; que ces comités faisaient des proclamations ; que ces comités qui s'étaient réunis évidemment pour le même but, je veux dire pour la nomination de M. Lagarde, comptaient assurément beaucoup plus de vingt membres, puisqu'il y avait quatorze ou quinze signatures au bas de chacune de leurs proclamations.

Que va-t-on me dire ? que ces comités étaient autorisés ? Je le crois bien ! On faisait à Marseille comme à Cambrai, pour l'élection de M. Boittelle : C'étaient des comités électoraux pour la préfecture et en faveur du candidat administratif. C'est précisément, Messieurs, l'action de ces comités autorisés que nous avons le droit de contre-balancer. Si l'administration a la faculté de composer des comités pour que les citoyens qui sont les bénéficiaires du régime actuel, se concertent entre eux et nomment des gens qui applaudissent à tout ce qui se fait, évidemment, ou tout est mensonge dans notre pays, ou il faut que ceux qui ne sont pas si épris du système de l'administration et de sa conduite, aient une égale liberté de se concerter, d'unir leurs efforts, de se voir et de s'entendre.

Il est impossible, et l'essence même des choses doit amener à cette conclusion, il est impossible, à moins d'anéantir la liberté électorale, de ne pas reconnaître que la force qui nomme doit être intelligente et que c'est là précisément ce qui peut faire tomber les divergences d'opinions.

C'est une des grandes fatalités de notre pays d'avoir été traversé, depuis que nous sommes au monde, par trois, quatre ou cinq révolutions. Mais c'est aussi pour notre pays un grand honneur que chacun des gouvernements qui se sont succédé, ait eu ses partisans sincères, restés, malgré la chûte des trônes, fidèles à leurs convictions, et qui demeurent, jusqu'à leur dernier jour, ce qu'il sont toujours été.

Il y a donc des partis différents. Ces révolutions et ces gouvernements successifs ont créé des opinions diverses.

Eh bien ! Messieurs, aujourd'hui qu'on est sous la loi du suffrage universel, ce qu'il faut, c'est que des hommes qui ont des opinions politiques différentes se rencontrent et cherchent à s'entendre.

Vous dites que la paix publique sera troublée. Mais c'est au contraire le seul moyen d'assurer la paix publique; c'est par des délibérations pacifiques, par des communications échangées, que les hommes, apaisant leurs passions particulières, leurs obstinations d'esprit, comprendront qu'on peut avoir d'autres opinions que les leurs, ne verront plus dans les autres que le fond de leurs pensées libérales, et s'habitueront à marcher ensemble pour trouver des mandataires qui veuillent sincèrement le bien du pays.

Le résultat de tous les rapprochements, c'est de faire prendre des termes moyens et d'écarter les résolutions extrêmes; elles seront toujours repoussées, dans les élections, lorsque les différents partis, ayant chacun leurs différents comités, se réuniront entre eux, délibèreront sur les choix les plus utiles et mesureront les chances de succès de leurs différents candidats.

Voilà pourquoi les comités électoraux ont été respectés sous la Restauration et sous le gouvernement de Juillet; car ce n'était pas là une faiblesse, ni une ignorance, mais une nécessité logique, une justice. Voilà pourquoi quand on a fait la loi de 1834, dans les discours qui ont été prononcés, on a dit, comme du temps de M. Royer-Collard, qu'il n'était pas possible d'interdire ni les réunions préparatoires des élections, ni les comités électoraux.

Quant au gouvernement de 1848, je n'ai pas besoin de dire que le développement de ces libertés était une conséquence de son principe.

Vous invoquez le décret du 25 mars 1852. Vraiment, il faut avoir charge et mission de soutenir une thèse, pour aller chercher dans ce décret un argument pour prouver que l'article 291 du Code pénal est applicable aux comités électoraux! Qu'est-ce donc que ce décret et à quelle occasion fut-il porté?

Un décret de 1848 avait accordé une entière liberté aux réunions publiques, une loi de 1849 avait suspendu l'exécution du décret pour un temps, puis cette suspension avait été prorogée. Le décret de 1852 arrive ensuite. La situation était nouvelle, mais de quelle manière? Sous quelles apparences, sous quelles prémisses, toujours heureuses en pareils cas, le gouvernement nouveau se présente-t-il? Allons-nous rétrograder ouvertement dans les voies de la liberté, et dans ce pays, labouré par les révolutions successives et qui n'a rien gardé debout de son passé que les institutions représentatives, allons-nous reconstituer le pouvoir absolu? Est-ce la pensée qui s'annonçait dans le coup d'Etat du mois de décembre 1851? — Nous sommes à la veille de cette date... Puisse, Messieurs, pour le pays, pour la vérité et la dignité des institutions existantes, pour l'honneur de la magistrature, puisse l'arrêt que vous allez rendre marquer, après treize années, un retour complet aux vrais principes de la liberté politique! — Mais à cette date enfin, le seul homme de France qui avait prêté serment de fidélité à la République, ne pouvait pas proclamer qu'il fallait arrêter le développement de la liberté! Non!... Le pays lui a livré le pouvoir, lui a abandonné le droit de faire les lois et la Constitution. Il a fait la Constitution et il n'a pas pu se dispenser d'inscrire dans l'article 1er cette déclaration que la Constitution reconnaît, confirme, garantit les grands principes proclamés en 1789 et qui sont la base du droit public des Français.

Voilà donc sous quel régime il nous est permis de vivre, et quels sont les principes et les lois fondamentales que nous avons le droit d'invoquer.

En même temps, la Constitution rétablit dans sa plénitude le suffrage universel. La nation est convoquée dans ses assemblées électorales. Et si on reconnaît alors que les clubs et les réunions publiques ont jeté de grands désordres dans le pays et qu'ils sont un objet d'inquiétude; si, en conséquence, on les interdit, ce ne sera pas pour porter atteinte aux principes politiques, aux droits consacrés, fortifiés et étendus par la proclamation du suffrage universel, et voici en effet dans quels termes on prononce sur leur existence:

« Considérant que le droit d'association et de réunion doit être réglementé de manière à empêcher le retour des désordres, qui se sont produits sous le régime d'une législation insuffisante pour les réprimer; — Qu'il est du devoir du gouvernement d'apprécier et de prendre les mesures nécessaires pour qu'il puisse exercer sur toutes les réunions publiques, une surveillance qui est la sauvegarde de l'ordre et de la sûreté de l'Etat; — Considérant que la loi du 22 juin 1849, suspensive du décret du 28 juillet 1848, ayant déjà reconnu le danger des clubs, avait décidé qu'un projet de loi serait présenté à l'assemblée pour interdire les clubs et régler l'exercice du droit de réunion : — Article 1er. Le décret du 28 juillet 1848 sur les clubs est abrogé, à l'exception toutefois de l'article 13 de ce décret qui interdit les sociétés secrètes. — Article 2. Les articles 291, 292 et 294 du Code pénal et les articles 1, 2 et 3 de la loi du 10 avril 1834 seront applicables aux réunions publiques, de quelque nature qu'elles soient. »

Voilà le décret du 25 mars 1852. Il est fait en vue des réunions publiques, des assemblées qualifiées du nom de clubs, que la législation de 1848 autorisait. Voilà son but et son objet, il n'en a pas d'autre.

On n'aurait pas pensé alors, — on n'aurait pas osé, je n'hésite pas à le dire, — au moment où on appelait le peuple français à exercer le suffrage universel pour se donner un souverain, pour déléguer à un homme la puissance publique tout entière, proclamer en même temps qu'il était interdit aux citoyens de se concerter, de se réunir, de se voir pour s'éclairer.

Comment! Messieurs, le gouvernement présente partout des candidats : et nous avons vu de ces candidats complètement inconnus des départements, présentés aux électeurs par les préfets, ou bien escortés par un ministre, en habit doré, qui allait promettant des chemins, des ponts, des constructions de toute nature, si l'on nommait le protégé!... Et les départements n'auraient pas le droit d'interroger à Paris ceux qui savent les choses et les gens, et de leur demander : « On nous présente un tel, qu'en pensez-vous? » — ou bien, de Paris, on n'aura pas le droit d'avertir ses concitoyens et de dire : « celui-là n'est pas digne de vos suffrages, ne le nommez pas! »

Vous venez nous dire que vous nous accordez quelque chose parce que vous reconnaissez que nous pouvons faire des associations, des comités de moins de vingt personnes et que vous admettez les comités électoraux, pourvu que ces comités s'occupent seulement des intérêts locaux! Mais c'est un leurre, mais cela n'est pas sérieux, mais vous n'êtes pas de bonne foi! je vous en demande pardon, mais ce n'est pas une concession de bonne foi. Vous consentez à ce qu'on réunisse des gens que leur isolement, leur vie simple et rurale n'a pu instruire en aucune manière ni de ce dont il est question ni de ceux qu'on leur présente, et vous voulez qu'ils ne prennent leurs renseignements qu'entre eux?.. Ah! dans les grands centres je ne suis pas inquiet, il y aura toujours des comités électoraux, et le procès actuel n'aura d'autre résultat que d'avertir le pays des menaces qu'on dirige contre sa liberté et de lui indiquer la nécessité, quand nous sommes à la veille des élections communales, d'assurer, par un accord consciencieux, la formation d'administrations municipales, sérieuses, sincères, choisies avec indépendance comme avec intelligence et lumières. Oui, on aura des comités électoraux. Mais, dans les campagnes, réduire le droit à des comités locaux, auxquels vous interdirez de communiquer avec le centre de toutes les forces, de toutes les intelligences, de tous les travaux de l'esprit, c'est-à-dire avec la capitale! et venir encore dire (vous l'avez dit à cette audience) : « Oui, vous pouvez avoir des comités électoraux! » mais c'est une dérision, et vous nous faites gagner le procès tout entier...

Des comités électoraux de moins de vingt membres! et qui ne pourront sortir de leur chambre! ils se réunissent chez un particulier, soit, vous le permettez; mais, si l'un de ces vingt s'adresse aux voisins, s'il leur dit : « aidez-nous un peu, nous voudrions savoir quel est ce candidat qu'on nous propose » ou bien encore s'ils veulent faire distribuer des bulletins, s'ils ont trouvé des hommes pour les porter, « oh ! oh ! s'écrie-t-on, voilà des agents, voilà des affiliés ! voilà une association de plus de vingt personnes. »

Voilà ce que vous permettez : des comités de vingt personnes, à la condition qu'ils seront confinés dans une chambre et ne communiqueront avec personne. Si par hasard un ami de Schelestadt, d'Épinal ou de Marseille est embarrassé sur le choix d'un candidat, et qu'il s'adresse à l'un de ces comités, à l'une de ces associations de vingt personnes que vous consentez à respecter, et qu'il lui écrive : « Il nous arrive un monsieur de Paris, quel est-il? » ou bien. « Nous aurions besoin d'un candidat ; nous estimons beaucoup M. Pelletan, pourriez-vous décider M. Pelletan à se porter candidat chez nous? » — « Nous sommes très-embarrassés : M. Hallez-Claparède est un bon citoyen, mais pas démocrate à notre façon ; qu'en pensez-vous ? » Si l'on écrit cela, si l'on vous répond, tout est fini, voilà l'agrégation de plus de vingt personnes constituée, et l'on verra ce qu'on voit aujourd'hui.

On a parlé des souscriptions, Messieurs, c'est une grande question morale; les souscriptions sont nécessaires, elles sont indispensables ; il n'y a rien de plus utile, rien de plus louable, de plus honorable.

Vous avez vu, au Corps législatif, l'élection de M. Pelletan annulée, — annulée pour une faute de l'administration! — il faut que M. Pelletan recommence. Mais ce n'est pas peu de chose, à Paris même, qu'une élection : là où il y a 25 ou 30,000 électeurs il faut afficher dans les rues des placards contenant des professions de foi ; ces placards, arrachés le plus souvent par les soins de l'autorité qui ne veut que des siens, il faut les appliquer et les réappliquer ; il faut aussi faire distribuer des bulletins; tout cela coûte très-cher. Dans les départements, quand il faut parcourir un terrain beaucoup plus étendu, c'est plus coûteux encore. Eh bien ! Je maintiens, moi, que c'est aux électeurs, à ceux qui veulent avoir un candidat de leur choix, en qui ils ont confiance, à qui ils donnent le mandat d'aller défendre leurs intérêts, c'est aux électeurs de payer les frais de l'élection.

Pour moi, quand on m'a nommé député, je ne sais pas ce qu'on a fait. On m'a demandé une déclaration de principes : j'ai dit que j'étais trop vieux pour en faire. Mettez, si vous voulez, mon nom sur une liste, mais je ne fais pas de proclamation. On a dû faire des impressions, tout ce qui était nécessaire, je n'en ai rien su.

Songez-y donc bien : en vain concédez-vous les comités de vingt membres, si vous êtes disposés à y adjoindre tous ceux qui contribueront, si vous prononcez l'interdiction contre les souscriptions, vous anéantissez, vous corrompez le principe même de votre gouvernement vous corrompez le suffrage universel. Qu'arrivera-t-il alors dans votre pays? Les abus et les excès de l'action administrative, seront si vigoureusement, si constamment blâmés, au sein même du Corps législatif, et les agents trop dociles de ces détestables procédés seront exposés à des censures si amères et si sérieuses, qu'à la fin ces moyens ne seront plus possibles. L'influence de l'administration sera tôt ou tard inévitablement amoindrie. Mais quelle en sera la conséquence? Il n'y aura plus alors que les hommes d'argent, ceux qui peuvent dépenser beaucoup pour leur élection qui se porteront comme candidats. Vous livrerez les élections à des hommes de la trempe de ceux dont il a fallu casser l'élection au Corps législatif, parce qu'elle était le résultat de suffrages corrompus à prix d'argent. Désormais l'élection, en France, se fera aux dépens des hommes honnêtes, qui, comme moi, par exemple, sont trop pauvres pour dépenser 30 ou 40,000 francs afin d'arriver à une situation qui excite médiocrement leur ambition, mais qui les rend bien fiers, quand ils la tiennent d'un mouvement spontané de leur pays! Si vous interdisez les souscriptions, — et c'est ce que vous voulez, — vous anéantissez l'élection, vous déshonorez le suffrage universel, vous livrez le pays à toutes les voies de la corruption, vous dégradez la nation française. Ne la trouvez-vous donc pas assez tombée au point où elle en est?

Messieurs, nous avons été en France, depuis cinquante ans, les éducateurs de tous les États qui nous environnent. Je ne parle pas de l Angleterre, son influence n'a jamais dominé sur le continent... mais comme on rirait en Angleterre si on assistait à nos débats, si l'on voyait ce qui se discute dans une cour supérieure de France! Les Anglais ont, précisément pour les élections, des institutions permanentes, des sociétés conservatrices et des sociétés libérales, des sociétés « pour garantir la propriété, » comme on les appelle, c'est-à-dire des associations uniquement occupées à assurer le libre suffrage et l'existence même du cens, qui siégent dans le milieu de la ville et qui, toute l'année, sont vouées à cet important travail. Mais laissons les Anglais de côté avec leur bonheur, avec ce magnifique respect qu'ils ont d'eux-mêmes et de leur histoire, avec la double puissance de la tradition et du progrès, avec leurs vieilles institutions, ces vieilles racines sur lesquelles ils savent enter les ramures verdoyantes et cueillir les fruits savoureux de l'ordre et de la liberté! Laissons-les, en leur portant envie. Mais ceux qui sont sortis de nous, ceux que nous avons formés, les Belges, les Hollandais, tous les peuples de l'intérieur de l'Allemagne, les Espagnols, et même aujourd'hui les Autrichiens, appelez-les tous ici, et dites-leur : En France, où il y a le suffrage universel, on se demande si les citoyens, avant de se réunir au nombre de quarante mille pour choisir un nom, ont le droit d'en délibérer entre eux! En vérité, cela n'est pas croyable. La France en est-elle arrivée là? Cela fait tomber l'âme de douleur!

C'est une atteinte au gouvernement libéral, une atteinte à l'ordre constitutionnel! Vous n'y échapperez pas. Ah! laissez-moi vous dire, en terminant, ces derniers mots que prononçait le grand Royer Collart, c'est à vous qu'ils s'adressent : « Vous vous débattez en vain, vous êtes sous la main de la nécessité. Tant que l'égalité sera la loi de la société, le gouvernement représentatif vous est imposé dans son énergie et sa pureté. Ne lui demandez pas de concessions; ce n'est pas à lui d'en faire; le gouvernement représentatif est une garantie, et c'est le devoir des garanties de se faire respecter et de dominer toutes les résistances. »

Ainsi parlait ce grand esprit de Royer Collard, à cette époque de 1824, qui est déjà si loin de nous!

Oui, tel est notre avenir! Vous pouvez fausser la situation : des arrêts nous ont déjà profondément affligés; vous êtes dans une voie dangereuse... On n'applique plus les lois, on les interprète, et toujours de manière à leur faire dire ce qu'elles ne disent pas, ce qu'elles n'ont pas été appelées à dire, ce que leurs auteurs n'ont pas voulu dire. On torture les lois pour torturer les hommes; c'est le mot de Bacon : *Torquere leges ut torqueant homines.*

Voilà ce que vous faites une fois de plus en cherchant à nous appliquer la définition de l'association. Vous nous comparez aux associations de malfaiteurs, dans lesquelles vous ne voulez pas, dites-vous, chercher quelque assimilation avec les comités électoraux! Ah! faites-nous grâce de votre indulgence!...

Mais je veux me résumer; mes forces sont épuisées; je ne vous suivrai pas dans les subtilités à l'aide desquelles vous allez chercher des lettres parties d'Épinal, de Schelestadt, de Marseille... à Marseille, par exemple, vous ne prenez qu'une seule lettre et un seul membre d'un seul comité, quand il y avait quatorze comités électoraux, chacun composé d'un très-grand nombre de membres, comités légitimistes, comités du gouvernement actuel, comités des anciens partis, du parti orléaniste, du parti libéral. Tous ces comités vivaient à Marseille et n'avaient pas besoin de Paris. M. Bory a pu adresser une question; il a fait ce que tout le monde fera et devra faire, si l'on forme des associations, même dans les limites étroites que vous nous accordez.

Vous avez anéanti le procès de deux manières : d'abord en demandant à la Cour de faire une révolution dans l'interprétation de la loi;

la Cour n'a pas le droit de faire cela, elle ne le fera pas. Vous avez encore anéanti le procès en disant qu'on avait le droit de former partout des comités de moins de vingt personnes, mais en vous réservant d'enfler le nombre légal des noms de tous ceux qui pourraient avoir des communications quelconques avec les associés. Ce n'est pas là une discussion sérieuse, c'est une discussion imposée; la Cour n'y obéira pas, et je cesse, avec confiance, de discuter la prévention.

(Au moment où Me Berryer se rassied, les appelants, les défenseurs et un grand nombre des auditeurs l'entourent et le félicitent chaleureusement.)

Me Dufaure. Je demande à dire un mot en réponse aux conclusions de M. le Procureur général : je me hâterai autant que cela me sera possible.

M. le Procureur général. Pardon, Me Dufaure, j'ai une question à adresser à la défense. Je voudrais savoir, au cas où je serais dans la nécessité de répliquer, si vous me répondrez encore ?

Au banc de la défense. Assurément; c'est notre droit.

M. le Procureur général. Incontestablement vous en avez le droit. Je ne fais cette question que pour savoir quelles sont vos intentions.

Me Dufaure. Je puis vous assurer, Monsieur le Procureur général, que l'un des défenseurs, au moins, vous répondra.

M. le Président. A demain.

L'audience est levée à 6 heures un quart, au milieu de la plus vive agitation.

Audience du vendredi 2 décembre.

L'audience est ouverte à 11 heures.

M. LE PRÉSIDENT. Me Dufaure, vous avez la parole.

Me DUFAURE. J'avais cru, sur les questions que M. le Procureur général m'avait adressées, qu'il désirait parler avant moi.

M. LE PRÉSIDENT. Hier, vous aviez la parole pour répliquer.

Me DUFAURE. Je suis prêt à répondre.

M. LE PRÉSIDENT. Parlez.

Me DUFAURE. Messieurs, après les paroles qui vous ont été adressées hier par mon éminent confrère, Me Berryer, il resterait peu de choses à dire, s'il n'y avait lieu, peut-être, de serrer de plus près l'argumentation de M. le Procureur général et de vous soumettre quelques-unes de ces observations qui tomberont nécessairement dans votre délibération lorsque vous aurez à prendre un parti sur la grave question qui vous est soumise.

Lorsque je me suis adressé pour la première fois à la Cour, je n'avais devant moi que le jugement de première instance; les motifs obscurs et mal définis sur lesquels la condamnation a été fondée, me paraissaient rejetés bien loin et effacés par les plaidoiries que mes honorables confrères venaient de prononcer. J'avais donc besoin, pour me rendre compte du véritable sens d'une prévention que je comprenais à peine, que cette prévention prit un corps plus substantiel sous la parole grave de M. le Procureur général. Hier, son réquisitoire a été prononcé. Il a été refuté en grande partie, et de telle manière, que je me garderais bien d'y revenir. Quelque chose pourtant reste à dire, et je prie la Cour de l'écouter avec une bienveillante attention.

Je demanderai d'abord à M. le Procureur général de vouloir bien, dans la discussion que nous engageons, non pas avec lui personnellement, mais avec le ministère public, mettre de côté les noms propres donnés à chaque argument, et les allusions au passé et les reproches personnels, directs ou indirects. Il nous demande pourquoi, nous, ayant appartenus autrefois, à une époque bien éloignée de nous (et rien ne pourrait me le faire plus vivement sentir que la date même du jour où nous combattons cette étrange prévention), il nous demande pourquoi nous nous trouvons réunis sur les mêmes bancs de la défense, parlant dans le même intérêt, soutenant les mêmes principes. Eh! grand Dieu, il suffit d'un moment de réflexion pour s'expliquer notre réunion. C'est le ministère public lui-même qui nous réunit ici : il attaque un droit qui nous est commun, dont nous apprécions tous l'importance avec une égale vivacité, que nous devons et voulons défendre avec une égale énergie, et que nous pouvons défendre sans donner aucun démenti à nos opinions passées. Et puis, oublie-t-il qui nous sommes et la robe dont nous sommes revêtus? Mais l'honneur du barreau, c'est d'être, en toute occasion, le défenseur de tous les droits, quelles que soienl les personnes en qui ils sont attaqués. Demandez à mes honorables confrères, Me Berryer et Me Favre, s'ils adopteraient toutes les opinions morales ou politiques, ou s'ils se feraient les défenseurs des actes de tous ceux auxquels ils ont prêté l'appui de leur talent dans leur longue et glorieuse carrière. Ils vous répondront qu'ils ont pris sous leur patronage tantôt un droit, tantôt une infortune, tantôt une erreur, mais qu'ils se garderaient bien de se rendre solidaires de tout ce qu'ont dit, pensé et fait ceux qui ont eu l'honneur d'être défendus par eux.

Pour nous, d'ailleurs, il nous en coûte peu de nous identifier avec nos clients. Ce sont, pour la plupart, de jeunes et dignes confrères, tellement estimés au barreau qu'à peine la poursuite fut-elle connue que le conseil de l'ordre, unanimement, a voulu leur donner un haut témoignage de sa sympathie. Ne comprend-on pas comment nous sommes ici empressés à les défendre et réunis tous dans un sentiment de respect pour le droit attaqué en eux et de sympathie pour eux-mêmes?

Arrivons au procès. Laissons de côté ces considérations qui ne peuvent pas affaiblir le droit de la défense; venons au droit, examinons-le tel qu'il a été exposé dans les paroles de M. le Procureur général.

Il m'a paru, en entendant le réquisitoire, qu'il y avait dans l'esprit du ministère public une erreur profonde, radicale, d'où sont sortis peu à peu tous les développements que l'on a donnés à la prévention. Le ministère public s'est dit : « Voilà des personnes qui se sont réunies en comité électoral et qui demandent, par privilége pour ces sortes de comités, à pouvoir se réunir, s'associer librement. Où puisent-elles ce privilége réclamé pour des comités électoraux? » Et on nous a répété à plaisir : « Je cherche vainement la loi qui accorde aux comités électoraux un libre droit de réunion, je ne le trouve nulle part; le mot de *comités électoraux* n'est pas dans la loi; rien n'est donc moins acceptable que la défense des prévenus. »

L'erreur est complète. Ce n'est pas à nous à citer les lois en vertu desquelles les comités électoraux échapperaient à vos poursuites : c'est à vous, si je ne me trompe, soutenant la prévention, à nous dire sur quelles lois vous l'appuyez. C'est ce que nous vous avons demandé ; c'est à vous de nous le dire.

Je crois ne pas me tromper, les lois en vertu desquelles on nous poursuit, ce sont les lois de 1810, de 1834 et le décret du 25 mars 1852.

Si l'on veut traiter avec gravité et sincérité une question grave, il faut laisser de côté ce qui, évidemment, n'y a aucun rapport. Ainsi pourquoi parler du décret du 25 mars 1852 ? Que trouvé-je dans ce décret ? Un article qui nous dit que les réunions *publiques* de toute nature sont défendues ; c'est le dernier article de ce décret : « Les articles 291, 292 et 294 du Code pénal, et les articles 2 et 3 de la loi du 10 avril 1834 sont applicables aux réunions publiques de quelque nature qu'elles soient. » En quoi cet article se rapporte-t-il à la question qui vous est soumise ? Le ministère public soutient-il que les réunions qui avaient lieu dans le domicile privé de M. Garnier-Pagès étaient des réunions publiques, de ces réunions publiques que le décret du 25 mars 1852 a entendu interdire ? Non, en aucune manière. Laissons donc de côté, je vous en conjure, le décret de 1852.

Que reste-t-il ? L'article 291 du Code pénal et l'article 1er de la loi de 1834.

L'article 291 du Code pénal, vous l'invoquez ; vous demandez qu'il nous soit appliqué, et quand on le lit, on y trouve que la loi entend interdire les associations à l'effet de se réunir pour délibérer en commun sur toute matière de quelque nature qu'elle soit. Voilà l'article 291 : « Les associations à l'effet de se réunir.... » C'est là ce que la loi punit.

La loi de 1834, et j'aurai tout à l'heure occasion d'en citer le texte, ne fait rien autre chose que d'ajouter à l'article 291 du Code pénal une mesure ayant pour but d'empêcher que les associations puissent échapper à la répression en se divisant en sections.

Telles sont les deux lois invoquées par la prévention.

Eh bien, quelles réflexions vont-elles nous suggérer ?

Comme les réunions publiques sont interdites par le décret du 25 mars 1852, les associations *à l'effet de se réunir* sont interdites par l'article 291 du Code pénal et par l'article 1er de la loi de 1834 ; nous sommes d'accord sur ce point. Mais ce que vous poursuivez, ce que vous imputez aux prévenus, est-ce une réunion publique ? Vous convenez que non. Est-ce une association à l'effet de se réunir, dans les termes de l'article 291 du Code pénal et de l'article 1er de la loi de

1834? C'est là le point précis du débat; c'est là que, dans les questions rapides que je m'étais permis d'adresser à M. le Procureur général à l'autre audience, je désirais renfermer notre discussion.

Ce que vous poursuivez est-il l'association interdite, la réunion publique interdite, ou la réunion non publique autorisée par la loi? Vous ne me demanderez pas, je l'espère, de vous montrer la loi qui permet les réunions non publiques. Je vous dirais : La loi ne les défend pas; elles sont permises. Je vous dirais encore : L'article 291 du Code pénal interdit les associations à l'effet de se réunir; il ne touche pas aux réunions mêmes, indépendantes de toute association. Je vous dirais enfin : Le décret du 25 mars 1852, interdisant les réunions publiques, indique assez que les réunions non publiques ne sont pas interdites.

La réunion que vous poursuivez, dans laquelle se trouvaient les honorables prévenus, cette réunion était-elle une réunion publique? Non. Était-ce une association? Nous disons que non. Était-ce une réunion non publique? Nous soutenons que ce n'était pas autre chose. Voilà la question posée.

Je demande à M. le Procureur général comment il entend la résoudre, et les raisons qu'il donne pour soutenir qu'il y avait là une association? — Il dit : Oui, il y avait une association. Quels sont les caractères de l'association? une organisation, une durée, des efforts collectifs, un but commun; voilà les quatre caractères de l'association. Je trouve ces quatre caractères dans la réunion dont les prévenus faisaient partie, et, par conséquent, je soutiens qu'il y a association punissable. »

Je résume complétement, je crois, le système présenté hier par M. le Procureur général. Je dirai plus tard un mot du nombre des associés.

Il y a organisation, durée, efforts collectifs, but commun! Il y avait une première question à se poser. Ces quatre prétendus caractères de l'association ne pourraient-ils pas se trouver également dans une réunion non publique, et ne montrerait-on pas facilement que même toute réunion non publique a une organisation quelconque, une durée quelconque, des efforts concertés et un but commun? S'il en était ainsi, nous n'aurions pas fait un pas dans la discussion, et quand nous aurions trouvé organisation, durée, efforts et but, nous ne serions pas arrivés au point où le ministère public voulait arriver; rien ne légitimerait l'application de l'article 291 et de l'article 1er de la loi de 1834.

Je dis d'abord un mot de chacun de ces caractères que l'on trouve dans la réunion que composaient les prévenus.

Une organisation. Entendons-nous, c'est un mot vague, et M. le Procureur général, qui ne trouvait pas le mot *comité* dans la loi pénale, n'y aurait pas trouvé non plus, je crois, le mot *organisation*; mais enfin, prenons le langage habituel des affaires juridiques : organisation appliquée à une société, à une association.

Qu'est-ce que l'organisation d'une société? Si je n'ai pas oublié les premiers éléments du droit commercial et du droit civil, on organise une société lorsque l'on arrête et formule les règles par lesquelles la société sera régie pendant le temps qu'elle durera. On organise une société lorsque l'on rédige un acte dans lequel sont indiqués les noms des associés, leur nombre, les conditions auxquelles ils entrent dans la société, les engagements qu'ils prennent; enfin, toutes les conventions sous l'empire desquelles la société aura à vivre sont déterminées dans l'acte de son organisation.

Voilà bien l'organisation d'une société telle que nous la comprenons dans la langue usuelle des jurisconsultes.

Mais dans les faits imputés aux prévenus, y a-t-il quelque chose qui ressemble à tout ce que je viens de dire, et la Cour n'a t-elle pas pensé, lorsque j'entrais dans cette définition, la seule possible, du mot *organisation*, que je parlais de toute autre chose que de ce qui fait l'objet de la prévention?

On a saisi, nous le répétons toujours, toutes les pièces qui pouvaient servir à la prévention; pas une, par la manière dont la saisie a été opérée, pas une n'a pu lui échapper ; les lettres les plus secrètes ont été ouvertes et mises entre les mains de la justice; elle sait jusqu'au fond de l'âme les derniers secrets que les prévenus pouvaient avoir entre eux; elle ne peut pas dire qu'elle soupçonne quelque chose au-delà de ce qu'elle connaît; non, elle sait, elle connait tout, elle peut tout apprécier. Y a-t-il dans tout cela quelque chose qui ressemble, entre les prévenus, à l'organisation d'une société, je ne dis pas seulement d'une société relative à des intérêts pécuniaires, loin de moi cette pensée, mais à l'organisation d'une société quelconque? Y a-t-il des statuts, des règlements, des engagements pris par aucun des associés? Rien, absolument rien.

Vous parlez d'organisation! Que voulez-vous dire? quelle était cette organisation? en quoi consistait-elle? comment les associés s'étaient-ils organisés? Permettez-moi de vous dire que c'est à vous, qui soutenez la prévention, qui demandez à la Cour de déclarer la culpabilité des prévenus, de nous apprendre tout cela.

Quant à nous, nous ne dissimulons rien; quand nous aurions voulu dissimuler, nous ne le pourrions pas. Vous êtes descendu au fond de nos cœurs, vous avez porté vos regards inquiets dans les lieux les plus cachés de nos demeures ; dites-nous, avec ces deux mille quatre cents pièces que vous avez réunies, comment vous définissez l'organisation de la société qui, selon vous, existait? Je sais bien quelle sera votre réponse : vous ne répondrez pas.

Voilà pour l'organisation.

Quelle était la durée? Je l'ai dit à la Cour, et je le répète avec une profonde conviction, quand même la réunion que nos clients ont formée se serait assigné pour durée tout le temps de l'élection générale de 1863 jusqu'à ce qu'elle eût été terminée, cette réunion n'aurait certainement rien fait d'illégal, ce n'aurait pas été une société permanente, ç'aurait été une réunion dans un but qui ne pouvait pas s'accomplir du jour au lendemain. Ce fait dure plus ou moins longtemps, personne ne peut en répondre : une élection est annulée ou il y a eu option, de nouveaux députés sont à nommer ; certainement, une réunion formée pour surveiller les élections de 1863 jusqu'à ce qu'elles eussent été accomplies, n'aurait pas ce degré de permanence qui caractériserait une association. Et cependant, quelle que soit mon opinion à cet égard, je ne puis pas me refuser à communiquer à la Cour la protestation énergique de mon client, M. Émile Durier, lorsque M. le Procureur général veut faire des trois comités un comité unique, durable, permanent. M. Durier a déclaré qu'il y avait eu trois comités successifs, se réunissant à l'occasion de chacune des trois opérations électorales; qu'après la première opération électorale, la dissolution, qui avait été annoncée dans les journaux, l'avait été sincèrement et s'était réellement effectuée; qu'il en avait été de même pour la seconde, et de même pour la troisième.

La preuve, dit-on, que le comité était permanent, c'est que, lorsqu'est arrivée, en novembre, l'élection de M. Pelletan, on a immédiatement envoyé des lettres de convocation à la plupart des anciens membres du comité...

M. le Procureur général. Aux mêmes!

Me Dufaure. Aux mêmes, si vous le voulez, Monsieur le Procureur général; je n'ai pas la liste, je ne peux pas savoir si ce sont identiquement les mêmes: mais cela importe peu.

Je demande s'il y a rien de plus naturel que ce qui se passe à ce moment? La Cour n'est pas étrangère à ce mouvement des esprits qui préside à une grande élection. Plusieurs amis ont travaillé ensemble à la première élection générale du mois de mai. Une seconde élection inopinée se présente, — personne ne s'attendait à l'annulation de l'élection de M. Pelletan, — on veut se réunir pour recommencer cette lutte utile et légitime qui précède et accompagne les opérations du collége électoral. A qui s'adressera-t-on? Pourquoi voulez-vous que

M. Garnier-Pagès, par exemple, je prends son nom parce que c'était chez lui qu'on se réunissait, pourquoi voulez-vous que M. Garnier-Pagès, désirant réunir autour de lui quelques amis et en particulier, remarquez-le, quelques jurisconsultes, pour surmonter avec eux les difficultés que la candidature de M. Pelletan va rencontrer, pourquoi voulez-vous qu'il s'adresse à d'autres? Qu'y a-t-il de plus naturel que d'écrire à ses amis, à ceux qui l'ont déjà aidé une fois? Il a, du moins, la certitude qu'aucun d'eux ne manquera à son appel, et qu'il trouvera le même accord dans les vues et la même sympathie dans les opinions. Est-ce là la preuve d'un comité permanent?

Laissons de côté toute préoccupation politique; abordons cette question comme une question ordinaire. Vous parlez de permanence, vous dites que cette convocation en est une preuve. Je dis, moi, que cette convocation est la chose la plus naturelle du monde, et qu'elle s'accorde tout aussi bien avec la dissolution qui avait été annoncée, qu'avec la permanence du comité.

Voilà quant à la permanence.

S'il fallait, comme dans une accusation ordinaire, rechercher les liens qui unissaient chacun de nos clients ou les co-prévenus en une association permanente, on serait bien embarrassé ; mais sur ce point, comme sur tous les autres, le ministère public, préoccupé des questions générales que présente la poursuite, dédaigne de s'occuper des individus; ils disparaissent à ses yeux. Les preuves, on n'en a pas besoin; on trouve des noms, on les cite; ils représentent ou non des coupables, peu importe. On réunit tout cela, et on dit à la Cour : « Vous voyez une association permanente; il faut absolument punir: punissez quelqu'un, cela suffit. » Et quand on veut aborder le rôle d'un individu, on ne sait comment le définir.

Quant à moi, je soutiens que le comité, eût-il duré pendant toutes les élections générales de 1863, il n'y aurait rien à dire. J'ajoute que mon client affirme, et il ne sera pas démenti, que jamais, après chaque élection terminée, il n'y a eu une seule réunion à laquelle il ait pris part.

J'ai entendu avec étonnement M. le Procureur général, — je crains de m'être trompé, — dire : « Ce qui constitue la durée, pour nous, c'est que la réunion a eu lieu jusqu'à ce que l'opération pour laquelle on se réunissait fût achevée. »

Je demande à la Cour s'il y a rien de plus naturel que de se réunir jusqu'à ce qu'on ait accompli l'œuvre qu'on a entreprise, et si, pour qu'une réunion ne soit pas coupable et n'entre pas dans la classe des associations, il sera nécessaire qu'après s'être réuni et avoir ébauché leur œuvre, ceux qui se sont rencontrés ensemble se séparent sans l'achever ?

Voilà ce que j'avais à dire quant à la seconde condition.

En ce qui concerne la troisième, les efforts collectifs, je n'ai rien à nier ; les efforts ont été collectifs.

Relativement à la quatrième condition, le but commun, je n'ai rien à nier non plus ; le but était évidemment commun, tous désiraient avec une égale fermeté le triomphe du candidat auquel ils accordaient leurs communes sympathies.

Après avoir passé en revue les quatre caractères que M. le Procureur général attribuait à l'association, je demande de nouveau si ces mêmes caractères ne se trouvent pas dans une réunion quelconque, dans la simple réunion, dans la réunion non publique, dans la réunion légitime, autorisée ?

Je m'étais permis de présenter au ministère public un exemple qui me paraît frappant, et qui a l'avantage de sortir de cet ordre de choses où des hallucinations politiques peuvent tromper les yeux les plus perçants et les plus sûrs. J'avais parlé de cette réunion spontanée qui se forme entre tous les intéressés, pour réprimer les envahissements d'un fleuve. J'avais comparé cette réunion à la formation d'un syndicat permanent, organisé, destiné à prévoir à jamais de tels désastres. Je n'aime pas à me répéter ; mais comme il ne m'a pas été fait un mot de réponse, je tiens plus que jamais à ma comparaison.

Je dis seulement après le réquisitoire : Dans cette simple réunion, qui ne constitue certainement pas une association, qui en est si différente, n'allons-nous pas trouver les quatre caractères dont vous voulez faire le type de l'association ?

Organisation ! Rien n'est plus naturellement et plus nécessairement organisé qu'un travail de cette nature opéré par une simple réunion. A peine la réunion aura-t-elle lieu qu'un ingénieur habile organisera les travaux auxquels il sera nécessaire de se livrer.

Durée jusqu'à l'accomplissement du but qu'on se propose ! Quels seraient les propriétaires assez insensés, se réunissant pour s'opposer aux envahissements d'un fleuve, qui ne continueraient pas leur réunion jusqu'à ce que des digues aient été assez fermement édifiées pour arrêter une inondation nouvelle ?

Des efforts collectifs, un but commun ! Il est évident que cela se trouve dans cette simple réunion.

Je réponds donc, en résumé, au ministère public : les quatre caractères sont identiques, ils sont aussi complètement naturels dans la réunion que dans l'association. Quand donc vous les trouveriez parmi nous, vous ne nous prouveriez pas par là qu'il y avait une association. Cela peut être une réunion aussi bien qu'une association. Alors, nous aurions discuté longuement sur l'organisation, sur la durée, sur les efforts collectifs et le but commun, nous n'aurions pas fait un pas dans la voie que la prévention est obligée de suivre.

C'est là que nous en sommes; nous cherchons vainement un appui sérieux sur lequel repose la prévention.

Est-ce une association, et, puisque la loi les interdit, à quels caractères nous-mêmes, prétendons-nous qu'on puisse les reconnaître? J'ai eu l'honneur de le dire à la Cour, au lien, à l'engagement pour l'avenir, contracté par chacun des associés. Et dans l'article 291, quelle nature d'engagement? Association pour se réunir à des intervalles déterminés, etc. Voilà ce qui constitue l'association; elle a des statuts, un règlement, des engagements réciproques.

Je n'ai pas besoin de demander à toutes nos lois quelle est la définition du mot *association*. Cette définition est dans l'air; il n'est pas une personne qui prononce le mot sans comprendre la chose. — S'associer, associer, association, tout cela suppose de mutuels engagements pris à l'avance.

D'engagements pris à l'avance par les prévenus, aucun. Chacun venait librement à chaque réunion, coopérant à l'œuvre commune. Il n'est pas un de ceux qui se réunissaient qui, à un moment donné, ne pût refuser la convocation qui lui était adressée, se séparer de ses compagnons, sans blesser aucun principe d'honneur ou de convenance. Que l'on prenne les deux mille quatre cents pièces qui ont été saisies et qu'on en trouve une seule qui caractérise de la part d'un seul prévenu, un engagement irrévocable, un engagement d'honneur à l'égard de ceux qui se réunissaient avec lui! — Il n'y a donc pas d'association.

S'il n'y a pas eu d'association, même entre ceux qui se réunissaient, de leur personne, chez M. Garnier-Pagès, il est peu important d'examiner les adjonctions par lesquelles on s'efforce d'atteindre le nombre fatal de vingt-et-un. Et comment les trouve-t-on? Voilà M. Desmarest qui déclare qu'il se faisait honneur d'avoir été uni aux prévenus: « il y avait donc association. »

Vous aurez toujours, soyez-en certains, de pareils associés lorsqu'une grande sympathie s'attachera aux prévenus et à la cause pour laquelle ils sont poursuivis.

Mais voilà M. Crémieux qui affirme sur l'honneur, qu'il n'a jamais fait partie de la réunion de M. Garnier-Pagès; il arrive juste au même point que M. Desmarest et compte aussi parmi les associés.

L'un nie, l'autre avoue; un troisième se plaint de n'avoir pas été appelé; un quatrième regrette de ne s'être pas rendu. Le résultat est toujours le même : on a besoin de ces associés, on les prend tous.

On a dit, et je ne crois pas me tromper en analysant encore cette partie du réquisitoire, qu'il y avait trois situations dans lesquelles il fallait reconnaître des associés de la réunion qui avait lieu chez M. Garnier-Pagès. Ce sont : 1° les membres des comités de province qui correspondaient avec Paris ; 2° ceux que l'on a appelés des *cotisants* ; — j'accepte l'expression, si elle doit entrer, à l'avenir, soit dans le style du droit, soit dans notre langue commune ; — 3° les percepteurs des cotisations. Voilà les trois classes d'individus dans lesquelles on trouve des associés.

On arrive ainsi aisément à dépasser le nombre vingt. La première catégorie suffirait : comité de Schelestadt, comité de Marseille, comité de Lyon, comité d'Épinal, on ne sait pas bien le nombre de ceux qui faisaient partie de ces comités, mais, enfin, il est certain qu'en groupant ces comités avec celui de Paris, on arriverait à dépasser le nombre prescrit par l'article 291. Cela est-il bien solide?

Vous savez, Messieurs, ce qui s'est passé. Il est advenu que quelques membres de ces divers comités ont écrit à des membres du comité de Paris pour leur demander une opinion sur une difficulté électorale ou même sur un candidat. J'ai cherché à deviner comment le ministère public saisissait en tout cela les caractères d'une association. J'ai écouté ; qu'ai-je entendu? « Nous découvrons, nous dénonçons des *intelligences*, c'est le mot, entre le comité de Paris et les comités : de Marseille, dans la personne de M. Bory ; de Schelestadt, dans la personne de M. Melsheim ; de Lyon, dans la personne de M. Varambon ; d'Épinal, dans la personne de je ne sais plus qui. » Vous voyez des intelligences entre les comités ; donc, il y avait association dans les conditions de l'article 291. « Et, a-t-on ajouté, avec l'article 291 du Code pénal, vous n'auriez peut-être pas pu arriver à punir cette sorte d'association ; mais, avec la loi de 1834, il n'y a plus de doute : ce sont de tels rapports que cette loi a voulu interdire. »

Messieurs, trouvons-nous dans la loi que deux comités électoraux s'occupant, l'un des élections de Schelestadt, par exemple, l'autre des élections de la Seine, principalement du moins, parce qu'ils ont des correspondances ensemble, deviennent associés? La loi de 1834 a-t-elle dit une telle chose?

La simple lecture de l'article 1er montrera dans quelle étrange erreur on est tombé, hier, à cet égard. Voici cet article : « Les dispositions de l'article 291 du Code pénal sont applicables aux associations de plus de vingt personnes, alors même que ces associations seraient partagées en sections d'un moindre nombre. »

Que dit cet article? Les associations seront punies, alors même qu'elles se diviseront en sections de moins de vingt personnes. Je l'admets, la loi est claire; mais qu'avez-vous là? Une association qui se divise, une association-mère qui a des succursales dépendantes d'elle, une association qui se décompose, mais dont les réglements, les lois, suivent partout tous ceux qui en font partie; enfin une association subdivisée en sections.

Est-ce qu'il y a, dans le procès actuel, quelque chose de semblable? Je demande à la Cour si le comité de Marseille était une subdivision de l'association que l'on prétend trouver dans la réunion tenue chez M. Garnier-Pagès? Je demande si le comité de Schelestadt était un démembrement de la réunion de Paris?

Vous savez, Messieurs, pourquoi la loi de 1834 a été faite, pourquoi elle a paru nécessaire. Il y avait, dans Paris, des sociétés qui paraissaient dangereuses au Gouvernement. Dès que la jurisprudence eut déclaré que l'article 291 survivait à la Révolution de Juillet, lorsqu'il eut été maintenu dans le Code pénal par la révision de 1832, ces sociétés ont cherché un moyen d'éluder l'application de la loi; alors on a vu une société composée de soixante personnes se diviser en quatre sections de quinze personnes chacune, et on a soutenu, à tort ou à raison, sous l'empire du Code pénal, que chacune de ces sections formait une réunion licite. Le Gouvernement, pénétré de cette idée que, dans les lois répressives, rien ne doit rester douteux, demanda aux chambres l'application de l'article 291 aux sociétés subdivisées en sections comme à celles qui n'employaient pas cet artifice. Voilà ce qui a été fait.

Qu'on nous montre que les comités de Marseille, de Lyon, d'Épinal, de Schelestadt, ont été des démembrements de la réunion qui se formait chez M. Garnier-Pagès? Sans cela, des rapports quels qu'ils soient, des correspondances, ne feront pas que tous viennent se fondre dans une seule association.

Voilà ce que j'avais à dire sur cette première catégorie d'associés. voyons la seconde : les bons citoyens qui concouraient à l'élection par leur argent, les *cotisants*... si vous le voulez absolument.

Comment ont-ils fourni leurs cotisations? Est-ce en vertu d'engagements pris à l'avance? Pour obéir à des règlements, à des statuts auxquels ils avaient adhéré, ainsi que cela arrive dans toutes les sociétés? J'avais posé cette question au ministère public. Il ne pouvait pas répondre que les cotisants eussent obéi à un engagement quelconque; il n'y en avait eu aucun. On a souscrit en vue d'un besoin actuel, sous le coup d'une nécessité qui se faisait accidentellement sentir et dont on était profondément pénétré, comme on souscrivait à la même époque, pour les ouvriers cotonniers de

Rouen, pour la femme Doize, comme on souscrit maintenant pour les Polonais. Il n'y a pas eu autre chose, acte volontaire, momentané, et non pas exécution d'un engagement antérieurement pris.

On dit que cet acte a été répété plusieurs fois. Quand il l'aurait été dix fois, s'il l'a été volontairement, il ne créait aucun lien social. C'est à vous à nous prouver qu'il y a eu engagement; vous ne nous prouvez rien. Vous rapportez des listes. Sont-ce des listes par lesquelles je m'engage? Non; tout simplement ceux qui recueillaient les fonds croyaient devoir, pour le bon ordre, mentionner, sur des listes, les sommes versées et les noms des personnes qui les versaient. Rien n'était plus simple et plus nécessaire. Mais de là à trouver le caractère d'un engagement pris de verser, à chaque époque déterminée, une somme nécessaire pour concourir aux frais de l'élection, il y a une distance considérable et que la loi ne permet pas de franchir.

On a parlé de l'arrêt de 1846; le ministère public l'a cité parce qu'il y avait eu, en effet, dans l'espèce de cet arrêt, des souscriptions, des versements de fonds. Cet arrêt est-il applicable dans la cause actuelle, l'est-il dans une mesure quelconque?

J'ai entre les mains le réquisitoire qui a été prononcé à cette époque, par M. l'avocat du roi de Royer. Dans ce réquisitoire, indiquant, avec beaucoup de précision, et sans passion, quel était le caractère de l'association qu'il voulait poursuivre, M. de Royer s'exprime ainsi : « L'association de saint Louis s'est fondée seulement en 1841, se donnant pour but le soulagement des personnes que les évènements de 1830 ont privées de leurs moyens d'existence. Le 6 avril 1842, elle s'est définitivement constituée... « Vient ensuite le réglement complet de la société appelée l'*Œuvre de Saint-Louis*; dans un de ses articles, il est dit formellement que cette société ne sera composée que de dix-neuf membres auxquels séra joint le secrétaire de l'œuvre. On indiquait cependant que ces dix-neuf membres, qui centraliseraient toutes les opérations de la société, pourraient, pour se mettre en communication avec ceux qui réclameraient des secours, nommer un nombre égal de visiteurs qui se rendraient dans les départements pour rechercher les misères, consulter les besoins, et diriger la société dans l'œuvre qu'elle avait entreprise.

M. le substitut de Royer expliquait comment le ministère public avait été obligé de poursuivre une œuvre qui avait pris les dehors d'une association de bienfaisance; il n'avait opéré cette poursuite que parce qu'il était intimement convaincu que, sous les dehors d'une société de bienfaisance, se cachait une grande œuvre de propagande politique, le gouvernement voulait se servir des lois existantes pour la réprimer.

On était devant le tribunal de police correctionnelle; on alla ensuite devant la Cour. Que soutinrent, devant les deux degrés de juridiction, les défenseurs de l'Œuvre de Saint-Louis? Ils convenaient qu'il y avait eu une société organisée, un règlement, des engagements réciproques; ils ne pouvaient pas nier qu'il y eût une association. Mais ce que soutenait mon éminent confrère, Me Berryer, c'est que les visiteurs ne pouvaient pas être considérés comme associés, comme faisant partie de la société, dès lors la société ne se composait que de dix-neuf membres; c'était sur le caractère légal des visiteurs que roulait ce débat. Le Tribunal et la Cour repoussèrent le système de la défense; ils virent, dans les visiteurs, des associés absolument au même titre que tous les membres du comité principal.

On alla devant la Cour de cassation, et l'arrêt que rendit cette cour va nous donner les véritables raisons de décider notre procès comme il a donné celles de la condamnation de 1846. L'arrêt de la Cour de cassation s'exprime en ces termes : « Vu les articles 291 et 292 du Code pénal et la loi du 10 avril 1834; — Attendu que l'arrêt attaqué constate qu'il a existé, sous le titre d'Œuvre de Saint-Louis, une association non autorisée par le gouvernement et ayant pour objet de s'occuper de matières politiques... » Personne ne contesterait l'association, une association non autorisée par le gouvernement; mais la question était de savoir si elle était composée de plus de vingt personnes. — » Attendu que ledit arrêt a compris dans le nombre des membres de ladite association dix-neuf commissaires-visiteurs, par le motif qu'ils étaient non-seulement nommés par le comité des secours, mais encore agréés par l'assemblée générale, qu'ils suppléaient les membres absents, qu'ils avaient voix délibérative dans certains cas, au moins dans la fraction de l'association dite le Comité des Secours, qu'ils avaient enfin le droit d'accorder des allocations d'urgence; — Attendu que ce qui constitue essentiellement le fait d'association entre plusieurs individus, c'est la communauté du but qu'ils se proposent d'atteindre et auquel ils s'engagent à coopérer par des moyens connus, et qui peuvent être identiques ou différents; — Attendu que la délibération en commun de tous les membres de l'association et leur participation égale à sa direction ne sont pas des conditions nécessaires du fait d'association, et sont même incompatibles avec l'idée de la division en sections, qui est prévue par la loi du 10 avril 1844; — Attendu que l'engagement de plusieurs individus de donner une coopération quelconque mais fixée d'avance, à l'accomplissement d'une œuvre déterminée, même quand la direction de cette œuvre serait confiée à plusieurs individus, suffit pour constituer le fait d'association prévu et puni par les lois précitées ; — Attendu que l'arrêt attaqué déclare en fait qu'il résultait des débats que ladite association avait pour objet de s'occuper de matières politiques ; — Attendu qu'il ne résulte pas de l'article 1er de la loi du 10 avril 1834 qu'il soit nécessaire que l'association se réunisse tous les jours ou à des jours marqués ; — Attendu que dès lors c'est avec raison que l'arrêt attaqué a déclaré que l'association dont s'agit rentrait dans les prévisions prohibitives des lois précitées ; — — Rejette. »

Est-il rien de plus clair qu'un arrêt pareil, et ne suffit-il pas pour ruiner la prévention dirigée contre nos clients ? Dites-moi où est le réglement, l'engagement respectif de chacun des membres, cet engagement pris d'avance, comme le dit très-bien la Cour de cassation ? L'arrêt parle encore d'assemblées générales, de direction ; où se trouve tout cela dans l'œuvre utile, mais modeste, mais restreinte, entreprise par nos honorables confrères et par les hommes politiques qui les accompagnaient, lorsqu'en vue d'une élection ils ont formé leur comité consultatif du 8 mai 1863 ? Je ne demande pas autre chose à la Cour que d'appliquer les principes de l'arrêt de 1846 et de distinguer ce qui formait une association, de l'aveu de tous, dans l'œuvre de Saint-Louis, de ce qui faisait une réunion très-licite, de ce qui se passait chez M. Garnier-Pagès.

Voilà ce que j'avais à dire sur les *cotisants*.

Les percepteurs de cotisations ne sont pas plus associés que ceux mêmes qui fournissent les cotisations. Comment l'entendez-vous ? Voulez-vous que ce soit le candidat aux frais de l'élection duquel les électeurs ont voulu concourir qui aille partout tendre la main, demander les cotisations qui doivent couvrir les frais de bulletins, d'affiches, de distributeurs, de timbre, d'enregistrement ? Cela n'est pas possible, la conscience publique s'en effraierait. Il est naturel que quelques bons citoyens comprennent la nécessité d'une souscription et en recueillent le produit. Non, le percepteur n'est pas plus membre de l'association que ne peut l'être celui-là même qui donne accidentellement et spontanément l'argent dont on a besoin.

Ainsi se trouvent dissipées, si je ne me trompe, ces fictions d'associés que l'on voulait réunir à treize personnes qui ne l'étaient pas.

Tout à l'heure, dans l'arrêt de 1846, je lisais ces mots : « Assemblées générales, direction. » Tout cela supposait une association, mais était bien étranger à ce qui s'est passé chez M. Garnier-Pagès. Lisez maintenant l'article 292 du Code pénal, qui établit la peine, après l'article 291, qui détermine le délit. L'article 292 porte : « Toute association de la nature ci-dessus exprimée, qui se sera formée sans autorisation ou qui, après l'avoir obtenue, aura enfreint les conditions à elle imposées, sera dissoute. Les chefs, directeurs ou administrateurs de l'association seront en outre punis d'une amende de 16 francs à 200 francs. » Vous invoquez nécessairement cet article pour l'application de la peine. Ne vous montrerait-il pas, à lui seul, ce que le législateur entendait quand il parlait d'une association ? « Les chefs, les directeurs, les administrateurs... » : oui, tout cela est vrai dans une véritable société, dans une société organisée; mais chez M. Garnier-Pagès, quel était le chef, le directeur, quels étaient les administrateurs? Nous prononçons le nom de M. Garnier-Pagès plus souvent que celui des autres prévenus parce que la réunion avait lieu chez lui, il fallait bien qu'elle eût lieu quelque part; mais je défie encore l'accusation, avec tous les documents qu'elle a réunis, de nous montrer une organisation telle que la Cour puisse appliquer ce supplément de pénalité à quelque chef, directeur ou administrateur de cette prétendue association.

Vous le voyez, Messieurs, le terrain manque à la prévention ; c'est elle qui doit nous montrer le délit commis; pour établir le délit commis, elle a besoin de nous montrer l'association, car elle n'accuse personne d'avoir tenu une réunion publique ; elle ne présente aucun des caractères de l'association, elle les chercherait vainement; elle fouillerait nuit et jour les pièces qu'elle a entre les mains, elle ne trouverait nulle part les éléments de l'association qu'elle dénonce sans la rencontrer.

Que veut-elle donc faire? quelle est sa prétention? à quel but tend-elle?

Nous lui avions dit : Depuis cinquante ans il y a eu des comités semblables ; ils se sont formés aux yeux de l'autorité, qui n'a jamais songé à les empêcher, qui ne les a jamais poursuivis.

On nous répond : « L'autorité n'a pas mieux fait pour cela; les différents gouvernements n'ont pas poursuivi les comités électoraux, cela est vrai, mais qu'en est-il résulté? Ils sont tous tombés, et nous ne voulons pas tomber comme eux. »

Lorsque le ministère public nous a adressé hier cette observation, j'ai pris la liberté de la saluer comme une vieille connaissance; elle m'a déjà été répétée deux fois dans deux occasions à peu près semblables.

Ainsi, on a prétendu, dans ces derniers temps, attribuer à la police un droit qui n'avait jamais appartenu qu'à la justice : le droit d'ouvrir les lettres, les correspondances privées, et encore la justice l'avait exercé avec ce respect pour le droit des citoyens qui signale chacun de ses actes. Nous citions des arrêts par lesquels il avait été consacré que le magistrat instructeur, avant d'ouvrir une lettre, devait appeler le prévenu, et l'ouvrir en sa présence. Voilà quel avait été, sous les gouvernements précédents, le respect que l'on portait à l'inviolabilité des correspondances privées. Dans ces derniers temps, la police a prétendu avoir le même droit que la justice, avec cette différence essentielle, dans la pratique, qu'elle ouvre les lettres sans appeler le destinataire ou l'écrivain ; qu'elle les leur rend quand elle veut, et les garde quand bon lui semble. Nous invoquions nos anciennes et vénérées traditions sur l'inviolabilité du secret des lettres ; nous rappelions comment elles avaient été comprises, appliquées par la pratique de tous les gouvernements précédents. On nous a répondu : « Ils n'en ont pas mieux fait ; c'est ainsi qu'ils sont tombés. »

Dans une autre occasion, mon confrère Hébert et moi avons plaidé ; c'était pour combattre une prétendue saisie administrative d'un ouvrage très-savamment et très-élégamment écrit, intitulé *Histoire des princes de Condé jusqu'à la fin du* XVIIe *siècle,* ouvrage fort étranger à la politique de nos jours. Cet ouvrage a été saisi subitement par M. le Préfet de police, et, depuis deux ans, il pourrit dans une des caves de la préfecture... Nous disions : « Cela est contraire à tous les précédents; si l'ouvrage est coupable, faites-le juger; s'il n'est pas coupable, rendez-le. » — « Non, nous le gardons. » — « Mais jamais chose pareille ne s'est vue sous aucun gouvernement régulier. » — « Vos gouvernements n'en ont pas mieux fait, et, s'ils sont tombés, c'est précisément parce qu'ils n'ont pas su user de procédés pareils. »

Voilà trois fois qu'on me répond que, si les gouvernements antérieurs sont tombés, c'est tantôt parce qu'ils n'ont pas violé le secret des lettres, tantôt parce qu'ils ne se sont pas violemment emparés de publications qu'aucune loi ne condamnait, et, aujourd'hui enfin, parce qu'ils n'ont pas empêché des réunions que le législateur a oublié d'interdire. (*Mouvement dans l'auditoire.*)

Je laisse à la conscience publique à apprécier ces vues nouvelles sur les causes de la grandeur et de la décadence des gouvernements. Quand on me dit que des gouvernements sont tombés parce qu'ils ont ainsi respecté les droits des citoyens, ou du moins parce qu'ils ont été très-timides, très-réservés, très-modérés dans l'application de nos lois, je me demande s'il n'en est pas d'autres qui sont tombés pour avoir eu le défaut absolument contraire. Si l'on craint d'imiter les exemples de la Restauration et du Gouvernement de Juillet, j'engagerais fort à ne pas imiter la Convention, le Directoire et le premier

Empire, qui n'ont jamais été arrêtés par les mêmes scrupules, et l'histoire jugera s'il revient moins d'honneur aux gouvernements qui sont tombés parce qu'ils ont apporté quelques tempéraments à l'exécution des lois, qu'à ceux qui sont tombés après avoir outrageusement violé toutes les lois et méconnu tous les droits des citoyens. (*Nouveau mouvement.*)

Une voix. Bravo !

M. le Procureur général. C'est déplorable.

M. le Président. La personne qui s'est permis d'applaudir doit être connue, qu'on la fasse sortir immédiatement.

Les interruptions sont d'une inconvenance extrême vis-à-vis de la Cour et vis-à-vis de la défense. J'invite les agents de la police à avoir l'œil ouvert; quiconque interrompra sera expulsé, quel qu'il soit.

Me Dufaure. Je tiens qu'une loi qui a été interprétée par une pratique de cinquante ans, est une loi comprise, connue, qu'il n'y a rien à inventer de nos jours sur son sens et sur la portée qu'elle doit avoir, qu'il est impossible que tant d'éminents magistrats, placés à la tête des parquets, avec la ferme résolution d'accomplir leur devoir et d'user de tous les droits que la loi leur donnait, dans l'intérêt de la société, il est impossible, dis-je, que tant de magistrats éminents, tant de jurisconsultes éclairés, n'aient pas soupçonné, si elle était possible, l'interprétation qu'on vous propose aujourd'hui.

S'il faut en croire le ministère public et ses premières paroles, au milieu des élections générales on ne pouvait souffrir les agitations, les troubles que causaient ces réunions électorales; on a voulu maintenir l'ordre, le calme dans la société; c'est bien la seule cause des poursuites exercées contre nos clients.

Est-il vrai que la réunion que l'on poursuit ait causé, même dans Paris, un trouble, une agitation, une émotion, que l'autorité publique ait cru de son devoir de réprimer pour le présent, et d'empêcher à l'avenir? Nous avons tous assisté aux élections de Paris, avec la curieuse attention qu'elles devaient exciter; elles ont été d'un calme, d'une dignité parfaite; chacun a exercé ses droits sans trouble, sans obstacle, comme sans usurpation.

Vous parlez de troubles, d'agitations. Permettez-moi de vous le dire, j'étais présent, j'ai suivi toutes les opérations électorales; je n'ai vu, dans Paris, une apparence d'émotion qu'un seul jour, elle ne venait pas du comité Garnier-Pagès, non. Voici quelle en était la cause : — Un matin, en se levant, les Parisiens ont vu, sur tous les murs de la capitale (il n'y avait pas de rue qui n'en fût tapissée), une grande pancarte blanche, contenant une circulaire irritée, que leur adressait M. le ministre de l'intérieur. Cinquante ou soixante personnes étaient groupées autour de chacune de ces affiches : un orateur de la troupe la lisait à haute voix, et, quant à l'émotion, je déclare à la Cour qu'elle n'avait rien de dangereux, c'était, en général, une émotion riante, une *émotion d'hilarité*, comme dirait le *Moniteur*, à laquelle même quelquefois les sergents de ville prenaient part.

Mais comment voulez-vous qu'une réunion semblable à celle qui se tenait chez M. Garnier-Pagès ait causé du trouble? En quoi ? Elle a mis des distributeurs à la porte des colléges électoraux. N'était-ce pas son droit? On ne le conteste pas ; ce n'était pas là une cause de trouble, mais d'ordre, au contraire. Où sont donc ses crimes? dans les correspondances privées. Quoi ! lorsque M. Garnier-Pagès écrivait à son gendre, à M. Durier, à M. Hérold, à ses amis, c'était là du trouble? Laissons cela. Il n'y a rien eu de pareil ; les élections de Paris ont été parfaitement calmes, et la réunion Garnier-Pagès n'a jamais présenté l'ombre d'un désordre.

Que voulez-vous! je sais très-bien qu'il y a dans notre société une génération d'esprits fatigués et malades, que le moindre mouvement inquiète, que le moindre bruit effraie, voyageurs aveugles et engourdis qui, sur la mer où ils naviguent, s'épouvantent du vent qui vient enfler leurs voiles, parce qu'il exige de leur part quelque vigilance et une certaine habileté de direction; ils ne s'aperçoivent pas que sans lui ils seraient condamnés à mourir de marasme et d'ennui, dans le calme plat auquel ils seraient réduits.

Il faut cependant être conséquent. Si vous trouvez qu'il y a un certain mouvement à l'époque des élections générales, n'allez pas en chercher la cause dans les réunions privées qu'elles rendent absolument nécessaires ; c'est l'élection elle-même, de sa nature, qui le produit. Notre pays serait-il donc tombé assez bas pour qu'à l'époque où se font les élections il ne se produisît en lui aucun mouvement d'opinion, que tout restât aussi calme qu'il l'était la veille et qu'il le sera le lendemain? Cela est impossible. Vous êtes trop heureux de deux choses : la première, que ce petit mouvement d'opinion ne se produise que tous les six ans dans notre pays; la seconde, qu'au milieu d'élections qui peuvent décider de son avenir, ce pays se soumette avec un scrupule respectueux aux lois même les plus méfiantes au lieu de chercher à les enfreindre.

Voilà pourquoi je trouve que les motifs auxquels M. le Procureur général attribue la poursuite intentée contre les prévenus, sont des motifs, qu'il me permette de le dire...

M. le Procureur général. Ne vous gênez pas.

Me Dufaure. Je vous remercie... Des motifs subalternes, secondaires, insuffisants. Il est impossible, et quiconque m'écoute partagera mon opinion, que pour le prétendu trouble, pour la prétendue agitation publique causée par la réunion tenue chez M. Garnier-Pagès, on ait employé tous les moyens d'instruction auxquels on a eu recours dans la malheureuse poursuite à laquelle nous résistons.

Je sais que l'on ajoute : « C'était une réunion électorale. »

S'il s'agissait de toute autre réunion, il est parfaitement certain qu'on ne poursuivrait pas. Ah ! c'est-à-dire que la réunion électorale qui, dans la pensée des auteurs de la loi de 1834, devait être plus respectée que toute autre, la réunion électorale sera maintenant l'objet de sévérités exceptionnelles ! Non, cela n'est pas possible, et pour peu que vous songiez à ce que l'on fait dans ces réunions électorales, vous ne le permettrez pas.

On parle beaucoup du suffrage universel; mais, après tout, le suffrage universel, ce n'est que le mode d'expression d'une certaine chose, et je vais dire quelle chose.

Quand je prends mes dossiers, j'y trouve des jugements et arrêts en tête desquels sont écrits ces mots : « Napoléon, par la grâce de Dieu et la volonté nationale, Empereur des Français. » En premier lieu, la volonté suprême devant laquelle toutes les autres s'effacent, Dieu ; en second lieu, la volonté nationale. Cette volonté nationale, que d'autres appellent opinion publique, dans le grand sens du mot, on ne l'interroge directement qu'une seule fois, à l'époque des élections. En d'autres temps, une presse plus ou moins libre, une tribune plus ou moins libre, peuvent donner quelque idée de la volonté nationale; mais, je le répète, on ne se met directement en face d'elle que dans les élections générales. Il est bon qu'elle s'exprime dans ces élections générales; il faut lui en laisser la faculté; il ne faut pas lui demander ce qu'elle pense et employer la ruse pour l'empêcher de parler. Mon éminent confrère, Me Berryer, le faisait admirablement sentir hier, et je me garderai de répéter ce qu'il a dit. Comment comprendriez-vous la volonté nationale si les élections se font de telle manière qu'un seul parti pourra se concerter, et si tout autre candidat que le sien est obligé d'attendre je ne sais quel suffrage individuel qui pourra le venir trouver? M. le Procureur général disait : « les électeurs ne s'occupent pas de questions de détail, ils sont frappés des grands faits : l'Empire est glorieux au dehors ! à l'intérieur, il est admirablement prospère ! » Oui, voilà bien le langage que leur tiennent MM. les préfets, et il serait puéril de les en blâmer. Tels doivent être, en effet, les mots d'ordre que, pour recommander ses candidats, le préfet transmet aux sous-préfets, les sous-préfets aux maires, ceux-ci aux instituteurs, aux cantonniers, aux gardes-champêtres, à tous les agents subalternes de l'administration. Mais enfin, si quelques électeurs ont le mauvais esprit de trouver qu'aujourd'hui, à l'intérieur, tout n'est pas aussi prospère qu'on le dit, ni tout aussi glorieux au dehors, comment voulez-vous qu'ils puissent s'entendre entre eux si vous leur défendez de se réunir, pour choisir un autre candidat que celui de M. le préfet, et exprimer ainsi une opinion qui a le droit de se faire entendre? Comment voulez-vous que le Gouvernement connaisse la volonté nationale, qui doit être son guide, sa souveraine, si vous en altérez ainsi l'expression, s'il n'apprend, en définitive, que ce que pensent ses agents, son ministre de l'intérieur, c'est-à-dire lui-même?

Permettez-moi de mettre sous vos yeux vos maximes et vos instructions admirablement traduites en circulaire, aux dernières élections, par le Préfet de la Haute-Loire. Ecoutez! Je prends ce document dans l'ouvrage de notre confrère M. Ferry :

« Sous le dernier gouvernement, les électeurs, pour suppléer à la direction qui leur manquait, avaient imaginé les réunions préparatoires, où les candidats venaient exposer leurs principes et se soumettre à une décision première d'admission ou de rejet. Souvent ils convenaient entre eux que le moins favorisé se retirerait et céderait sa voix; mais ces réunions étaient souvent tumultueuses, et la plupart du temps inefficaces. L'administration remplit aujourd'hui, pour ainsi dire, l'office des réunions préparatoires. Nous autres administrateurs, désintéressés dans la question, et qui ne représentons, en définitive, que la collection de vos intérêts, nous examinons, nous apprécions, nous jugeons les candidatures qui se produisent; et après un mûr examen, avec l'agrément du gouvernement, nous vous présentons celle qui nous paraît la meilleure et réunit le plus de sympathies, non pas comme le résultat de notre volonté et encore d'un caprice, mais comme l'expression de vos propres suffrages, et le résultat de vos sympathies. »

Voilà la pratique. Est-ce ainsi que vous entendez la grande manifestation à laquelle ce pays est convié un jour tous les six ans, et par laquelle il doit dénoncer, au moment où il est consulté, la volonté nationale, l'opinion publique? Pourra-t-il la faire connaître afin qu'on la suive et qu'on lui obéisse? Cela n'est pas admissible. — J'en reviens à ce que disait mon honorable et éminent confrère, Me Berryer : Avec les conditions que vous nous faites, avec les interprétations qu'à l'avance vous donnez à l'arrêt que vous sollicitez, avec l'intimidation que vous espérez en faire sortir, vous supprimez en réalité l'intelligence, l'harmonie, l'entente entre les électeurs qui n'acceptent pas le candidat officiel; vous la supprimez complètement. C'est pour cela que nous attachons à ce débat une extrême et décisive importance. Ah! je le dis sans exagération, et avec une profonde conviction, si le ministère public arrive au but qu'il se propose, il n'y a plus d'élection véritable, et il se produira ces deux choses : les hommes jeunes, hardis, entreprenants, ayant de l'avenir, chercheront à éluder les chaînes dont on veut les enserrer et les obstacles qu'on cherche à semer sous leurs pas ; d'autres, découragés et humiliés, rejeteront loin d'eux, avec un profond mépris, ce lambeau mal teint de vêtement électoral qui ne servirait qu'à couvrir les difformités du pouvoir absolu.

Me Desmarets se lève.

M. le président. Vous voulez répliquer.

Me Desmarest. Oui, Monsieur le Président.

Messieurs, un orateur, dont la parole s'impose par l'autorité de l'âge et la magie du talent, éprouvait à l'audience d'hier le besoin d'expliquer comment il avait été amené à prêter son concours à la défense. Vous reconnaissez tous M. Berryer. En voyant, dans les rangs de la défense, un drapeau autre que le sien, il le saluait de la manière la plus noble, et, tout en le combattant, il vous donnait les raisons pour lesquelles il a voulu s'associer à une cause où se trouvaient engagés les représentants d'une opinion opposée à la sienne.

Permettez-moi, Messieurs, de vous dire à mon tour comment une génération plus jeune est heureuse de rencontrer la puissante parole de M. Berryer dans ce procès. Nous avons tous, — le ministère public l'a laissé entrevoir dans son réquisitoire, les voix qui se sont élevées avant la mienne du banc de la défense l'ont proclamé également, — nous avons tous un idéal dans le cœur. Cet idéal, nous le gardons, cet idéal nous le respectons ; nous n'avons pas, sans doute, à venir en développer ici devant vous la théorie. Il nous suffit d'affirmer, faisant allusion au sujet que M. Berryer a touché hier soir, qu'il y a dans le monde une opinion aux yeux de laquelle l'humanité ne saurait s'égarer dans sa marche, alors que s'efforçant de réaliser à la fois des conditions d'ordre et de liberté, elle prétend concilier ces deux nécessités sans l'appui des tutelles et des lisières qui ont protégé ses premiers pas.

Ceci dit, et cela devait être dit, je reviens, en très-peu de mots, à mon point de vue, sur le réquisitoire de M. le Procureur général.

La partie judiciaire de ce réquisitoire a été combattue il n'y a qu'un instant par Me Dufaure, avec une puissance d'argumentation qui ne nous laisse, dans l'état de la cause, rien à faire sous ce rapport. Mais j'ai pensé qu'il y avait encore sur le côté politique de ce réquisitoire quelque chose d'utile à dire. C'est pourquoi j'ai insisté pour obtenir quelques minutes de votre attention. Peut-être M. le Procureur général, qui a annoncé l'intention de répliquer, rencontrera-t-il, dans les arguments que je compte présenter, quelques objections de plus à combattre.

J'examine l'ensemble du réquisitoire, et je demande la permission à mon adversaire de m'en expliquer devant lui et devant la Cour qui m'écoute, avec une grande modération, mais avec une entière franchise.

Le ministère public, c'est là son avantage, a produit dans cette cause, et cela ne pouvait être autrement, un réquisitoire, qui a tout à la fois une portée politique et une portée judiciaire. Je veux dire tout de suite à la Cour quelle a été mon impression en écoutant les termes de l'accusation telle qu'elle s'est formulée.

J'ai été frappé d'un grand contraste dont le ministère public ne pourra s'empêcher, j'en suis sûr, de reconnaître le caractère. J'ai été, comme vous, sans doute, Messieurs, vivement frappé de l'extrême courtoisie avec laquelle le ministère public envisageait à l'audience les questions de personnes, et le rôle qu'il faisait jouer aux prévenus; mais j'ai été frappé en même temps de l'extrême rigueur avec laquelle il avait maintenu le principe de l'accusation qu'il lui était donné de soutenir.

Au moment où je reviens sur l'ensemble du système présenté par lui, je le dis tout de suite à M. le Procureur général, j'éprouve quelque embarras pour comprendre nettement où commence et où finit l'accusation. Le réquisitoire, j'ai besoin de le constater à cette heure solennelle qui nous rapproche de l'instant de vos délibérations, le réquisitoire a procédé par des concessions dont peut-être il n'a pas suffisamment mesuré la portée.

Le ministère public était en présence d'un ensemble de faits, il était en présence d'un certain nombre de comités ; il me semble entendre encore retentir à mon oreille ses paroles quand, faisant la distinction de ces divers comités, il a été obligé de reconnaître qu'ils étaient séparés non-seulement par des nuances, mais encore par des principes. Il a donc singulièrement réduit la prévention et s'est cantonné dans les faits relatifs à ce comité, sur lequel nous sommes tous d'accord, et qu'on a vu fonctionner chez M. Garnier-Pagès.

Cette première concession établie, je soutiens qu'elle a, dans la discussion une portée incontestable, car elle met en dehors de l'accusation, et par conséquent en dehors de la défense, non-seulement une grande partie de l'instruction, mais encore une grande partie du jugement; je suis autorisé à dire, en constatant le point où le débat est arrivé, que dès à présent on n'est plus devant l'accusation telle qu'elle s'était produite, telle qu'elle s'était formulée en face de la défense, mais que l'autorité morale et juridique du jugement est dès à présent, suivant les idées exprimées par le ministère public, désertée par l'accusation elle-même. C'est ce premier point qu'il s'agissait de préciser dans la cause. Je crois que je vais avoir le bonheur d'en préciser un plus important, en suivant l'enchaînement des idées du ministère public.

A côté de cette concession dont je viens de parler, il y en a une autre que je considère comme plus large et plus intéressante. Le ministère public nous l'a faite au moment où il déterminait le véritable caractère du procès qu'il entendait soumettre à la haute et souveraine appréciation de la Cour; il l'a faite dans des termes qui assurément n'ont pas pu échapper à cette attention persévérante qui élève vos cœurs et vos consciences, comme le magistrat qui préside cette audience l'a si bien dit, à la hauteur de ce débat: attention que vous n'avez cessé, Messieurs, d'apporter à notre discussion. Ce n'est donc pas d'une question de personnes, le ministère public l'a déclaré, et je l'en remercie, qu'il s'agit ici, c'est d'une question de principes et de liberté électorale.

Oui, Messieurs, je le répète et j'emploie à dessein l'expression dont je me suis déjà servi, c'est avec une extrême courtoisie que le ministère public a dégagé, de la manière la plus abstraite et la plus philosophique, la question de liberté électorale qu'il avait entendu soulever. Il vous a dit, en effet, qu'il avait subi un entraînement, qu'il n'aurait voulu traiter cette question qu'avec deux personnes seulement, qu'il n'aurait voulu l'engager qu'avec MM. Garnier-Pagès et Carnot.

Et bien, pourquoi ne l'a-t-il pas fait? Le ministère public nous en a donné la raison, et assurément ce n'est pas l'obscurité qu'on peut reprocher au réquisitoire ; j'ai demandé la parole pour prendre acte de ses déclarations à cet égard : il nous a dit que s'il avait étendu le débat, c'était par la faute des prévenus.

Voilà une affirmation qui a pu surprendre quelques-uns d'entre eux. Le ministère public voulait circonscrire le débat sur un terrain plus restreint et n'avoir affaire qu'à MM. Garnier-Pagès et Carnot. Pourquoi l'a-t-il étendu ? parce qu'il y aurait eu de la part des prévenus un empressement à venir au devant de l'accusation. C'est apparemment Hérold, Dréo, Clamageran ou Jozon, mon client, qui sont venus, comme dans le poème de Virgile, dire : *Me, me, adsum qui feci !* Ce sont eux qui ont demandé à être compris dans la prévention ?

C'est le ministère public qui tient ce langage! Alors, j'éprouve de nouveau l'embarras que j'exprimais tout à l'heure. L'accusation ne m'apparaît plus sur un terrain net et précis, sur un terrain où nous avons le droit, et le ministère public le devoir, de la présenter, elle me semble placée sur une frontière indécise, je n'en trouve pas les limites parfaitement caractérisées; et, par conséquent, à cette accusation qui se disloque, je ne reconnais plus un caractère judiciaire.

Permettez-moi, Messieurs, d'insister et de me demander, pénétrant, non plus dans le cercle de l'accusation, mais dans la pensée même du ministère public, interrogeant non pas ce qu'il a fait, mais ce qu'il a voulu faire, permettez-moi d'examiner un instant la question de liberté électorale envisagée au point de vue exclusif de MM. Garnier-Pagès et Carnot. Je me demande si ces noms étaient bien choisis, si, en définitive, ce n'est pas infirmer la portée de l'œuvre qu'on entend vous demander d'accomplir que de circonscrire la question de liberté électorale sur ces deux noms.

Qu'étaient donc MM. Garnier-Pagès et Carnot après les élections? C'étaient des députés qui venaient d'obtenir du suffrage universel la consécration de leurs candidatures et d'entrer précisément dans la vie politique, dont le vote des électeurs leur avait ouvert l'accès. Quel moment a-t-on choisi pour soulever vis-à-vis d'eux la question de liberté électorale? Le moment où ils venaient d'être honorés, je le répète, des suffrages de leurs concitoyens, le moment où le droit électoral avait été consacré et reconnu en leurs personnes! Par là, le ministère public a justifié cette thèse qui grandit à mesure que le niveau de ce procès monte, et qui consiste à dire que la liberté électorale est invincible et que précisément, alors qu'on réduirait son influence à deux noms, à un seul nom même, cette influence se redresserait encore tout entière: car le ministère public le reconnaît, peu lui importe de faire décider la question avec un très-petit ou avec un très-grand nombre de personnes; il lui suffit de l'agiter avec un seul nom, et le droit électoral, fût-il réfugié dans une seule conscience, il le poursuivrait encore, et il demanderait à lui retirer ses prérogatives et ses priviléges.

J'ai un autre élément de discussion à signaler dans le réquisitoire. Le ministère public, pour échapper au calcul et aux difficultés du nombre des prévenus nécessaires à l'accusation, a fait une nouvelle concession, plus apparente que réelle, et qu'il s'est d'ailleurs empressé de retirer. C'est toujours dans le réquisitoire le même caractère indéterminé que je signalais tout à l'heure.

En effet, ce n'est plus seulement à un certain nombre de catégories et à des personnes nominativement désignées, c'est au contraire à une multitude de groupes, différents par leur physionomie et leurs conditions, que l'accusation va désormais s'adresser. Elle avait à prouver l'existence d'une association composée d'un nombre de personnes supérieur à vingt. Dans son système, le jugement avait cherché à faire cette preuve en prenant nom par nom, individu par individu, les accusés qui devaient compléter ce nombre sacramentel. A l'audience d'hier, le ministère public n'a pas même essayé d'accomplir cette tâche : pour la seconde fois, il s'est écarté du premier système de l'instruction, il a abandonné sa prétention consacrée par le jugement, il a ouvert la porte que celui-ci avait l'air de fermer, et il a fait ces catégories, sur lesquelles je ne reviens pas, et qui échappent à toute espèce d'analyse. De même qu'il voulait faire juger la question avec MM. Carnot et Garnier-Pagès, de même, ne pouvant mettre à côté d'eux des individualités précises que nous aurions pu discuter, il a tracé un cercle dont je ne puis apercevoir les limites exactes, dans lequel il fait entrer tout le monde, ce qui rend toute discussion impossible.

Je veux rapprocher de l'intérêt qui me touche plus particulièrement l'argumentation du ministère public ; je demande, par rapport au client dont les intérêts me sont spécialement confiés, à examiner comment il aurait la possibilité de répondre à l'accusation portée contre lui ; cet examen vous fera voir immédiatement les graves inconvénients que je reproche au système du ministère public.

En effet, quelle est la participation de M. Jozon aux faits de ce procès ? Il vient ici de sa personne, et surtout comme éditeur responsable de faits qui lui sont étrangers, se placer près de ces deux figures principales que le ministère public a mises au début de son réquisitoire : il est sur le frontispice du temple dans lequel on veut qu'il ait pénétré, à côté de MM. Garnier-Pagès et Carnot. Quel a été le rôle de M. Jozon ? Un jour, dit le ministère public, il est entré dans le local où siégeait le comité électoral ; ce jour-là, il a pris une plume, il s'est assis à une table, il a écrit une lettre. Une autre fois il a été mêlé, activement mêlé à une des luttes électorales qui ont eu lieu à Paris.

Cela suffit pour l'introduire dans le cercle de ce comité qui commence on ne dit pas où, qui finit nous ne pouvons pas non plus déterminer à quelle limite. Par cela même, la participation de M. Jozon est censée s'étendre à tout ; le ministère public ne permet pas qu'il ait aucun moyen d'échapper. Cependant, la prévention ne peut établir que M. Jozon ait été initié aux secrets du comité. On ne peut réunir aucune preuve contre lui. N'importe, le ministère public ne cherche pas de preuves, il n'en a pas besoin ; il lui suffit qu'il y ait quelque part une association ou un groupe dont les membres, suivant lui, sont réunis dans une pensée commune pour que l'homme qui n'est qu'un auxiliaire, qui suit son confrère, son ami, son patron, son parent, dans une réunion électorale, se trouve par ce fait affilié au comité ! A la place du nom de Jozon, mettez un autre nom, mettez n'importe qui, tout le monde, l'argumentation sera exactement la même. Le lien se trouve formé, suivant la prévention, c'est un lien qui commence à un, qui finit à tous.

Voilà, à mon sens, l'écueil de l'argumentation présentée par le ministère public, et je crois qu'alors qu'il avait l'air de céder sur un point, il ne faisait, au contraire, que se donner un champ plus vaste, il étendait, il développait le système de l'accusation, en telle sorte qu'après s'être refugié tout d'abord sur un terrain étroit, circonscrit à deux noms, il ouvrait ensuite une vague perspective dans laquelle venaient se perdre et les sévérités de son réquisitoire et surtout la possibilité de le discuter. Plus je regarde l'accusation, plus je suis frappé du caractère d'incertitude qu'elle présente. La pensée qui l'a inspirée n'a pas la netteté qui serait nécessaire pour vous arracher l'arrêt qu'on sollicite de vous.

Un autre spectacle, dont tout le monde a dû être frappé, c'est que l'accusation se place, au point de vue politique, sur la défensive. En effet, je ne pourrais comprendre autrement l'attitude prise par l'accusation, lorsqu'elle a suivi les orateurs qui ont parlé avant moi sur le terrain où ils s'étaient placés. Le ministère public s'est étonné de cette unanimité d'affirmation libérale de la part de tous les défenseurs. Elle lui est apparue comme une sorte de coalition entre toutes les opinions, et alors, s'en prenant non aux personnes, mais aux idées qui ont été exprimées dans cette enceinte, il disait hier : « Comment vous nous accusez d'employer des moyens qui n'ont pas servi à sauver les gouvernements précédents. Vous dites que la Restauration a respecté la liberté électorale, vous dites que la monarchie de Louis-Philippe a respecté la liberté électorale, vous dites que la République de 1848 l'a également respectée. Eh bien ! tous ces gouvernements ne sont-ils pas tombés? »

Il y a dans ces paroles, Messieurs, un grave enseignement, et on peut en tirer un grande leçon. La réponse vient d'être faite il n'y a qu'un instant par la bouche de Me Dufaure, qui, usant de son droit, a fait appel à des souvenirs historiques, et, remontant plus haut dans le passé de la France, Me Dufaure a dit : « Il y a plusieurs manières, pour les gouvernements, de tomber. » Il a fait allusion à la Convention et au premier Empire. Qu'il me soit permis de prolonger cet examen rétrospectif, d'accepter le débat dans les limites mêmes où l'a posé M. le Procureur général, et de me demander si c'est véritablement pour avoir respecté la liberté électorale que sont tombées et la Restauration, et la monarchie de Juillet, et la République de 1848?

La Restauration!... — c'est l'enseignement qui doit sortir de ce procès, et j'entends le démontrer aux regards du ministère public, qui n'a pas craint d'évoquer ces souvenirs; si elle est tombée, ce n'est pas pour avoir trop respecté la liberté, mais précisément parce que sur une seule des questions qui constituent la vie politique, elle ne l'avait pas suffisamment respectée! Elle avait fait, avec la nation, un contrat qui s'était formulé dans l'organisation politique qu'elle avait introduite en France. En 1830, elle a voulu se mettre en dehors des termes de ce contrat en se plaçant au point de vue du droit divin et d'une volonté suprême, osant s'élever au-dessus de la Constitution. Elle est tombée, c'est une faute qu'elle a expiée.

Le gouvernement de Juillet lui a succédé. Ce qui a causé sa chute, c'est précisément le fait d'avoir porté atteinte à cette liberté, dans une grave circonstance qu'on vous rappelait à la dernière audience; — si j'en parle, à mon tour, c'est que nous sommes tous engagés dans le débat, par nos souvenirs et nos convictions politiques, et que, chacun à notre tour, nous venons combattre avec nos idées et défendre le drapeau qui est derrière ces idées. — C'est donc encore pour une cause analogue, pour la violation du droit de réunion, que le gouvernement de Juillet est tombé; c'est précisément par la contradiction de leurs actes avec les idées qu'ils représentaient que ces deux gouvernements ont cessé d'exister.

Le gouvernement de 1848! Comment avez-vous pu le citer quand vous avez retourné contre lui cette liberté d'association que, vous le reconnaissez vous-même, Monsieur le Procureur général, il avait loyalement observée!

Aujourd'hui, nous sommes en face d'un autre gouvernement, qui est assis sur le principe du suffrage universel et de la souveraineté nationale. Au nom de ce gouvernement, le ministère public cherche, — et c'est dans un principe de résistance qu'il croit les trouver, — la sécurité et le salut de la société!

Il y a dans ce procès comme une sorte de rendez-vous donné à toutes les idées politiques. Chacune a le droit de venir devant vous comparaître à son tour. Je vous le demande, n'y a-t-il pas quelque chose de solennel dans cette réunion?

Si je lis bien dans la pensée du ministère public, il comprend qu'il est placé entre deux voies et, je le répète, il me semble que ce n'est pas sans hésitation qu'il est entré dans celle où il a cru devoir s'engager. Il y en a une, en effet, qui peut mener au péril et aux abîmes ; il y en a une autre qui peut conduire précisément à ce que nous cherchons tous, à la conciliation de l'ordre et de la liberté : cette voie, elle existe, elle se trouve dans la libre expression du suffrage universel. Il s'agit de savoir comment vous maintiendrez ce suffrage universel. Sera-ce dans le sens de la restriction? sera-ce dans le sens de la liberté?

Quand M. le Procureur général disait hier : « Je n'ai à rendre compte de ma pensée qu'à moi-même et à M. le garde des sceaux.» Je ne sais si en prononçant ces paroles, M. le procureur général exprimait véritablement la pensée constitutionnelle du gouvernement sous lequel nous vivons. En tout cas, je lui demanderai à qui M. le garde des sceaux devra répondre de sa pensée? Quant à nous, spectateurs et témoins de ce régime, nous croyons être dans le vrai en disant qu'au-dessus de la volonté du ministère public, au-dessus de la volonté du garde des sceaux, il y a une autre volonté placée au sommet de la Constitution qui nous régit et avec laquelle le ministère public est obligé de compter. Eh bien, à la suite de ce grave débat, le ministère public peut éclairer cette volonté que, dans une autre enceinte judiciaire, un orateur que vous avez déjà entendu, appelait une pensée solitaire. Le ministère public est placé de façon à transmettre ce qu'il a entendu et à raconter ce qu'il a vu. Je ne compare point M. le Procureur général au marquis de Dreux-Brézé, dans la salle du jeu de paume. L'Empereur n'est pas Louis XVI. Mais que le ministère public fasse parvenir jusqu'au point où ils doivent arriver les enseignements du spectacle qui s'est déroulé dans cette enceinte, qu'il dise : « J'ai assisté à des débats qui ont eu, dans le pays, un grand et profond retentissement; j'ai vu les représentants de toutes les opinions; ils disaient qu'ils étaient réunis sur le terrain de la légalité! J'ai été étonné de les trouver tous d'accord pour défendre la même cause : la cause de la liberté électorale. Les hommes qui représentaient un principe, les hommes qui en représentaient un autre, tous sont venus tenir le même langage. » Il y a assurément dans le faisceau de ces forces, dans cette universalité de réclamations, quelque chose de nature à faire profondément réfléchir.

Voilà ce qui résulte de ce procès, voilà l'enseignement qui découle des questions qui y sont agitées. Et quand on se trouve en présence de pareils résultats, il y a une conclusion à en tirer. Cette conclusion, je la formulais tout à l'heure : vous êtes, Messieurs, en face du suffrage universel, entendu de deux façons : avec ou sans la liberté électorale. La première solution nous promet toute sécurité; vous le comprendrez et c'est ce qui nous rassure sur votre verdict; l'autre solution, au contraire, implique l'interprétation dangereuse d'une législation qui empêcherait la libre expression du suffrage universel, en l'abandonnant à ces caprices individuels, qu'on qualifiait d'une manière si juste dans le cours de cette audience.

J'adjure la Cour d'examiner, sous cette impression, le grave débat qui s'est déroulé devant elle et de consacrer, par son arrêt, les principes nécessaires au développement de la liberté électorale. Elle a pu se convaincre que toutes les opinions sont d'accord pour réclamer la solution que nous sollicitons de la justice.

Me Picard. Je regrette d'avoir encore à demander à la Cour quelques minutes d'attention à ce moment des débats; mais je suis obligé de revenir sur certains faits cités par M. le Procureur général, et de faire à cette occasion une courte réplique dans l'intérêt de la cause toute entière.

Vous avez entendu l'organe du ministère public. Après avoir essayé de démontrer les conditions qui faisaient passer un comité à l'état d'association, invoqué à l'appui de son système la prétendue affiliation qui existait, suivant lui, entre les divers comités, il vous a dit, particulièrement en ce qui concerne M. Hérold, que M. Varambon, lui avait écrit une lettre par laquelle, non comme son ami, mais comme secrétaire du comité de Lyon, il se tenait à la disposition du comité de Paris. Dans des questions pareilles, c'est aux pièces elles-mêmes, avant tout, qu'il faut se reporter. J'ai demandé la lettre de M. Varambon à M. le Procureur général, il a bien voulu me la communiquer. Je n'en lirai que quelques lignes.)

Le commencement de la lettre est relatif à une pétition adressée au Sénat à raison d'une élection d'un membre du conseil général de Lyon, un certain M. Cabias; M. Hérold avait fait annuler cette élection par le Conseil d'État, et il s'agissait de la convocation des électeurs pour y procéder de nouveau. L'administration ne voulait pas convoquer les électeurs, ou, je crois voulait les convoquer dans un délai trop court pour qu'ils puissent se concerter... — Vous le voyez, Messieurs, toujours le même système! — C'est à raison de ce fait particulier que M. Varambon, notre ami, notre ancien confrère, l'ami de M. Hérold, lui écrivait ; c'était le but principal de sa lettre.

La lettre avait un *post-scriptum* qui était ainsi conçu (M. Varambon était secrétaire du comité de Lyon) : « Je suis à la disposition du comité de Paris pour toutes les communications qu'il voudra bien nous adresser. »

Je trouve dans les termes même de cette lettre la démonstration la plus éclatante de la thèse que soutenait tout à l'heure avec tant d'autorité devant vous l'honorable M. Dufaure, quand il disait au ministère public : « Démontrez-nous que le comité de Lyon n'était qu'une section du comité de Paris, que le comité de Marseille n'était qu'une section du comité de Lyon et de Paris. » Vous pourrez peut-être essayer d'invoquer contre nous les termes des dispositions de la loi de 1834 et de l'article 291 ; mais lorsque nous arrivons aux faits, lorsque nous mettons au jour les pièces de ce dossier, qui en contient deux mille en désordre, nous y voyons la démonstration éclatante des faits que nous avançons devant elle.

Est-ce qu'il ne résulte pas de la lettre même de M. Varambon que le comité de Lyon s'était formé sans aucun rapport avec le comité de Paris, et qu'après sa formation, il était seulement demandé, par l'entremise d'un ami s'adressant à un autre ami, quelles étaient les communications qui pouvaient lui être faites ?

Nous arrivons ici à ce qui est le nœud même du procès, à ce que je prie la Cour de bien apercevoir.

Dans la thèse du ministère public, les réunions publiques, les communications publiques entre citoyens sont prohibées par l'application directe de lois que nous croyons contraires à la liberté, mais qui existent. Quant aux communications privées, on ne peut les atteindre directement, et alors, timidement d'abord, audacieusement ensuite, on vient à dénaturer les communications privées en les assimilant à des communications d'une nature particulière qui sont interdites par la loi, quand elles prennent la forme et le nom et le caractère d'une association ; et alors on veut les arrêter et les empêcher.

C'est ainsi que cette prétendue affiliation du comité de Lyon au comité de Paris résulte, — ce qui est véritablement redoutable ! — d'une simple lettre sans réponse adressée par un ami à un ami, à propos d'une autre question, et dans laquelle cet ami raconte qu'il a été nommé secrétaire d'un comité d'élections qui s'est établi à Lyon !

Mais ces communications entre un comité de Lyon et un comité de Paris, est-ce qu'elles n'étaient pas nécessitées par les circonstances, est-ce qu'elles ne sont pas un droit écrit dans la loi elle-même? Est-ce que nos lois, le décret organique sur les élections, ne contiennent pas un article premier qui est ainsi conçu : « Tous les électeurs sont éligibles. » Si bien qu'un électeur de Paris peut être choisi par le comité de Lyon, ou un électeur de Lyon peut être nommé à Paris. C'est précisément ce qui a eu lieu, je prie la Cour de le remarquer, en 1863. On s'est adressé à M. Jules Favre, on l'a prié d'accepter la députation à Lyon. On usait d'un droit, et M. Jules Favre a été nommé dans cette ville. Et on voudrait qu'une simple communication entre des électeurs de Lyon et des électeurs de Paris fût interdite par la loi des associations, et qu'il fût permis de voir une association là où il n'y a que l'exercice du droit électoral le plus légitime et le plus régulier!

En effet, Messieurs, je ne puis me défendre de faire ici une distinction qui était nécessairement dans l'esprit de tous ceux qui m'ont précédé, mais que je voudrais soumettre directement à la Cour.

Quand le ministère public, examinant les conditions qu'il croit requises pour qu'une association existe et tombe sous le coup de la loi, a trouvé quatre conditions qu'il a ainsi indiquées : La collectivité, l'identité du but, — deux conditions que je lui accorde, — l'organisation et la permanence, il s'est fait dans son esprit une confusion dans laquelle la Cour voudra bien ne pas tomber. Il a cru voir dans les comités électoraux une organisation politique. Non, les comités électoraux sont organisés non pas comme une association politique, mais comme une association électorale et pour ne faire de la politique qu'accessoirement à l'élection; de telle sorte que pour établir qu'un comité électoral est devenu une association politique, il faut avant tout que vous démontriez ce que vous n'avez pas même tenté de faire, que le comité a été détourné de son but, et qu'il ne s'est pas seulement occupé d'élections mais qu'il a fait aussi de la politique à un autre point de vue.

Vous n'avez pas même tenté cette preuve! vous ne trouvez dans les deux mille pièces saisies que des correspondances électorales, dans lesquelles les citoyens se demandent entre eux quel est le meilleur choix qu'ils peuvent faire, quel candidat a le plus de chances pour réussir, usant en cela de leurs droits les plus incontestables, exerçant leur droit électoral. En vérité, Messieurs, quand on songe que les électeurs sont convoqués dans un collége par un décret, qu'ils sont appelés par un décret à se concerter sur les choix qu'ils doivent faire, est-ce qu'on n'est pas amené à se dire, admettant même toutes les subtilités de la théorie du ministère public, que, s'il faut absolument que l'association soit autorisée et qu'un comité électoral ne puisse être formé qu'avec l'agrément de quelqu'un, il se forme avec un agrément supérieur a celui de l'administration : car il est autorisé par la loi elle-même. Oui, la loi, qui convoque les électeurs, contient implicitement en elle-même l'autorisation de se concerter et de faire en commun tout ce qui est aux fins de l'élection.

Voilà pourquoi, sans chercher à répondre autrement à ce qui a été si bien réfuté déjà, je me demanderai seulement pour terminer, en quelques mots, si l'éloquent confrère qui vient de me précéder a été bien inspiré quand il a rendu un si plein hommage à la courtoisie de M. le Procureur général, et si je ne dois pas voir plutôt sous sa parole habile une amère ironie!

En effet, je désire savoir de quelle manière le ministère public, qui a été l'inspirateur de cette poursuite, de quelle manière M. le Procureur général, qui voulait, dit-il, la borner à MM. Garnier-Pagès et Carnot, expliquera devant la Cour comment il se fait que cette poursuite, si courtoise aujourd'hui sous ses lèvres, ait débuté par trente-quatre visites domiciliaires, comment il se fait qu'il ait ainsi donné l'ordre de pénétrer dans le domicile de trente-quatre citoyens pour y rechercher ce qu'il faut bien reconnaître qu'il n'y a pas trouvé?

Enfin, Messieurs, il faut bien le dire, si la tentative qui est dirigée aujourd'hui audacieusement contre le suffrage universel, est une tentative grave et redoutable, c'est au moyen du renversement de toutes les lois de la justice qu'elle pourrait réussir devant vous et qu'elle est soutenue par le minisètre public.

C'est un point de vue sur lequel je vous prie de m'accorder un instant votre attention. On n'a pas assez dit suivant moi que trente-quatre visites domiciliaires ayant été faites, trente-quatre personnes ayant été déférées au juge d'instruction et vingt-et-une ordonnances de non-lieu étant intervenues, après une instruction qui a éclairé le juge, il y a chose jugée sur un point, c'est que les vingt-et-une personnes que vous avez recherchées comme complices de l'association, comme constituant ses éléments, étaient, sinon définitivement, au moins jusqu'à la production de nouvelles charges, complétement renvoyées et faisaient tomber votre poursuite par la base. Et l'on a vu, ce que je considère comme véritablement incroyable dans les annales judiciaires, le ministère public ayant poursuivi ces trente-quatre personnes, ayant échoué dans cette poursuite contre vingt-et-une, on a vu le ministère public se garder bien d'appeler, soit comme prévenus, soit comme témoins, dans cette audience, ceux qu'il veut annexer à la prévention pour constituer le nombre fatal de vingt-et-un. Si le ministère public ne parvient à rassembler ici que treize prévenus, c'est qu'il lui serait impossible d'en trouver un seul en plus. Est-il difficile d'en deviner les motifs ! Le ministère public a appelé inutilement vingt-et-une personnes devant le juge d'instruction. Là, les raisons concluantes données par ces vingt-et-un inculpés ont déterminé le juge d'instruction à les renvoyer de la poursuite. Si donc, soit comme inculpés, soit comme témoins, on introduisait dans cette enceinte les complices anonymes de cette singulière prévention, il est à croire qu'ils s'expliqueraient avec autant de netteté que ceux qui ont été appelés devant le juge d'instruction et qu'il ne serait pas plus possible à la Cour qu'il ne l'a été au juge d'instruction, de trouver contre eux charges suffisantes. C'est alors que nous voyons, ce que pour ma part, je ne croyais jamais voir dans une enceinte de justice, nous voyons, dis-je, le ministère public, dont le rôle, doit être de faire la preuve à l'appui de la prévention, oubliant que l'instruction écrite ne suffit pas, que la Cour n'a pas même le droit d'y chercher des preuves, (dans notre droit les témoignages reçus à l'audience sont les seuls qui aient une valeur), nous voyons le ministère public se lever et dire : « Toutes ces personnes que le juge d'instruction a renvoyées, après les avoir interrogées, ne peuvent être retenues par nous, eh bien ! nous allons impliquer dans la prévention celles que le juge n'a ni appelées devant lui, ni interrogées du moins pour la plupart. Ce sont celles qui avec les treize prévenus formeront le nombre fatal, ce sont, si vous voulez M. Crémieux,.... M. Deroisin, — celui-là, vous l'abandonnez; — M. Senard peut-être! on n'en parle plus, enfin on arrive à MM. Glais-Bizoin *et autres!*

Où est donc la preuve que nous doit M. le Procureur général et de quel droit pense-t-il faire accueillir par la Cour ce singulier système qui veut faire considérer, sans instruction, sans vérification aucune même, comme impliquées dans cette association, des personnes qu'il n'ose pas faire venir comme témoins à la barre de la Cour. Quand tous ceux qu'il a interrogés lui ont répondu de manière à le convaincre, et quand il requiert ici contre Crémieux, contre Senard, contre Marie, contre..... qui sais-je, contre ceux-mêmes qu'il n'a pas voulu nommer, il se lève, il parle ; l'écho seul répond à sa voix ; il est sûr de vaincre, il n'a pas de contradicteurs !

M. le Procureur général. Dieu merci ! il n'en manque pourtant pas.

Me Picard. Sans doute ; mais nous ne pouvons plaider que pour ceux qui sont régulièrement cités. Ce qui est jugé avec nous, en matière correctionnelle, ne peut l'être avec ceux qui n'ont pas été appelés ; nous ne sommes pas leurs ayant-cause, nous n'avons pas qualité pour les représenter ; et il arrive ceci, c'est que le ministère public, qui a fort à faire, la Cour en conviendra, pour soutenir sa cause contre les présents, a la prétention de la faire admettre sans débats contre les absents !

En vérité, n'y a-t-il pas là un abus du droit ? Serait-ce une thèse soutenable en apparence que celle-ci : « Je trouve treize personnes que je crois devoir impliquer dans une association. Je vais démontrer d'une manière générale que cette association existe. La Cour écoutera ou non mon réquisitoire ; mais je ne lui donnerai aucun nom autre que les treize noms des prévenus, je laisserai les huit autres innommés. Je dirai d'une façon générale, en expliquant mes raisons de procéder ainsi : il y a une association ; mais je ne peux dire quels en sont les membres, ou, du moins, huit de ces membres sont inconnus. »

La Cour pourrait-elle juger, dans ce cas, d'une façon générale, qu'il résulte de l'instruction et des débats qu'il y a une association ? J'en doute ; mais enfin je comprendrais presque cette thèse ; je la comprendrais au point de vue judiciaire, non au point de vue moral.

Il y aurait dans l'opinion publique une explosion. On se demanderait comment, en matière électorale, dans des circonstances pareilles à celles-ci, le ministère public est assez mal inspiré pour venir, devant l'opinion publique qui est attentive, dire : « Voilà une association de vingt-et-une personnes, » et ne pas pouvoir indiquer celles qui forment ce nombre de vingt-et-un ?

Ce que veut faire le ministère public, il ne peut pas le faire ; mais ce qu'il pourrait peut-être faire, il ne le fait pas. Il est amené par la nécessité morale même de sa situation, à essayer d'annexer à ceux qu'il a appelés devant vous d'autres prévenus, des complices ! Où les prend-il ? Quel droit a-t-il de requérir contre eux sans les appeler ici, soit comme inculpés, soit comme témoins ? Mais il y a quelque chose, un chiffre, qui pourrait vous venir en aide. Je vous rappelle qu'on a poursuivi trente-quatre personnes, qu'on n'en a retenu que treize, qu'on en a relâché *vingt-et-une !* Vous ne trouvez réunies vingt-et-une personnes qu'une seule fois : c'est donc l'ordonnance de non lieu qui déclare qu'il n'y a pas contre elles charges suffisantes. Voilà l'association que le ministère public peut trouver.

Telle est une des raisons pour lesquelles cette poursuite étrange a été mal comprise par l'opinion publique. J'en parlerai cependant sans passion et sans effroi : je ne crois pas que dans cette enceinte, si large qu'elle soit, on puisse enfermer le suffrage universel. Il trouvera bien le moyen de s'en tirer ! Je plains seulement le ministère public. Comment ! il a voulu innover en matière de comités, il a voulu changer et il vous demande de changer la loi et la jurisprudence, de venir défendre ce qui était permis depuis cinquante ans ; et quel comité a-t-il choisi?

Quel comité pouvait-il choisir? On vous a parlé hier de comité qui avait aidé à l'élection historique de M. Boittelle à Cambrai. C'est par le tribunal même de Cambrai, qui s'était porté partie plaignante et qui avait signé une protestation, que ce comité fameux a été dénoncé à la morale publique. Eh bien ! ce comité, il existait, il a fonctionné, il était composé de fonctionnaires : ce qu'il a fait, la Cour le sait; si elle a lu les débats qui ont retenti au sein du Corps législatif; il a proposé, par exemple dans des circulaires qu'il a envoyées, au nombre de deux cents, aux pères de jeunes conscrits, de soustraire leurs fils à la conscription s'ils votaient pour le candidat du comité. Et la Chambre a annulé l'élection de ce candidat, qui fût devenu membre de la majorité, qui avait eu l'honneur d'être candidat du gouvernement dont il représentait les doctrines !

Eh bien ! s'il fallait absolument faire juger la question des comités, n'eût-il pas été de bonne morale et de bonne politique de prendre le comité de Cambrai au lieu du comité de Paris, de ce comité qui est composé des hommes que vous savez, qui n'ont d'autre mobile que l'intérêt public et la gloire de leur pays, et qui viennent devant vous revendiquer fièrement leur droit en attendant votre arrêt?

Me Hébert se lève.

M. le Président. Vous comptez répliquer?

Me Hébert. Je compte présenter quelques observations.

M. le Président. Vous avez la parole.

Me Hébert. Messieurs, si je prends de nouveau la parole dans ce débat qui demeure pour moi purement judiciaire et légal, ce n'est pas afin de répondre à ce que M. le Procureur général a pu dire pour détruire mon argumentation. J'ai cherché vainement dans son réquisitoire une réponse, quelque chose qu'on puisse appeler ainsi. L'honorable magistrat a bien voulu s'occuper de la personne, il l'a citée à plusieurs reprises, mais je crois qu'il a passé à côté des arguments. Quoi qu'il en soit, je veux les fortifier d'une raison que je crois décisive, plus décisive peut-être encore que toutes celles que j'ai déjà eu l'honneur de produire devant la Cour.

Avant de l'aborder, qu'il me soit permis de reconnaître que M. le Procureur général n'a laissé rien à désirer, quant à la netteté avec laquelle il a posé la question, établi le point de départ, le terme et toute l'étendue. Constatons ce qu'il en a dit, ce qu'il soutient, ce qu'il veut, ce qu'il vous demande de condamner.

J'avais, avant son réquisitoire remarquable à tant de titres divers, j'avais, je l'avoue, en m'asseyant (comme la défense et mes convictions m'en faisaient un devoir) parmi ces hommes honorables, d'opinions politiques si diverses, une certaine inquiétude. Devant cette poursuite, intentée avec tant d'éclat, suivie avec tant d'instance, avec le luxe de formes rigoureuses qu'on vous rappelait tout-à-l'heure, ces trente-quatre saisies, ces innombrables perquisitions, ces mesures acerbes, je soupçonnais presque autre chose que ce qui a été découvert, j'avais toujours la crainte que ce quelque autre chose ne se découvrît et qu'on ne vînt nous dire, comme le bruit en courait au Palais et en dehors du Palais : « Si l'on poursuit ces comités, c'est qu'ils servent à bien autre chose qu'à l'exercice du droit électoral et à la concentration des suffrages ; c'est un voile qu'il faut pénétrer, qu'il faut lever, pour reconnaître de graves méfaits qu'il se prête à couvrir et à faciliter. »

Désormais, Messieurs, il ne peut plus être question de rien de pareil. M. le Procureur général a nettement déclaré, et il me faut bien croire à sa parole, que non seulement aujourd'hui, mais dès le commencement de la poursuite, le ministère public n'a voulu atteindre, constater et faire réprimer rien autre chose que l'existence des comités électoraux, tels qu'il les a définis et qu'il a cru pouvoir les envisager, selon la loi.

Voilà la question bien posée.

Il pourra bien se faire que ceux qui s'attendaient, qui croyaient à autre chose se disent avec étonnement : « Si ce n'était que cela, pourquoi prendre tant de moyens si superflus en même temps que d'une si extrême rigueur ? » Vous vouliez, dites-vous, prouver l'existence à Paris d'un grand comité électoral ? mais il ne se cachait pas : tous les journaux avaient annoncé sa formation et publié le nombre et les noms des personnes qui le composaient. Vous vouliez établir que ce comité était en correspondance et en relation avec d'autres comités ? mais la circulaire dont je ne me rappelle plus la date, et dont on s'est armé contre mon client M. Melsheim, n'avait-elle pas été publiée dans le journal le *Constitutionnel*, et reproduite par tous les autres journaux ?

Donc, toutes les conditions auxquelles on prétend reconnaître l'existence d'un comité électoral se reliant à d'autres comités, la corrélation établie entre eux afin d'arriver à constituer par toute la France l'action électorale, toutes choses qui, selon la poursuite, seraient prohibées par les dispositions combinées de l'article 291, de la loi de 1834 et du décret du 25 mars 1852, toutes ces conditions, on les avait dès le principe, elles étaient constantes, avouées, pas plus contestées qu'aujourd'hui : il n'était donc pas besoin de faire tout ce que je viens de rappeler tout à l'heure. Je n'en veux pas faire un reproche si l'on a cru devoir agir ainsi ; je constate seulement, que rien de cela n'était utile pour la question comme le ministère public la pose devant vous.

Cette question, la voici :

Y a-t-il lieu, par l'application des lois existantes, de déclarer que dorénavant, pour les élections ouvertes ou sur le point de s'ouvrir, vingt-et-une personnes ne pourront se réunir, délibérer dans un domicile privé, exercer l'influence dont elles disposent en vue de ces élections ? Si ce comité n'est point composé de vingt-et-une personnes, pourra-t-on y adjoindre, pour l'inculper, d'autres comités existants dans le même lieu ou ailleurs ? Ces comités seront-ils en contravention à la loi, s'ils n'étaient pas composés de vingt-et-une personnes quand le premier comité s'est formé; surtout quand ils se sont formés eux-mêmes, avant d'engager aucune correspondance ou quand ils n'ont commencé à se mettre, par de simples lettres consultatives en rapport avec lui, que pour s'instruire sur les moyens de constituer, ou de régulariser leur existence, et de rester dans la plus stricte légalité ?

La question étant réduite à ces termes, j'ai deux considérations à vous soumettre. L'une, en revenant en peu de mots sur les dispositions des lois existantes et sur le sens qu'elles doivent recevoir, surtout sur l'article 291, qui peut être étonné de se voir troublé dans sa vieillesse pour être appliqué à un ordre de choses tout à fait différent de celui en vue duquel il fut édicté. Invoqué comme étant la loi répressive applicable, il devient, par les prétentions du ministère public, le siége même de la question.

Laissons de côté, en le recommandant pourtant à vos souvenirs, ce qui vous a été cité hier des opinions qui s'étaient produites alors dans les discussions législatives. J'en ai induit que si les comités électoraux avaient existé, ou s'ils avaient pu exister à cette époque, ceux qui prenaient la parole dans les discussions du conseil d'État n'auraient pas eu même la pensée de les atteindre. Je puis m'en tenir à une raison plus positive encore et matériellement vraie, pour ainsi dire. Le système électif n'existant pas à cette époque, on ne pouvait pas prévoir qu'il y aurait des comités électoraux dans l'avenir ; donc si l'article 291, pris en lui-même, n'a pas été étendu à ce fait, à ce prétendu délit qu'on appelle un comité électoral, il est impossible que ce fait, qui n'a pu être vu ni même entrevu à cette époque, soit atteint aujourd'hui par les dispositions de cet article. Voilà qui est incontestable, et le ministère public conviendra que si l'on était resté à l'article 291 du Code pénal, s'il n'était pas intervenu des lois ultérieures, le fait qui s'est produit sous l'empire du régime électif, et qui n'est autre que l'élection se préparant, s'élaborant, le suffrage ou universel ou restreint, le droit pour l'électeur de délibérer, de correspondre, de se réunir à d'autres pour choisir un député, et la forme sous laquelle, en dehors du scrutin, ce droit peut s'exercer, rien de tout cela n'aurait été interdit et puni.

Est survenue la loi de 1834. Permettez-moi de vous redire que lors de cette loi de 1834 la question fut agitée. Je n'en parlerais pas de nouveau si le ministère public, par une distinction qui m'a surpris, n'avait voulu prétendre que cette loi et les discussions auxquelles elle a donné lieu, ne s'appliquaient en aucune manière à ce genre de conférences électorales, à ce genre de communications et de réunions en vue des élections que nous appelons un comité électoral.

Avant de dire un mot sur cette étrange distinction, je me borne à vous rappeler tout ce qui fut dit sur les assemblées préparatoires électorales et sur les réunions électorales dans cette discussion législative. Je vous rappelle sans citer, — car vous avez entendu les citations, — non pas les opinions d'orateurs isolés et peu autorisés, mais celle du rapporteur de la loi, M. Martin (du Nord), qui expliquait à cette occasion ce que c'est que l'association, ce que c'est que la réunion; celle du garde des sceaux, M. Barthe; celles enfin de M. Girod (de l'Ain) et de M. Rœderer, devant la Chambre des pairs.

Après ce qu'ils ont dit, voilà la simple question que je fais, en vous priant de vous rappeler leurs paroles. Si ces hommes si consciencieux, si éminents, qui tous, à des titres divers, ont laissé tant de bons souvenirs, Martin (du Nord), l'homme à la fois ferme et doux, Girod (de l'Ain), le magistrat grave et instruit, Rœderer, qui avait vu tant de révolutions, Barthe, aux accents et au cœur généreux quand il avait à défendre la vérité; s'ils reparaissaient aujourd'hui, que penseraient-ils, que diraient-ils de l'usage qu'on veut faire de la loi dont ils furent les auteurs? que trouveraient-ils du compte que l'on tient aujourd'hui de leurs paroles, qui n'étaient ni des commentaires ou des opinions individuelles, mais des déclarations officielles et de formels engagements; quand l'un disait : « Non, il ne se trouvera jamais un tribunal pour inscrire dans un jugement, qu'une assemblée préparatoire électorale, qu'une réunion des électeurs en vue d'un but constitutionnel, qui est l'élection, puisse être interdite, ou astreinte à l'autorisation préalable; » et quand un autre disait à son tour avec l'accent de loyauté qui n'abandonne pas le magistrat, même en dehors de ses fonctions, et avec l'adhésion de l'assemblée la plus conservatrice des institutions, de la Chambre des Pairs : « C'est une chose bien entendue, on ne peut plus y revenir ; et les termes de la loi, quels qu'ils fussent, ne vaudraient pas les déclarations apportées par le gouvernement, et dont les organes de la Chambre ont pris acte, de manière à former un contrat qui jamais ne pourra être rompu. » Si toutes ces paroles s'appliquent véritablement à ce qui nous occupe aujourd'hui, comment est-il possible de les mettre en oubli, de les réputer non avenues, de les violer?

Eh bien ! qu'est-ce qui nous occupe aujourd'hui? C'est la question des comités électoraux. Voyons, Messieurs, est-ce que je fais entendre devant vous une parole hasardée, en vous disant que la loi de 1834 permet, en les laissant subsister, en ne les défendant pas, en les entourant de ses sympathies, les comités électoraux, aussi énergiquement que s'il avait été écrit dans son texte : « les comités électoraux continueront de subsister. » Vous savez, d'ailleurs, s'il peut être mis en doute qu'ils aient continué de subsister.

A ce propos, M. le Procureur général a paru manifester quelque étonnement de voir paraître dans ce débat, une circulaire que je n'y ai pas mise par un sentiment auquel, je le prie de le croire, je suis fort étranger, la personnalité, ni par le désir de faire revivre, après qu'un long temps s'est écoulé depuis qu'ils parurent, les actes auxquels j'ai pu prendre quelque part.

Je n'ignore pas les petits bruits qui circulaient touchant cette lettre ministérielle. Je sais qu'on se disait curieux de savoir comment je la concilierais avec la défense à laquelle je suis associé aujourd'hui; je sais encore qu'on a fait la remarque que je n'avais lu qu'une partie de cette circulaire dans votre précédente audience.

Messieurs, j'avoue tout aussi bien que la partie que j'ai lue, la partie de cette circulaire s'attaquant à des réunions qui, dans mon esprit, aujourd'hui comme alors, n'avaient pas un but constitutionnel et légal, à des réunions politiques qui étaient ou pouvaient être subversives, qui offraient un danger, et que la loi défendait. Aujourd'hui comme alors, s'il s'agissait de réunions publiques de cette sorte, de faits interdits par les lois, par les lois de ce temps-là, bien autrement libérales et clémentes que celles qui lui ont succédé; s'il s'agissait de réunions publiques turbulentes ayant un caractère politique sans avoir un but constitutionnel et déterminé, je tiendrais le même langage et j'approuverais la poursuite. Ma position n'est donc nullement embarrassante, et, dans cette explication rétrospective à laquelle on m'oblige, ce n'est pas de moi que je me préoccupe, c'est du sort de mon client, qui vient s'abriter sous ma toge : car lorsqu'il s'agit de ses droits de citoyen (droits que je crois avoir sauvegardés), c'est bien le moins qu'il n'ait pas pour défenseur, — non plus que la société, qui a pour défenseur le ministère public, ne doit avoir — un homme qui, ayant deux faces et deux paroles, ne parle pas aujourd'hui comme il aurait parlé autrefois.

Maintenant, sur le sens de lois dont il s'agit, M. le Procureur général a fait une distinction, et c'est cette distinction que je repousse. Remarquez, a-t-il dit, que dans tout cela, projet de loi de 1834, discours prononcés à cette occasion, rapports faits sur cette loi dans les chambres, circulaires, il n'est question que d'assemblées préparatoires, de réunions électorales, il n'est pas question de comités électoraux.

Oh ! je l'avoue, j'ai été tellement surpris, M. le Procureur général me permettra de le lui dire, en le prenant dans la meilleure part possible d'une pareille distinction et d'un pareil argument ; j'en ai été tellement étonné, que j'ose affirmer, à ce moment, où nous sommes incertains (des inculpés le sont toujours), de ce que décideront nos juges, j'ose affirmer que cette distinction malheureuse ne passera pas dans votre arrêt. Non, elle n'y passera pas, alors même que vous condamneriez les prévenus.

Vous diriez peut-être, pour confirmer le jugement, ce qu'on a proposé de dire quelquefois : que, malgré la gravité des opinions émises lors de la discussion de 1834, et bien qu'elles exprimassent évidemment ce qu'a voulu la loi, il y a cependant deux textes qu'on peut persister à lier l'un à l'autre, et que, malgré le contrat formé entre le gouvernement et les deux assemblées qui représentaient le pays, vous, magistrats, esclaves du texte, vous n'êtes pas engagés par les paroles qui ont été alors prononcées.

Ce serait, à mon sens, une thèse erronée, mauvaise, dangereuse. Car, dans notre pays comme dans tous, où l'on ne saurait assez recommander la fidélité aux engagements, des engagements de cette nature, pris alors que la discussion était vraiment libre, quand de la discussion devant les Chambres sortait l'accord des trois pouvoirs sur un point déterminé, formaient une sorte de contrat, et dans un pays qui a tant besoin, je le répète, qu'on lui recommande la fidélité aux engagements, ce ne serait pas un exemple auquel, pour ma part, je pusse applaudir, que ce moyen de les esquiver. Mais enfin, il serait moins mauvais et plus admissible, quoique aussi peu juridique et aussi peu susceptible d'être approuvé que la distinction de M. le Procureur général.

Elle consiste à dire, que réunions, assemblées électorales et comités, ce n'est pas la même chose. C'est-à-dire que si le mot comité eût été prononcé dans les discours des honorables orateurs que j'ai cités, vous vous arrêteriez, vous seriez d'accord avec nous, et vous diriez : « c'est le meilleur commentaire de la loi, c'est la loi elle-même. »

C'est là, permettez-moi de le dire, une équivoque. Si le mot n'est pas dans les discours, le mot comité électoral, mot par lequel on qualifiait une chose parfaitement connue et existante, c'est que l'on comprenait cette chose avec d'autres sous une appellation plus générale, celle de réunions ou assemblées préparatoires ou électorales. Eh quoi ! Une assemblée de législateurs, un gouvernement sanctionnaient des réunions préparatoires aux élections, qui pouvaient être composées de cent, de deux, de trois cents personnes, qui pouvaient être publiques, non-seulement pour les électeurs, mais encore pour les non-électeurs, puisqu'il y avait alors les uns et les autres; on admettait ces réunions préparatoires, ces assemblées, sans restrictions ; toutes les influences que les communications, les correspondances, la parole des membres de la réunion, pouvaient exercer non-seulement sur les électeurs, mais sur tout le public, en dehors du corps électoral ; tout cela était permis par la discussion de la loi de 1834, tout cela était également permis par la circulaire du ministre de la justice, en février 1848 ! Et vous viendriez nous dire que les comités électoraux n'étaient pas permis ! C'est nous dire que permettre le plus, c'est défendre le moins ! Quoi ! alors qu'il était reconnu par tout le monde, et M. le Procureur général m'a paru le reconnaître lui-même, qu'à cette époque et en vertu de la loi, trois cents personnes pouvaient se réunir pour débattre les titres des candidats, pour tâcher de réunir le plus grand nombre de suffrages en faveur du candidat qu'elles patronnaient et d'en enlever le plus possible au candidat qu'elles combattaient et qui était plus ou moins le candidat du gouvernement, vous soutiendriez que quinze, vingt, vingt-et-une, cinquante personnes ne pouvaient pas se réunir dans un domicile privé pour faire quoi?.... absolument la même chose : choisir et discuter les candidats ; organiser les moyens légaux d'élection, pour combattre ou pour soutenir les candidatures !

Non, ce système est repoussé par la raison.

En ne nous égarons pas en ce qui touche les droits et la nature de ces assemblées préparatoires. M. le Procureur général semble croire qu'elles n'avaient lieu que la veille des élections. Oui, quelquefois il en était ainsi, parce que les souvenirs les plus frais sont les meilleurs, les émotions les plus récentes sont les plus vives et parfois les plus fructueuses. Mais il n'y avait pas de limitation. Huit jours, quinze jours, trois semaines avant les élections, les assemblées pouvaient avoir lieu.

Et pour peu qu'il fût certain qu'il n'y avait pas de dissimulation, que ces assemblées n'étaient pas réunies pour s'occuper de toute autre chose que de l'exercice d'un droit constitutionnel, — cas où le ministère public aurait eu le droit de poursuivre, j'en suis pleinement d'accord avec M. le Procureur général, — ces assemblées pouvaient toujours se former, et s'il venait un doute sur le point de savoir si tel candidat présentait bien toutes les garanties à l'opinion qu'on voulait faire prévaloir, ou s'il n'était point porté dans un autre collége, on correspondait les uns avec les autres, on correspondait avec les autres assemblées, avec les autres comités qui existaient dans le pays.

Combien parmi nous pourraient se rappeler que leurs élections personnelles ou celles auxquelles ils ont pris part, n'ont pas eu d'autres moyens de succès. Et en ce moment même où je me trouve uni d'efforts avec tant d'hommes honorables appelés à votre barre, uni non par de communes opinions, sous un même drapeau, mais pour la défense d'un intérêt et d'un droit identiques, du droit que plusieurs d'entre eux appellent le suffrage universel, et que moi, en dehors de toutes les dénominations de circonstance, j'appelle le suffrage électif de tous les temps, de tous les pays où existent un gouvernement et des lois qui permettent des élections libres et véritables; en ce moment, dis-je, je ne puis me défendre d'un souvenir personnel.

Il y a trente ans, à deux cents lieues de ma contrée, j'occupais des fonctions publiques élevées lorsque quelques-uns de mes concitoyens songèrent à moi pour opposer ma candidature à celle d'un honorable membre de l'opposition très-avancée, qui représentait l'arrondissement depuis plusieurs années sous le patronage..., pourquoi ne le dirais-je pas? d'un homme dont je vénérais le caractère et la personne, mais dont je ne partageais point les opinions, de M. Dupont (de l'Eure). J'acceptai, malgré les forces de l'opposition et, l'avouerai-je, contre le gré du gouvernement qui, favorable à une troisième candidature, m'invitait à m'abstenir et à rester à mon poste. Déjà engagé envers mes électeurs, je ne crus pas pouvoir hésiter à justifier leur confiance en mes opinions et mes principes. Offrant ma démission à mon chef, à M. le garde des sceaux, je vins poser et soutenir ma candidature dans une assemblée préparatoire nombreuse et agitée et, je crois pouvoir le dire, j'assurai ainsi mon élection. Mais supposons que, préférant rester éloigné du lieu de la lutte, j'eusse délégué à trente, à cinquante de mes amis, le soin d'agir et de parler pour moi, de se concerter, de se réunir, de correspondre, de former, enfin, un ou plusieurs comités, le gouvernement et le pays d'alors eussent été bien surpris si quelqu'un eût imaginé que c'était enfreindre l'article 291 et la loi de 1834 qui venait d'être votée et promulguée.

Ces assemblées, ces réunions n'étaient autre chose que ce qu'on veut interdire aujourd'hui. Quand nous ne trouverions pas ces mots : *comité électoral* dans la discussion de la loi de 1834, il n'en faudrait tirer aucune induction ; et je vais vous le prouver de nouveau à l'aide d'un document bien autrement important pour ma discussion. J'ai donné lecture hier de la circulaire du ministère de l'intérieur du 25 janvier 1852. Je vous la rappelle, elle est de M. de Morny, d'un homme aujourd'hui élevé par l'Empereur à l'une des plus hautes dignités, celle de président du Corps législatif.

Je la prends pour répondre à M. le Procureur général, sur la distinction qu'il a faite, la Cour doit en être mémorative, entre l'assemblée préparatoire et le comité électoral.

Et qu'on ne me dise pas ce qu'on nous disait avec raison dans d'autres temps, ce que le ministère public aurait dit lui-même alors : « Une circulaire ministérielle ! Qu'est-ce qu'une pareille autorité devant les tribunaux, ce ne peut être l'équivalent de la loi. »

Non sans doute, dirai-je à mon tour ; mais c'est un acte administratif d'une telle importance, il paraît, sous notre constitution actuelle et d'après ce que le gouvernement a fait juger lui-même, que quand il s'agit non pas d'abroger une loi ou de la remplacer, mais d'interpréter une loi et de connaître quelle application il convient de lui donner, c'est un document important qu'il est fort à propos de consulter. Pourrions-nous l'avoir oublié, mon confrère Me Dufaure et moi, et j'ajoute M. le Procureur général lui-même, lorsque, il y a quelques mois à peine, nous plaidions devant la Cour, première chambre civile, après avoir plaidé devant le Tribunal de première instance, la question de savoir si l'article 75 de la Constitution de l'an VIII est applicable ou non à un agent élevé du gouvernement, à propos d'un fait jusqu'alors sans précédent, c'est-à-dire la saisie administrative d'un livre auquel je n'ai plus autrement besoin de faire allusion. Il y a, nous a-t-on dit alors, un acte administratif que vous ne pouvez pas déférer aux tribunaux mais seulement à l'autorité souveraine. Or, de quel acte était-il question ? D'une circulaire de M. le duc de Persigny, qui avait succédé comme ministre de l'intérieur à M. le duc de Morny. Le ministre avait en effet écrit à tous les préfets et au préfet de police qu'il fallait empêcher de publier, saisir et retenir sans jugement tous les ouvrages émanés de certaines personnes dénommées dans la circulaire. Une circulaire du ministre de l'intérieur est donc aujourd'hui, M. le Procureur général ne voudra et ne pourra soutenir le contraire, quelque chose de très-important ; c'est un commentaire de la loi quand elle s'est exprimée, c'est un commentaire de la loi non moins éloquent quand elle a gardé le silence. Certes je ne dis pas que cette thèse soit bonne et conforme aux principes vrais ; je constate seulement qu'elle prévaut aujourd'hui administrativement et judiciairement.

Eh! bien, qu'a dit, dans sa circulaire, M. le duc de Morny, ministre de l'intérieur ? Il a dit, en janvier 1852, que, sous tous les gouvernements jusqu'à présent, *les comités électoraux* (le mot se trouve trois fois dans la circulaire) *ont existé et ont fonctionné*. Il ne dit pas : « ils ne doivent plus fonctionner, il y a une entente nouvelle de la loi ou une loi nouvelle ; » non, il dit au contraire : « ils pourront fonctionner encore » — mais eu égard à des changements qu'il explique avec plus ou moins de clarté ou d'exactitude (et Me Dufaure prétendait hier que le ministre se trompait), il exprime la pensée « que désormais les électeurs dévoués aux opinions du gouvernement, votant dans son sens, n'auront plus besoin de faire ces comités. » Et pourquoi ? Le ministre en donne plusieurs raisons, mais il en est une qui, plus que toutes, est facile à comprendre : les électeurs votant dans le sens du gouvernement ont un comité électoral tout fait, bien autrement puissant, bien autrement constitué, ne fût-il composé que d'un seul personnage, le ministre, ou de deux, le ministre et le préfet, ayant pour auxiliaires tous les agents chargés de transmettre leur volonté et d'exécuter leurs ordres. Il est certain que cela peut bien dispenser de former des comités et pourtant cela n'a pas empêché que les préfets, pour la plupart, ne s'en soient pas dispensés ; il s'en est toujours formé partout, et pour le gouvernement et pour l'opposition, et même depuis cette poursuite commencée. Il s'en est formé particulièrement, j'ai le droit de le dire, dans l'arrondissement de Schelestadt. La Cour connait les faits à cet égard, ils sont superflus à répéter.

Qu'est-il arrivé après cette circulaire ? assurément si le ministre de l'intérieur a mal interprété la volonté suprême, mal suivi la pensée de la loi, on va présenter une loi qui tranchera la controverse, ou il y aura une de ces rectifications comme nous en avons vu paraître dans les journaux, lorsqu'un ministre ou un homme important avait avancé des propositions, émis des idées, qui ne convenaient pas au chef du gouvernement.

Ici rien de pareil. Il est survenu la loi du 25 mars 1852, paraissant trois mois après; que propose-t-elle, alors qu'il y a des *comités électoraux* fonctionnant et des assemblées *publiques* électorales se réunissant? elle interdit simplement et uniquement les réunions publiques, et ne dit pas un mot des réunions privées, des comités électoraux. Je suis donc autorisé à vous dire sur ce premier point, sur la question des comités électoraux de quelque nombre qu'ils soient composés, qu'ils se restreignent dans un seul arrondissement ou qu'ils communiquent avec plusieurs, que la question est tranchée par la loi; et pour interdire cette faculté, ce droit, ce devoir, voilà dans quelle situation le ministère public se trouve placé: il prend une loi qui non seulement n'en dit mot, mais qui n'en pouvait et n'en devait rien dire, en raison des temps où elle a été promulguée, c'est l'article 291; une deuxième loi, par laquelle j'ai démontré que toutes les réunions, assemblées, comités, ayant les élections pour objet, étaient reconnus sans qu'aucune distinction pût être admise; et enfin une troisième loi qui interdit les *réunions publiques*, même électorales et qui laisse subsister toutes les autres et par conséquent les comités. N'avons-nous donc pas raison de dire, rien que comme jurisconsultes, même sans nous placer au point de vue politique, que la question n'en est pas une et qu'on n'aurait pas dû l'élever? mais, voici maintenant, Messieurs, un deuxième aperçu qu'hiér dans la vivacité de la discussion, j'avais laissé dans l'oubli.

Le ministère public nous dit et j'entends dire partout: « Vos comités électoraux, on ne vous les interdit pas; vous avez un moyen très-simple de les former. Vous êtes libres au nombre de douze, quinze, dix-neuf; mais vous voulez être vingt-et-un, vingt-cinq, trente, quarante? Demandez l'autorisation au Gouvernement; et vous serez en règle, car c'est l'exercice du droit que l'on réglemente, ce n'est pas le droit lui-même qu'on interdit. »

Déjà, par une argumentation puissante, hier et aujourd'hui, on vous a démontré que c'était faire une chose exorbitante, en droit politique comme en droit civil, que d'imposer cette autorisation; mais j'ajoute une nouvelle raison, qui sort des entrailles de la loi elle-même et c'est sur elle que je prie M. le Procureur général et la Cour de vouloir bien fixer leur attention.

A qui faut-il m'adresser si je veux former un comité, pour avoir cette autorisation? Car si vous me dites que je puis former un comité rien qu'en demandant l'autorisation, il me faut deux choses: il faut que vous me donniez le moyen de la demander, et il faut que ceux à qui je la demande ne soient pas placés dans la nécessité de la refuser quand je la leur demanderai.

Un auteur accrédité, qui résume les opinions des autres avec lucidité, M. Dalloz, s'est posé la question, et il décide que c'est au maire, en cas de refus au préfet, puis finalement au ministre.

Il faut que je m'adresse à l'une de ces autorités, au supérieur si les inférieurs refusent. Eh bien ! je prie M. le Procureur général de ne pas supposer que, sous ce régime plus que sous aucun autre, je mette en doute la parfaite loyauté et l'impartialité autant quelle est possible, des agents de l'administration, puisque c'est d'eux qu'il s'agit; je ne veux pas, je le répète, mettre le moins du monde en doute cette impartialité quand elle peut exister et s'exercer librement : mais vous pouvez croire que vos agents ou le ministre lui-même accorderont pour ce genre d'affaire, pour la formation d'un co-comité électoral *d'opposition*, une autorisation qui serait le contraire de leurs vues et de leur action, le contraire de ce que le Gouvernement leur recommande de faire, et de ce qu'il appelle leur devoir !

Et, à cet égard, distinguons ce qui doit être distingué. Je vois tout de suite une objection et je l'aborde franchement. La voici : « Vous êtes bien forcés de reconnaître, nous dira-t-on, que pour les associations politiques proprement dites, on est tenu de s'adresser à ces mêmes agents, afin de les faire autoriser. Pourquoi n'en serait-il pas de même ici. » Oui, je le reconnais, il n'y a pas moyen de se passer d'autorisation pour les associations politiques? J'en vois les inconvénients; mais s'ils sont inévitables, ils sont bien loin de ceux que je vais vous signaler tout à l'heure, lorsqu'il s'agit d'une association politique dans l'ordre des idées générales. Le pouvoir, après tout, ayant à sa disposition toutes les forces dont un gouvernement dispose, peut se montrer facile et accorder l'autorisation. Qu'en résultera-t-il toujours? Rien ou peu de chose. S'il en résultait quelque mal, les forces dont on est armé, forces judiciaires, forces matérielles, celles même des populations viendront au secours du gouvernement quand le gouvernement est attaqué ; tout permet donc d'accorder l'autorisation. D'ailleurs, si on l'accorde, on peut la retirer le lendemain; la loi le dit formellement. Mais, Messieurs, y a-t-il quelque chose qui puisse être comparé à cette situation, lorsqu'il s'agira de l'autorisation du gouvernement pour la formation d'un comité électoral? Est-ce que vous ne voyez pas que c'est vouloir une autorisation impossible? impossible par la nature des choses et par la nature des hommes.

Je veux former un comité électoral, non pas d'une manière générale et indéterminée, mais pour arriver à une ou plusieurs élections. Les élections se circonscrivent dans un temps donné; le lendemain du scrutin, tout est fini, non-seulement d'après la loi, mais encore par l'empire nécessaire des faits. Quinze jours, vingt jours, trois semaines avant l'élection, je demande donc l'autorisation; je la demande pour une élection quelconque, qui prend dès lors un caractère ou un teinte politique; car, qu'il s'agisse d'une élection départementale, ou d'une élection municipale, ou d'une élection de député, la situation deviendra immédiatement la même, et les conséquences seront semblables; il s'agira toujours d'une élection politique aux yeux de ceux qui voudront, comme de ceux qui ne voudront pas le comité. Je veux un député qui représente mes opinions; elles peuvent être erronées, mais j'ai le droit de les avoir et de me concerter, pour les faire prévaloir, avec ceux qui pensent comme moi ou n'en sont séparés que par des nuances. Donc je demande une autorisation pour former un comité: ou bien je la demande pour former un comité en vue d'une élection départementale, parce que je veux un représentant plus économe des deniers publics, ayant des rapports moins intimes avec le préfet, étant moins disposé à tout croire sur sa parole et à approuver tous ses actes; ou bien encore en vue d'une élection municipale, parce qu'il m'importe d'avoir un conseil qui ne se laisse pas exclusivement conduire par le maire, lequel peut même ne pas être membre du conseil, n'avoir aucun intérêt municipal sérieux et n'être qu'un agent du Gouvernement.

A qui est-ce que je demanderai cette autorisation? Au maire? Le maire me dira: « Quel candidat voulez-vous? » ou il le saura aisément sans que je le lui dise. Or, c'est peut-être son adversaire personnel que je porte ou celui de son meilleur ami. « Je n'accorde pas cette autorisation, » me répondra-t-il. Ou bien, embarrassé et ne voulant pas me répondre, il en référera au préfet. Le préfet, à son tour, me dira ou il pensera ceci, et agira en conséquence: « Comme c'est pour combattre la candidature que je soutiens et dont j'ai instruit le ministre que l'on me demande cette autorisation, je ne puis, en l'accordant, donner les moyens de me faire subir un échec aux regards des opinions que je défends et du ministre, qui est mon chef et m'a donné ses ordres. »

Je m'adresse alors au ministre. Qu'il s'agisse d'élections municipales, ou départementales, ou d'élections générales et politiques le ministre me répondra ou se répondra à lui-même: « J'ai recommandé à tous mes agents de combattre telle candidature; » — car c'est un fait reconnu aujourd'hui, le Gouvernement a le droit d'avoir son candidat officiel, de l'appuyer par tous les moyens honnêtes, à la condition de laisser aux électeurs les mêmes droits pour les candidats non officiels — « comment dès lors ordonner ou permettre une mesure qui serait, dans son but et ses effets, directement contraire à cette recommandation? »

Donc refus partout, ou autorisation donnée trop tard et quand on n'en peut plus profiter.

M. le Procureur général va-t-il me dire que j'exagère, qu'il a une autre foi que la mienne dans la bonne volonté et dans la loyauté des agents de l'administration? Je puis partager ses sentiments, d'une manière générale et pour les actes ordinaires; mais il y a des choses pour lesquelles je ne puis avoir la même confiance, et je ne puis l'avoir jusqu'à ce point de croire que tout ce monde saura se dépouiller de ses opinions et de son intérêt actuel et politique. Je serai donc, nous électeurs nous serons donc à leur discrétion. Devons-nous nous en contenter? J'affirme qu'on refusera toujours ou qu'on donnera cette autorisation trop tard et de façon à ce qu'elle ne puisse servir. Aurons-nous un recours quelconque? A quoi conduirait-il? Le scrutin est fermé, l'élu est proclamé! Il est trop tard!

Je puis, sans sortir de la cause justifier les motifs qui ont déterminé M. Melsheim agissant, non comme président d'un comité (il ne l'était pas et on a tort de l'inculper comme tel : il n'avait mérité ni cet excès d'honneur ni cette indignité... puisque l'indignité à la suite de l'honneur l'entraîne devant le tribunal correctionnel) mais agissant comme simple électeur à se réunir comme il l'a fait à quatre ou cinq de ses amis. M. Melsheim avait pour adversaire du candidat objet de ses préférences, M. de Bulach qui, sans parler de ses autres titres et fonctions que j'ai déjà cités, était maire de l'une des communes les plus importantes de l'arrondissement. Croyez-vous que M. de Bulach eût poussé le désintéressement jusqu'à accorder l'autorisation de former un comité directement opposé à sa candidature? Croyez-vous qu'on eût obtenu plus facilement cette autorisation en s'adressant au sous-préfet, en s'adressant au préfet, en remontant plus haut, en s'adressant au ministre, en remontant encore plus haut, en s'adressant aussi haut que possible? Pouvez-vous le croire, en présence des deux lettres qui ont été écrites à l'occasion de cette élection, l'une ministérielle, l'autre tombant de la région élevée que vous connaissez!

Non, non, cette porte que vous semblez nous ouvrir, c'est une porte pour nous mettre dehors; dehors de la lice électorale, dehors du suffrage universel.

Le suffrage universel! vous le voulez, vous le dites, et vous êtes sincères, je le veux, dans votre pensée; mais, en réalité, l'êtes-vous quand vous réduisez l'élection à cette triste extrémité. Je vais plus loin. Pour moi, je me crois impartial, nous croyons tous l'être, je crois l'être plus aujourd'hui que je ne le fus peut-être en un autre temps ; l'âge a produit ses effets, mon désintéressement des choses politiques sans être absolu, est plus grand qu'autrefois, et depuis dix-huit ans tout a bien calmé chez moi les passions de cette sorte, et la partialité qu'elles engendrent. Eh bien ! je ne voudrais pas pour tout au monde être mis à l'épreuve, à laquelle vous nous conviez, être appelé en qualité de maire, ou à tout autre titre officiel, à statuer en pareille matière et sur pareille question ! Je ne serais pas assez sûr de moi, parce que nos opinions, quand nous les croyons bonnes, nous ne voyons pas les abus auxquels elles peuvent nous conduire ; nous nous laissons dominer pas les circonstances, et nous pouvons être injustes, arbitraires, tout en croyant ne l'être pas : et en concédant que je n'aurais pas confiance en moi-même, je puis ajouter, sans le trouver mauvais, que les autres ne l'auraient pas davantage ; et cependant j'aime à le penser, tout le monde me croit honnête homme, incapable de commettre sciemment une injustice ou une méchante action.

Je me permets d'aller plus loin encore : M. le Procureur général est un magistrat, impartial par son caractère, impartial par ses fonctions ; M. le Procureur général, les débats nous l'ont revélé, et c'est pour cela que j'en parle, remplit encore, en dehors de sa charge élevée, d'autres fonctions, des fonctions électives ; il est membre d'un conseil général. Eh bien ! malgré ma confiance en son impartialité, malgré sa confiance en lui-même, je ne crois pas que si..... M. Varambon, par exemple, puisqu'il en a été question dans ce procès, lui demandait à lui, maire de sa commune, l'autorisation de réunir un comité pour appuyer sa propre candidature et pour combattre la candidature de tel autre qui serait préféré par M. le Procureur général, je ne crois pas que l'autorisation fût accordée, librement, largement, et d'une façon utile pour ceux qui l'auraient demandée. Non, Messieurs, je ne le crois pas, et la loi ne l'a pas cru non plus ; et savez-vous pourquoi ? C'est qu'il y a deux choses qu'il ne faut ni croire ni exiger.

Il ne faut jamais croire que les hommes, dans quelque position qu'ils soient, seront assez désintéressés, assez fermes pour résister à la plus forte des passions peut-être, à la passion, à l'entraînement de l'opinion politique qui est fortement enracinée dans leur âme.

Il ne faut jamais exiger, sous peine de les avilir, que les citoyens se soumettent à dépendre ainsi des opinions, des intérêts, des calculs ou de la volonté arbitraire d'autrui.

Il ne faut croire ni que les fonctionnaires auront des vertus surhumaines, ni que les citoyens accepteront comme loi et s'y soumettront, toutes les volontés, quelles qu'elles soient, qu'on jugera à propos de leur imposer.

Voilà pourquoi la loi n'a pas voulu, n'a pas pu vouloir qu'il en fût ainsi ; et pourquoi le préalable de l'autorisation administrative n'a pas dû être exigé pour les comités ou réunions privées, en matière électorale. Et cela fait bien comprendre pourquoi dans tous les temps, et même le 25 mars 1852, alors que le Gouvernement pouvait tout, ou du moins beaucoup de choses, on a dit purement et simplement, au nom de la sécurité publique, que les réunions publiques étaient interdites, mais jamais les réunions électorales ni les comités électoraux, qui n'auraient point ce caractère de réunion, d'association ou d'assemblée publique.

Voilà, Messieurs, les derniers moyens que j'avais à exposer devant vous, et maintenant je termine par deux réflexions que la réplique du ministère public a rendues nécessaires.

L'arrêt de la Cour de cassation de 1846, qu'il invoque, a été si bien expliqué par mon honorable confrère, Me Dufaure, que je me reprocherais d'y revenir avec quelque détail. Je ne veux dire qu'une chose à propos de cet arrêt, c'est que M. le Procureur général, en le citant hier, a mal à propos prétendu me l'opposer à moi, qui ne lui avais ni reproché le fait, ni contesté le droit de n'avoir poursuivi devant la justice qu'un certain nombre des inculpés. Je n'avais fait que tirer de ce choix dans la poursuite, des conséquences en faveur de mon client, et j'avais dit : Comment se peut-il que, lorsque tant d'honorables et savants inculpés sont laissés de côté comme n'ayant pas su où les conduisait le fait qu'ils avouaient et dont ils s'honoraient, on reproche à mon humble client, qui est avoué à Schelestadt, qui habite à cent cinquante lieues d'ici, de n'avoir pas deviné la véritable portée de cet acte prétendu illicite, auquel on veut le rattacher ?

Voilà simplement ce que j'avais dit (et si je fais cette rectification, c'est que je ne veux laisser à personne le plaisir de me mettre en contradiction avec moi-même lorsqu'on n'y est nullement fondé) : La Cour a vu que dans l'affaire de 1845 il ne s'agissait ni de comités, ni de réunions électorales ; la Cour a vu aussi, et Me Dufaure l'a parfaitement démontré, qu'il y avait eu, non pas, comme ici, trente-quatre saisies, mais deux saisies seulement, dans le domicile du prince de Montmorency et dans celui du duc d'Escars ; que ces saisies avaient été faites en leur présence, et qu'on leur avait montré toutes les pièces, qu'ils avaient paraphées. On y avait trouvé des statuts, une organisation complète; en conséquence, on avait poursuivi; on poursuivrait encore aujourd'hui, et l'on aurait raison Et que fit-on alors? On interrogea tous ceux qui étaient soupçonnés. d'avoir fait partie de cette association vraiment politique, et, s'armant de la loi qui dit que les chefs seront traduits et punis d'une peine qui peut être l'emprisonnement, on traduisit quatre inculpés, les chefs principaux, au nombre desquels se trouvaient M. le duc d'Escars et M. le prince de Montmorency; et, au risque d'encourir le reproche de revenir trop souvent aux souvenirs classiques, je dirai qu'on suivit cette maxime antique, qui ne manque pas de dignité :

Parcere subjectis et debellare superbos.

On fit condamner le prince de Montmorency à un mois de prison. Mais aux rigueurs obligées de la justice succédèrent les ménagements permis en certains cas, même chez le magistrat, à l'homme du monde et à la courtoisie, et je ne crains pas de l'avouer, le prince de Montmorency n'a jamais subi cette peine d'emprisonnement. On épargna même à ses opinions le froissement d'une amnistie ou d'une grâce, et tout fut terminé du moment que la société, dissoute, eût cessé d'exister.

Voilà ce que je voulais dire à ce sujet; je n'établis pas de comparaison, je ne cherche pas si M. Melsheim était raisonnablement, équitablement dans une situation telle, qu'il dût être appelé ici de préférence à tant d'autres. J'ai plaidé sa cause hier, et je n'y reviens pas.

Je dirai un dernier mot, sur un autre point. Hier, M. le Procureur général, et j'ai le droit de le dire, car il s'adressait à chacun de nous, a fait des allusions fort claires, et parfois assez incisives, quoique parfaitement polies, à la situation de certains des défenseurs dans ce débat. Il y a été répondu par M. Berryer et par M. Dufaure, en ce qui les concerne. Je ne veux dire que ceci, en ce qui me touche personnellement. Si je suis ici, j'y suis comme chacun de mes honorables confrères, en qualité de défenseur; je n'y suis pas en volontaire ni pour ma satisfaction personnelle; j'y suis parce que mon client y est appelé, et qu'il m'a confié le soin de ses intérêts; j'y suis encore parce que, comme jurisconsulte convaincu de son droit, je porte et je dois porter un sincère intérêt au succès de sa défense.

Et en vérité, Messieurs, je ne sais pas où les gens qui ont des opinions contraires aux volontés et aux systèmes du Gouvernement, trouveraient des défenseurs, s'ils étaient obligés de se restreindre dans leurs choix au nombre très-limité, quelque talent qui y brille, de ceux qui sont en sympathie parfaite avec ses opinions et ses actes

Je ne puis oublier ce que nous avons vu dans tous les temps ; et sans vouloir, c'est une modestie qui n'est pas affectée, sans vouloir placer mon nom à côté des noms que je vais citer, qu'il me soit permis de demander à M. le Procureur général s'il a oublié Martignac, l'avocat et l'homme politique libéral, défendant celui qui l'avait fait tomber du pouvoir par une politique si contraire à la sienne, et qui entraîna la chute de la monarchie ; Berryer, défendant tous les accusés politiques, tous ceux, sans distinction de temps, de situations et de principes, qui ont eu recours à son cœur et à son talent. Et si je puis parler de mon humble personne, à peine arrivé ici, il y a neuf ans, n'ai-je pas défendu le secret des correspondances dans un procès où les opinions en cause différaient entièrement des miennes, et où j'étais à côté de Dufaure, de Berryer et d'Odilon Barrot? Plus tard, il y a deux ans à peine, je défendais, et j'avais la satisfaction de voir mes efforts couronnés de succès, avec ceux d'honorables confrères dont je ne partage pas les opinions, la cause des consuls et agents mexicains. Nous avions tellement raison de résister à la poursuite, qu'appel n'a pas même été relevé du jugement que nous avions obtenu devant le tribunal correctionnel. Dans cette même carrière d'avocat, j'ai défendu, toutes les fois qu'on m'y a convié, la liberté de la presse, sagement réglée par les lois. Il y a cinq jours à peine, je délibérais encore une consultation pour le journal *le Courrier du Dimanche*. qu'on veut frapper d'une suppression réelle, déguisée artificieusement sous le titre de simple suspension.

Que faut-il conclure de tout cela, Messieurs? C'est que tout homme généreux, tout avocat pénétré de ses devoirs, quand il voit ses propres principes engagés dans un débat, ne demande pas à son client quelle est son opinion politique, quelle est la couleur de son drapeau ; il ne lui demande que ces deux choses : « Êtes-vous honnête homme? avez-vous raison devant la loi? » Satisfait de ce côté, il vient le défendre en toute sincérité, et avec la certitude de remplir un devoir.

Il n'y a donc ici, Messieurs, aucune coalition d'opinions ou d'intérêts, il n'y a point d'abandon du passé pour personne. Il y a, au contraire, perpétuité constante dans les pensées, dans les paroles et dans les opinions.

Pour moi, je me rends ce témoignage public, que personne ne démentira, que je pense, que je dis (et si je ne fais pas c'est qu'il ne m'est pas donné de faire), tout ce que je pensais, tout ce que je disais il y a vingt ans; tout ce que pensait, tout ce que disait alors M. le Procureur général.

Avocat général, procureur général, député, ministre, avocat, dans les différentes situations où je fus placé, j'ai toujours eu la même pensée et le même langage : respecter la loi, défendre la loi; et en cela j'ai cru servir, non-seulement les intérêts privés ou publics qui se confiaient à moi, mais la grande cause des principes qui leur est bien supérieure. Je défends aujourd'hui celle du Gouvernement lui-même, quelque peu de sympathie qu'on puisse me supposer pour lui et pour ses actes.

Et maintenant que j'ai fait cette profession de foi, je dirai avec M. le Procureur général lui-même, car je ne me serais pas permis de le dire à sa place. Je consens à l'honneur qu'il veut bien me faire, de s'abriter derrière la toge du procureur général de 1845, même, s'il lui plaît, derrière la toge de l'avocat de 1864.

M. Hérold. La Cour veut-elle me permettre de présenter une observation de quelques minutes sur un fait matériel? M. le Procureu général, qui ne cherche que la lumière, me saura gré, je crois, d'éclaircir un point du débat qui ne manque pas d'intérêt. Ce n'est pas une plaidoirie que je veux faire.

M. le Président. Avant de vous donner la parole, je dois rappeler que M. le Procureur général a indiqué l'intention de répliquer. Les derniers mots appartiennent à la défense. Nous invitons MM. les défenseurs à s'entendre et à faire en sorte que l'un d'eux se charge de répondre, autant que possible, pour tous. Chacun comprend le sentiment auquel j'obéis en ce moment, et qui m'est inspiré par les intérêts en souffrance.

Au banc de la défense. Oui! oui! c'est entendu.

M. le Président à M. Hérold. Vous avez la parole.

M. Hérold. Ce n'est, je le répète, qu'une simple observation que je désire présenter.

Il s'agit du fait de la prétendue affiliation avec le comité de Lyon. Je veux me mettre un instant sur le terrain où s'est placé M. le Procureur général. Il nous a fait hier beaucoup de concessions; à mon tour, je lui en ferai une grande, mais par hypothèse. Je suppose, c'est une simple supposition, que tout ce qu'il a dit est exact en droit, et que les seuls comités permis soient des comités de vingt personnes au maximum, établis dans les circonscriptions où des élections ont lieu et ne s'occupant que de ces élections locales.

C'est là, si je ne me trompe, la concession suprême que nous a faite M. le Procureur général.

Ceci étant dit, je rappelle à la Cour que M. le Procureur général compose numériquement le noyau parisien de l'association qu'il poursuit, de dix-neuf personnes seulement, puisqu'il en détache

M. Deroisin, que le jugement de première instance avait compris parmi nous; il est, par conséquent, de toute nécessité pour M. le Procureur général de rattacher à ce noyau central de dix-neuf personnes, d'autres personnes, des comités étrangers, qui fassent dépasser à la prétendue association le chiffre de vingt; cela est absolument nécessaire pour que la poursuite aboutisse.

Cette nécessité de rattacher à l'association des Dix-neuf divers autres comités étant bien reconnue, que devait faire et qu'a fait M. le Procureur général? Il a cité plusieurs comités qu'il a réunis à celui de Paris. Réunis, comment? par un lien d'*affiliation*, c'est le terme employé : je ne discute pas le mot, il comporte toute une discussion de droit, et je veux arriver à un fait. On a cherché à établir l'affiliation, puisque affiliation il y a, entre nous et un certain nombre de comités. Il est intéressant de savoir de quels faits on fait résulter l'affiliation.

Eh bien! je parlerai de l'affiliation; de la prétendue affiliation avec le comité de Lyon. Je parlerai de celle-là seulement, mais ce que j'en dirai aura une portée générale que la Cour comprendra; j'en parle, du reste, parce que c'est moi qui l'aurais établie, si l'on s'en rapporte à la discussion de M. le Procureur général.

De quoi donc résulte cette affiliation avec le comité de Lyon? d'une simple correspondance! M. le Procureur général n'a pas cité autre chose. Et encore, qu'est-ce que cette correspondance?

Il est très-important de savoir ce que c'est que cette correspondance, et, d'une manière générale, ce que c'est qu'une correspondance, aux yeux de M. le Procureur général, puisque, la Cour le voit, l'association se constitue par l'affiliation et que l'affiliation elle-même s'établit par une simple correspondance. Le délit est donc là.

Qu'est-ce que la correspondance qui a été citée par M. le Procureur général, cette correspondance qui constitue pour lui, tout à la fois, la seule et unique preuve et le fait même de l'affiliation du comité de Lyon avec celui de Paris? C'est la lettre dont il a été déjà parlé, qui m'a été adressée le 11 mai 1863 par M. Varambon. C'est cette lettre, entendez-vous bien, cette lettre seule, et non pas cette lettre et sa réponse, ou une série quelconque de lettres.

Cette lettre, je ne me la rappelais pas dans toute son étendue lors de mon interrogatoire; M. le Procureur général a bien voulu nous la communiquer, et j'en suis aise, parce qu'elle va me servir à préciser le fait. (*Me Picard passe la lettre à M. Hérold.*)

Cette lettre contient trois parties très-distinctes : dans la première partie, M. Varambon, qui avait été antérieurement en correspondance avec moi, à propos d'une affaire électorale portée devant le Conseil d'État, me parle d'une pétition au Sénat, formée à la suite de cette même affaire. Voici, en deux mots, de quoi il s'agissait :

Nous avions obtenu l'annulation de l'élection de M. Cabias, ancien député au Corps législatif, comme membre du Conseil général du Rhône, pour l'un des cantons de Lyon. Cette annulation avait été prononcée par le Conseil d'Etat ; mais ensuite l'administration avait laissé expirer le délai dans lequel elle devait, aux termes de la loi, convoquer les électeurs, pour remplir la vacance. Les électeurs libéraux réclamaient cette convocation. L'administration avait répondu : « Les délais sont expirés, nous le savons, mais cela nous est égal ; on ne convoquera pas les électeurs, ce serait une cause de troubles. » Comment vaincre la résistance de l'administration, qui, en présence d'un texte de loi formel, positif, impératif, se retranche dans sa toute-puissance ? comment vaincre la résistance de l'administration, qui sait que ce texte existe, qui ne fait même pas semblant d'en ignorer l'existence, mais qui déclare nettement, carrément — comprenez-vous cela, Messieurs ! — qu'elle ne veut pas l'exécuter ? Comment faire ? On eut l'idée de s'adresser au Sénat, par voie de pétition. M. Varambon, dans sa lettre, me parle de cette démarche, qui du reste, je dois le dire, n'a pas été couronnée de succès. Les électeurs du quatrième canton de Lyon ont fini par être convoqués, mais ce n'a pas été un effet de la pétition.

La seconde partie de la lettre est relative à des questions électorales générales et à des appréciations de candidatures : c'est une communication faite d'homme à homme ; il ne s'agit pas d'une relation entre comités. Il n'y a ici aucun subterfuge ; M. le Procureur général est convaincu de ma sincérité (*signe d'assentiment de M. le Procureur général*) : s'il s'agissait d'une communication qui eût été faite à notre comité, je le dirais, parce que j'ai pour habitude de dire toujours la vérité et que d'ailleurs le fait eût été, selon moi, parfaitement licite. C'est à moi, à moi seul, que Varambon s'adressait dans cette seconde partie de la lettre, qui, du reste, n'a pas été soulignée par le Parquet. Je n'ai donc pas à y insister davantage.

La seule partie qu'on invoque, c'est le post-scriptum, le voici : « J'ai reçu la circulaire de Garnier-Pagès... » C'est la circulaire du 8 mai. Sans doute, il l'a reçue, nous l'avions envoyée dans toute la France. Il ajoute : « Je suis dès à présent à la disposition du comité de Paris pour toutes les communications qu'il voudra bien nous adresser. » Et voilà tout !

Ce sont ces quatre lignes qui constituent l'affiliation !

Elles en sont la preuve, nous dit-on, et la preuve certaine. Eh bien, je réponds : Non, il est impossible d'admettre votre système. Qu'y a-t-il dans ce post-scriptum ?

Il y a une offre d'entrer en relations, ceci est évident à la lecture ; il y a le désir, l'intention exprimée de correspondre ; il y a cela, mais rien de plus. Varambon voulait correspondre : la correspondance a-t-elle eu lieu ? vous n'en savez rien.

Si M. Varambon voulait correspondre, je reconnais bien volontiers que j'étais animé des mêmes sentiments, et je confesse que j'aurais correspondu avec lui avec grand plaisir ; c'est ce que j'ai dû lui répondre. Mais avons-nous réellement correspondu au sujet des élections de Lyon ? je ne me le rappelle pas ; j'affirme que je crois que non. C'est tout simple : à Lyon, comme à Paris, comme à Marseille, les élections ont été toutes spontanées, et la correspondance entre comités était inutile.

On a pris chez moi tout ce qui était signé « Varambon. » A-t-on trouvé autre chose que cette offre de correspondre, que cette intention exprimée de nouer une correspondance ? Rien, on n'a trouvé absolument rien.

Voici la définition légale de la *correspondance* admise par M. le Procureur général que je déduis de cette situation spéciale :

La correspondance, ce n'est plus un échange de lettres, de renseignements, d'idées, ce n'est même plus une lettre unique, mais qui en fait supposer une autre, parce qu'elle contient une réponse, c'est *l'intention de correspondre, exprimée par une personne.* On ne sait pas ce qui a été répondu ni même s'il a été répondu ; n'importe, la correspondance est constituée, et cette correspondance constitue l'affiliation, l'affiliation constitue l'association, l'association tombe sous le coup du Code pénal, et voilà comment un comité formé de dix-neuf personnes se trouve associé et ne fait qu'un avec tous les comités, avec tous les individus qui lui ont écrit.

M. le Procureur général, qui disait hier qu'il était si riche de preuves, ne pourra tenir à celle-là, et je crois que le comité de Lyon doit disparaître entièrement du débat.

Ce fait, tout spécial qu'il est, me semble apporter quelque lumière sur le débat, parce qu'il montre où, de conséquence en conséquence, en arrive le système de la poursuite. Il me semble, que la Cour me permette de le dire, que j'ai fait la démonstration de la vérité de notre thèse par l'absurde, oui, par l'absurde de la thèse contraire !

L'audience est suspendue à deux heures 25 minutes.

Pendant la suspension de l'audience, M. Leyraud, ancien député de la Creuse, qui fait partie de l'auditoire, vient entretenir les appelants et les défenseurs de la discussion de la loi de 1834 à la Chambre des députés. Il rappelle notamment que le mot « comités électoraux » a été plusieurs fois prononcé dans cette discussion, et il exprime l'opinion que l'intention de la Chambre avait été d'affranchir ces comités de toute application de la loi (1).

L'audience est reprise à 2 heures 45 minutes.

Me Crémieux s'avance à la barre. Plusieurs de mes amis m'ont signalé deux phrases du réquisitoire de M. le Procureur général, dont l'une porterait atteinte à ma véracité, et dont l'autre n'a pas été comprise par moi. M. le Procureur général aurait dit, et s'il ne l'a pas dit, mon observation tomberait d'elle-même : « Que j'aurais affirmé que je n'avais pas été membre du comité, que M. Garnier-Pagès

(1) L'honorable M. Leyraud avait déjà retracé ses souvenirs de la discussion de la loi de 1834, dans une lettre écrite peu de jours après les débats de première instance. Cette lettre a été insérée dans le *Siècle* du 15 août 1864; nous croyons utile de la reproduire.

Bonnat, le 10 août 1864.

Mon cher Havin,

M. Jules Favre, dans sa magnifique plaidoirie pour M. Garnier-Pagès, m'a fait l'honneur de me nommer comme ayant provoqué, lors de la discussion de la loi de 1834 sur les associations, M. Barthe, garde des sceaux, de déclarer si le gouvernement avait oui ou non la pensée d'appliquer la loi aux réunions électorales.

Dans ma solitude, j'en ai ressenti à soixante-dix-neuf ans un léger mouvement de satisfaction.....

Vous savez, mon cher Havin, que la devise de ma vie a été : « Liberté électorale et haine aux fraudes électorales.

Vous comprendrez que je tienne à revendiquer tout ce que j'ai pu dire pour assurer la sincérité des élections.

Je saisis cette occasion pour affirmer ce qui s'est passé dans les débats de la loi de 1834.

J'avais proposé et fait imprimer un amendement relatif aux réunions électorales, qui devait former un paragraphe additionnel à l'article 1er de la loi. Cet amendement était ainsi conçu : « Cette disposition n'est pas applicable » aux réunions des citoyens qui auront pour objet des opérations préparatoires à une élection, sous la condition de faire connaître au maire de la » commune le temps, le lieu, l'objet de la réunion. »

Après l'impression de cet amendement, la commission ajouta à la loi un article 5, dont voici les termes : « Les dispositions de la présente loi ne seront » pas applicables aux réunions électorales qui auront lieu dans chaque département après l'ordonnance de convocation du collége, à moins qu'il n'y ait » affiliation à des réunions du même genre dans d'autres départements. »

Dans la séance du 24 mars, M. Martin (du Nord), rapporteur, qui avait formellement écrit que les réunions électorales ne tombaient pas sous le coup

avait déclaré le contraire, que c'était à la Cour à apprécier; mais que, quant à lui, il me retenait comme membre du comité. »

Si cela a été dit.....

M. LE PRÉSIDENT. Me Crémieux, vous n'avez pas entendu la phrase de M. le Procureur général; si vous l'aviez entendue, vous auriez pu juger qu'elle n'avait rien qui dût vous blesser. La Cour n'a rien à écouter sur ce sujet. M. le Procureur général a la parole.

M. LE PROCUREUR GÉNÉRAL. J'ai dit purement et simplement que Me Crémieux avait déclaré n'avoir pas fait partie du comité et ne pas savoir où le ministère public, où le Tribunal avaient pris qu'il en eût fait partie, personne n'ayant jamais parlé de lui. J'ai ajouté que si

de la loi, déclara brusquement qu'il retirait l'article 5, que la commission avait ajouté.

J'avoue que je crus apercevoir dans ce retrait l'adresse d'une tactique. Je voulus avoir une explication nette et précise.

« L'article 5 est retiré, » dis-je à la Chambre « mais il me semble que l'ob-
» servation de M. le rapporteur n'est pas suffisante. M. le rapporteur a dé-
» claré que la disposition de la loi ne s'appliquait pas aux réunions élec-
» torales. Cette déclaration, sans doute, serait rassurante si déjà, il y a quinze
» jours, M. le rapporteur n'était pas venu, au nom de la commission, déclarer
» que cette loi pouvait s'appliquer aux réunions électorales, s'il n'avait pas
» formulé un amendement comme exception. Je crois qu'on pourrait appeler
» de la doctrine de M. le rapporteur à la doctrine de M. le rapporteur. Que
» le gouvernement vienne déclarer que la loi ne s'applique pas à ce que nous
» appelions autrefois *comités électoraux* ou *réunions électorales*, et alors je
» retirerai mon amendement. »

M. le garde des sceaux monta à la tribune et s'exprima ainsi : « Le gou-
» vernement s'est déjà expliqué plusieurs fois sur ce point : il a déclaré que
» les réunions électorales dont parlait l'amendement de la commission ne
» sont pas comprises dans la présente loi. Nous faisons une loi contre les as-
» sociations, et non pas une loi contre les réunions accidentelles et tempo-
» raires, qui auraient pour objet l'exercice d'un droit constitutionnel; c'est
» après cette explication que les divers amendements ont été retirés; je la
» confirme de nouveau devant la chambre. »

M. Mérilhou, ancien garde des sceaux, pensa que les explications d'un ministre ne pouvaient dispenser de la lettre de la loi.

M. Thil, conseiller à la Cour de cassation, membre de la majorité, déclara : « que la loi ne pouvait pas s'appliquer aux réunions électorales, et que si l'on pouvait lui donner cette portée que les citoyens n'auraient pas le droit de se réunir préparatoirement pour s'entendre, pour se concerter, afin de procéder aux nominations qui sont soumises à l'élection, il s'empresserait de voter contre la loi, comme portant atteinte au droit le plus incontestable, au droit le plus sacré. »

Nos amis de l'opposition, MM. de Tracy, Odilon Barrot, étaient d'avis de le Tribunal avait pris cela quelque part, c'était tout bonnement dans la déclaration de M. Garnier-Pagès devant le juge d'instruction.

Me Crémieux. Permettez...

M. le Président. Me Crémieux, vous aurez la parole pour répliquer.

Me Crémieux. Comme il plaira à la Cour. Je voudrais ne pas répliquer ; je pense qu'un de mes honorables confrères prendra la parole pour tous. Je me borne à dire qu'il n'y a entre ma déclaration et celle de Garnier-Pagès, aucune contradiction (1)...

M. le Président. Vous pourrez expliquer cela plus tard, M. le Procureur général a la parole.

l'inutilité de l'amendement et de la suffisance des déclarations faites par M. le garde des sceaux et par l'honorable M. Thil.

J'affirme un fait : — M. le garde des sceaux, qui n'était pas éloigné de mon banc, vint me trouver et me dit : « La loi est faite contre les asso» ciations et non contre les réunions ; jamais il n'a été dans notre pensée d'at» teindre les réunions électorales. » Et il m'engagea à retirer mon amendement.

Je me lève et je dis alors : « D'après les explications du ministre, je retire mon amendement. » Et, le lendemain, je fis imprimer dans le journal le *Temps* le texte des paroles de M. le garde des sceaux.

L'amendement fut repris par M. Mérilhou ; il fut encore discuté, soutenu par lui et par M. Demarçay.

M. Caumartin, magistrat, président de chambre, demanda la question préalable, sous le bénéfice des déclarations faites par M. le garde des sceaux et des observations de M. Odilon Barrot.

La question préalable ayant été mise aux voix, fut adoptée à la presque unanimité.

Ainsi, il fut déclaré par le gouvernement que les réunions électorales ne pouvaient pas être atteintes par la loi sur les associations, et la chambre en fit elle-même le commentaire le plus vrai. La question préalable veut dire qu'il n'y a pas lieu à délibérer.

La Chambre par l'adoption de cette question préalable, décida donc qu'on ne pourrait jamais invoquer la loi des associations contre les réunions électorales, qui étaient un droit constitutionnel et inviolable.

Je vous demande pardon de cette longue explication. Si vous la croyez un peu utile et opportune, vous lui donnerez l'hospitalité dans votre journal.

J'ai l'honneur d'être avec amitié, votre dévoué et ancien collègue,

Leyraud,

Ancien député de la Creuse.

(1) Le fait est éclairci par le passage des conclusions des appelants où la situation particulière de M. Crémieux est expliquée. Voir plus haut, page 97.

Me Crémieux quitte la barre.

M. le Procureur général. Je croyais que Me Crémieux avait une seconde observation à faire.

M. le Président. Me Crémieux pourra répliquer, vous avez la parole.

M. le Procureur général. La discussion que j'ai eu l'honneur de présenter à la Cour, à l'audience d'hier, est une discussion subtile; ma bonne foi est même douteuse. Je veux faire appliquer les lois à un cas auquel le législateur n'a jamais pensé à l'appliquer; j'enseigne des doctrines corruptrices du suffrage universel, condamnées par un des publicistes les plus éminents de la première moitié de ce siècle. Je vous ramène violemment en arrière, à cinquante ans en arrière, par cette discussion, qui du reste serait la risée de l'Angleterre. Et après ces critiques violentes est arrivé le moment de l'adoucissement : je suis encore bien plus maladroit que je ne suis coupable. Voilà ce que vous a dit Me Berryer hier.

Aujourd'hui, Me Dufaure a examiné, avec le caractère sérieux qu'il apporte à tous ses discours, ce réquisitoire traité de la façon dont je viens de parler. Il adresse à mes argumentations des reproches que je n'admets pas, mais dont je comprends parfaitement la nécessité au point de vue où il est placé. Il a prétendu que j'étais en face d'une réunion non publique que je confondais avec une réunion publique; que je n'avais rien prouvé touchant l'organisation et que la preuve manquait bien plus encore en ce qui concerne la durée; que la loi de 1834 ne s'appliquait pas à des groupes extérieurs; que les cotisants, ce que j'ai appelé les cotisants — j'avais oublié que je parlais en face d'un académicien — ceux qui ont cotisé, si vous voulez (*sourires*), ne pouvaient pas être compris parmi les membres de l'association.

J'ai entendu plus tard l'honorable Bâtonnier et puis Me Picard. On a reproduit les objections tirées du nombre et de la nécessité de vingt-et-un prévenus.

J'ai entendu l'honorable Me Hébert, qui allait apporter à ce procès le dernier mot de la question; et j'ai pu croire, et j'ai cru que l'argumentation qu'il allait présenter à la Cour allait être décisive. Eh bien, voici que Me Hébert a dit aujourd'hui : La loi de 1834 laisse en dehors de ses prescriptions les comités électoraux et les assemblées électorales; la loi de 1834 n'en a pas parlé, ou du moins on n'en a parlé dans la discussion que pour les affranchir; du reste, ils sont affranchis par là même qu'aucune disposition de la loi ne les touche.

Enfin, j'ai entendu l'honorable M. Hérold, avec lequel, dans une autre enceinte, je me suis rencontré dans la communauté d'une vie laborieuse, et qui a trouvé en moi, comme tous ses confrères, des sentiments d'estime dont j'ai, je puis le dire, souvent donné des preuves dans le cours de cette existence de travail que nous menions ensemble. Me Hérold a soutenu qu'une lettre qui rattachait, au dire de la prévention, le comité de Lyon au comité de Paris, ne pouvait avoir cette portée.

Voilà les plaidoiries que la Cour a entendues. Il faut répondre.

Je demande à mes honorables contradicteurs, que Me Picard, tout à l'heure, trouvait en nombre insuffisant lorsqu'il disait : « Mais vous attaquez des absents » — Il a dit cela après de telles défenses ! Assurément si j'exprimais une opinion qui pût blesser un absent quelconque, il se trouverait ici un défenseur pour la relever. — Je demande à mes adversaires, quand je froisserais leurs sentiments politiques, de ne pas m'interrompre, pour laisser à mon esprit toute sa liberté.

Je reprends ma discussion.

L'honorable Me Berryer m'a reproché une discussion subtile et sans solidité, il a dit une discussion qui manque de bonne foi; cela veut dire, je crois, une discussion de mauvaise foi. Je réponds à cette partie de son argumentation par les paroles de Me Dufaure lui-même, qui m'a félicité de m'être placé sur un terrain relativement solide (il ne pouvait pas l'être absolument dans sa pensée); il a dit que j'avais présenté une argumentation qui demandait une réponse. Quant à Me Hébert, il m'a fait l'honneur de me dire qu'il ne doutait pas de ma bonne foi. Voilà ma réponse à Me Berryer.

On m'a reproché de vouloir appliquer l'article 291 à des faits pour lesquels il n'avait pas été édicté. Que dit l'article 291 ? à quoi s'applique-t-il? Il s'applique à toutes les réunions politiques. Ah! dit-on, mais sous l'Empire la forme actuelle n'existait pas, il n'y avait pas de suffrage universel, donc l'article 291 ne pouvait pas régir des faits qui n'existaient pas alors. L'article 291 a parlé de réunions politiques de la manière la plus absolue et la plus générale, où l'on débat l'état des citoyens, le mandat de député, et tout ce qui touche à la politique du moment. La réunion qui fait l'objet de la poursuite était-elle politique? Je ne comprends pas qu'on puisse le nier.

On dit que j'ai enseigné des maximes corruptrices du suffrage universel. Je cherche encore les maximes de cette sorte que j'ai pu employer. Je vous ai dit, à vous qui le défendez tant, que le suffrage universel serait d'autant plus utile qu'il serait plus libre; et qu'il n'était pas démontré pour moi que cette administration extérieure, que vous vouliez placer à côté du gouvernement, venant peser sur le suffrage universel, lui donnât plus de force et plus de sincérité. Voilà ce que j'ai dit, je n'ai pas dit autre chose. Vous faites intervenir dans ce débat le grand nom de Royer-Collard. Comment! ce conservateur éminent qui a défendu le pouvoir monarchique, il aurait écrit des pages qui s'appliqueraient au suffrage universel? Hier, on rappelait cette pensée qu'il exprimait à propos des élections : « Il faut maintenir l'intrigue. » Comment! c'est en 1864 que vous voulez appliquer des idées exprimées à l'époque où il n'y avait que des électeurs censitaires? Croyez-vous que, de notre temps, cette grande intelligence aurait professé les idées qu'il exprimait en 1824? Non assurément. Sans doute, la vie publique est à l'intelligence ce que la circulation est au cœur; la vie publique a des nécessités de grandeur. Nous ne demandons pas qu'on la supprime, nous demandons qu'on en prévienne les écarts par le respect de la loi.

Voilà ce que j'avais à dire à Me Berryer. Il y a cependant quelque chose à ajouter.

Quand je me suis entendu reprocher à moi, de vouloir vous faire rétrograder de cinquante ans en arrière, je me suis dit : mais si j'en avais la volonté et la puissance, s'il y a quelqu'un qui ne pourrait pas me le reprocher, c'est Me Berryer! cinquante et quinze font soixante-cinq : cinquante ans en arrière, nous serions donc en 1815, c'est-à-dire à l'époque où il servait le gouvernement pour lequel il a gardé toutes ses sympathies et dont il a été le défenseur.

Voilà des réponses fort simples qui font disparaître des accusations bien grosses en apparence.

J'arrive à un point bien délicat. On a parlé de la libre et fière Angleterre, un pays qui a toutes les libertés parce que le gouvernement y est incontesté. Je sais que l'Angleterre est libre et qu'avec cette liberté si grande on peut faire de grandes choses. Quand nous serons, au point de vue de la dynastie, aussi avancés que l'Angleterre, nous verrons si les concessions qu'on nous demande sont possibles.

Enfin, en terminant, l'honorable Me Berryer m'a délivré un certificat de maladresse: j'ai compromis, j'ai perdu la prévention.

Eh! mon Dieu, il faut s'entendre sur les mots. En quoi ai-je été maladroit? j'ai été maladroit parce que j'ai été loyal; j'ai déclaré franchement quels étaient les droits dont les électeurs pouvaient se prévaloir en vous répondant à vous, qui disiez que j'écraserais le suffrage universel; j'ai dit : il y a là une étrange exagération. Vous pouvez vous réunir entre vous, vous pouvez constituer des associations, pourvu que vous n'atteigniez pas le nombre de vingt-et-un. Eh bien! quand on s'engage dans une voie mauvaise, on persévère : aujourd'hui, je vais plus loin, je vous accorde le droit d'association au-delà de vingt personnes, mais en quelle qualité, dans quelle proportion et dans quelle mesure? dans la mesure de la nécessité de l'intervention de l'autorité administrative.

Et, permettez-moi de le dire, Me Hébert tout à l'heure (et ç'a été une grande partie de sa discussion) se demandait : comment y arrivera-t-on? Comment obtiendra-t-on l'autorisation? Ce n'est pas là qu'est le procès, mais je dirai à MM. les prévenus : si (ce que je crois avait été prévu dès que l'association électorale de M. Garnier-Pagès s'est formée), si cette association elle-même était venue nous dire : « Nous voulons l'amélioration des classes les plus nombreuses, nous voulons un pas de plus du côté de la liberté, nous ne voulons que cela. » eh bien! je suis convaincu, et je me porte fort au nom du ministre de l'Intérieur, que l'autorisation eût été donnée. On ne s'a pas demandée, on a eu la loyauté politique de ne pas la demander, parce qu'on poursuivait un but qui ne s'accordait pas avec l'autorisation.

Voilà ce que j'avais à répondre au discours de Me Berryer. Je viens sur un terrain qui me convient davantage et je discute avec l'honorable Me Dufaure les objections qu'il a présentées au système que j'avais eu l'honneur de soumettre hier à la cour.

Me Dufaure dit : « Vous nous appelez une association, un comité affilié, et nous ne sommes rien de ces choses, nous sommes une réunion non publique. » Quand le procès de l'*œuvre de Saint-Louis* se discuta devant la Cour en 1846, on disait la même chose; et ces paroles se trouvaient dans la bouche de l'honorable Me Berryer, et on répondait à Me Berryer : « Vous ne pouvez pas dire que vous soyez une société privée; est-ce que vos actes, vos statuts, votre nom, tout cela n'est pas connu et publié?... » Est-ce que ces messieurs auraient vraiment la prétention de dire qu'ils sont une société privée, est-ce que leurs actes n'ont pas été publics, est-ce que ce ne sont pas eux-mêmes qui nous ont dit leurs noms? Est-ce que ce ne sont pas eux-mêmes qui les ont fait insérer dans les journaux ?

Il y a là de quoi exclure *à priori* le caractère privé. Mais cela résulte bien davantage de nos observations d'hier qui n'ont pas trouvé une si énergique contradiction que Me Dufaure veut bien le dire, nous avons présenté une définition de l'association, nous l'avons empruntée à l'honorable M. Jules Favre, à son plaidoyer de première instance, et nous avons reconnu la nécessité de quatre conditions pour former l'association au point de vue de la loi pénale. Ce faisant, la concession de notre part a été bien grande, et ce sera probablement une maladresse de plus; car, en définitive, et en protestant comme je le faisais hier contre toute pensée d'assimilation à des faits qui n'ont aucune analogie avec ceux de l'affaire, notre loi pénale, et nous sommes devant une éour de justice, a parlé d'association, elle l'a définie par un seul mot : l'intelligence entre les associés. Nous ne sommes pas en face du Code de commerce, de la société commerciale; nous sommes en face d'un fait qualifié par la loi pénale d'association et défini par la loi pénale d'association. Je pourrais donc retirer mes concessions d'hier et insister sur le seul caractère nécessaire de l'associaion, à savoir : l'intelligence entre les associés. Je persiste et je veux me placer sur le terrain même que mon honorable contradicteur a ouvert devant moi.

J'ai dit que l'association a un quadruple caractère : l'organisation, la permanence, la collectivité d'efforts et l'identité du but. Je l'ai dit en employant le langage, en empruntant momentanément au moins le langage de l'honorable Me Jules Favre, car on ne peut pas parler sa langue.

Eh bien! quelles objections a apportées Me Dufaure? « L'organisation? Vous en avez bien parlé, mais vous n'avez pas prouvé. » Il y a deux choses très-distinctes qu'il ne faut pas confondre, c'est le fait et sa preuve. Assurément, vous ne demanderez pas à des gens qui veulent violer la loi pénale un titre manuscrit, une signature attestant leur volonté de violer la loi pénale. La preuve dans ce cas doit être fournie à la justice par des présomptions. Eh bien! les présomptions abondent dans tous les faits que la Cour connaît.

Niera-t-on le but commun des associés? Nieront-t-ils qu'ils avaient l'intention de poursuivre l'échec à toutes les candidatures officielles? Ne s'étaient-ils pas bien entendus pour agir dans ce sens? M. Jozon n'a-t-il pas dit lui-même : « Je tenais la plume comme secrétaire du comité. » (*M. Jozon fait un geste de dénégation*). N'y a-t-il pas là la preuve de l'organisation? Voilà des présomptions qui ne peuvent pas laisser l'esprit de la Cour en suspens un seul instant.

J'arrive à l'objection qui touche à la permanence ou à la durée.

Entre M. Jules Favre et moi, il n'y a pas d'équivoque, la permanence c'est la durée nécessaire pour atteindre le but. Ce qu'il faut pour qu'il y ait permanence, c'est que le comité dure autant que la cause qui l'a fait naître.

Eh bien! en sommes-nous là et avons-nous fait cette seconde preuve? Me Dufaure est revenu sur le dire de son client, sur la parole de M. Durier. J'ai hier expliqué le fait, j'ai dit comment la permanence était établie, comment le jour où il a fallu agir, le 21 novembre, les portes du comité se sont rouvertes et ont reçu les mêmes associés, ce qui établit la permanence depuis les élections générales jusqu'à celle du 21 novembre. Ensuite, depuis le décret du 21 novembre, jusqu'au scrutin qui a ouvert les portes de la chambre à MM. Garnier-Pagès et Carnot, est-ce que la permanence n'est pas incontestable? Voilà pour la question de permanence ce qu'il avait à dire ou à rappeler, car ces choses ont déjà été dites à l'audience. Je ne crois pas qu'il ait été fait d'objections plus sérieuses.

Quant aux deux autres conditions de l'association, la collectivité d'efforts et l'identité de but, Me Dufaure les a accordées.

Venons donc aux autres objections de Me Dufaure au point de vue du droit, elles sont au nombre de deux. « Vous voulez appliquer la loi de 1834 à des faits d'association auxquels elle ne se réfère pas. La loi de 1834 a voulu parler évidemment de groupes d'associés qui sont constitués distinctement dans la même localité : or, vous nous parlez d'affiliation à Marseille, à Lyon, d'une élection à Epinal, d'une autre à Schelestadt; tout cela est bien loin de nous. » Je ne crois pas que cette argumentation de Me Dufaure puisse soutenir un examen sérieux. D'abord, il y a deux choses à lui répondre, et un jurisconsulte comme lui les acceptera, c'est que les termes de la loi sont généraux et absolus, et qu'il n'est pas permis de distinguer là où la loi ne distingue pas; la seconde raison, c'est que ce serait accuser le législateur de la plus grande imprévoyance. Comment! il faudrait que ces groupes d'associés fussent dans la même localité, dans le même quartier ? Cela ne peut pas se dire, surtout à une époque où les moyens de locomotion confondent à chaque instant les existences et les intérêts.

J'arrive à ces fameux cotisants. J'ai fait sur ce point une concession qui a son importance, je ne veux pas revenir sur ce que j'ai dit hier, je veux seulement insister sur quelques points de bon sens, et je veux donner satisfaction à Me Dufaure, en lui indiquant les noms de quelques personnes qui se sont engagées envers le comité à lui apporter leurs cotisations régulières. Voici une lettre de M. Garnier-Pagès qui écrit à M. Hérold : « J'oubliais de vous prier d'écrire à Liouville pour lui réclamer le montant de sa seconde cotisation. » Voici une autre lettre : « Vous auriez reçu ma visite ce matin.... en attendant je vous envoie cent francs pour mon second versement. »

PLUSIEURS PRÉVENUS. C'était pour le *Manuel.*

M. LE PROCUREUR GÉNÉRAL. Soit, cela n'infirme pas ce que je dis. Je l'ai dit hier, je crois que, en droit, toute cotisation constitue une association et peut être envisagée comme donnant la qualité d'associé. Toutefois, je n'ai pas voulu argumenter avec cette sévérité là et j'ai dit qu'il fallait distinguer entre le fait passager d'une cotisation accidentelle, et la volonté arrêtée de venir apporter son tribut à des époques déterminées et à chaque besoin de l'association.

Voilà les objections principales que j'avais à faire à Me Dufaure, je suis loin d'avoir répondu à tout son discours qui a eu le caractère d'aménité qu'il apporte toujours dans le débat. Je crois seulement avoir répondu à ce à quoi il était nécessaire de répondre.

J'arrive aux plaidoiries de Me Desmarest et de Me Picard. Mais qu'ai-je à en dire sinon qu'elles ont reproduit avec esprit des objections auxquelles il a été déjà répondu et qui sont jugées?

Un mot à M. Hérold. Il prétend que nous avons établi de la manière la plus légère l'affiliation avec le comité de Lyon et que l'affiliation n'existe pas ; il en fait une démonstration « par l'absurde. » A la date du 11 mai 1864, M. Varambon, dont la situation lyonnaise est connue, écrit à M. Hérold et lui déclare qu'il lui écrit en qualité de membre du comité organisé à Lyon par M. Ferrouillat et qu'il se met à la la disposition du comité de Paris. Il y a, de plus, la lettre de M. Frédéric Morin écrite à M. Hérold quelques jours avant les élections et dans laquelle il réclame en sa faveur l'intervention du *bureau* de Paris; on a dit *barreau*, je crois....

M. HÉROLD. Moi, je suis sûr qu'il y a *barreau.*

M. LE PROCUREUR GÉNÉRAL. *Barreau* si vous voulez. Nous croyons avoir établi que l'affiliation du comité de Lyon est démontrée et que la preuve résulte de ces deux documents.

J'ai terminé, dans la mesure de mes forces, l'examen des réponses qui m'ont été opposées. Je laisse maintenant à vos consciences l'appréciation de ce débat ; j'ai toute confiance en la décision que vous allez rendre. C'est avec un grand regret que j'ai entendu l'honorable Bâtonnier, déclarer à la Cour qu'une confirmation du jugement blesserait l'opinion publique, cela m'a peiné. Le bâtonnat est un grand honneur, mais c'est aussi une grande responsabilité : quand on a l'honneur d'être Bâtonnier, il faudrait regarder à employer de pareilles expressions devant une pareille juridiction. Je lui réponds que notre popularité à nous, c'est notre conscience, le respect du devoir et le dédain de toutes les menaces.

Me Jules FAVRE s'approche de la barre.

M. LE PRÉSIDENT. C'est vous qui répondez à M. le Procureur général ?

M. Jules FAVRE. Oui, monsieur le Président.

Messieurs, j'aurais voulu, à cette heure décisive qui précède de si peu vos délibérations, que l'un des éminents jurisconsultes qui m'ont précédé dans cette carrière vînt, avec l'autorité particulière qui ressort de son caractère et de son talent, résumer ce débat si complet auquel vous avez apporté une attention si bienveillante et si soutenue. N'étant pas préparé à le faire et désirant me tenir complètement à l'écart, je suis pris à l'improviste et ne cède qu'à la volonté de mes honorables amis, que la fatigue seule empêche de continuer leur devoir.

Aussi bien, Messieurs, la tâche qui m'est imposée m'est-elle devenue facile, et je serais coupable d'une témérité que vous ne me pardonneriez pas si je voulais rentrer dans un débat sur lequel leur parole a jeté une si vive lumière. Si je me lève, c'est moins, Messieurs, pour éclairer vos consciences que pour remplir un dernier devoir et pour dire, comme jurisconsulte et comme homme politique, ce que je pense de ce grand procès. Ne croyez pas, Messieurs, que les paroles qui tombent ainsi formulées de mes lèvres puissent être inspirées par un misérable orgueil ; jamais je n'ai mieux senti et ma faiblesse et le besoin que j'aurais de m'en dépouiller.

Cette solennité qui nous captive tous emprunte sa grandeur, non pas seulement, Messieurs, au talent de l'accusation et de la défense, mais encore et surtout au péril social que nous apercevons tous et dont tous nous sommes touchés à des points de vue divers.

M. le Procureur général, remplissant ce qu'il croit être son devoir, vous dénonce des faits qui, à ses yeux, pourraient jeter dans cette grande société, à l'ordre de laquelle il est préposé, un trouble que sa charge lui impose l'obligation de prévenir.

Quant à nous, Messieurs, avocats, citoyens, nous lui dénonçons, nous dénonçons à la Cour, nous dénonçons à l'opinion publique, qui est notre juge suprême, l'erreur dans laquelle M. le Procureur général tombe involontairement et le précipice qu'il côtoie sous prétexte de salut.

Voilà, Messieurs, n'en doutez pas, ce qui fait l'intérêt particulier de ce débat. S'il était cantonné dans l'interprétation d'un article du code pénal, quelle que fût d'ailleurs l'illustration des prévenus, il est incontestable que l'attention publique ne s'y attacherait pas avec cette persévérance, et peut-être, je ne suis pas téméraire de le dire, Messieurs, quels que soient vos égards pour la défense, vous n'en auriez pas autorisé un semblable développement. Mais tous, je le répète, nous sommes loyalement sous l'empire de la même préoccupation, et c'est cette préoccupation que je vous demande la permission, dans la mesure de mes forces, de préciser en quelques courtes observations, me dégageant ainsi, si cela m'est possible, et des personnalités qui ne peuvent plus trouver place dans ce débat et des allusions qui, peut-être, auraient dû y rester complètement étrangères. Les uns et les autres, nous défendons ici ce que nous croyons être le droit : c'est à vous, Messieurs, de prononcer de quel côté se trouvent la vérité et la raison.

Je l'ai dit, ce qui me touche particulièrement dans ce débat, c'est la nature du droit compromis, et ce sont les conséquences inévitables de cette compromission. Nous nous sommes tous demandé, tant en première instance que devant la Cour, comment la loi pénale, dont on voulait faire l'application aux prévenus devait être interprétée ; mais, en même temps, Messieurs, et pour que notre esprit ne s'égarât pas dans cette interprétation qui nous parait facile, nous recherchions quelle devait être la portée de cette loi pénale, comparée bien entendu aux institutions politiques que, suivant nous, elle fausse et mutile. Et dès lors, si je ne me trompe, notre premier soin, avant de savoir ce qui nous est défendu, avant d'interroger ces textes restrictifs dans lesquels M. le Procureur général va chercher les raisons de ses sévérités, ce doit être de savoir où nous en sommes, de savoir ce qui nous reste de liberté disputée après tant de sacrifices, de déceptions et de douleurs, ce que nous avons à maintenir d'une main ferme et courageuse dans le cercle de la Constitution et des lois, dont nous n'entendons pas sortir.

Ah ! Messieurs, si nous étions à l'aise comme des philosophes et des publicistes, si nous pouvions, d'une main calme et inoffensive, tracer à la société humaine les destinées qui doivent être le plus favorables à son développement, nous descendrions au fond de notre cœur, nous chercherions en levant les yeux au ciel le titre de notre céleste origine, et ce serait dans cette ineffable relation que se trouveraient les fondements de la constitution politique à laquelle notre raison s'arrêterait. Et alors, Messieurs, tout ce qui serait légitime dans le développement intellectuel et moral de la créature humaine, tout ce qui ne blesserait pas le droit d'autrui, tout ce qui favoriserait l'esprit d'égalité, l'amour du prochain, la force dans l'individualité et dans l'action commune, tout cela deviendrait la raison des lois que nous aurions à décréter.

Mais nous n'en sommes pas là! Nous avons à porter le poids des fautes de nos pères et de celles que nous avons commises nous-mêmes ; il nous est impossible de nous dégager de ce passé qui nous enserre et nous étreint, sans parler des violations éclatantes du droit que le succès a encouragées pour corrompre et perdre l'esprit public... Il faut donc compter avec toutes ces choses, il faut n'en négliger aucune pour être juste et ne pas encourir le reproche de théoricien voulant entraîner la société à des abîmes, en pensant qu'on peut lui procurer des améliorations qu'elle n'acceptera jamais.

Ceci étant entendu, quand j'examine ce que nous sommes, quel est l'état de la société française à l'heure où je parle, je le trouve très-exactement résumé dans le préambule de la Constitution de 1852. Nous sommes les fils des hommes de 1789! cette date immortelle est le point de départ de l'esprit nouveau qui a pris possession du monde, et qui désormais consacrera son empire sur les générations futures, quels que soient d'ailleurs les échecs partiels que des événements essentiellement contingents peuvent lui faire subir.

Ne craignez pas, Messieurs, que, en me plaçant à ce point de vue, je m'égare et que je reste trop longtemps en dehors des faits mêmes et des droits que je dois examiner devant vous. Si en effet, on a pu impressionner cette société, si on a pu l'entraîner, si on ne peut lui commander qu'en lui montrant d'une main le drapeau tricolore, et de l'autre la révolution pacifique et glorieuse des idées par l'émancipation individuelle, il faut, à moins qu'on ne rencontre dans les textes, une raison de décision contraire, que l'interprétation légale suive ce mouvement. Quand elle s'en écartera, elle nuira, soyez-en sûrs, aux intérêts généraux ; elle sera dans cette société une cause de trouble profond; quand au contraire, elle y sera conforme, elle assurera à cette nation la paix, l'ordre, le développement dont elle a tant besoin.

La Constitution de 1789, à laquelle le législateur de 1852 a fait un appel positif, non pas platonique, mais pratique, qu'il a inscrit en tête de son œuvre, la Constitution de 1789 a consacré, à l'encontre du pouvoir du droit divin, qui auparavant régissait le monde, le pouvoir *consenti*, et c'est avec raison que mon illustre confrère, Me Dufaure, vous disait que nous étions de toutes parts pénétrés de cet esprit nouveau, et qu'il n'avait qu'à interroger le plus humble des faits de sa profession pour en rencontrer le vivant témoignage ; que le prince qui est à la tête de la France, s'il tient sa couronne de Dieu, la tient aussi de la volonté nationale : c'est là son double titre. Que le premier remonte aux plus hautes origines, qu'il satisfasse à ce qu'il y a d'idéal et de mystique dans la conscience humaine, c'est incontestable ; mais, quant au second, c'est le seul que je reconnaisse comme étant véritablement politique et pouvant tomber dans la discussion.

Eh bien ! ce qu'il importe au repos de cette société, c'est que vous ne donniez pas, par un zèle malentendu, par une interprétation vicieuse de la loi, un démenti éclatant à cette déclaration ; que vous ne nous ameniez pas à dire qu'elle est un leurre, une supercherie ; qu'en déclarant qu'on procède de la volonté nationale, on s'arrange pour la fausser, et que, sur le lit de Procuste où on la couche, on ne lui laisse que les bras qui peuvent servir à ceux qui prétendent lui commander en maîtres.

Voilà le danger que nous voudrions éviter, non pas seulement à raison des conséquences que ce danger peut produire pour les personnes dont je viens de parler, mais parce que les principes mêmes sur lesquels repose, je ne dirai pas seulement la société française, mais la société européenne dans sa presque totalité, y sont fatalement intéressés.

J'ai dit, Messieurs, que de la Constitution de 1789 procédait non-seulement le pouvoir consenti, et je le montre dans son exercice le plus élevé, puisque c'est le pouvoir suprême ; mais, on a eu raison de vous le dire, à côté du pouvoir suprême se rencontrent ceux qui contrôlent, qui conseillent, qui contiennent.

Vous les avez décrétés, vous voulez probablement les respecter, et, pour les respecter, nous vous demandons de les laisser naître, de ne pas les étouffer à leur berceau, de ne pas, sous prétexte d'un patronage qu'ils désavouent, placer, au lieu de la conscience publique, l'expression de votre autorité souveraine, de laisser nommer les députés par les électeurs au lieu de les faire choisir par vos préfets. Il est incontestable que si la racine de la puissance souveraine plonge encore dans la volonté nationale; que si, à côté de cette autorité suprême, il y a un pouvoir contrôleur, un pouvoir qui conseille, un pouvoir qui contient, un pouvoir qui a pour mission d'empêcher les exagérations, les abus, les fautes, les illégalités, dont le devoir est de tout examiner, de se rendre compte de chacun des détails et de s'opposer, avec l'arme de la vérité, à tout ce qui pourrait fausser la conscience publique, il est incontestable, dis-je, que ce pouvoir doit sortir pur des entrailles de la nation. Tout ce qui l'altère l'affaiblit, et tout ce qui l'affaiblit compromet le mécanisme même de votre gouvernement. Ah! vous croyez sauver cette autorité souveraine à laquelle, dans votre imprévoyance, vous faites le sacrifice des principes; mais le jour où elle sera au-dessus des principes, elle se trouvera en présence de faits violents ; ce que vous lui réservez, c'est un choc auquel elle ne pourra pas se soustraire si la loi disparaît.

S'il est incontestable que le pouvoir a sa source suprême dans les rangs où se rencontrent ceux qui, plus particulièrement mandataires du peuple, sont chargés de contrôler, de conseiller et de contenir, quelle sera, Messieurs, la conséquence qu'il faudra tirer de ce double fait? C'est qu'à moins de vouloir écrire dans la Constitution des principes qui ne sont qu'une tromperie, il faudra laisser au suffrage universel toute sa latitude. Tout ce qui le gênera, tout ce qui empêchera qu'il puisse s'exercer avec intelligence, sera contraire à la constitution et au repos du pays. C'est là, Messieurs, si je ne me trompe, la règle avec laquelle nous devons examiner la loi pénale dont M. le Procureur général veut faire l'application, non pas aux matières politiques en général, mais à la matière électorale.

Il est en effet très-précieux de constater, et quant à moi j'en remercie M. le Procureur général, que la discussion n'a pas équivoqué à cet égard. M. le Procureur général a très-nettement posé sa théorie: ce sont les comités électoraux qui sont proscrits par l'article 291 du Code pénal; les citoyens qui se réunissent au nombre de vingt-et-un ou de vingt-deux, pour s'occuper, non de politique, mais d'élections, ceux-là tombent sous le coup de la loi pénale, et quand bien même ils ont été acclamés par le suffrage universel, on les prend sur les bancs de la Chambre pour les conduire devant la police correctionnelle. Voilà la thèse de M. le Procureur général, et, encore une fois, elle a été nettement posée.

Nous lui avons répondu : Cette thèse est la destruction du suffrage universel; si l'arrêt la consacre, il n'y a plus de suffrage universel, et les citoyens n'ont plus qu'à se demander à eux-mêmes quelle conduite ils doivent tenir. Voilà l'extrémité à laquelle vous êtes conduit, et tout cela est contenu dans votre discussion de loi. D'un suffrage universel menteur, altéré, qui ne serait plus qu'un moyen de réunir des populations en groupes et de les conduire obéissantes, esclaves, à l'urne que vous auriez préparée, et dont vous tiendriez toutes les clefs, nous n'en voulons pas; ce n'est pas là le suffrage universel, c'en est la parodie. Le jour où la France serait conduite à cet abaissement, on ne pourrait plus lui dire que, pour elle, l'ère des révolutions est fermée; on aurait au contraire jeté à la mer le talisman avec lequel ce miracle avait été opéré, et on l'aurait renvoyée à toutes les agitations, à toutes les aventures, à tous les hasards dont vous la croyiez pour jamais sauvée!

Voilà pourquoi, Messieurs, nous disons que tout ce qui, dans l'interprétation de la loi pénale, pourrait porter atteinte à la liberté du suffrage universel, se trouverait directement contraire à l'esprit de la Constitution.

Et maintenant, est-ce que j'aurai besoin de beaucoup d'efforts, la loi à la main, après ces considérations, qui me paraissent quant à moi dominer tout le débat, pour démontrer que, soit qu'il s'agisse des réunions, soit qu'il s'agisse d'associations permanentes, ou au contraire temporaires, transitoires, l'article 291 du Code pénal n'a jamais été fait pour régir les droits qui appartiennent à l'électeur; que transporter cet article 291 dans le domaine électoral, c'est altérer, c'est fausser la loi, c'est présenter au pays ce spectacle toujours déplorable d'une interprétation juridique qui s'égare et donne à ceux qui doivent observer la règle posée par le législateur, l'exemple de sa violation?

Ce que je dis est-il vrai? Vous allez le comprendre d'un mot, et je n'invente rien. Ici, je ne fais que préciser ce qui a été dit beaucoup mieux que je n'aurais pu le faire par les différents orateurs qui m'ont précédé.

L'article 291, on vous le disait tout à l'heure, ne pouvait assurément prévoir les réunions électorales ou les comités électoraux, puisqu'il a été décrété à une époque où le pouvoir despotique avait tout réglé. Mais, je le reconnais, et M. le Procureur général a eu raison de le dire, tant qu'une loi est debout, elle doit être non-seulement respectée, mais appliquée. Les pouvoirs successifs qui ont laissé subsister l'article 291 se le sont approprié, et si ce peut être de notre part un argument d'interprétation, ce ne saurait être une sorte de fin de non-recevoir qui nous fasse écarter complétement l'application de l'article 291.

J'admets donc, Messieurs, que juridiquement cet article soit applicable. Seulement, il ne nous est pas défendu de rechercher ce qu'a entendu le législateur qui l'a décrété, à quelle nécessité il a répondu et ce qu'il a entendu prescrire.

Or, Messieurs, soutenir que l'article 291 a été écrit pour empêcher des réunions électorales ou des comités électoraux, c'est oublier l'histoire de notre pays. Faut-il vous rappeler qu'à l'époque glorieuse de 1789, dont je parlais tout à l'heure, toutes les espérances étaient devenues des réalités? Avec une sorte d'ivresse venant d'un peuple émancipé, cette grande et vive nation française s'était jetée dans la liberté, croyant qu'elle avait rencontré le remède à tous ses maux et qu'elle était assez grande, assez sage, assez forte, pour en supporter l'exercice; malheureusement, Messieurs, il n'en fut rien.

Je n'ai pas la prétention de dire à quelles causes diverses ces funestes résultats ont été dus. Nous rentrerions ici dans des récriminations inutiles, et ce n'est pas quand le pays a été en proie à tant d'agitations et à tant de malheurs, qu'il faut faire, dans une cause de cette nature, appel à des passions éteintes. Ce qu'il y a de certain, c'est que ce droit suprême accordé à tous les citoyens a engendré des abus. Peut-être, Messieurs, le philosophe qui retourne tristement ses regards en arrière peut-il croire que ceux-là mêmes qui en ont souffert ont manqué de cette fermeté civique qui leur aurait permis, après avoir traversé des jours d'orages et d'épreuves, d'atteindre enfin la terre promise sans avoir fait le sacrifice des principes qu'eux-mêmes avaient proclamés. Mais, je l'ai dit, je ne veux faire le procès à personne; je n'en ai pas le droit : je constate les faits.

Vous savez, Messieurs, quelle fut l'action énergique et souvent criminelle des sociétés populaires qui à cette époque, il faut le dire, pesaient d'un poids si lourd dans la balance des destinées du pays. Quelle en était la cause? Est-ce que ces sociétés étaient des comités électoraux? En aucune manière; c'étaient des associations qui avaient pour objet de gouverner par la parole et par l'action, qui prenaient des décisions, qui édictaient des mesures, qui lançaient des proscriptions, et qui, à un moment donné, comme cela s'est vu plus tard, comme d'autres sociétés secrètes ont pu aussi le produire, jetaient dans la rue des masses qui venaient attenter à la majesté de l'Assemblée nationale.

C'est alors, Messieurs, et je rappelle ici ce qui s'est passé en l'an V, si je ne me trompe, que la Convention elle-même fit apporter sur son bureau la clef du club des jacobins. Elle crut que la tranquillité publique ne pouvait être assurée qu'avec un décret, qu'elle rendit séance tenante, pour déclarer que les clubs étaient momentanément suspendus.

Les pouvoirs qui ont remplacé la Convention ont été placés sous l'empire des mêmes nécessités, et c'est à ces nécessités qu'ils ont obéi en défendant les sociétés populaires. L'article 291 est sorti nécessairement de cette idée et de ces faits; il n'a pas d'autre origine. Cet article a été fait contre les clubs ou fractions de clubs. C'est précisément pour empêcher qu'un gouvernement ne puisse s'établir dans le gouvernement, qu'un État dans l'État ne vienne troubler la marche du pouvoir exécutif, que l'article 291 a été édicté.

Je ne crains pas de m'égarer, tant les souvenirs auxquels je fais allusion sont présents à la mémoire de tous mes honorables auditeurs; mais, au surplus, j'emprunte ici à un homme, dont le nom a été plusieurs fois et avec tant de raison cité, à l'honorable M. Faustin Hélie, ce qu'il dit sur l'historique de l'article 291. Ce ne sont que deux lignes, et vous allez voir, Messieurs, par quelle violence d'interprétation il faut faire passer cet article 291 pour l'appliquer aux réunions électorales.

Voici ce que dit M. Faustin Hélie :

« C'est dans le souvenir de ces sociétés populaires qui exercèrent pendant tout le cours de la Révolution une si grande influence sur les destinées du pays, que le législateur de 1810 a puisé la pensée de sa prohibition; il voulut fermer une plaie sociale qu'il avait vue longtemps envenimée par les factions. Les mots d'associations illicites, disait l'orateur du Corps législatif, rappellent de déplorables souvenirs : quel est celui d'entre vous qui n'a été la victime ou le témoin de ces assemblées délibérantes où l'assassinat et la révolte...

» Ces paroles, ajoute M. Faustin Hélie, en révélant les craintes qui ont dicté la loi, expliquent déjà son esprit préventif et le but qu'on se proposait. »

Eh bien! tout à l'heure M. le Procureur général nous parlait de sa bonne foi; je la crois, pour mon compte, entière; c'est à elle que je fais appel. Y a-t-il dans cette loi, caractérisée par les lignes que je viens de lire, quoi que ce soit qui ressemble au réquisitoire? En démontrant que la loi a été faite pour de toutes autres nécessités, est-ce que je ne démontre pas aussi que vous la détournez de son véritable sens? Au lieu de sociétés populaires, il s'agit ici de sociétés électorales ou de réunions électorales, et celles-ci non-seulement elles ne menacent pas, mais elles soutiennent le gouvernement. C'est vous qui menacez le gouvernement en voulant appliquer l'article 291, qui a été fait pour toute autre chose. Amis imprudents et téméraires, vous saisissez dans vos bras les colonnes du temple, heureusement trop fortes pour obéir à vos efforts; mais si ces efforts étaient assez puissants, c'est vous qui causeriez la ruine de l'ordre de choses que cependant vous croyez servir.

Oui, l'article 291 a été fait contre les sociétés populaires; il a été fait à une époque où il n'y avait pas de système électoral. Cet article a été appliqué par les gouvernements qui se sont succédé pour proscrire les sociétés secrètes. Si l'heure n'était pas aussi avancée, si le débat n'était pas épuisé, je prendrais l'engagement, et je porterais à M. le procureur général le défi respectueux de rien trouver de contraire; je prendrais l'engagement de montrer, pour chacune des applications de l'article 291, de la part des jurisconsultes et des magistrats qui ont eu à se prononcer à cet égard, cette pensée qu'il y avait là, non l'existence d'un droit, mais un abus, un empiétement, une usurpation quelconque, à quelque degré qu'elle se trouvât placée.

Ce que l'article 291 proscrit et punit, c'est un acte violent, contraire au gouvernement, un acte qui entrave sa marche, qui peut préparer son renversement, et cet acte se manifeste et se constitue par une association illicite.

On a invoqué dans le cours de ce débat, et, selon moi, avec une autorité, une puissance à laquelle M. le procureur général me paraît n'avoir rien opposé, — je lui en demande pardon, je le dis avec toute la déférence que je lui porte, — on a invoqué, dis-je, avec une grande autorité, cette pratique qui, depuis le Code de 1810, a jeté sur l'interprétation de l'article 291 une si vive lumière.

Je ne reviens pas sur les paroles éloquentes de mon honorable et illustre confrère, Me Berryer; je ne me demande pas si les gouvernements dont parlait M. le Procureur général ne se sont pas perdus, l'histoire répond assez, non pas parce qu'ils auraient respecté, mais au contraire parce qu'ils ont méconnu, violenté la liberté électorale. Tant qu'ils s'y sont conformés, ils ont duré en France; le jour où ils ont voulu lui faire violence, ils sont tombés. Voilà ce que l'histoire enseigne.

Je laisse de côté ces choses et je dis : depuis cinquante ans, l'article 291 a été constamment appliqué aux sociétés secrètes, il ne l'a jamais été aux réunions électorales.

Quand la loi de 1834 a été présentée, il a été positivement question des réunions et des comités électoraux. L'honorable M. Leyraud, qui faisait à cette époque partie de la Chambre des députés, n'a consenti à retirer son amendement que parce qu'il a été convenu entre le gouvernement et lui, que les réunions électorales, les comités électoraux, n'étaient pas en cause, et que la loi ne leur serait jamais appliquée. Vous êtes les héritiers de ce gouvernement, vous prétendez continuer l'ordre qu'il a su maintenir en France; vous vous appuyez sur sa législation, sur cette législation à raison de laquelle il avait contracté un engagement d'honneur. Cet engagement d'honneur, je vous y rappelle; le voilà pris par les ministres du roi en présence des députés de la nation. Il a été dit que la liberté électorale, qui ne peut se manifester qu'avec des comités électoraux, serait respectée. Voilà ce qui a été dit en 1834.

Il ne s'agit pas ici d'une tolérance; la déclaration est précise; ce sont les paroles de M. Barthe et du rapporteur du projet de loi. Il a été dit que les comités électoraux seraient permis. Et c'est la loi de 1834 que vous invoquez, que vous voulez accoler à l'article 291 du Code pénal pour en faire contre nous une législation restrictive!

J'avais dit en première instance que, non-seulement l'application de l'article 291 du Code pénal et de la loi de 1834 n'avait jamais été faite aux réunions et aux comités d'électeurs pendant tout le cours de la monarchie de Juillet, mais qu'à partir de 1848, pendant le régime républicain, une latitude complète avait été laissée aux électeurs et aux candidats, que de nombreux comités avaient couvert toute la France. Si je voulais recourir aux documents de cette époque, je rencontrerais dans la bouche de plusieurs de mes adversaires politiques des éloges quelquefois excessifs sur cet admirable spectacle d'une nation concourant tout entière à la nomination de ses mandataires par des comités électoraux préparant ses délibérations. Je m'étais attaché, Messieurs, à un fait spécial, c'était mon droit, c'était mon devoir; j'avais dit que lorsque le prince qui nous gouverne s'était présenté aux grandes assises populaires, il avait organisé des comités sur toute la surface de la France. Avons-nous parlé des *cotisants*, pour me servir de votre expression? — Quant à moi, je dirai contribuants, contribuables, souscripteurs, j'aime autant ce mot que l'autre. — Nous n'avons pas parlé des souscripteurs de ces comités, ils étaient par milliers; et à côté de ces comités se trouvait la fameuse *société du Dix décembre*, qui joignait l'action à la parole, tout le monde le sait et en a gardé le souvenir. A cette époque, la loi de 1834 existait. Vous ne nierez pas que ceux qui étaient alors à la tête du pouvoir n'éprouvassent certaines craintes sur l'avènement d'un régime nouveau, qu'il n'y eût dans leur pensée aucune préoccupation; le danger, à ce moment, ne pouvait être considéré comme une chimère, et ses redoutables éventualités pouvaient bien troubler leurs consciences. Il était donc de leur devoir de combattre cette candidature qui leur paraissait très-dangereuse. S'ils avaient eu dans les mains une arme légale, ils en auraient profité. Ils ont respecté et fait respecter la loi. C'est en vertu de cette loi que vous avez pu vous présenter au suffrage universel et sortir victorieux des comices. Et quand vous êtes arrivé au pouvoir, voici que ceux qui vous servent détruisent le chemin légal par lequel vous êtes parvenu, et déclarent que ceux qui voudront ambitionner, dans une autre sphère, le titre de mandataires du peuple, ne pourront le faire par la voie où vous avez pu monter au triomphe!

Je le demande, constater ces faits, n'est-ce pas démontrer la faiblesse du système sur lequel s'appuie le ministère public?

Mais ce n'est pas seulement par ces rapprochements historiques, suivant moi décisifs, que je prétends arriver à la démonstration sans réplique que je poursuis. Je reprends mon idée.

L'article 291 du Code pénal et la loi de 1834 n'ont été évidemment édictés que contre les sociétés populaires et les sociétés secrètes; ces documents législatifs n'ont jamais eu en vue les réunions et les comités d'électeurs. Ceci résulte des textes, de la pratique, du bon sens, de la nature des choses. C'est à cette nature des choses que je prétends surtout m'arrêter un instant, et c'est là où se rencontre principalement l'argument victorieux qui ne peut manquer, Messieurs, de toucher vos consciences.

Tout à l'heure je disais quelles étaient les raisons qui avaient fait déicter l'article 291 et qui avaient ajouté en 1834 à ses sévérités. Que voulait-on défendre? On voulait défendre l'intrusion, l'usurpation. Un gouvernement est établi, il existe; il est investi de la confiance publique, il fonctionne conformément à la Constitution ; on peut le critiquer par les moyens légaux, mais l'attaquer souterrainement, mais former des associations qui, à un jour donné, peuvent lui succéder, mais décréter contre lui des résolutions et des actions, c'est là, Messieurs, une série de manœuvres que la plupart des sociétés civilisées ont jugées dangereuses et que presque toutes les législations ont proscrites. Voilà ce qu'a défendu l'article 291 du Code pénal, et, après lui, la loi de 1834.

Mais à côté de ce qui est une intrusion, une usurpation, un abus, un délit, non parce que la loi le décrète, mais parce que la morale et la nature des choses conduisent à le dire, se rencontre un autre fait qui ne peut en rien lui ressembler, et qui, au lieu d'avoir le caractère d'un abus, d'une intrusion, se trouve un droit, et un fondement même, sur lequel la société est assise. J'entends parler, vous l'avez deviné sans peine, de l'électorat.

L'électorat est en effet une fonction : c'est la vie politique elle-même, c'est le droit du citoyen et c'est en même temps la condition d'existence de la société. Et c'est ici que, après ce trop long chemin parcouru, je rencontre encore ce rayon régénérateur de 1789, et que, sur les ruines à jamais renversées des principes du droit divin, je vois le droit populaire qui, pour se réaliser, a besoin d'une entière liberté.

Mais qu'importe cette condition? Vous l'affirmez, vous nous dites que notre Constitution repose sur le suffrage universel. Que dis-je! lorsqu'à une époque qui n'est pas éloignée, la majorité, qui semblait cependant s'inspirer du pouvoir établi, s'était jetée dans une mesure équivoque, insignifiante, et qui n'avait d'autre inconvénient que d'alarmer sans blesser ni réformer; quand, obéissant à des conseils qui lui étaient donnés pour la perdre, elle apportait à la tribune la loi du 31 mai, qui ne devait être qu'une machine de guerre; un peu plus tard, on demandait que cette loi fût retirée par honneur pour le principe du suffrage universel, et, au coup d'État, — il y a de cela treize ans aujourd'hui! — on couvrait les murs de la capitale d'affiches dans lesquelles on disait qu'on voulait se réunir à trois cents patriotes qui n'avaient pas été assez forts pour défendre le suffrage universel contre la violation de la loi du 31 mai!

Voilà le souvenir de faits que nous connaissons tous; voilà les origines du gouvernement actuel : il s'appuie sur le suffrage universel; le suffrage universel est son principe, et dès-lors il faut qu'il en respecte l'exercice, non pas seulement dans les termes, mais dans les faits, et il ne faut pas qu'il aille choisir, dans l'arsenal des lois qui n'ont pas été faites contre ce suffrage, un trait empoisonné qu'il puisse diriger par derrière contre lui. Voilà ce qu'il ne faut pas.

S'il est vrai de dire que l'électorat est non-seulement un droit, mais le fondement même sur lequel repose la société actuelle et le gouvernement qui nous régit, que faut-il en conclure? C'est qu'à moins que la logique de M. le Procureur général ne soit assez puissante et son talent assez séducteur pour nous faire confondre un droit avec un délit, je lui montre à l'instant qu'il tombe dans une confusion regrettable, et qui, certainement était loin de sa pensée. Il croit poursuivre un délit, il atteint un droit; il veut que l'électeur soit traité comme le membre d'une société populaire; du citoyen qui, avant de déposer son vote dans l'urne, veut consulter ses amis, il fait le membre d'une société secrète; car, comme l'article 291 du Code pénal et la loi de 1834 n'ont été faits que pour cette chose, comme l'électorat en est essentiellement différent, vous le voyez, vous croyez poursuivre un délit et c'est le droit que vous supprimez. Comme l'a très-bien dit notre honorable confrère, M. Hérold, dans ses conclusions, — qu'il me permette de lui faire cet emprunt, c'est un trait d'esprit qui ne blesse personne, et c'est une vérité bonne à révéler, — en réalité, ce que vous poursuivez, c'est le *délit de candidature !* (1)

Je le sais, celui-là vous choque, vous voudriez en avoir le privilége. La circulaire qui a été mise sous les yeux de la Cour par un de nos confrères, et dans laquelle on disait qu'en définitive les populations, seraient bien mieux conseillées par l'administration, qu'elles n'avaient qu'à se confier à sa sagesse, que l'administration connaîtrait les meilleurs choix, qu'elle leur épargnerait le souci de penser et de voter, cette circulaire est le dernier mot de votre système, c'est l'abdication de toute espèce de liberté, d'indépendance, de franchise, de spontanéité électorale; il n'y en a plus le jour où vous traitez un

(1) Voir les conclusions des appelants, p. 96.

droit comme un délit et où vous lui appliquez la même peine.

On vous a dit, Messieurs, et je n'y reviendrai pas, tant ces choses sont saisissantes et claires, que le suffrage ne peut s'exercer qu'à la condition d'être éclairé, qu'il ne peut être éclairé qu'à la condition de communications entre les hommes, que ces communications doivent être libres comme le suffrage lui-même. Lorsque M. le Procureur général vient nous présenter subsidiairement l'aumône d'un système qui me permettrait de me réunir avec quinze, dix-huit, vingt personnes, en prenant garde qu'une vingt-et-unième n'entre pas pour me placer sous le coup de la loi pénale et de la police correctionnelle, M. le Procureur général m'abaisse, et je ne consens pas, comme citoyen, à accepter cette dégradation.

Quoi! nous en serions réduits à cet état pour lequel il n'y a aucun mot dans les langues humaines, que nous, qu'on présente à l'Europe entière comme étant le type du gouvernement dans lequel le suffrage universel est respecté, nous qui avons pu faire sortir des entrailles mêmes de la nation le chef suprême entre les mains duquel elle allait abdiquer une si grande partie de ses droits, nous qui nous flattons d'avoir encore quelque droit à la sympathie publique pour le courage de nos efforts civiques, lorsqu'il s'agirait de nommer un député nous serions dans la nécessité de nous compter nous-mêmes, d'introduire dans l'intérieur de nos domiciles, une règle arithmétique doublée d'espionnage, de peur qu'on nous reprochât le nombre insurrectionnel et séditieux qui est passible des foudres de la loi et que nous en soyons frappés !

Tout cela est dérisoire, que la cour me permette cette expression. Il n'est pas possible que le suffrage universel puisse être conservé dans de pareilles conditions. J'ai raison de le dire, vous le confondez avec un délit, et, au lieu de lui accorder son plein exercice, au lieu de lui livrer la lumière du soleil qui le doit éclairer, vous le parquez dans de tristes cellules où il ne pourra éclore qu'à la condition d'avoir le nombre que vous lui assignez, et encore, on l'a dit ici, si ces cellules ont des fissures, si des rayons s'en échappent, s'il y a des réflexions au dehors, si les paroles ont un écho, s'il suffit enfin des sympathies, des correspondances, des intelligences, il est clair que le nombre fatal se trouvera dépassé et que les électeurs seront conduits en police correctionnelle.

Pourquoi les appelants y ont-ils été conduits ? pour avoir exercé leur droit, entendez bien ceci, et non pour avoir commis un délit; ils y ont été conduits pour avoir fait office d'électeurs. Il était impossible qu'ils fussent électeurs sans pouvoir s'entendre; ils ne pouvaient pas s'entendre sans communiquer. Vous ne trouverez dans aucun texte la limitation de cette communication, de ce commerce avec d'autres électeurs. L'article 291 n'a pas été fait pour eux, et dès lors, en les traduisant en police correctionnelle, vous voulez les faire punir pour avoir été électeurs. MM. Garnier-Pagèset Carnot sont devant la Cour parce qu'ils ont été candidats et qu'ils ont été nommés; les autres sont devant vous, Messieurs, parce qu'ils ont usé, eux aussi, du droit que leur assure la Constitution.

C'est ainsi, Messieurs, qu'en établissant la différence profonde, radicale, juridique, qui existe entre l'article 291 du code pénal renforcé, de la loi de 1834 et le droit électoral, j'ai prouvé, si je ne me trompe, que cet article 291 et la loi de 1834 étaient inapplicables au droit électoral sous peine de confisquer la Contitution elle-même.

Mais, M. le Procureur général, s'appuyant sur le texte même de l'article 291, nous dit : « Vous demandez une règle écrite; elle est dans l'article 291 ; cet article ne fait aucune espèce d'exception; toute association dont le but est de se réunir pour s'entretenir de matières politiques, doit tomber sous le coup de la loi pénale. »

Si l'article 291 doit être ainsi entendu, il faudrait dire alors immédiatement qu'il ne peut y avoir ni petites ni grandes réunions électorales ; c'est ce qu'il faudrait dire si M. le Procureur général veut, par ces mots *matière politique*, entendre *matière électorale*. Mais je lui réponds : Cet article, qui a été fait contre les sociétés populaires, prévoit précisément le cas où les associations auraient pour but des réunions s'occupant, non pas de l'exercice d'un droit, mais d'une usurpation dont le gouvernement aurait à souffrir. Si vous veniez à prouver que le comité dont il s'agit au procès a fait de la politique électorale : non pas qu'il ait examiné quelle était la conduite du gouvernement relativement aux élections, mais, pour citer un fait bien simple, qu'il a envoyé tel émissaire pour surveiller la conduite d'un fonctionnaire, qu'il a préparé une agitation dans telle ville, qu'il a fait faire telle publication dans la presse pour critiquer la conduite de tel préfet, voilà ce qu'aux termes de la loi de 1834 vous avez le droit de poursuivre en dehors de la politique.

Il faut reconnaître que, sous le régime de la Constitution française, la nation est partagée en deux catégories. D'abord, les fonctionnaires, qui ont reçu de la Constitution la mission de diriger les affaires publiques; ceux-là peuvent s'occuper de la politique générale sans aucune espèce d'entrave, c'est leur devoir. A côté de cette grande fraction de la nation s'en rencontre une autre beaucoup plus considérable, je ne dirai pas beaucoup plus intéressante, car ce ne sera jamais de ma bouche que partira un seul mot pouvant atteindre les serviteurs de l'Etat quels qu'ils soient, mais au moins une classe de citoyens plus indépendante, si vous permettez ce mot, je veux parler de tous les citoyens en général, de tous ceux qui jouissent de leurs droits actifs, et parmi les droits qui doivent leur appartenir sans conteste, le plus excellent, c'est celui de nommer leurs députés.

A ces citoyens on refuse la capacité de s'occuper de politique en dehors de ce qu'a prévu la loi ; s'ils se livraient à une association qui eût pour objet les agissements dont je parlais tout à l'heure, l'article 291 leur serait applicable; voilà l'association qu'on peut poursuivre. Mais quand des citoyens se réunissent, quand ils s'associent, — que mes honorables confrères me permettent de le dire, pour moi je n'admets aucune distinction, le citoyen a le droit à toutes les époques, à tous les moments, sans être enfermé dans aucune limite, de s'occuper, non de ses élections de clocher, mais des élections de toute la France, car, à moins de nous enlever notre esprit et notre cœur, il faut nous reconnaître le bénéfice pouvant appartenir à toute créature intelligente ; — quand, dis-je, les citoyens ne font que se réunir, se former en comités, je vais jusque-là, s'associer, bien que dans la cause il n'y ait pas trace d'association, mais quand ils s'associent pour les élections, pour l'exercice de leur droit, il est impossible de leur adresser le moindre reproche et d'exercer contre eux la moindre poursuite, car ils sont dans l'exercice de leur droit, et, à moins de dire que ce droit est un mensonge, il faut le respecter, et la meilleure manière de le respecter, c'est de ne pas en poursuivre l'exercice.

Mais je n'ai pas poussé mon argumentation jusqu'au bout. J'ai divisé la société française en deux catégories ; j'ai supposé que l'une pouvait s'occuper d'affaires politiques exclusivement, sans avoir d'autre compte à rendre qu'au pouvoir suprême et centralisateur, que l'autre, au contraire, ne pouvait s'en occuper que dans des limites extrêmement restreintes, la presse, par exemple, car je ne vois quant à présent que cette manifestation, et à coup sûr elle est tellement entravée, que j'aurais pu jusqu'à un certain point l'oublier ; en dehors de la manifestation des opinions par la presse, il est incontestable que les Français ne peuvent s'occuper de politique générale d'une manière ostensible, et surtout se réunir et s'associer pour le faire.

Ai-je été complet dans cet exposé ? Non, car il y a une autre classe qui a probablement le droit de s'occuper de politique, qui peut se réunir pour s'occuper de politique, à laquelle vous n'avez pas songé ; vous y songerez peut-être, c'est possible. Quant à moi, j'appelle votre attention sur cet acte qui se passe au grand jour : cette classe, c'est celle des mandataires du pays. Les députés peuvent s'occuper de matière politique en tout temps, c'est leur droit ; non pas qu'il leur soit possible de méconnaître les lois de police et toutes les autres lois gouvernant leur pays ; mais ce que j'affirme, c'est que l'article 291 et de la loi de 1834 n'ont rien de commun avec eux. Je ne pense pas que M. le Procureur général veuille me contredire. Les députés sont placés dans une catégorie spéciale parce qu'ils sont les élus du pays, et ils ne sont les élus du pays que pour faire les affaires du pays, c'est-à-dire pour s'occuper de politique.

Dussé-je encourir les foudres de M. le Procureur général, je lui dénonce ce fait : les députés de l'opposition se sont constamment réunis, ils se sont associés, ils ont eu ensemble des affiliations, ils en ont eu et ils en ont encore. Je sais que, dans ces dernières années et jusqu'en 1863, leur nombre était tel qu'ils paraissaient jusqu'à un certain point s'être conformés aux sévérités de l'article 291 ; mais, grâce aux progrès du temps et au réveil de l'opinion publique, le cercle s'est élargi : il est élastique, monsieur le Procureur général, et il y a des recrues qui brûlent d'y entrer. Nous sommes vingt-cinq aujourd'hui, plus de vingt-et-un, le nombre est séditieux, cela suffit; nous sommes vingt-cinq : nous nous réunissons tantôt chez l'un, tantôt chez l'autre, librement, sans entraves et nous ne pensons pas qu'il puisse jamais venir à un parquet quelconque la pensée de nous inquiéter; il ne le pourrait pas. Le jour où une pareille témérité serait portée à la tribune, je suis peu embarrassé du sort qui lui serait réservé, car on dirait avec raison que, quelle que soit à cet égard la généralité de l'article 291, c'est faire au pays tout entier, dans la personne de ses mandataires, le plus sanglant, le plus intolérable et le moins mérité des outrages qu'il puisse recevoir.

Vous le voyez donc, c'est par le droit que se mesure la faculté, et, prenant les trois termes dont je parlais tout à l'heure, je dis que les affaires publiques en général échappent aux associations de citoyens, parce que ces associations n'ont pas le droit de s'en occuper ; ces affaires générales du pays appartiennent aux associations de députés, parce que les députés ont pour mission de s'occuper de la politique générale du pays. Vous pourriez poursuivre les simples citoyens qui, en violation de l'article 291, organiseraient une association pour se réunir et s'occuper de matières politiques ; vous n'avez pas le droit d'inquiéter les députés qui font ce qui paraît défendu aux autres citoyens par l'article 291.

Mais, dans la position intermédiaire se trouve le trait d'union, l'électeur, la véritable puissance, la source vive où tous nous retrempons. Que vaut notre parole, notre intelligence, notre action individuelle rejetée dans cette grande fournaise où toutes les passions sociales viennent tour à tour se consumer, si nous ne sommes pas la délégation publique, si nous ne portons pas dans notre sein les aspirations, les espérances, les craintes de tous ceux qui nous ont nommés, qui nous aiment, qui nous ont élus, qui ont mis sur notre front le signe qui nous fait quelque chose? Vous ne pouvez pas nous atteindre parce que nous sommes élus, et que, devant cette élection qui nous donne le droit, votre puissance expire. Mais au lieu d'attaquer le droit, vous iriez le troubler à la source ; vous chercheriez dans la faculté de tuer le droit électoral la possibilité, par une persécution odieuse, d'empêcher la volonté nationale de se manifester, et vous arriveriez à cette conclusion, qui peut être dans le dessein de quelques hommes qui s'égarent, de concentrer dans les mains du pouvoir la liberté électorale, en laissant croire aux dupes que cette liberté existe encore !

Permettez-moi ce mot, si jamais un projet aussi impie avait traversé l'intelligence d'un homme d'État, non seulement il serait coupable vis-à-vis de son pays, auquel il ménagerait les orages et les tempêtes, mais il pourrait être surtout imprudent et coupable vis-à-vis de lui-même et de ses amitiés.

Quoi! Messieurs, il est besoin dans un pays comme le nôtre de rappeler que les pouvoirs ne sont pas éternels, qu'ils peuvent commettre des fautes, que les citoyens ne sont pas faits pour ces pouvoirs, pour leurs volontés, pour leurs caprices! Quoi! nous en serions encore à ignorer ce que le grand évêque de Meaux apprenait à son illustre élève, que si Dieu avait placé dans les mains des Rois un pouvoir souverain, c'était à la condition qu'ils consacrassent toute leur exisience au bonheur des peuples !

Si ces grandes vérités ont été mises en lumière par la pratique et par les maximes modernes, que faudra-t-il donc dire à une société qui, probablement, si elle s'est abandonnée quelques instants, veut recouvrer sa complète indépendance, non pour mal faire, pour s'agiter, pour rêver d'impossibles utopies, mais pour se gouverner dans la mesure des lois, pour faire respecter la dignité, la liberté individuelle, pour se poser courageusement en face de toute espèce d'acte arbitraire et le forcer à rentrer dans la loi ?

Eh bien! Messieurs, supposez qu'un pouvoir quelconque, un ministère, — je ne fais ici, bien entendu, aucune espèce d'allusion, — méconnaisse ces grands principes, que les citoyens soient menacés, que la chose publique soit en péril, est-ce que ce ne serait pas votre ancre de salut que cette liberté électorale que nous défendons contre vous, trop aveugles, qui oubliez le passé? Si je me retourne en arrière, je vois des citoyens réagissant contre les actes d'un gouvernement qui s'est brusquement effondré. Celui qui lui a succédé menaçait leur avenir; ils se sont réunis en comités, ils ont cherché par les moyens légaux qui étaient en leur pouvoir à faire prévaloir leur droit. Les mêmes idées peuvent se représenter, et c'est précisément pour cela que j'adjure ceux qu'entraîne peut-être une préoccupation trop exclusive, et qui croient à l'éternité du moment présent, de ne pas manquer à ce point de prévoyance.

On a beaucoup parlé des fautes qui peuvent perdre les gouvernements. L'histoire dira à ceux qui actuellement ont le lourd fardeau des affaires, ce qu'il ne nous appartient pas aujourd'hui de faire entendre, ce que nous croyons être la vérité et ce que les convenances comme la loi nous ordonnent de taire; mais, ce que nous affirmons, Messieurs, c'est que si les gouvernements successifs qui ont dirigé la France se sont perdus, c'est pour avoir méconnu les principes salutaires du droit commun, c'est pour avoir fait entrer violemment la politique dans la loi, qui doit la repousser.

Le droit commun, le droit égal, Messieurs, c'est là le signe par lequel les sociétés sont victorieuses. Quand elles y sont fidèles, quand elles ont pour les défendre une magistrature qui comprend la sainteté et la grandeur de ses devoirs, elles peuvent braver toutes les épreuves. Si elles avaient la fortune contraire, Dieu seul sait, Messieurs, à quels malheurs elles seraient réservées!

M. le Président. La Cour va se retirer dans la chambre du Conseil pour en délibérer.

La Cour se retire. Il est quatre heures et demie.

A six heures moins dix minutes, la Cour rentre en séance et M. le Président annonce que l'arrêt ne sera prononcé qu'à l'audience du mercredi, 7 décembre.

Audience du mercredi 7 décembre.

Les abords de l'audience sont gardés par de nombreux agents de police, comme aux jours des plaidoiries.

A onze heures moins quelques minutes, plusieurs des appelants accompagnés de Mes Crémieux, Senard, Didier et Picard se présentent aux portes de la salle d'audience, mais les agents s'opposent à leur entrée, même après qu'ils ont fait connaître leur qualité.

Dans l'intérieur de la salle, le public est rare : On n'y remarque que trois des appelants, qui ont pénétré avant l'exécution de la consigne donnée aux agents ; aucun des défenseurs n'est présent.

L'audience est ouverte à onze heures précises.

M. le Président donne lecture de l'arrêt suivant.

« La Cour,

» Statuant sur les appels des prévenus, sur toutes les conclusions par eux prises et sur les conclusions d'intervention de Sénard et consorts ;

» En ce qui touche particulièrement celles prises par le prévenu Floquet, ainsi conçu : Déclarer nulles et illégales comme faites par un commissaire de police délégué, les perquisions et saisies opérées, tant au domicile de Floquet qu'au domicile de ces co-prévenus ;

» Considérant que lesdites perquisitions et saisies ont été faites par des commissaires de police, en vertu de commissions délivrées par M. le juge d'instruction ; qu'il est de principe et de jurisprudence constante que les juges d'instruction ont le droit de déléguer aux officiers de police judiciaire l'accomplissement des actes de leurs fonctions, et particulièrement le droit de procéder aux perquisitions et saisies commandées par les nécessités de l'information ; que dans l'espèce, les opérations ont été d'ailleurs accompagnées de toutes les formalités prescrites par la loi, et qu'ainsi tous les documents qui en ont été le résultat, doivent être retenus au procès ;

» En ce qui touche toutes les autres conclusions :

» Considérant que des pièces de l'instruction, de la correspondance saisie et des débats il résulte la preuve, qu'en mai 1863, il s'est formé à Paris, entre un certain nombre d'individus, une réunion ou comité dont le siége était établi rue Saint-Roch, 45, et dont le but avoué était de s'occuper en commun de la direction à donner aux élections générales alors prochaines;

» Que cette réunion, quelque nom que l'on veuille lui donner, ne devait pas limiter son action à une seule circonscription électorale, ni même à toutes les circonscriptions du département de la Seine, mais l'étendre à la France entière, et se mettre en rapport avec toutes les autres réunions du même genre;

» Qu'un lien commun unissait entre eux tous ceux qui faisaient acte d'adhésion à l'œuvre concertée et poursuivie dans une communauté de sentiments et d'efforts;

» Que tous ces individus étaient rapprochés, non pas seulement parce qu'ils auraient appartenu comme électeurs, à une même circonscription, et pour s'entendre sur le choix d'un candidat, mais par la volonté de s'unir, de se concerter et d'agir dans un but déterminé et permanent, à savoir, le mouvement à imprimer au parti démocratique à l'occasion des élections;

» Considérant qu'un réunion ainsi constituée, et bien que dénommée comité électoral et de consultation, présentait les caractères d'une véritable association;

» Qu'elle avait son siége social connu et publié, ses agents, et sa basse, destinée à pourvoir aux moyens d'exécution;

» Que tous les appelants, sauf Jozon, Melsheim et Bory, reconnaissent qu'ils ont fait partie, comme fondateurs, de la réunion dont il s'agit;

» Que vainement Jozon prétend n'avoir pas été membre de ce comité; qu'il résulte des documents du procès, qu'il a fait fonctions de secrétaire du comité et qu'il a coopéré sciemment à son action;

» Que les prévenus, il est vrai, prétendent :

» 1° Que ladite réunion avait un caractère purement consultatif;

» 2° Qu'elle n'avait aucun caractère de permanence; qu'elle s'est divisée en trois réunions distinctes, qui n'ont fonctionné que pendant la période électorale;

» 3° Et qu'elle n'a jamais été composée que de quatorze ou quinze membres;

» Mais, considérant, sur le premier point, que la correspondance tout entière, et notamment les lettres de Garnier-Pagès, de Dréo et de Carnot, attestent, de la manière la plus manifeste, que l'objet principal et essentiel de d'association était, non la consultation, mais l'action, et que son but était d'exercer la propagande la plus active et la plus large, non-seulement à Paris, mais dans le pays tout entier;

» Que c'est à tort que les prévenus prétendent avoir le droit d'agir ainsi; qu'en effet, si les électeurs peuvent se réunir, en se conformant à la loi, dans une ou plusieurs circonscriptions électorales, ce que la Cour n'a pas à décider au point de vue de la prévention, ces réunions (qu'on leur donne le nom de comités ou toute autre dénomination), dès qu'elles affectent le caractère d'une association, comme dans l'espèce, doivent subir la loi commune à toute association, et sont soumises à l'autorisation du Gouvernement;

» Que le caractère électoral du comité, objet de la poursuite, ne saurait donc le soustraire aux dispositions du Code pénal et de la loi de 1834;

» Que ces principes, loin de porter atteinte aux droits des électeurs et aux lois du pays, comme le prétendent les prévenus; en sont, au contraire, le maintien et l'application;

» Considérant, sur le second point, que la permanence de la réunion incriminée, en présence des documents du procès, ne saurait être contestée;

» Que ces documents, en effet, démontrent qu'il n'a existé qu'un seul comité permanent et non trois comités distincts et isolés entre eux, comme quelques-uns des prévenus voudraient le prétendre; qu'en outre, l'action exercée par le comité n'a pas été limitée aux périodes qui ont précédé soit les élections, soit les réélections, mais qu'elle s'est manifestée avant, pendant et après ces périodes, toutes les fois qu'il a été fait appel à l'appui de ce comité, ou qu'il a jugé à propos d'agir; que d'ailleurs le lien qui unissait ses membres dans le principe n'avait pas été rompu et que cette circonstance suffisait pour établir la permanence, qui est un des caractères de l'association;

» Considérant, sur le troisième point, qu'il résulte des pièces saisies, que l'association avait des adhérents, des agents ou des délégués qui n'étaient pas de simples distributeurs de bulletins, et qui, obéissant à la direction du comité, assuraient son action, coopéraient sciemment au but commun et se rattachaient ainsi incontestablement à l'association dont s'agit;

» Qu'il est établi, en outre, que le comité constitué à Paris, et formant le noyau de l'association, s'est mis en rapport avec plusieurs comités formés dans les départements, notamment avec ceux d'Epinal, de Lyon, de Marseille et de Schelestadt; que le prévenu Bory, comme président du comité de Marseille, et le prévenu Melsheim, comme président du comité de Schelestadt, ont, au nom de leurs comités respectifs, sollicité ou accepté le concours et l'appui du comité de Paris, et fait ainsi acte d'adhésion à ce comité;

» Que s'il est vrai de dire que Crémieux, Pelletan, Tenaille-Saligny, Deroisin et Enocq, n'auraient pas dû être retenus nominativement au procès;

Que même, si, dans l'espèce, eu égard aux circonstances qui s'y rencontrent, on peut admettre que le fait d'avoir pris part aux souscriptions provoquées par le comité, ne constituerait pas à lui seul une affiliation et une participation active à l'œuvre d'association, il n'en est pas moins constant et démontré qu'en ajoutant aux treize prévenus les différents groupes et comités ci-dessus spécifiés, le nombre des membres de l'association incriminés, dépasse de beaucoup le chiffre de vingt personnes ;

» Que vainement les prévenus prétendent établir en principe qu'on ne peut considérer comme membres d'un comité électoral, ni ceux qui sont employés comme auxiliaires, ni ceux qui correspondent avec ce comité, ni ceux qui contribuent aux dépenses d'une élection ;

» Qu'il doit au contraire en être tout différemment d'après les principes généraux du droit à l'égard de oute personne qui, avec une volonté libre et un concours intelligent, coopère au but et à l'action d'un comité, quel qu'il soit ;

» Que c'est également méconnaître les principes et la jurisprudence que de prétendre, de la part des prévenus, qu'il faille préalablement, à toute application de l'article 291 du Code pénal, constater non-seulement la présence de plus de vingt personnes dans une association, mais encore désigner ces personnes, les dénommer, et les avoir préalablement déclarées coupables, au nombre de plus de vingt, du délit d'association ;

» Qu'en effet rien de semblable n'existe et ne pouvait exister dans la loi ; qu'en matière d'association, de rébellion et autres délits de même nature, les textes se bornent à préciser le nombre des personnes, sans ajouter que ces personnes (ce qui serait souvent impossible, même pour les plus coupables), devront être connues, dénoncées et préalablement déclarées coupables au nombre de plus de vingt ;

» Qu'il suffit, en effet, qu'une association illicite de plus de vingt personnes existe et soit constatée, comme dans l'espèce, pour que, conformément au texte et à l'esprit de la loi, ainsi qu'à la jurisprudence de la Cour de cassation, le délit existe au respect de chacun des associés, encore bien que plusieurs ne soient ni connus, ni dénommés, ni poursuivis, ni préalablement déclarés coupables ;

» En ce qui touche spécialement les moyens invoqués par les appelants, consistant à soutenir que les comités électoraux ont été de tous temps exceptés des prohibitions de la loi de 1834, et que le caractère électoral de leur comité le soustrait à toute application de la loi pénale ;

» Considérant, qu'en admettant (ce que la Cour n'a pas à décider dans l'espèce, ainsi qu'il a été déjà dit) que les comités électoraux, lorsqu'ils ne renferment pas les caractères constitutifs de l'association, ne soient prohibés par aucune disposition légale, il ne saurait y avoir rien de commun entre ces réunions accidentelles et temporaires, ayant pour objet l'exercice légitime d'un droit constitutionnel et une association de la nature de celle dont les caractères ont été ci-dessus énumérés, association que la loi de 1834 a voulu éteindre et réprimer, comme constituant, à côté des pouvoirs réguliers, une sorte de pouvoir dont l'existence est une menace permanente pour la paix et la sécurité publiques ;

» Que c'est là ce qui résulte de la discussion même au Corps législatif, dans laquelle on lit : « Se réunir, c'est vouloir s'éclairer et penser » ensemble; s'associer, c'est vouloir se concerter, se compter et » agir; la différence est immense, le pays ne peut s'y tromper, et les » Tribunaux ne sauraient s'y tromper non plus ;

» Les réunions ont pour cause des événements imprévus, instan- » tanés, temporaires... les associations ont un but déterminé et per- » manent... un lien unit entre eux les associés... le plus souvent, une » cotisation vient pourvoir aux moyens d'exécution : »

» Considérant en outre que l'amendement proposé par la commission de la Chambre, et retiré comme inutile, tant on était d'accord sur les principes, était ainsi conçu :

« Les dispositions de la présente loi ne seront pas applicables aux » réunions électorales qui auraient lieu dans chaque département après » l'ordonnance de convocation du collége, à moins qu'il n'y ait affi- » liation avec d'autres réunions du même genre, dans d'autres dépar- » tements. »

» Qu'il résulte donc manifestement de ce que dessus qu'on ne peut trouver, ni dans la discussion de la loi de 1834, ni dans la pensée du législateur, rien qui soit de nature à couvrir le comité, objet de la poursuite, puisque tous les caractères de ce comité, constituant essentiellement une association, sont inconciliables tout à la fois avec l'esprit et avec le texte de la loi;

» Considérant qu'on ne saurait non plus admettre au profit de Garnier-Pagès et de Carnot, le privilége qu'ils prétendent puiser dans la qualité qu'ils ont eue de candidat au Corps législatif, pour soutenir qu'ils ne pourraient être l'objet d'aucune poursuite, à raison des faits de la prévention;

» Que cette qualité ne saurait créer pour eux une immunité en dehors de la loi;

» Et considérant que de l'ensemble des faits ci-dessus déduits, il résulte que les prévenus Garnier-Pagès, Carnot, Dréo, Hérold, Clamageran, Floquet, Ferry, Durier, Corbon, Jozon, Hérisson, Melsheim et Bory ont, en 1863 et 1864, à Paris, fait partie d'une association de plus de vingt personnes, laquelle n'avait point été autorisée par le Gouvernement; qu'ils ont ainsi encouru les pénalités édictées par les art. 291, 292 du Code pénal, 1 et 3 de la loi du 10 avril 1834, visés et transcrits au jugement;

» Par les motifs ci-dessus, sans s'arrêter aux conclusions des prévenus, lesquelles sont toutes rejetées comme mal fondées;

» Met les appellations au néant;

» Ordonne que ce dont est appel sortira effet;

» En ce qui concerne la demande d'intervention de Sénard et consorts, jointe au fond par un arrêt de la Cour :

» Sans qu'il soit besoin de rechercher si l'intervention était recevable;

» Considérant qu'au moyen du présent arrêt et de ses motifs, ladite intervention est désormais sans intérêt et sans objet;

» Dit qu'il n'y a lieu à statuer;

» Condamne les appelants solidairement aux frais de leurs appels, dans lesquels n'entreront pas ceux d'intervention. »

Aussitôt cette lecture achevée, la Cour se retire dans la chambre du Conseil.

A ce moment, le public pénètre dans la salle. Me PICARD entrant l'un des premiers, dit : « Monsieur le Président... » Mais la Cour achève sa retraite.

Quelques minutes après la Cour rentre en séance, mais M. le président Haton de la Goupillière n'en fait plus partie. M. le conseiller SAILLARD occupe le fauteuil de la présidence.

Me PICARD. Au moment où la Cour rouvre son audience, j'ai pour devoir de déposer sur son bureau les conclusions suivantes :

« Attendu que par suite d'une consigne mal donnée ou mal interprétée, les prévenus et les défenseurs n'ont pu être admis à entendre l'arrêt... »

M. LE PRÉSIDENT. Dans quelle affaire vous présentez-vous?

Me PICARD. La Cour va le voir; nos conclusions se rapportent à l'affaire dans laquelle il vient d'y avoir arrêt et il s'agit avant tout d'un fait intéressant la police de cette audience.

M. LE PRÉSIDENT. La police de l'audience, c'est à moi qu'elle appartient. La Cour n'est pas composée comme elle l'était tout à l'heure, elle ne peut s'occuper de l'affaire dans laquelle il y a arrêt, elle ne peut connaître que des affaires inscrites au rôle. L'affaire appelée est celle du sieur Jacquier.

Me PICARD. La composition de la Cour ne nous regarde pas; c'est là un fait qui nous est étranger, et qui ne peut nous arrêter. La Cour est toujours la Cour, et d'ailleurs elle ne sait pas encore ce à quoi nous concluons : son premier devoir n'est-il pas de nous entendre?

M. LE PRÉSIDENT. Ce n'est pas possible.

Me PICARD. Pardon, la Cour doit recevoir les conclusions que nous produisons devant elle, sauf à répondre tout ce qu'elle voudra.

M. LE PRÉSIDENT. Mais on n'appelle pas votre affaire.

Me PICARD. Je le sais, et on ne l'appellera jamais... (*Hilarité et bruits divers*).

M. LE PRÉSIDENT. Nous ferons évacuer la salle s'il se produit des manifestations... et, comme je l'ai déjà dit dans d'autres occasions c'est quand on parle de liberté qu'il faut surtout respecter le sanctuaire de la justice.

Me Picard. Dans ce moment, nous parlons de droit.

Me Crémieux. Et sur ce terrain nous devrions être tous d'accord ici.

M. le Président. La Cour ne peut revenir sur une affaire terminée.

Me Picard. Mais la Cour ne sait pas, encore une fois, ce dont nous la voulons saisir, et quand elle le saura elle verra qu'elle peut statuer.

M. le Président. Vous présentez-vous dans l'affaire Jacquier?

Me Picard. Je me présenterai tout à l'heure dans cette affaire, car je suis l'avocat du sieur Jacquier. Quant à présent, j'ai des conclusions à soumettre à la Cour, relativement à l'affaire du Comité; refuse-t-elle de m'entendre?

M. le Président, à l'audiencier : Appelez l'affaire Jacquier.

L'audiencier appelle : Le ministère public contre Jacquier.

M. Jacquier se présente et dit : Je n'ai rien à répondre tant que vous n'aurez pas statué sur les observations de Me Picard.

M. le Président. Voulez-vous donner vos noms? ou nous vous jugeons par défaut...

M. Hérisson, à Me Picard. Déposez vos conclusions, la Cour sera obligée de statuer.

Me Picard. La Cour refuse d'entendre mes conclusions; je les dépose sur son bureau.

Me Picard dépose ses conclusions.

Quelques heures après cet incident, l'acte suivant a été signifié à M. le Procureur général.

« L'an 1864, ce 7 décembre, à la requête de :

» 1° M. Senard, avocat à la Cour impériale, demeurant n° 15, rue des Moulins;

» 2° M. Crémieux, avocat à la Cour impériale, demeurant n° 1, rue Bonaparte;

» 3° M. Henry Didier, avocat à la Cour impériale, demeurant n° 35, rue Joubert;

» 4° M. Ernest Picard, avocat à la Cour impériale, demeurant n° 217, rue Saint-Honoré;

» 5° M. Dréo, avocat à la Cour impériale, demeurant n° 45, rue Saint-Roch;

» 6° M. Georges Coulon, avocat à la Cour impériale, n° 29, rue de la Chaussée-d'Antin,

» Pour lesquels requérants domicile est élu en mon étude,

» J'ai, Louis-Auguste Lebrun, huissier près le Tribunal civil de première instance de la Seine, séant à Paris, y demeurant, rue Saint-Martin, 24, soussigné, dit et déclaré à M. le Procureur général près la Cour impériale de Paris, séant au Palais-de-Justice, à Paris, en son Parquet, où étant et parlant à M. le Procureur général, en son cabinet,

» Qu'après l'arrêt rendu le 7 décembre, présent mois, par la Cour impériale de Paris, sur l'appel interjeté par MM. Dréo et consorts, contre M. le Procureur général, la Cour, rentrant en séance et n'étant pas composée comme elle l'était lors du prononcé de la sentence, a déclaré ne pouvoir pas entendre la lecture des conclusions ci-après :

« Plaise à la Cour,

» Attendu que l'entrée de l'audience a été interdite par les officiers de police à plusieurs prévenus, à des intervenants et à des avocats de la cause, quand ils se sont présentés pour assister à la lecture de l'arrêt; que cette interdiction a eu lieu par suite de la consigne que les officiers de police ont dit avoir reçue;

» Attendu que les portes qui doivent être ouvertes au public étant fermées et ne pouvant s'ouvrir à cause de la consigne, il a été impossible aux prévenus, aux intervenants et aux avocats, dont les noms sont inscrits au bas des présentes conclusions, de pénétrer dans l'auditoire et d'entendre la prononciation de l'arrêt;

» Attendu que d'une part la publicité de l'audience ordonnée par la loi, d'autre part la nécessité pour ceux qui pourraient se pourvoir en cassation, de le faire dans les trois jours de la prononciation, donnaient nécessairement le droit à chacun de ceux que l'arrêt concernait, d'assister à l'audience;

» Attendu que le droit de la défense a été violé par le refus éprouvé par plusieurs des défenseurs d'entrer dans l'enceinte de l'audience;

» Attendu que les soussignés ont tous essuyé l'interdiction et le refus contre lequel les présentes conclusions protestent;

» Attendu que les portes n'ont été ouvertes qu'après la prononciation de l'arrêt, à la levée de l'audience;

» Par ces motifs :

» Donner acte aux soussignés de ce que l'entrée de l'audience leur a été refusée; de ce qu'il leur a été, par conséquent, interdit d'assister à la prononciation de l'arrêt, ce qui constitue à la fois violation de la publicité de l'audience et du droit de la défense.

» Sous réserves par eux d'en tirer tels avantages que de droit.
» Et la Cour fera justice.

» Signé : AD. CRÉMIEUX, J. SENARD, HENRY DIDIER, ERNEST PICARD, A. DRÉO, GEORGES COULON. »

» En conséquence, j'ai, avec toutes protestations et réserves, fait la présente notification pour valoir ce que de droit.

» Et j'ai, à M. le Procureur général, en son cabinet, laissé copie du présent.

» (Signé) : LEBRUN. »

Le 8 décembre, les treize condamnés, par déclaration faite en leur nom au greffe de la Cour par Me Duboyer, avoué, se sont pourvus en cassation contre l'arrêt rendu la veille à leur préjudice.

FIN

TABLE DES MATIÈRES

	Pages.
Audience du 24 novembre	3
Rapport	4
Conclusions en intervention	8
Plaidoirie de Me Senard pour les intervenants	10
Réquisitoire de M. l'avocat général Sallé	25
Réplique de Me Crémieux	30
Audience du 25 novembre	45
Arrêt sur l'intervention	45
Interrogatoire de M. Garnier-Pagès	45
Interrogatoire de M. Dréo	61
Interrogatoire de M. Carnot	65
Interrogatoire de M. Hérold	69
Interrogatoire de M. Floquet	75
Interrogatoire de M. Clamageran	76
Interrogatoire de M. Ferry	78
Interrogatoire de M. Durier	79
Interrogatoire de M. Corbon	81
Interrogatoire de M. Jozon	82
Interrogatoire de M. Hérisson	83
Interrogatoire de M. Melsheim	83
Interrogatoire de M. Bory	87
Conclusions générales des appelants	91
Audience du 30 novembre	101
Plaidoirie de Me Grevy	101
Plaidoirie de Me Picard	115
Conclusions pour M. Floquet et plaidoirie de Me Didier	130
Plaidoirie de M. Clamageran	146
Plaidoirie de Me Berryer	164
Plaidoirie de Me Dufaure	167
Plaidoirie de Me Desmarest	177
Plaidoirie de Me Arago	190

Pages.
Audience du 1er décembre........ 194
Lettre de Me Marie........ 194
Conclusions pour M. Melsheim et plaidoirie de Me Hébert........ 200
Plaidoirie de Me Senard........ 237
Réquisitoire de M. le Procureur général........ 240
Réplique de Me Berryer........ 257
Audience du 2 décembre........ 275
Réplique de Me Dufaure........ 275
Réplique de Me Desmarest........ 295
Réplique de Me Picard........ 303
Réplique de Me Hébert........ 309
Observations de M. Hérold........ 327
Réplique de M. le Procureur-général........ 334
Seconde réplique de la défense, par Me Jules Favre........ 340
Audience du 7 décembre........ 358
Arrêt........ 358

FIN DE LA TABLE

VERSAILLES. — IMPRIMERIE CERF, 59, RUE DU PLESSIS.

www.ingramcontent.com/pod-product-compliance
Ingram Content Group UK Ltd.
Pitfield, Milton Keynes, MK11 3LW, UK
UKHW020302230726
13925UKWH00001B/186